能
见
度
visibilité

法国史

吕一民 主编
张 弛 执行主编

走私如
何威胁
政府

路易·马德
林的全球性
地下组织

Contraband: Louis Mandrin
and the Making of a Global
Underground

【美】迈克尔·卡瓦斯 著

江 晟 译

浙江大学出版社
ZHEJIANG UNIVERSITY PRESS

目录

绪　论

　　一名被派驻到偏远边境市镇的高级海关官员同意去会见一个跨越边界而来的走私商人。这名走私者是无数从穷乡僻壤携带一种非法精神刺激类药物进入这个半球最富庶也最强大国家的男女老少中的一员，他已经通过第三方暗示自己做好了达成协议的准备：为了获得新的生活和良心上的安宁，他将出卖其头目——一个警方已经追踪数月的臭名昭著的地下组织首领。急于将这名匪首投入重罪监狱的海关官员对同僚的警告置之不顾，他同意黄昏时分在一条作为两国蜿蜒边界的河流岸边见面。当这位官员在约定的时间穿过散落着紫罗兰花的草场前往河边时，枪声响起了。一发子弹穿透了他的前臂。另一发子弹擦破了他的大腿。第三发子弹从右臀以上的位置钻入了体内，撕裂了他的腹部。这名流血不止的受伤官员被匆忙送至一个邻近的军事哨点，但却于事无补。他在随后降临的夜幕中死去，成了持续数十年之久的走私战争中的又一名受害者。谣言风传，这次致命事件的伏击者正是充满传奇色彩的匪首本人——路易·马德林。

　　这是一个令人不安而又熟悉的故事。海关官员着手调查向富庶国家客户提供毒品的跨国集团；警察与武装商贩在边界地区发生暴力冲突；枪击与杀戮已经成为家常便饭，以至于当局毫不犹豫地将冲突称为战争。尽管知识分子谴责这种暴力，呼吁将走私活动合法化，但法院仍继续将小商贩投入规模不断扩大的监狱。一直以来，受到客户强劲需求的推动，非法毒品仍然来势汹涌。

这种边境杀戮并非发生于如今的埃尔帕索、华雷斯或蒂华纳，而是18世纪中叶的勒蓬德博瓦桑，此地是通往法国东南部的繁忙入口。事实上，当我们停下来思考促成这起冷血暗杀发生的奇怪历史环境时，许多最初看起来熟悉的场景却变得陌生了。这位名为皮埃尔·罗贝尔·勒鲁·德·拉莫特的海关官员不是公职人员。他为一家被称为"包税公司"的私人公司工作，这家公司订立了为法国国王征税的契约。事发河流也不是格兰德河，而是将强大的法兰西王国与位于阿尔卑斯山另一侧、萨丁尼亚国王松散统治下的多山的萨伏伊地区分开的基尔河。安排这次会面的走私者（可能也是伏击者之一）是22岁的路易·雅里耶，绰号"皮埃蒙特人"的他是以萨伏伊为立足点并为马德林匪帮服务的众多商贩中的一员。最为奇怪的是，马德林及其团伙所走私的货物——这也是拉莫特的死亡导火索——不是大麻、可卡因或海洛因，而是一种来自美洲的新式毒品——烟草。

包税公司与走私者之间的战争所包含的这一暴力片段几乎很难与历史学家们所谓的18世纪"消费革命"贴合在一起。在工业革命的工厂建起之前，欧洲的中产阶级——在某种程度上甚至包括劳动阶层的成员，都通过一场史无前例的购买热潮摆脱了物资缺乏的困扰。1650年至1800年，他们往自己家中添置了床、梳妆台、镜子和陶器；他们加宽了自己的衣橱，以装下白色的亚麻衣物与鲜艳的棉质衣物；他们还配备了诸如扇子、雨伞和怀表等新的随身物品；他们还饮用充满异域风情并加入大量白糖的热饮（茶、咖啡和巧克力）；此外，他们还通过抽烟、咀嚼烟草和吸鼻烟的方式消费了巨量的烟草。他们的先辈会对此感到惊讶。在新产品、市场革新、更短的流行周期和全球贸易急剧扩张的推动下，近代消费模式得以成形。①

　　虽然历史学家们很早之前就曾指出，欧洲消费的崛起部分取决于新世界对奴隶的压榨和亚洲武装贸易的推行，但他们很晚才开始检视伴随本土贸易而产生的暴力、高压政治与骚乱方面的问题。他们认为这里的商人是在十分平稳的环境中完成交易，消费者们愉快地购买商品。然而在法国，包税公司官员和走私者们所释放出的暴力、刑事司法系统对地下经济的残酷打击以及就打击非法贸易问题所引发的激烈公共争议都反映了18世纪商业与消费领域更为黑暗的图景。帝国、全球化及其催生的消费革命可能已经对欧洲本土的政治与经济生活产生了更为剧烈的影响。

　　对于近代西方世界起源这个更宏大的故事而言，我们如何理解消费革命是至关重要的。在数代人的时间里，当历史的潮流似乎已经不可逆转地从传统转向变革时，这个故事也开启了18世纪的进程。尽管近代西方的文化起源长久以来被锁定于启蒙运动（1680年至1800年）——在这场重大的智识运动中，像伏尔泰这样的思想家试图战胜迷信，将个体从过去的压迫

---

① Neil McKendrick, John Brewer, and J. H. Plumb, *The Birth of a Consumer Society: The Commercialization of Eighteenth-Century England* (Bloomington, IN, 1982); John Brewer and Roy Porter, eds., *Consmuption and the World of Goods* (London, 1993). 关于法国的情况，见Daniel Roche, *A History of Everyday Things: The Birth of Consumption in France*, 1600-1800, trans. Brian Pearce (Cambridge, 2000); Annik Pardailhé-Galabrun, *The Brith of Intimacy: Privacy and Domestic Lifein Early Modern Paris*, trans. Jocelyn Phelps (Cambridge, 1991); and Cissie Farichilds, "The Production and Marketing of Populuxe Goods in Eighteenth-Century Paris," in *Consumption and the World of Goods*, 228-248. 关于对这一论题的挑战，见John Brewer, "The Error of Our Ways: Historians and the Birth of Consumer Society," Cultures of Consumption Workshop (Economic and Social Research Council-Arts and Humanities Research Board) working paper no. 12 (June 2004), 1-19; Jan de Vries, *The Industrious Revolution: Consumer Behavior and the Household Economy, 1650 to the Present* (Cambridge, 2008); and Frank Trentmann, "Introduction," in *The Oxford Handbook of the History of Consumption*, ed. Frank Trentmann (Oxford, 2012), 1-19. "消费革命"一词夸大了它所涉及的发展进程的速度和社会深度。因此我对它的应用附带以下几条限制性条款：（1）人口的大幅减少并不一定会引发消费水平的显著降低，即便精英阶层、中产阶层——尤其是部分劳动阶层成员确实在削减他们的消费；（2）转变更多表现为时间跨度为数十年的演进，而非革命；（3）消费与时尚的增长并非为欧洲所独有。我将在绪论与第一章中详细探讨法国消费革命的社会局限问题。

约束中解放出来，但它的政治根源却经常被追溯至法国大革命（1789年至1799年）。在这一转折性事件中，一个国家的民众推翻了专制政权，基于普世的民主原则建立了新的秩序。虽然当代历史学家们对启蒙运动与法国大革命的宏大叙事产生了应有的怀疑，但他们仍然坚持认为18世纪是现代性的通路。如果说当代历史学家们无法仅仅通过大哲学家的思想或著名革命领袖的行动寻获现代性的起源，那也是因为他们已经转向了新的社会与文化实践，这些实践在消费高涨的温室环境中大为盛行。日渐扩张的货物流通与逐渐增加的如咖啡店、餐馆、沙龙、书店、剧院、公园等公共消费场所促进了僵硬社会等级关系的缓和，创造了拥有批判思想的公民活动公共场域，催生了近代对于自身与社会的认识。[1] 对于这一领域的开拓性研究者丹尼尔·罗什而言，消费在法国的出现是更大规模文化转型的关键，停滞经济的传统价值借此让位于近代商品文化的平等主义和个人主义。

在讨论消费模式的近代化影响是否具备建设性时，罗什和其他学者将矛头对准了一种值得尊敬的智识传统，这一传统从消费革命出现之日起即将近代人政治敏感性的丧失归咎于日益扩张的消费模式。"人们通过商品认识自己，"20世纪最为尖锐的资本主义批判者之一赫伯特·马尔库塞如此说道，"他们在汽车、高保真音响设备、错层式住宅、厨房设备中找到了自己的灵魂。这种将个体与社会捆绑在一起的机制已经发生改变，而社会控制则有赖于它所产生的新需求。"[2] 马尔库塞警告称，近代消费社会的物质主义妨碍了批判思想的产生，阻止了人类发挥其全部的社会与政治

---

[1] 这一论点的主旨出现于近期的一系列调查中：Roy Porter, *The Creation of the Modern World: The Untold Story of the British Enlightenment* (New York, 2000); John Brewer, *The Pleasures of the Imagination: English Culture in the Eighteenth Century* (Chicago, 1997); Daniel Roche, *France in the Enlightenment*, trans. Arthur Goldhammer (Cambridge, MA, 1998); and Colin Jones and Dror Wahrman, eds., *The Age of Cultural Revolutions: Britain and France, 1750-1820* (Berkeley, CA, 2002).

[2] Herbert Marcuse, *One-Dimensional Man: Studies in the Ideology of Advanced Industrial Society* (London, 2002), 11.

潜能。罗什明确地对这一批评意见提出了质疑，他认为"尽管存在根深蒂固的智识传统，商品并不会必然地推动异化的过程；事实上，它们基本上意味着解放……消费扩张的影响不是全然消极的"。18世纪潮流令人炫目的循环削弱了传统对社会的杠杆作用，推动了"一种新的思想形态，它更具个人主义和享乐主义色彩，在任何情况下都更显平等与自由"①。

将消费革命插入近代历史的宏大叙事当中是一项有价值的尝试，但也面临着朝唯物论者的方向重构古老的目的论（也有人称之为辉格党式的）时代阐释体系的风险。毫无疑问，18世纪的思想家和时尚开创者们——从哲学家、经济学家到奢侈品工匠、时装零售商——都在称颂急速成长的贸易与消费所带来的开化和解放。但我们应该借由他们的言辞进行阐释吗，望文生义地采纳他们对于正在其周边发生的商业变革的解释是否就不存在危险了？我不强调返回马尔库塞无视消费者自身所想、主张所有过剩消费行为本质上都属于异化范畴的立场。各色人等都从消费中获得了重大的意义，但如果我们准备理解消费文化的历史发展，那么这些意义（解放抑或其他）必须得到认真对待。然而，为了发展这一领域，为了在历史中定位"消费"，我们必须做的远不止简单地证明贸易的崛起，计算货物的增长数量，向时尚开创者们请教它的所有文化意义。我们必须将"消费"置于一个更为广阔的全球性政治与社会背景之下——此类背景能够解释为何走私者要在法国和萨伏伊边境枪杀海关官员。

---

① Roche, *France in the Enlightenment*, 550; and idem, "Apparences révolutionnaires ou revolution des apparences",*in Modes & Révolutions*, 1780-1804 (Paris, 1989), 111. Michel de Certeau, *The Practice of Everyday Life*, trans. Steven Rendall (Berkeley, CA, 1984)一书促使历史学家们将消费视作一种具有意义的创造性行为，因此关于创造新消费者的研究的出现在这一时期显得十分重要。见Michael Kwass, "Big Hair: A Wig History of Consumption in Eighteenth-Century France", *AHR* 111 (June 2006), 631-659以及其中所引著作。

全球性视野是研究法国历史的迫切需要。[1] 如果说法国历史学家们在将更大范围的世界纳入这个国家的历史方面显得十分迟钝，那么研究法国消费的学者更是对是否要冒险进入这个混乱的全球生产与贸易的世界感到犹豫不决。自相矛盾的是，造成这种状况的原因之一是记录法国物质生活的档案极其丰富。法国档案中充塞着大量的死后清单和遗嘱记录，其中详细罗列了一个人在其去世之时拥有的所有动产。如果不对此类珍贵的档案进行彻底的调查，我们将永远无法得知18世纪法国堪比于英国的消费增长幅度。遗嘱清单令法国的消费状况开始得到重视。[2] 可是他们对档案中所有那些不可思议的生动细节却不甚确定，这不仅是因为那个时常被提及的原因——即较富裕家庭比贫穷家庭更容易陷入困境，也因为此类档案提供了一幅受到严格限定的货物世界快照。清单对于货物的来源、生产者以及在抵达消费者手中之前的流通渠道所示甚少。它们所描绘的物质文化图景未能捕捉到这个喧嚣且时常变得狂暴的生产与贸易世界，而正是这个世界，首先将商品带入了市场。

同时，法国消费革命的史料编撰未能充分地利用18世纪的政治活动。在法国大革命之前的数十年间，法国遭到了食品骚乱、赋税叛乱、工场纠纷、宗教论战、宪政斗争和喧嚣的公共争议的侵扰。商品的增多与大革命

---

[1] 关于近期修正这一问题的呼吁，见Lynn Hunt, "The French Revolution in Global Context," in *The Age of Revolutions in Global Context*, c. 1760-1840, eds. David Armitage and Sanjay Subrahmanyam (New York, 2010), 20-36.

[2] 在丹尼尔·罗什的《巴黎的民众：论18世纪的大众文化》（*Peuple de Paris: essai sur la culture populaire au XVIII siècle* (Paris, 1981)）的开拓性研究推动下，若干名巴黎历史学家已经开始利用死后清单：Pardailhé-Galabrun, *Birth of Intimacy*; Cissie Fairchilds, "Production and Marketing"; and Roche, *The Culture of Clothing: Dress and Fashion in the Ancien Régime*, trans. Jean Birrell (Cambridge, 1994). 巧妙利用这些材料的外省研究见Michel Figeac, *La douceur des Lumières: Noblesse et art de vivre en Guyenne au XVIII siècle* (Bordeaux, 2001). 另有两部著作通过对清单技巧性十足的研究，详细描述了匠人的物质生活，见Steven Laurance Kaplan, *The Bakers of Paris and the Bread Question*, 1770-1775 (Durham, NC, 1996); and Clare Haru Crowston, *Fabricating Women: The Seamstresses of Old Regime France*, 1675-1791 (Durham, NC, 2001).

之前的这种冲突之间是否存在着联系呢？令人吃惊的是，这个问题甚少被人提及。^①一条明晰的线索似乎已经被占据主导地位的两大学术传统所掩盖。看重社会史、将经济与社会的长时段延续性置于短时段政治事件之上的年鉴学派不鼓励历史学家探究消费文化与政治活动之间的联系。正如历史学大家费尔南·布罗代尔所观察到的，该学派与基于事件的传统历史的割裂造成了"重经济与社会史，轻政治史"的结果。^②

关于法国大革命的学术成就对此也无多少助益。马克思主义者一度主张大革命是充满活力的，它为经济和社会变革所鼓舞的资产阶级在1789年夺取了政治权力，这是用资本主义取代封建主义的杰作。修正主义者及其承袭者们则回应称：18世纪并不存在紧密结合的资产阶级，商业资本主义也未获得充分发展，不足以成为革命性变革的主导者，大革命事实上是新的政治话语、仪式与观念的产物。^③革命政治文化的转向导致了一大批著作的出现，但与日俱增的忧虑认为钟摆已经过于远离资本主义的问题和物质生活的日常体验。基础的经济问题已被推到一旁，导致"经济史从文化与政治史中分离出来，这必然对双方都造成了伤害"^④。现在是时候翻

---

①　为数不多提及这一问题的学者包括Colin Jones, "Bourgeois Revolution Revivified: 1789 and Social Change," in *Rewriting the French Revolution*, ed. Colin Lucas (Oxford, 1991), 69-118; William H. Sewell Jr., "The Empire of Fashion and the Rise of Capitalism in Eighteenth-Century France," *PP* 206 (2010), 118; and Paul Cheney, *Revolutionary Commerce: The Globalization of the French Monarchy* (Cambridge, MA, 2010). 就美国而言，见T. H. Breen, *The Marketplace of Revolution: How Consumer Politics Shaped American Independence* (New York, 2004).

②　Braudel, "Histoire et sciences sociales: La longue durée," *AESC* 13 (1958), 729.

③　关于马克思主义者与修正主义者之间的争论，见William Doyle, *Origins of the French Revolution* (Oxford, 1998), part I. 关于政治文化的转向，见François Furet, *Interpreting the French Revolution*, trans. Elborg Forster (Cambridge, 1981); Lynn Hunt, Politics, *Culture and Class in the French Revolution* (Berkeley, CA, 1984); and Keith Baker, *Inventing the French Revolution* (Cambridge, 1990).

④　Sewell, "Empire of Fashion," 118. 另见Jones, "Bourgeois Revolution Revivified"; and Suzanne Desan, "What's after Political Culture? Recent French Revolutionary Historiography," *French Historical Studies* 23 (Winter 2000), 163-196.

转这一破碎化的进程；再次将这一时期的经济史、政治史与文化史加以统合；并反思旧制度陷于崩溃的原因。

社会史也必须进行更为彻底的统合。强调日渐改善的物质条件（以及它们所引发的意识的近代形式）的消费革命乐观观点显然与社会史学家的发现相悖，后者强调了这个世纪持续不断的贫穷、工资增长停滞、长期失业状况、土地破碎化、绝望的移民和日渐猖獗的犯罪。大多数人过着朝不保夕的日子，在城市的穷街陋巷中或小块的土地上竭力维持着生活。我们应该如何调和这两幅同一时期、均立足于可靠证据的图景？我们如何解释普通人消费越来越多商品的喜悦场景与一无所有的农民和工匠行走在路上的凄凉画面？任何关于消费的分析都必须解释这样一个事实，即18世纪的法国目睹了"社会进步与退步的共同加速"[①]。

本书无意于解决所有这些方法论方面和历史文献方面的问题。但通过研究18世纪法国的地下经济，它展示了三股强大的历史力量——全球化、消费和国家组织以及这三者如何共同动摇旧制度并推动革命的爆发。因此，本书不仅是简单地将消费置于更广阔的背景当中，它还阐明了过去往往被孤立考虑的全球、国家与地区转型之间的联系。

近代早期的全球化是这个故事的关键组成部分。[②] 通俗而言，"全球

---

① Jack A. Goldstone, "The Social Origins of the French Revolution Revisited," in *From Deficit to Deluge: The Origins of the French Revolution*, eds. Thomas E. Kaiser and Dale K. Van Kley (Stanford, CA, 2011), 67-103（引文在第91页）.悲观性的解释另见William Beik, *A Social and Cultural History of Early Modern France* (Cambridge, 2009), 345-347. De Vries, *Industrious Revolution*的第三章为高涨的消费与下行的工资之间的矛盾提供了一个可能的解释：家庭通过延长工作时间、增大工作强度来增加他们的购买力。但显然，部分家庭即便更为辛劳，也仅能勉强维持而非增加他们的消费

② 我更倾向于使用中性化词汇"近代早期的全球化"，而非其他的描述——如"最初的全球化"(A. G. Hopkins, ed., *Globalization in World History* [New York, 2002])、"第一次全球化"(Geoffrey C. Gunn, *First Globalization: The Eurasian Exchange*, 1500-1800 [London, 2003])或"原始的全球化"(Cheney, *Revolutionary Commerce*)。

化"涉及两个经常被错误混淆在一起但却截然不同的现象：新自由主义与世界市场的统合。自1980年以来，新自由主义正如日中天。苏联解体，西方的货币政策转向抗通胀而非失业问题，诸如英国和美国这样的国家解除了对工业与金融业的管制，同时对劳工权力进行了限制。[1] 甚至在2008年全球金融危机后的紧张状态下，紧缩政策也压倒了凯恩斯主义，并且盛行一时。与此同时，全球市场的统合也给人以国家正深陷衰退的印象。我们可以想象金钱、货物、人员和信息正以光速穿越边界，而远近之间的社会联系也在与日俱增。事实上，单一世界经济的愿景已经充斥各处，以至于如今它成了激烈论战的目标：保守派惧怕它造成的文化混乱，新自由主义者颂扬它的开放市场，左翼担心它对福利国家的侵蚀效果。

然而，尽管在21世纪之交存在全球贸易的浪潮是无可否认的，但新自由主义关于和平、繁荣与权力流散的梦想却并未得以实现。人群之间的壁垒继续高筑；事关货币、市场和自然资源的战火仍在延烧；战争频发，由此增加的公共债务令局势动荡不安；海盗扰乱着公海的航运活动；各国继续用强有力的威权主义方式处理内政和国际事务。[2] 最令人震惊的是，世界贸易的崛起已经宣告一波史无前例的全球犯罪浪潮的到来，这波全球犯罪浪潮又引发了严苛但程度不一的国家镇压。由于金融与商品市场的自由化，非法武器、毒品、金钱、伪冒商品和知识产权跨国界的流动暴增。20世纪末，世界"犯罪生产总值"逼近了1万亿美元的高点，约占全

---

[1] David Harvey, *A Brief History of Neoliberalism* (Oxford, 2005).

[2] Paul Ganster and David E. Lorey, eds.,*Borders and Border Politics in a Globalizing World* (Lanham, MD, 2005); Vera Pavlakovich-Kochi, Barbara J. Morehouse, and Doris Wastl-Walter, eds., *Challenged Borderlands: Transcending Political and Cultural Boundaries* (Burlington, VT, 2004); and Anatole Kaletsky, *Capitalism 4.0: The Birth of a New Economy in the Aftermath of Crisis* (New York, 2010). 有助于理解全球化的评论见Frederick Cooper, "What Is the Concept of Globalization Good for? An African Historian's Perspective," *African Affaires* 100 (2001), 189-213; and Chloé Maurel, "La World/Global History: questions et débats," *Vingtième Siècle* 104 (Oct.-Dec. 2009), 153-166.

球贸易总额的15%~20%。① 此外，在毒品这个全球市场价值高达5000亿美元的商品上，狂热的消费者需求、繁荣的非法市场与异常严厉的打击活动已经共同造成美国罕见的高监禁率。1971年，美国总统理查德·尼克松宣布发动的"毒品战争"目前导致每年有170万人遭逮捕，25万人遭监禁，将这个国家的监禁率推至世界最高水平。在230万遭监禁的美国公民中，有50万人是瘾君子。因毒品犯罪而入狱的非裔美国人数量高得异乎寻常，以至于被与臭名昭著的非正义法律——吉姆·克劳法相比较。与此同时，在美国边境以南，前墨西哥总统费利佩·卡尔德隆宣布与贩毒联盟开战，这导致了6万人死亡（数据仍在统计中），令人惊愕。警方深陷腐败泥淖；军事镇压也招致了侵犯人权的控诉。但涌入美国的毒品仍然未见减少。②

当代的全球化未能战胜战争、边境冲突、犯罪和镇压活动，这一事实令众多观察者感到困惑，但对于任何熟悉近代早期世界的人而言，应该并不奇怪。在17世纪与18世纪，当亚洲、非洲、欧洲与美洲之间迅速增长的海洋贸易联系创造出世界范围的贸易圈时，政府绝非秉持自由主义的政策，贸易也并不自由。事实上，近代早期世界贸易的增长与强大的欧洲财政-军事国家的崛起紧密结合，这类国家能够通过足够大规模的征税和

---

① 全球地下经济的规模非常难以估计。经济学家弗里德里希·施耐德和罗伯特·诺伊维尔特的著作《窃国：全球范围内非正规经济的崛起》[The *Stealth of Nations: The Global Rise of the Informal Economy* (New York, 2001), 27]估计，全球灰色经济的价值——包括广泛存在的非正式劳工——"接近10万亿"。排除了非正式劳工的保守估计见Willem van Schendel and Itty Abraham, *Illicit Flows and Criminal Things: States, Borders, and the Other Side of Globalization* (Bloomington, IN, 2005), xv; and Raymond Baker and Eva Joly, "Illicit Money: Can It Be Stopped?" *New York Review of Books* (December 3, 2009), 61-63.

② Moisés Naím, *Illicit: How Smugglers, Traffickers, and Copycats Are Hijacking the Global Economy* (New York, 2005), 68; "For Lesser Crimes, Rethinking Life behind Bars," *New York Times*, December 11, 2012; and Michelle Alexander, *The New Jim Crow: Mass Incarceration in the Age of Colorblindness* (New York, 2010). 美国可能正处于毒品战争的转折点上，因为其若干州最近已经允许了大麻的种植、销售和持有。

借贷参与近代的全球战争。当相互竞争的欧洲统治者们展开军事、外交和经济霸权的争夺时,他们便介入了快速崛起的全球经济,以便能够获得并控制横跨大陆的商品流。将其王朝和国家的竞争者投射到更广大的世界之后,他们建造了强大的海军;授予海外贸易公司(今日跨国公司的先驱)特许状;建立了海外殖民地,并为之争斗不休;资助跨大西洋奴隶贸易和新世界的种植园综合体;设置了各种形式的禁令、专卖制度、关税和航海条例;积累了巨量的公共债务;并对任何流动的东西征税。这是亚当·斯密在《国富论》第四卷"贸易体系"中拒绝接受而令人张皇失措的国家政策大杂烩。但与斯密所声称的重商主义不如自由贸易有效的观点相反,近期的研究表明侵略性的和开拓性的帝国政策为欧洲本土居民带来了大量的财富。[①]

本书将还原这一时期全球化的原貌,即一个永远带有欧洲国家猛烈并时常暴虐干预烙印的经济体系。但本书不止于提供对该体系的概述,还探讨了后者所导致的一种甚少得到研究但却极具重要性的后果:非法市场的惊人发展。通过丈量地下经济的深度,接下来的章节将讲述关于全球化阴

---

① 关于英国的情况,见Patrick K. O'Brien, "Inseparable Connections: Trade, Economy, Fiscal State, and the Expansion of Empire, 1688-1815," in *The Oxford History of the British Empire: Volume 2: The Eighteenth Century*, ed. P. J. Marshall (Oxford, 1998), 53-78; and Nuala Zahedieh, "Economy," in *The British Atlantic World*, 1500-1800, ed. David Armitage and Michael J. Braddick (London, 2002). 关于大陆与全球视野,见François Crouzet, *La guerre économique franco-anglaise au XVIIIe siècle* (Paris, 2008); Guillaume Daudin, *Commerce et prosperité: La France au XVIIIe siècle* (Paris, 2005); Kenneth Pomeranz, *The Great Divergence: China, Europe, and the Making of the Modern World Economy* (Princeton, NJ, 2000); Ronald Findlay and Kevin H. O'Rourke, *Power and Plenty: Trade, War, and the World Economy in the Second Millennium* (Princeton, NJ, 2007), chapter 5; and Jane Burbank and Frederick Cooper, *Empires in World History: Power and Politics of Difference* (Princeton, NJ, 2010), chapter 6. 关于经济竞争的思想史,见Sophus A. Reinert, *Translating Empire: Emulation and the Origins of Political Economy* (Cambridge, MA, 2011); Istvan Hont, *The Jealousy of Trade International Competition and the Nation-State in Historical Perspective* (Cambridge, MA, 2005); and Cheney, *Revolutionary Commerce*.

暗面的故事。

在法国，这个故事开始于强大的路易十四时期。17世纪晚期，太阳王曾经进行了两次大胆的干涉，试图控制全球进口商品的消费，这却无意中促进了地下贸易的发展，从而搅动着法国政局，直至大革命爆发。首先，试图增强国家财政力量的他将目光往西投向了大西洋，建立了国家烟草专卖制度。作为在消费革命中大为畅销的若干精神刺激类产品之一，来自新世界的烟草被广泛视为有效的治疗性药物和不可思议的社交催化剂。它也容易让人上瘾。1674年，从国内烟草需求中大为获益的国王宣布实行国家专卖制度，并迅速地将其转包给一家私人公司——包税公司，这家公司向法国臣民出售数以百万磅计由奴隶生产的美洲烟草。在包税公司手中，其专卖机构成了世界上同类型机构中规模最大的一家，近似于现今在中国运作的庞大的国家烟草专卖局。

在垄断了大西洋烟草之后，路易十四转向了东方，他立起了一面贸易保护主义的盾牌，以对抗从亚洲大量涌入的纺织品。由于轻巧、鲜艳，以及令欧洲消费者大为震惊的特点——不褪色，印度棉织品在17世纪大受欢迎。在所谓的印花棉布狂热时期，物美价廉的印度布料的涌入威胁到法国的纺织品制造商，后者主动游说政府实施保护政策。1686年，国王回应了他们的请愿，禁止所有布料的进口。在包税公司的监督下，这项禁令持续了73年之久，之后被一项沉重的关税所取代。

这两项措施的目的有所不同：烟草专卖试图用成本低廉的殖民地进口商品开拓国内需求，而棉布禁令则试图遏制这一进程。但它们产生了相同的效果，正如其为国家财政和经济结构提供了养料，它们也刺激了脱离国家控制的大规模洲际地下经济的发展。法国长期以来就存在着非法贸易，其主要流通品为食盐，但两类新的全球性商品的加入大大提振了黑市买卖。大批急于通过不时的跨境突袭来增加微薄收入的商贩们携带一袋袋的烟草和印花棉布进入法国，并在市镇与村庄中秘密出售。虽然大部分的商贩或是独来独往，或是成对出行，但也有一些人加入了有组织的团伙——也就是现今贩毒联盟的前身，输送大量的走私货物进入内陆地区。在资本主义的巨石之下运作着熙熙攘攘的地下经济，其中有大批如蝼蚁般的商人逍遥法外：贫穷的农民、无所事事的工匠、四处漂泊的小贩、军饷微薄的士兵、落魄潦倒的逃兵和微不足道的逃犯。通过为急切的消费者提供大量廉价的走私货物，这些国家眼中贫穷的男人、女人、儿童和罪犯不断给法国的消费之火添加新的燃料。

如果说地下经济的发展是全球化与国家形成过程中一个意外出现的副产品，它却产生了深远的政治影响。犯罪行为以及暴力与非法市场的结合令国家——正是它所推行的政策催生出了前者——面临着严峻的挑战。面对快速发展的非法烟草与印花棉布贸易，法国国王对刑事司法系统进行了彻底的改革。为了抓捕、审判和惩处走私者，他加重了刑法典的条款，增强了包税公司所配备的准军事力量，建立了非常规法庭，发展了尚未成熟的监狱系统。结果有上万名商贩被遣送至作为近代监狱前身的苦役船或苦役营中。但国王很快就意识到给走私活动定罪不同于给谋杀或盗窃行为定罪，对于后者的惩处符合视这种行为违反道德的惯常观点。商贩们拒绝接受这种强加于他们的耻辱的罪名，他们开始激烈地反抗压制。虽然其中的许多人通过隐蔽的贸易避免了冲突，但与日俱增的人数最终却将包税公司卷入了暴力冲突。在这场被当时的人们直接形容为"包税公司与商贩之间战争"的冲突中，形单影只的商贩反抗逮捕行动，成群结队的商贩攻击包税公司的警卫队，已经形成组织的团伙则选择了突袭海关关卡。这并不是什么温和的消费革命：高度管制的烟草和印度棉布等商品的贸易制造了令公共秩序陷于混乱的镇压与反抗的循环，令地区边界变得动荡不安，并且与其他形式的群体行动结合，在法国大革命爆发前极大动摇了君主制。

在启蒙时期——这个出现了充满活力的批判思想与不断扩张的大众传播媒介的年代，镇压与反抗的恶性循环得以展现，造成了深远的政治影响。通俗作家、雕刻家和歌者使用文字、图像和歌曲描绘了对抗包税公司的战斗，令大批受众间接地体验到了地下暴力所带来的兴奋——正如如今的美国犯罪电影和墨西哥"毒品歌谣"所做的那般。与此同时，启蒙运动中的哲学家、经济学家和法律理论家提出了与地下经济、严厉的国家政策和国家机构相关的议题。随着他们在公共领域推出这个颠覆性的公共议程，改革者们便开始批评引发走私犯罪的专卖制度和贸易禁令，警告称如果基础制度的变革未能得以实现，一个"专制的"财政–司法复合体将会吞噬君主制。这项改革运动的历史意义不应遭到低估。1789年，当君主制在超额的债务中蹒跚前行时，民众与精英反对国家立场的合流导致了法国大革命的爆发。

我们从宏观历史的角度可能看到这样的一幕：全球贸易、财政–军事国家和欧洲消费的同时崛起不仅在殖民地，也在母国的中心地带制造着骚乱。然而，对于考察此种大规模的进程如何在法国一地展开而言，向下深入微观历史层次的研究是有所助益的。为了达成这一目的，本书重现了路易·马德林的生平，这个著名的法国走私者——正如我们之前所了解的——据称于1755年雇用了路易·雅里耶在基尔河畔暗杀了皮埃尔·罗贝尔·勒鲁·德·拉莫特。

马德林是法国大众文化中的一个传奇。与罗宾汉、杰西·詹姆斯或其他偶像化的"社会盗匪"十分相似，马德林主要是通过可以回溯至19

世纪晚期犯罪文学黄金时代的小说再创作而被人记住的。[1] 关于马德林的记忆在这个近乎全民拥有读写能力和大众文化盛行的时代得到了活生生的呈现，因为法国的读者们对于侦探小说、犯罪系列连续剧和报纸头版耸人听闻的犯罪报道（社会新闻）中所展现的道德沦丧和城市犯罪感到焦虑不安。[2] 通过改良在旧制度下形成、又在大革命之后很久才重新出现的盗匪的冒险形象，朱尔·德·格朗普雷于1885年出版了获得巨大成功的系列小说《马德林队长》，将这名走私者描绘成了掺杂罗宾汉、私家侦探与偶像色彩的浪漫侠客。在这个故事中，走私与叛乱让位于犯罪场景、风流韵事和家庭情景剧，成了无关紧要的部分。阿蒂尔·贝尔内德于20世纪通过《伸张正义者》这部间谍小说推动了马德林向银幕的转型，书中的马德林英勇地与旧制度的社会弊病斗争，最后逃脱了刑罚并快乐地生活着。贝尔内德的小说在1924年、1947年和1962年被改编为电影，它将马德林转变为一个持剑打斗、屡次成功拯救受困少女的银幕偶像。在20世纪60年代的社会运动中，马德林的形象经历了另一次的转型，当时的活动家们将这名走

---

① 在《盗匪》[*Bandits* (London, 1969)]一书中，埃里克·霍布斯鲍姆主张罗宾汉式的"社会盗匪"是古代的社会反抗形式，但他的方法论因为盗匪与在其周边发展起来的神话形象相结合现象的存在而遭到了批评。我试图通过将马德林的生平与传奇作为两种不同的历史现象分开处理来避免这一问题，当然这两种现象之间的关系也将得到探讨。此外，我并不将马德林的反叛视作一种前资本主义反抗的古代形式。这一时期的众多走私团伙都加入了全球商品链，以开拓欧洲消费者与日俱增的需求。近期关于霍布斯鲍姆与近代早期欧洲盗匪的评价见Anton Blok, *Honour and Violence* (Cambridge, 2001), chapter 1; Nicholas Curott and Alexander Fink, "Bandit Heroes: Social, Mythical or Rational?" *American Journal of Economics and Sociology* 71 (2012), 470-479; Gherardo Ortalli, ed., *Bande armate, banditi, banditismo e repressione di giustizia negli stati europei di antico regime* (Rome, 1986); Florike Egmond, *Underworlds: Organized Crime in the Netherlands* 1650-1800 (Cambridge, 1993). 关于18世纪法国的盗匪，见Xavier Rousseau, "Espaces de désordres, espace d'ordre: Le banditisme au frontières Nord-Est de la France (1700-1810)," in Catherine Dynes, ed., *Frontière et criminalité* 1715-1815 (Artois, 2000), 131-174; Lise Andries, ed., Cartouche, *Mandrin et autres brigands au XVIIIe siècle* (Paris, 2010); and Valérie Sottocasa, *Les Brigands: Criminalité et protestation politique* (1750-1850) (Rennes, 2013).

② Kalifa, *L'encre et le sang: Récits de crimes et sociétéà la Belle Époque* (Paris, 1995); idem, *Crime et culture au XIXe siècle* (Paris, 2005).

私者视为民众激进意志的象征。左翼歌手和演员伊夫·蒙当曾经演绎了若干版本的马德林葬礼挽歌，法国电视台也在1972年播放了关于这个叛乱者的六部曲系列片。①

今日，关于马德林的记忆已被彻底商品化。在被旅游业奇怪地称为"马德林故里"的地方，他的名字出现在了饭店招牌、手工啤酒作坊和有机鸡肉上——在后者那里，它被设计成了土地的样子，成为产品来源于农村的真实性象征而得到消费。但是这个传奇的政治意义并未完全消失。最近的一部翻拍电影——2011年由拉巴赫·阿默-扎伊莫什执导的《马德林之歌》试图往关于这名走私者的记忆中注入新的激进主义元素，这名于1968年从阿尔及利亚移民而来的导演在小学中首次接触他的故事。对于此前的作品涉及当代法国移民、非法交易与警察的阿默-扎伊莫什而言，马德林代表了所有这些被视为"他们自己国家的法外之徒"的人。②

本书将通过挖掘过去一个半世纪所产生的虚构形象来考察历史中的马德林——这个于1725年出生在一个名为圣埃蒂安德圣茹瓦尔的小镇、抛弃家族生意并进入法国从事走私贸易的年轻人。③针对历史上的马德林的研究，笔者不仅为了解地下经济提供了一个独特的切入点，也观察他在18世纪——这个远早于廉价小说黄金时代的时期——如何得以编造成为传奇的

① 见Valérie Huss, "La postérité de Mandrin: variations sur un thème," in *Louis Mandrin, malfaiteur ou bandit au grand cœur*? ed. Valérie Huss (Grenoble, 2005). 关于从小说到电影的转型，见Jacques Migozzi, ed., *De l'écrit à l'écran: littératures populaires: mutations génériques, mutations médiatiques* (Limoges, 2000). 1972年的电视系列片由菲利浦·富拉斯蒂耶执导。

② 马德林的形象也被当代活动家用于抗议转基因食品的使用和推行金融交易中罗宾汉式的再分配税收。

③ 在这一方面，我追随着奥克塔夫·舍纳瓦的步伐，他在19世纪末率先展开了针对马德林的大规模历史研究。由于肩负着伊赛尔地区代表的职责，舍纳瓦将他的笔记交给了弗朗茨·克克-布伦塔诺，后者出版了*Mandrin, capitaine général des contrebandiers de France* (Paris, 1908)一书。弗克-布伦塔诺的著作后来得到了雷内·李维耶勒*Mandrin* (Grenoble, 1975)一书的精简，但并未进行明显的改动。虽然发现这两本著作都颇有助益，但我的研究方法仍试图跳出传统传记的范畴。

可能。对于揭示法国大革命之前数十年间大众文化的政治化进程而言，制造马德林及其传奇的那个阴暗的地下经济所具备的强有力的多重象征值得进行仔细的研究。

在讲述路易·马德林及其同伙的故事时，我有着双重的目的。马德林的故事向看起来浩大、冷漠的历史力量中添加了血肉与骨架，赋予了关于全球化、国家、消费和叛乱的抽象主题以人的属性。他的跨境活动、武装贸易、勒索行为，以及被神化为传奇的经历都展示了18世纪全球经济与政治转型中的戏剧性本质。

然而，马德林不仅仅是其所处时代的倒影。他的生平还揭示了一个关于立场与姿态的微观世界——这个世界即便从不明显的有利视角看来仍是微不可查的。放大个体的做法令以下行为成为可能：考察他如何回应这个令他如鱼得水的世界，在短暂但变化无常的一生中他做出了怎样的选择，以及在极其具有挑战性的环境中他利用了何种文化和物质资源达成所愿。他的致富是否仅仅只是因为其商业上的努力目标，抑或还有政治上的弦外之音？在对一名来自社会底层的走私者做出任何评判之前，我们都必须了解大规模的社会进程和僵硬的社会规范限制18世纪穷人与被边缘化者自由的程度；一名农民跻身贵族的可能性与一名妇女成为国务大臣一样渺茫。但在这些约束性条件的限制下，仍然存在着在微观层面上可察的自由尺度。通过关注权力结构之间的空隙，微观历史学家证明了普通人的阴谋诡计、交涉谈判和巧取豪夺都是他们维持生计的挣扎手段，并可能在这个过程中挑战了原有的秩序。这一领域的大师乔瓦尼·列维认为，正是在这种自由受到严重压制的矛盾范畴中——其间个体的精神力面对着强大但非全能的社会结构和范式——人们做出了日常生活的决断。观察普通男女如何在这一场域内富有策略的工作就是观察如何自下而上地塑造历史。①

在马德林这个案例中，我们显然是在探讨一个不同寻常的"普通"人。就许多方面而言，他是一个非典型的走私者。但非典型个体的生平同样能够阐明这个难以捉摸的"普通"人，更遑论它对个体身处其中的社会的阐释了。②马德林交易走私货物的暴力方式令他与众多同行截然不同，但他们也激活了边境地区的灰色经济。他利用已经显现出反叛性的大众文化，临时拼凑出了一套商业手段，直接挑战着包税公司的权力，激起了公众关于占据法国财政国家中心地位的机构合法性的讨论。唯有微观历史能够捕捉到其所作所为，他借此向观察者们以及王权展现了自己的意图。也唯有微观历史能够揭示大众文化中的作家和其他对话者如何赋予他的叛乱行径以意义，从而塑造出一个政治反抗的象征。

没有单一的观察尺度——不管是宏观历史、微观历史或介于两者之间的任何一种层次——能够垄断历史真实。我们所能做的就是在它们之间切换，与观察尺度自身博弈，希望能够获得对过去更为完整的理解。3以此为宗旨，接下来的章节将在对人类产生重大影响的大规模、长时段进程、欧洲国家和社会（主要是在法国）中发生的中等规模的演进和发生于一个人生命中的小规模——甚至是极小规模的即时事件之间进行切换。在这样

---

① Levi, "On Microhistory," in *Microhistory and the Lost Peoples of Europe*, ed. Edward Muir and Guido Ruggiero, trans. Eren Branch (Baltimore, 1991), chapter 5. 另见William H. Sewell, *Logics of History: Social Theory and Social Transforamation* (Chicago, 2005), chapter 4. Gabrielle M. Spiegel, "Comment on A Crooked Line," *AHR* 113 (2008), 411-412,赋予了这一进路以"新现象学"的标签。

② Carlo Ginzburg and Carlo Poni, "The Name and the Game: Unequal Exchange and the Historiographic Marketplace," in *Microhistory*, ed. Muir and Ruggiero, 7-8; and Carlo Ginzburg, *The Cheese and the Worms: The Cosmos of a Sixteenth-Century Miller*, trans. John and Anne Tedeschi (Baltimore, 1992) 21.

③ Jacques Revel, ed., *Jeux d'Échelles: La micro-analyse à l'expérience* (Paris, 1996). Emma Rothschild, "Late Atlantic History," in *The Atlantic World c.* 1450-1850, ed. Nicholas Canny and Philip Morgan (Oxford, 2011), 634-647.

的视角间切换不仅让考察世界性贸易、帝国和个体生活之间的联系成为可能，也让考察学者们借以划分过往进程的经济、政治和文化历史这类范畴之间的联系成为可能。本书即通过缩短世界、国家与地区以及经济、政治与文化领域之间的距离，致力于探讨18世纪地下经济的全部力量与影响。

第一章　欧洲消费的全球化

　　1745年。弗吉尼亚卡特林区。马塞勒斯正在詹姆斯河河岸的低地上辛苦劳作着。他在西非被捕获，坐船横渡大西洋后被一个富有的殖民地农场主购得，现在正与其他大约20名奴隶在持续进行着种植烟草的工作。在薪水随着收成而涨落的监工的严密监视下，他们每年都从事着清理田地、预备苗床、移栽幼苗、刈除杂草、修剪枝条、收割和制成数千磅具有香甜气味的烟叶的工作。他们的劳累工作所制造的产品被装入巨大的木制大桶，然后塞入船内，顺流而下运往切萨皮克湾的出海口，而后再进入开阔的大西洋。抵达不列颠列岛之后，这些烟草将再次出口到法国，那里的消费者把其磨成粉末并吸入鼻子。①

　　1739年11月1日。印度本地治里。在这个大约距离卡特林区8600英里远的地方，阿南达·兰加·皮莱在位于科罗曼德尔海滨的家中潦草地书写着日记。他曾是受人瞩目的承包商，而今则成为了本地治里法属东印度公司的主要代理商。作为一名严谨的记录者，皮莱记下了这一天的事项：两艘公司船只——"鸢尾花号"和"特里顿号"——将起航前往法国，船上满载着上百捆由技艺娴熟的印度纺织工生产的布料。这些纺织品种类之多令人惊讶；像丝一样光滑的平纹细布旁边垒放的是光彩夺目的印花棉布和或蓝或白的基尼布。这两艘船将从本地治里出发，横穿印度洋深海区，而

---

　　① Lorena Walsh, *From Calabar to Carter' Grove: The History of a Virginia Slave Community* (Charlottesville, VA, 1997), 115, 119-120, 159 and 238.

后绕过好望角，北上抵达位于法国布列塔尼多岩石海岸的大西洋港口洛里昂。在这个港口中，部分纺织品将被卸下，经过拍卖出售最终流转至追逐潮流的欧洲人手上。其余布匹将被运往离马塞勒斯出生地不远的非洲西海岸，用于交换奴隶，这些奴隶将被塞入货船，跨越大西洋运往美洲。①

1754年6月22日。法国米约。路易·马德林与20名全副武装的走私者策马进入了朗格多克南部地区的一个小镇。令该镇中唯一的王权代表——总督代理人吃惊的是，他们占据了集市广场，并在光天化日之下兜售烟草和印度棉布，"其公开程度甚至超过了那些贩卖小装饰品和念珠的商贩"。在赚取了1000多埃居之后，他们在小镇中举行了一场"阅兵式"，而后迅速撤离，留下了希望得到更多货物的镇民。一个当地人在下一个市镇追上了这伙人，再次向他们求购价值4路易的棉布，但他来得太晚了。由于存货已经卖光，他只能退而求其次地购买了一些廉价种子。②

乍看起来，上述三个人——身处大西洋西部沿岸的奴隶马塞勒斯、印度次大陆东海岸的商人皮莱和来自法国内陆行省的走私者马德林之间似乎没有多少联系。但他们以及其他无数人的生活都通过两种新的全球性商品——烟草和印花棉布的贸易而被联结在了一起。③虽然马德林走私的烟草并非全部来自弗吉尼亚，其团伙贩售的印度棉布事实上也并非产自印度，但其赖以发迹的地下经济却是法国国王干预急剧扩张的印度洋和大西洋市场行动的意外产物。当马德林穿越走私者横行的法国、萨伏伊与瑞士边界地带时，他便参与到一个从切萨皮克湾海岸延伸到孟加拉湾的世界经

---

① *The Private Diary of Ananda Ranga Pillai*, ed. J. Frederick Price and K. Rangachari (New Delhi, 1985), 1: vii-x and 1:104; Jean Boudriot, *Compagnie des Indes*, 1720-1770 (Paris, 1983), 245.

② ADH C 1978, Nayac to Bonefon, 18 July 1754.

③ 为了方便起见，我将使用"印花棉布"（calico）一词——就像法国人所使用的"indiennes"一词，来指称所有的印度棉纺织品，其中包括平纹细布、着色与印染印花棉布和基尼布。

济体系当中，也卷入了一个正在快速吸纳来自遥远大陆的殖民地货物的欧洲消费文化当中。要了解这个多菲内农村地区的年轻走私者如何挑战这个世界上最强大的政权之一，我们首先需要知道他的地下交易是如何与快速崛起并推动欧洲中心地带产生新的消费习惯的全球经济相联系的。

消费革命

物资短缺是中世纪与近代早期欧洲的正常现象。除开那些宴饮游乐、服饰华丽、生活相对舒适的君主、贵族和富商，无论是农村中的农民还是城市中的工匠和其他劳工，大部分人都过着不稳定的生活。许多人仍在为生存而挣扎，他们所食不过面包和燕麦粥，所穿不过粗羊毛衣，所住不过简单的小屋或单人房。繁荣的市镇的确存在，但它们直到17世纪和18世纪才出现，其贸易活动对以极缓慢速度增长的农业经济的整体影响有限。事实上，这是一个农民社会，在其中唯有掌握特权的少部分人才可以获得最基本必需品之外的任何东西。

然而历史学家已经发现，从1650年前后至1800年这一时期，也就是工业革命出现之前，普通的西欧人便开始购买规模史无前例的商品。不仅贵族阶层增加了其数额已经十分惊人的消费，连普通的从业者、批发商、熟练工匠、较富裕的农民和家庭仆役都开始消费种类更为丰富的商品。他们将木制家具（床、椅子、梳妆台和衣柜）与家庭装饰用品（厨具、陶器、钟、镜子和窗帘）带回家中。他们购买了更多的服装（大衣、套装、衬衫、短裤、女式礼服和长筒袜），神气地炫耀新的配饰（雨伞、鼻烟盒和怀表）。他们品尝了更多的食物和饮品（白面包、白糖和白兰地），并在文化产品和活动（书籍、绘画和戏剧）中大肆挥霍金钱。在欧洲工业化之前所经历漫长历史的最后一个世纪里，中产阶级——在某种程度上还包括下层社会——的物质世界逐渐得到充实。[1]

然而社会中的商品还没有丰富到令"大众消费"一词名副其实的程度，因为一大批绝望的穷人和长期的营养不良者仍被隔绝于这个消费的全盛时期之外。[2] 不过这个物质世界当然已经足够充裕，能够给予民众生活于新时代的感觉。事实上，社会各阶层消费产品的增加推动了关于"奢侈"——这个在18世纪遭到严格审视的词汇——的道德与政治含义激烈争论的出现。一方面，卫道士们担心反对世俗享乐追求的基督教禁令遭到违犯，平民高于其地位的消费将导致社会地位的僭越，以及似乎始终会在奢侈之风的破坏性复苏之后出现的公民美德的腐化。另一方面，奢侈之风的辩护者们声称其蔓延仅仅只是长时段物质进程的良性结果而已。根据这些辩护者的说法，被卫道士们斥为危险的奢侈之风是将被下一代人视为纯粹必需并带来合理便利的商品。[3]

不同阶层的消费为何均在第一时间开始崛起是一个复杂的问题。消费的增长不能归功于工业革命，因为机械化工厂生产在这一时期行将结束之际方才开始出现。对于任何仰赖于消费革命和全球贸易的事物而言，

---

[1]　关于消费崛起的文献综述，见Jan de Vries, *The Industrious Revolution: Consumer Behavior and the Household Economy, 1650 to the Present* (Cambridge, 2008), chapter 4. 新的消费形式在社会阶层中向下传播的程度仍有待商榷。在西北欧地区——荷兰、英国和巴黎盆地，部分从事劳动的穷人（小农、零售商人、工匠和劳工）无疑增加了他们的消费。即便是在南部行省首府阿维尼翁，劳苦民众所获得的商品种类似乎也有所增加。见Madeleine Ferrières, *Le bien des Pauvres: La consummation populaire en Avignon* (1600-1800) (Seyssel, 2004). 但我们应当警惕对于消费的过度乐观阐释，即便是对英国而言。关于一项避免了走向乐观和悲观极端的服装消费评估，见John Styles, *The Dress of the People: Everyday Fashion in Eighteenth-Century England* (New Haven, CT, 2007).

[2]　Carole Shammas, "Changes in English and Anglo-American Consumption from 1550-1800," *in Consumption and the World of Goods*, ed. John Brewer and Roy Porter (London, 1994), 199, 仅将英文背景中的"大众"消费一词适用于"烟草、糖制品和咖啡因饮品"。

[3]　关于奢侈之争的历史编纂学的切入点，见Istvan Hont, "The Early Enlightenment Debate on Commerce and Luxury", in *The Cambridge History of Eighteenth-Century Political Thought*, eds. Mark Goldie and Robert Wokler (Cambridge, 2006), 377-418.

这两者帮助制造了比其更知名的替代品，而非相反。[1] 更为可信的是，多种文化和经济因素的结合推动了消费的激增。首先，随着报纸广告、时装杂志、零售商店以及令消费欲望高涨的商贩的增加，潮流变得更加商业化。[2] 其次，虽然这一时期的工资并未上涨，但家庭成员加大了工作强度。男人们的工作时长和强度都有所增加，妇女和儿童也成群进入劳动力市场。市场劳动力供给的增加可能抵消了工资增长停滞的影响，增强了家庭的购买力。虽然部分家庭辛苦劳作也仅能勉强维持生计，但某些家庭似乎已经有计划地从事薪酬更优渥的工作，以购买更多的东西。[3] 再次，欧洲内部的贸易和制造业得到了扩张。农业越来越专业化，并以市场为导向，市镇的发展速度高于人口增长率，从而提高了城市的需求，国家内部与国家之间的商业运输得到了显著改善。

最后，贸易全球化拓宽了欧洲的物质世界。虽然欧洲消费的大部分耐用商品和半耐用商品均为自产，但这一时期部分最畅销的商品却是进口自遥远的海外大陆。事实上，欧洲的消费习惯在全球贸易的新渠道开拓之后发生了戏剧性的变化，正如修道院院长雷纳尔在其重要著作《哲学与政治历史：欧洲人在东西印度的机构与商业活动》（*Histoire philosophique et politique, des établissements et du commerce des Européens dans lesdeux*

---

① Ronald Findlay and Kevin H. O'Rourke, *Power and Plenty: Trade, War, and the World Economy in the Second Millennium* (Princeton, NJ, 2007), chapter 6; and P. C. Emmer, O. Pétré-Grenouilleau, and J. V. Roitman, eds., *A Deus ex Machina Revisited: Atlantic Colonial Trade and European Economic Development* (Leiden, 2006).

② Neil McKendrick, John Brewer, and J. H. Plumb, *The Birth of Consumer Society: The Commercialization of Eighteenth-Century England* (Bloomington, IN, 1982); de Vries, *Industrious Revolution*, chapter 4; William H. Sewell Jr., "The Empire of Fashion and the Rise of Capitalism in Eighteenth-Century France," *PP* 206 (2010), 81-120; Carlo Poni, "Fashion as Flexible Production: The Strategies of the Lyons Silk Merchant in the Eighteenth Century," trans. Patrick Leech, in *World of Possibilities: Flexibility and Mass Production in Western Industrialization*, eds. Charles F. Sabel and Johnathan Zeitlin (Cambridge, 1997), 37-74; and Natacha Coquery, *Tenir boutique à Paris au XVIIIe siècle* (Paris, 2011).

③ de Vries, *Industrious Revolution*.

Indes）一书开篇所大胆宣称的：

> 对于全体人类而言，特别是对于欧洲人而言，从来没有一件事情
> 比新世界的发现和绕过好望角前往印度新航路的发现更为重要了。这
> 一时期掀起了一场商业领域、国家权力领域、社会习俗领域、工业领
> 域和政府领域的革命。正是在这一时刻，相距最遥远的人都变得彼此
> 相依赖；热带地区的产品被身处极地气候地区的人们所消费；北方工
> 业转移至南方；东方的衣饰流传到了西方，各个地方的人们都在交流
> 他们的观点、律法、风俗、医术、疾病、美德与恶行。一切都已经改
> 变，而且必须继续改变。[1]

雷纳尔当然有所夸张。欧洲内部与亚洲内部贸易的价值在整个近代早
期都仍然远远高于洲际贸易的价值。数个世纪以来，最富有的欧洲人已经
通过陆路和水路（如丝绸之路）享用着南亚与东亚的奢侈品，它们从爪哇
和中国等地远道而来，经过地中海东岸的黎凡特，抵达欧洲南部。然而，
在1492年"发现"新世界以及1501年绕过好望角前往亚洲的直达航路开拓
之后，长距离的海上贸易航线成倍增加，环绕全球，前所未有地将美洲、
欧洲、亚洲和非洲连接在了一起。"定期的商业交往在人类历史上第一次
将世界上的各大陆直接联系在了一起"，在洲际商品洪流中创造出了新的
模式。[2]

从16世纪至18世纪，随着墨西哥、秘鲁和玻利维亚等地银矿的发现，

———

[1]　Guillaume-Thomas-François Raynal, *Histoire philosophique et politique des établissements et du commerce des Européens dans les deux Indes* (Amsterdam, 1770), 1:1-2. Adam Smith在An Inquiry into the Nature and Causes of the Wealth of Nations, eds. R. H. Campbell and A. S. Skinner (Indianapolis, IN, 1981), 2:626中借鉴了该文章。

[2]　Jan de Vries, "Connecting Europe and Asia: A Quantitative Analysis of the Cape-Route Trade, 1497-1795", in *Global Connections and Monetary History*, 1470-1800, eds. Dennis O. Flynn, Arturo Giraldez, and Richard Von Glahn (Aldershot, 2003), 36.

真正意义上的全球流通得以形成。西欧商人将一船船经由遭受压榨的美洲土著、非洲人和混血克利尔奥人劳动力开采的白银从中美洲和南美洲运往欧洲，而在欧洲，这些贵金属增加了深受品类匮乏之苦的经济的流动性。当时的商人们避开控制着欧洲所进口亚洲香料的威尼斯与马穆鲁克中间商，将白银从欧洲运送至南亚和东亚，用以交换香料、生丝、棉纺织品、瓷器和茶叶，他们绕过好望角返回欧洲之后再将这些商品出售给饥渴的消费者，获取巨利。[①] 各大陆之间的联系并未在此终止。虽然诸多从亚洲进口的商品都在欧洲就地消费，但许多运抵欧洲的印度棉布仅仅只是在该大陆的大西洋沿岸地区作短暂停留，而后它们将被运往非洲西海岸，在这里，精明的非洲统治者、商人和消费者与欧洲同侪一样垂涎这些商品。正如一位法国作家所观察到的非洲贸易，"漂亮的印花棉布总是比其他更昂贵的布料更受欢迎，这或是因为多变的色彩更符合黑人的品位，或是因为布匹的光亮度更适宜这些炎热的气候"[②]。难怪当18世纪大西洋奴隶贸易达到顶峰时——当时大约有600万人被迫离开非洲，印度棉布是英国和法国商人用以交换非洲被俘奴隶的众多商品中最有价值的一项，其价值远超

[①] Dennis O. Flynn and Arturo Giráldez, "Born with a Silver Spoon: The Origin of World Trade in 1571," *JWH* 6 (1995), 201-221, 强调了美洲白银在世界贸易发展中的重要性; idem, "Cycles of Silver: Global Economic Unity through the Mid-Eighteenth Century," *JWH* 13 (2002), 391-427; Michel Morineau, *Incroyables gazettes et fabuleux métaux: Les retours des trésors américains d'après les gazettes hollondaises* (Cambridge, 1985); and de Vries, "Connecting Europe and Asia." 横跨太平洋直接抵达亚洲的白银航路也曾经存在，但不及途径欧洲的那条航路。

[②] 引自Madeleine Dobie, *Trading Places: Colonization and Slavery in Eighteenth-Century French Culture* (Ithaca, NY, 2010), 93.

经常与贸易联系在一起的酒精、枪支和廉价首饰。[1] 通过印花棉布购得的非洲奴隶被装船运往美洲种植园，他们被迫在此为欧洲消费者生产大量的热带商品（白糖、烟草、巧克力和咖啡），随着大规模殖民地开拓商品价格日益低廉，欧洲消费者则从中获益。基于这种史无前例的被迫迁徙，美洲种植园复合体确保了跨大西洋贸易的规模在18世纪之前远大于欧洲与亚洲之间的贸易。然而只有到了大西洋与印度洋之间的贸易航道实现了数量和体量上的增长时，才可能论及近代早期的全球化进程——而世界贸易则在其中日益得到整合。[2]

---

[1] Herbert S. Klein, *The Atlantic Slave Trade* (Cambridge, 1999), 86-89; Joseph E. Inikori, "English versus Indian Cotton Textiles: The Impact of Imports on Cotton Textile Production in West Africa," in *How India Clothed the World: The World of South Asian Textiles, 1500-1800*, ed. Giorgio Riello and Tirthankar Roy (Leiden, 2009), 85-114; Colleen E. Kriger, "Guinea Cloth: Production and Consumption of Cotton Textiles in West Africa before and during the Atlantic Slave Trade," in *The Shinning World: A Global History of Cotton Textiles, 1200-1850*, ed. Giorgio Riello and Prasannan Parthasarathi (Oxford, 2011), 105-126. 关于用印花棉布交换被捕奴隶情况特别显著的法国，见Jean Tarrade, *Le commerce colonial de la France à la fin de l'Ancien Régime* (Paris, 1972), Ⅰ, 125-245; Richard Drayton, "The Globalization of France: Provincial Cities and French Expansion," *History of European Ideas* 34 (2008), 429; Oliver Raveux, "Spaces and Technologies in the Catton Industry in the Seventeenth and Eighteenth Centuries," Textile History 36:2 (2005), 135; Philippe Haudrère, *La Compagnie française des Indes au XVIIIe siècle* (Paris, 2005), 273-285; and Robert Harms, *The Diligent: A Voyage through the Worlds of the Slave Trade* (New York, 2002), 81.

[2] 关于这一情况，见Peter Coclanis, "Atlantic World or Atlantic/World," *William and Mary Quarterly* 63:4 (October 2006), 725-742, 该文章赞同关于近代早期的全球理论，而非大西洋理论。但K. H. O'Rourke and J. G. Williamson, *Globalization and History: The Evolution of a Nineteenth Century Atlantic Economy* (Cambridge, MA, 1999) 虽然承认在近代早期全球一体化达到了某种程度（由价格趋同趋势可知），但其强调了全面的一体化只有随着19世纪运输与工业的剧烈转型而发生。

我们仅仅只是开始全面估计殖民地商品对欧洲消费的影响。[①] 如果说香料和丝绸等珍稀奢侈品主导着早期的欧亚贸易——事实上，正是亚洲香料的"圣杯"诱惑哥伦布首次前往美洲——那么在17世纪和18世纪，一批产自亚洲和美洲的半奢侈品（甚至是"大众奢侈品"）则超越了前者。那些精英所预订的珍稀奢侈品并没有从贸易当中消失，但是在接下来的一段时期里，大量的进口商品为欧洲的各色人等所消费。数字能够自证其理。截至18世纪晚期，欧洲人每年要消费1.25亿磅的进口烟草，1.2亿磅的咖啡，4000万磅的茶叶，1300万磅的巧克力，5亿磅的白糖。[②] 他们同时还购买了上百万匹的印度棉布和以商船量计数的中国瓷器。[③]

这些商品和产品的惊人增长深刻地改变了欧洲的经济和文化风貌。欧洲上流社会和中产阶级改变了饮食、穿衣和家居装潢的方式，以及彼此之间进行社交的方式。研究启蒙运动的学者们一度认为18世纪理性主义哲学宣告了近代世界的到来，而今他们提出，在这一时期的消费文化中存在着

[①] Carole Shammas, "The Revolutionary Impact of European Demand for Tropical Goods", in *The Early Modern Atlantic Economy*, ed. John J. McCusker and Keneth Morgan (Cambridge, 2000), 163-185; Maxine Berg, "*In Pursuit of Luxury: Global History and British Consumer Goods in the Eighteenth Century,*" *PP* 182 (2004), 85-142; John E. Wills, "European Consumption and Asian Production in the Seventeenth and Eighteenth Centuries," in *Consumption and the World of Goods, ed. John Brewer and Roy Porter* (London, 1994), 133-147; C. A. Bayly, *The Birth of the Modern World* 1780-1914 (Malden, MA, 2004), chapters 1-3; Anne E. C. McCants, "Exotic Goods, Popular Consumption, and the Standard of Living: Thinking about Globalization in the Early Modern World," *JWH* 18 (2007), 433-462; and idem, "Poor Consumers as Global Consumers: The Diffusion of Tea and Coffee Drinking in the Eighteenth Century," HER 61 (2008), 172-200.

[②] Jordan Goodman, "Excitantia: Or, How Enlightenment Europe Took to Soft Drugs," in *Consuming Habits: Drugs in History and Anthropology*, ed. Jordan Goodman, Paul E. Lovejoy, and Andrew Sherratt (London, 1995), 126. 关于糖类进口商品，见Robin Blackburn, *The Making of New World Slavery: From the Baroque to the Modern*, 1492-1800 (London, 1997), 403. 这些数据均基于官方统计，而如果考虑诈骗和走私因素，那么真实的进口水平甚至更高。

[③] 关于印度棉布，见本章其后部分。关于瓷器，见Peter Wilhelm Meister and Horst Reber, *European Porcelain of the Eighteenth Century* (Ithaca, NY, 1983), 18; and Geoffrey A. Godden, *Oriental Export Market Porcelain and Its Influence on European Wares* (London, 1979).

独特的现代元素。变化的消费习惯内含众多刚刚显现的价值观与欲望——舒适、家庭生活、新颖、体面、可靠、洁净、使用、简单、隐私，其中许多元素至今仍为我们所采用。在一个尘世快乐的启蒙运动理想获得追捧的时代，消费价值观反映了对于人类与物质世界之间关系的新看法。正如罗伊·波特所断言的："启蒙运动的新奇之处在于它赋予愉悦的正当性，这并不像偶尔的狂欢、神秘的忘我状态或贵族的特权，而是像普通人一样去追寻理智（不仅仅是净化灵魂）或在现世（不仅仅是来世）求得满足的惯常权利。"①

在近代早期最为重要的全球性商品中，马德林的武装团伙所经营的两种商品——烟草和印花棉布在这些转型过程中就起着重要作用。它们在地球的另一端被生产出来，而后汇聚于欧洲，以满足男人和女人、城市居民和乡下人、工匠和农民全都或多或少地参与其中的、日渐勃兴的消费文化。那么，这些商品是在何处由谁通过什么方式生产出来的？消费者赋予了它们什么意义，而这些意义又如何与正在成型的更大范围消费文化联系在一起？我们将焦点集中于有关烟草和印花棉布的社会生活不仅令追寻它们杂乱的地理轨迹成为可能，也有助于观察那些依附于它们、随其从生产地转移至消费地并在此过程中产生强烈消费需求的文化意义。

西风东渐：新世界的烟草

数个世纪以来，欧洲人已经在享用诸如酒精和当地香草等精神刺激类产品，但随着全球贸易的扩张，消费者遭遇到了一系列新的、能对精神起显著作用的物质。在1650年至1800年，烟草、咖啡、茶叶和巧克

---

① Roy Porter, *The Creation of the Modern World: The Untold Story of the British Enlightenment* (New York, 2000), 260. 类似的阐释见Daniel Roche, *France in the Enlightenment*, trans. Arthur Goldhammer (Cambridge, MA, 1998).

力——后三种饮料要配上大量的加勒比白糖——成了欧洲文化生活的主要内容。此类商品的传播如此迅速，其地位变得如此稳固，以至于一位历史学家曾断定"精神刺激类物质的革命"是范围更广的消费革命的核心。[①]

关于这些商品令人惊异的崛起过程的原因，一个显而易见的阐释指向了它们的成瘾特性。烟草、咖啡、茶叶和巧克力分别含有尼古丁、咖啡因和咖啡碱——在欧洲，这些精神刺激类物质超出了它们最初隶属的高深医学领域，成了娱乐性消费的商品。"一旦它们引发愉悦和改变意识的特性为人所知，它们就离开了医疗领域，进入到大众消费领域。"当更多的人口暴露于这些影响神经系统的物质之下，"其定期使用者需要用更大的剂量来体验最初的效果，这意味着销售额可能会增加"[②]。对于烟草而言，情况尤其如此，它成了18世纪得到最广泛消费的殖民地精神刺激类产品。尼古丁——一种作用于大脑神经末梢以提高多巴胺分泌水平的生物碱——同时也是兴奋剂和造成警惕、兴奋与安静状态的缓和剂。然而就其提高多巴胺分泌水平的特性而言，它具备极高的成瘾性，任何一个已经习惯于饭后抽一支烟（或两支）的吸烟者都能证明这一点。吸或抽烟草甚至比注射海洛因具备更高的成瘾风险，因为烟草为大脑提供了一系列细微的快感冲击（而非一次性的巨大冲击），从而在烟草与快感之间建立了强有力的联系。[③]

然而身体成瘾只是烟草获得成功的一种解释。它的精神刺激作用效果必须被置于更广阔的文化背景当中，这种文化背景解释了消费者自身

[①] David T. Courtwright, *Forces of Habit: Drugs and the Making of the Modern World* (Cambridge, MA, 2001).

[②] Ibid., 4. 另见Goodman, "Excitantia."

[③] David J. Linden, *The Compass of Pleasure: How Our Brains Make Fatty Foods, Orgasm, Exercise, Marijuana, Generosity, Vodka, Learning, and Gambling Feel So Good* (New York, 2011), 50-51.

赋予这种植物的重要意义。在此我们遇到了一个复杂的历史问题。为了确定从海外进口至欧洲的商品的文化意义，思考它们在原产地环境中的意义以及当它们进入欧洲本土时这些意义如何被剔除、改造或挪用是十分重要的。这不是一项轻松的任务。然而一些历史学家强调"商品本地化"的进程——通过这一进程，进口的意义遭到了重构，与其所流入的文化保持了一致；另一些历史学家则强调了在原产地环境中依附于进口商品的意义在它们被进口之后依然存在，并增强了它们的吸引力。① 在此，不使用此类明显具有双重意味的词语去理解这一问题可能是更好的选择，因为在殖民地商品的复杂文化叙事中，这两项进程往往都发挥着作用。正如伊戈尔·科佩托夫所阐释的，此类叙事"能够展示人类学家过去经常强调的东西：即采纳域外对象的重要意义——正如采纳域外观念一样——并非它们被采纳的事实，而是它们在文化意义上被再次予以定义和使用的方式"②。在烟草以及我们将要了解到的印花棉布的案例中，令人震惊的是，欧洲人重新定义它们的原产地意义以适应当时日渐发展的消费革命的方式。

欧洲人于17世纪和18世纪赋予烟草的部分意义能够追溯至新世界。原产于美洲的烟草是美洲印第安人的主要生活用品，对他们而言，烟草具备重大的宗教、文化和社会意义。它在美洲印第安人的宗教关于创造世界的

---

① 讽刺的是，"商品本地化"一词是由马歇尔·萨林斯（Marshall Sahlins）["Cosmologies of Capitalism: The Trans-Pacific Sector of the 'World-System,'" *Proceedings of the British Academy* 74 (1988), 1-51]所创造，用以阐释非西方文化如何融合新的欧洲商品，但现在这个词则被用于阐释非西方商品如何融入欧洲的消费文化。关于应用到这个概念的研究，见Ina Baghdiantz McCabe, *Orientalism in Early Modern France: Eurasian Trade, Exoticism, and the Ancient Regime* (Oxford, 2008); and Goodman, "Excitantia". 关于针对这一方法的批评，见Marcy Norton, *Sacred Gifts, Profane Pleasures: A History of Tobacco and Chocolate in the Atlantic* (Ithaca, NY, 2008), pp.7-9.

② Igor Kopytoff, "The Cultural Biography of Things: Commoditization as Process, in *The Social Life of Things: Commodities in Cultural Perspective*, ed. Arjun Appadurai (Cambridge, 1986), p.67.

神话中扮演了重要角色，并被进献给了饥饿的诸神，相信他们为了回馈这一珍贵的贡品，会在农业、狩猎、战争、贸易和人口繁衍上给予了印第安人帮助。烟草也被用于制造能让人类更接近超自然层级并有利于通灵的精神幻觉。

例如，萨满就利用烟草进入催眠状态，他们借此前往精神世界获取知识与训谕。[1] 考虑到这种宗教联系，烟草曾被用于治疗就毫不奇怪了。治疗者不仅将烟吹至人的躯体上诊断疾病，还通过敷烟叶来治疗从牙痛到胸痛再到创伤等众多疾病。[2] 最后，美洲印第安人还会为了庆祝社会性仪式而抽烟草：统治者们在会议与集会期间通过向宾客提供一烟斗碎烟叶来表达他们的殷勤好客，商人们通过仪式性的抽烟行为来庆祝起程和归家，人们在参加共同节日和载歌载舞时都会抽烟斗。[3]

第一批见到烟草的欧洲人是克里斯托弗·哥伦布和他的部下，他们于1492年在圣萨尔瓦多岛上遇见了美洲土著。哥伦布记叙道，在一次交换礼物的过程中，岛上的居民给他带来了"枯叶"，他在巴哈马和古巴也收到了同样的礼物，而在这两个地方，水手们看到男人和女人们"手上都拿着一束点燃的烟草，吸入那种他们早已习惯的带有香味的烟"[4]。这种遭遇在16世纪与17世纪早期探索和殖民新世界的第一代西班牙人、葡萄牙人、英国人和法国人中变得司空见惯。虽然殖民者在追寻黄金与香料的过程中背弃了灵魂，但他们没有放弃烟草，西欧人立即就对这种叶子上瘾了，

---

① Peter T. Furst, "Shamanism," in *Tobacco in History and Culture: An Encyclopedia*, ed. Jordan Goodman (Detroit, 2005), 2:517-522; Alexander von Gernet, "Nicotian Dreams: The Prehistory and Early History of Tobacco in Eastern North America," in *Consuming Habits: Drugs in History and Anthropology*, ed. Jordan Goodman, Paul E. Lovejoy, and Andrew Sherratt (London, 1995), 67-87.

② Jordan Goodman, *Tobacco in History: The Cultures of Dependence* (London, 1994), chapter 2.

③ 该段落来自Norton, *Sacred Gifts*, chapter 1; and von Gernet, "Nicotian Dreams".

④ 引自Norton, *Sacred Gifts*, 45-46.

他们用和美洲印第安人一样的方式享用它。很快，这种叶子就随着那些曾在美洲吸食它并希望将其带回家以供个人享用或作为礼物分发给朋友和熟人的商人、水手和传教士漂洋过海。被带上欧洲海岸的烟草慢慢地在这片大陆的许多地方散播开来。善于交际的大西洋商人与其他商人以及贵族分享了烟草，而后者又将它引入了欧洲宫廷。1659年至1660年，法国驻里斯本宫廷大使让·尼科对葡萄牙御花园中培植的烟草品种赞叹不已，他将其种子送给了洛林主教，后者则将烟草的鼻烟制成品交给了法国王后凯瑟琳·德·美第奇。返回祖国之后，尼科高兴地得知这种曾被称为"贝坦"（pétun）的烟草植物现在被命名为"尼科草"。[①] 除了廷臣之外，曾在新世界待过的神职人员也是烟草消费的先锋。烟草通过教会得以快速传播，并引发了关于教士吸食烟草的激烈伦理讨论。在更低的社会层级中，曾经领略过美洲风物的水手们在欧洲各港口的拥挤酒馆中吸食烟草，从而将这种习俗传播给了城市中的劳工、移居者和士兵。士兵们又在三十年战争（1618年至1648年）横跨欧洲的劫掠行动中向各地民众展示了这种叶子的奇妙之处。

　　与烟草一同传到欧洲的是美洲印第安人的文化意涵。它与社交的联系增强了其在欧洲的吸引力，当时的欧洲中产阶级和上流社会正在发展他们的社交兴趣——这首先是作为一种宫廷特色，而后又成为了启蒙运动的一项规范。正如敏锐的潮流观察家莫里哀在《唐璜》（Don Juan）的开场中所挖苦的，鼻烟有将普通男女转变为温文尔雅、能够欣赏交谈艺术的"正派人士"的能力："君不见人们只要吸一撮鼻烟，立马就会变得多么谦恭有礼，不管他们在何处，将鼻烟分发给左右都会令他们极其愉悦高

---

① Marc et Muriel Vigié, *L'Herbe à Nicot: Amateurs de tabac, fermiers généraux et contrebandiers sous l'Ancien Régime* (Paris, 1989), 15-16.

兴？”① 一名匿名作家曾经激动地宣称："打开的鼻烟盒是一项无人可以拒绝的公共权利。"② 凡尔赛宫的贵族们就是如此分享精美银制盒子中的烟草，而这种盒子也成了他们的收藏品。③ 烟草还在较低阶层的圈子中发展成为了一种礼貌姿态。1739年，在罗浮宫码头的一场盛大烟火表演中，若干名中产阶级妇女在与外埠居民皮埃尔·普里昂交谈时就递给他一撮鼻烟。④ 业已成为一种男性活动的吸烟行为，同样也与活跃的社会交流相联系。那些受人尊敬的从业者和商人们在咖啡馆中一边吸烟，一边讨论生意或政治，而农民与工匠则在乡村酒馆中一边玩牌，畅饮葡萄酒、啤酒或白兰地，一边吞云吐雾。⑤巴黎雕刻师尼古拉·盖拉尔在画作《兄弟情谊》（图1.1）中赞扬了这种平民社交的特性，作品描绘了一个富有同情心的平民将烟气吹入一个潦倒密友的空烟斗中（连一名乞丐都被认为应该拥有自己的烟斗，这一情况表明抽烟的习惯已经传播到了较低的社会层级中）。

对于劳动阶级而言，烟草的社会功用吻合了它的精神刺激特性。同一种物质既能建立友谊与团结关系，又能抵挡饥饿、干渴和寒冷，对于士兵、农民和工匠等不能保证稳定卡路里供应并且经常面对上述情形的人而言，这是一种不可思议的功效。在18世纪的英国，西德尼·明茨认为烟草

---

① *Don Juan*, act 1, scene 1.

② 引自E. Gondolff, *Le Tabac sous l'ancienne monarchie: La ferme royale*, 1629-1791 (Vesoul, 1914), 139.

③ Gondolff, Tabac, 217. 18世纪文学中最著名的例子之一便是Laurence Sterne的*A Sentimental Journey through France and Italy*.廉价的鼻烟盒则是由被查抄的低俗书籍所编造的。

④ David Garrioch, *The Making of Revolutionary Paris* (Berkeley, CA, 2004), 40 and 276. 这种行为于1730年被一名贫穷的巴黎醉鬼所模仿，他曾询问邻居和路人是否想获得一些从她母亲那里偷来的珍珠母鼻烟盒中的烟草。Déborah Cohen, *La nature du peuple: Les forms de l'imaginaire sociale* (XVIIe-XXIe siècles) (Seyssel, 2010), 269. 在19世纪之前，烟草并非被视为是男性的专属品，这种趋势直到19世纪随着香烟的引入才遭到逆转。

⑤ Woodruff D. Smith, *Consumption and the Making of Respectability* 1600-1800 (New York, 2002), chapter 5.

图1.1　《兄弟情谊》。Bibliothèque Nationale de France, Réserve QB-201（75）。

在这一方面与"充分满足农场和工厂工人需求并事实上将他们麻醉的"白糖及其他殖民地"成瘾性物质和食物"没有什么不同之处。[1]上百万的欧洲劳工通过吸食烟草来压制由饥饿引发的剧烈胃痛。

虽然旧世界的消费者们全然拒绝了美洲印第安人的宇宙哲学以及烟草在其中所占据的地位——这是未曾横跨大西洋的文化意涵之一，但欧洲人事实上继承了他们的一个观点，即新世界的烟草有着特殊的治疗效用。事实上，让·尼科最初将种子送给洛林主教乃是因为他相信烟草是一种有着治疗身体疾病奇效的草药；1561年，他建议使用鼻烟来治疗凯瑟琳·德·美第奇的慢性偏头痛。但相比于其他任何欧洲人，为烟草医学效用正当化做出最大贡献的是居住在塞维尔的医生尼古拉斯·莫纳德斯（1519年—1588年）。莫纳德斯通过将烟草纳入从古希腊时期起就成为医学基础的体液理论，奠定了它在欧洲医学界中的重要地位。根据该理论，健康取决于四种体液——血液、黑胆汁、黏液和黄胆汁——的恰当平衡，它们也分别于四种基本属性相联系，即热、冷、湿和干。得不到恰当平衡的胆汁会令人生病，而人体只有重新恢复体液的平衡方能重新获得健康。幸运的是，人们能够依靠某些草药来恢复这种平衡，而多亏了莫纳德斯，烟草也成为了其中一员。根据西班牙人关于新世界植物涉猎甚广的历史，被他归类为干热性质的烟草能够通过排出过度潮湿的体液从而可以治疗多达20种的疾病（从胸痛、哮喘到胃痛、牙痛）。虽然由于烟草已为新世界的异教徒所用，一些教士坚持认为它是恶魔之草，但莫纳德斯明确的医学评定却获得了胜利，烟草在启蒙运动时期占据了主导地位——在这一时期殖民地的精神刺激类产品胜过了本地的草本药物。[2]

---

[1] Sidney Mintz, *Sweetness and Power: The Place of Sugar in Modern History* (New York, 1986), 180.

[2] Norton, *Sacred Gifts*, chapter 5; Jordan, "Excitantia."

在17世纪和18世纪，烟草超越了治疗领域，成了我们今日所称的消遣性神经刺激物质。正如盖拉尔诙谐的雕版作品《时髦的消遣》（图1.3）所展示的，这种植物叶子在消遣背景之下看起来像是快感、消遣和娱乐的无尽之源。这幅作品描绘了一名倚靠在扶椅上的贵族将一根萝卜状的烟草研磨成鼻烟。根据这幅作品的标题，如果说这种粉末有着"清醒神志和涤荡大脑"的医学功效，那么它也能够成为人们沉迷的消遣对象，让这个时髦的贵族始终处于无所事事的状态。"因为有你（鼻烟）人们才一直有事可做，/如果你知道如何消遣，你也会知道如何保持忙碌的状态；/每时每刻他都必须研磨，/打开，填满和关上他的鼻烟盒，/吸入鼻孔，打个喷嚏，擦拭干净，再吐一口气/愈来愈快，/重新开始所有步骤。"烟草被认为不仅能够起到治疗作用，还能让消费者保持一种活跃而无所事事的矛盾状态。当然，这种令人沉溺于其中的行为也曾遭遇到了非议。一位评论家抱怨称，"愉悦"变成了"习惯"，而"习惯"又变成了"必要"。[1] 德意志医师弗里德里克·霍夫曼主张称吸食烟草"应该更多地作为一种治疗手段，而非视作乐趣加以倡导"，并撰文反对这种文化潮流。[2]

基于所有这些因素——精神刺激性、社交性、健康和消遣，烟草消费的规模在莫纳德斯支持烟草的文章发表之后的两个世纪里得以迅速扩大。截至18世纪晚期，大众消费的全新篇章已被揭开，当时各个阶层的欧洲人每年都用咀嚼烟草、抽烟和吸鼻烟的方式消费了1.25亿磅的进口烟草。[3] 虽然历史学家们已经在一般意义上用社会竞争的观点阐释了近代早期消费

---

[1] 引自Gondolff, *Tabac*, 219.

[2] 引自Mary Lindemann, *Medicine and Society in Early Modern Europe* (Cambridge, 1999), 89. 虽然在*Encyclopédie, ou dictionnaire raisonné des sciences, des arts et des métiers*, ed. Denis Diderot and Jean le Rond d'Alembert, Vol. 15 (Neufchastel, 1765), "tabac," 785中，烟草的生理学疗效遭到了怀疑，但它从未失去作为一种有效药物的声誉。见BN MS 8378, fol. 401; *AP*, 2:365, art. 36; and Gondolff, *Tabac*, 524-525.

[3] Goodman, "Excitantia," 126. 18世纪末，平均每个西欧人每年要消费1.2磅的烟草，其中大部分通过鼻烟形式消费。Goodman, *Tobacco in History*, 73.

图1.2 《时髦的消遣》。Bibliothèque Nationale de France, Réserve QB-201（75）。

的发展——普通人效仿中产阶级，中产阶级效仿贵族等级，贵族等级从国王那里有样学样，但烟草在近代早期欧洲的传播过程不是遵循简单的自上而下的轨迹。[①] 在16世纪业已进入精英与大众关系网之后，它又在接下来的数个世纪中大受所有社会群体和男女两性的欢迎，成了欧洲最流行的殖民地商品。

最初，为了满足日益增长的需求，17世纪初期尼德兰、阿尔萨斯和法国西南部的农民开始种植烟草，由于哥伦布带来的生物大交换的发生，这种植物得以在欧洲的土壤上落地生根。然而，欧洲出产的烟草很快就被加勒比地区和美洲东海岸如雨后春笋般出现的种植园出产的烟草所超越。西班牙、葡萄牙、荷兰、英国和法国殖民者都涌入美洲从事烟草生产，希望借此暴富，但不是所有人都获得了成功。在17世纪，加勒比地区的英国和法国种植园主放弃了烟草，转而生产白糖和咖啡，从而令英属北美（以及扮演次要角色的葡属巴西）成了新世界烟草生产的中心。切萨皮克湾成了世界上最大的烟草供应者，其产量在18世纪20年代至70年代增长了两倍，达到每年1亿磅。[②] 直至美洲革命时期，烟草都是北美最有价值的出口商品。

大规模生产令欧洲人源源不断地获得价格越来越低的烟叶，但其人工成本却异乎寻常地高。烟草种植属于劳动密集型产业。除了在苗床中播种和移栽幼苗之外，植株还需要接受"去顶"和"分蘖"处理（将其顶部切除，并将第二分枝移除），以及其后的收割和加工工序。最终，必须将烟

---

①　社会竞争模式最初由索尔斯坦·凡勃伦和诺贝尔·伊莱亚斯提出，但现已遭到挑战。见Michael Kwass, "Big Hair: A Wig History of Consumption in Eighteenth-Century France," *AHR* 111 (June 2006), 631-659.

②　Goodman, *Tobacco in History*, 146; and Jacob Price, "Tobacco Use and Tobacco Taxation: A Battle of Interests in Early Modern Europe," in *Consuming Habits: Drugs in History and Anthropology*, ed. Jordan Goodman, Paul E. Lovejoy, and Andrew Sherrat (London, 1995), 166.

叶从其茎秆上剥离，去除柄梗，将其塞入木桶并横渡大西洋。在切萨皮克湾地区的弗吉尼亚和马里兰等殖民地，这种全年无休的劳作最初由种植园主的家庭成员们及其雇佣的爱尔兰或英格兰仆人承担，但从17世纪80年代开始，随着雇佣仆人价格的上涨，种植者们开始从非洲——特别是从西海岸的比亚法拉湾——购买奴隶。由于人口的自然增长和新捕获奴隶的不断抵达，在1755年，切萨皮克湾的奴隶人口很快增加到了大约16.5万人，其中半数属于10%的最富有的白人种植园主。① 当切萨皮克湾地区的殖民地发展成为完全成熟的奴隶社会时，小块土地让位于大型种植园，在毫不犹豫地使用鞭子和链条来维持高产的监工的严密监视下，大批的奴隶为种植园主工作。② 切萨皮克湾地区不断变化的劳动条件——这反映了大西洋世界更大规模的秩序重构——提醒我们某些对于消费革命至关重要的商品浸透着奴隶的血与汗。在烟草这个案例中，殖民者对殖民地的剥削随着欧洲消费的增长而步步加深。

东风西渐：印度印花棉布

如果说欧洲烟草消费的激增源于大西洋奴隶经济的快速发展，那么欧洲的印花棉布消费则取决于通往以印度次大陆为中心的更古老亚洲贸易区的海上通道。事实上，在第一艘欧洲航船抵达之前以及之后的很长一段时间里，印度都是世界上最大的纺织品制造商，其享有盛誉的布料令从东南

---

① Richard Dunn, "After Tobacco," in *The Early Modern Atlantic Economy*, ed. John J. McCusker and Kenneth Morgan (Cambridge, 2000), 345. 截至1790年，马里兰和弗吉尼亚的奴隶人口已达39.5万人（数据来自弗吉尼亚大学图书馆历史人口统计办公室）。

② Allan Kulikoff, *Tobacco and Slaves: The Development of Southern Cultures in the Chesapeake*, 1680-1800 (Durham, NC, 1986); and Jeffrey R. Kerr-Ritchie, "Slavery and Slave Trade," in *Tobacco in History and Culture: An Encyclopedia*, ed. Jordan Goodman (Detroit, 2005), 525-532.

亚群岛到信仰伊斯兰教的波斯，再到东非斯瓦希里港口的市场光彩四溢。据估计，1750年亚洲次大陆沿海地区的纺织品产量占到了全世界的四分之一，而其中的大部分都是供出口之用。"印度为世界置衣"[1]，因此，当欧洲商人在17世纪早期首次接触到印度纺织品商人时，他们仅仅只是一个已经与全球许多地区保持联系的市场中的边缘人物。欧洲商人并不像其美洲同行那般拥有重组该地区劳动力和生产体系的梦想。他们在海岸上建立了防御性的贸易据点，并在不时的军事协助下挤入已有的商业机构。最终，英国于1765年获得了孟加拉湾的最高控制权，但在此之前，欧洲国家已经在稳固、繁荣的亚洲市场中展开了竞争。如果说欧洲人拥有着军事上的微弱技术优势，那也不是决定性的。令他们得以蚕食印度贸易的是众多得到国家担保的公司的持久经营，它们实行"武装贸易"，并使用技艺娴熟的印度劳工和商人的技术来开拓母国对亚洲进口商品的需求。[2]

虽然欧洲人是这个全球市场的后来者，但他们并没有在建立自己的贸易上浪费时间。17世纪，众多西北欧的政府紧随葡萄牙之后建立了作为今日跨国公司前身的股份制"东印度"公司，并授予它们在亚洲展开海上贸易的独占权利。最初，两家利润最高的公司——在17世纪初赶超葡萄牙人的荷属东印度公司（1602年—1799年）与在18世纪赶超荷兰公司的英属东印度公司（1600年—1858年）都在西古吉拉特平原和印度东海岸购买棉纺织品，以此在东南亚群岛地区换取其后将在欧洲市场上出售的香料（胡椒、丁香、桂皮、肉豆蔻等）。但这些公司很快就发现它们能够通过直接

---

[1]　Giorgio Riello and Tirthankar Roy, "Introduction," in *How India Clothed the World: The World of South Asian Textiles*, 1500-1800, ed. Giorgio Riello and Tirthankar Roy (Leiden, 2009), 6.

[2]　John E. Wills Jr., "Maritime Asia, 1500-1800: The Interactive Emergence of European Domination," *AHR* 98 (February 1993), 83-105. "武装贸易"一词始见于K. N. Chaudhuri, *The Trading World of Asia and the English East India Company* 1660-1760 (Cambridge, 1978), 110-116.但也见于Janice E. Thomson, *Mercenaries, Pirates, and Sovereigns: State-Building and Extraterritorial Violence in Early Modern Europe* (Princeton, NJ, 1994), chapter 2.

向各母国进口布料或将其转运至非洲和新世界而获得更多的利润。1664年，出于对获得商业成功的竞争对手们的嫉妒——特别是荷兰这个他认为正在劫掠全球经济中最有利可图部分的"鲱鱼贩子国家"，柯尔柏通过建立法属东印度公司展开了回击。[1] 作为国家的不稳定造物，这个"商业上的凡尔赛宫"加入了印度洋贸易的混战，它从次大陆沿海地区——主要是东南部的科罗曼德尔海岸获取布料，再将其装船绕过好望角运抵布列塔尼的洛里昂。[2]

在换取来自中美洲和南美洲的白银时——因为欧洲人没有其他什么可以提供给亚洲商人，荷兰、英国和法国的公司下达的主要订单对象就是印度棉布。为了从次大陆获取纺织品，各家公司雇用印度捎客充当他们与当地生产者的中间人。捎客仍然属于商人，他们向织工提供金融借贷，织工使用这笔流动资金购买大批的原材料，并在完成订单的同时养活自己。长期以来都在调整其商品以满足遥远市场特殊偏好的印度纺织工匠们能够迅速生产出适合欧洲人口味的布料。欧洲诸公司对他们加以指导，送去特别撰写的关于尺寸、形状、颜色组合、设计和边饰的说明——这可能都是上一年最流行的款式。早在1643年，英属东印度公司的董事们就曾指示代理商们改变从印度购买布料的色彩搭配。印度的画工和染印工一直以来都将白色图案置于彩色背景之上，但当代理商们要求生产商颠倒这种设计（让彩色图案置于白色背景之上）时，欧洲人对于这种产品的需求正在迅速增

---

[1] 引自John C. Rule, "Louis XIV, Roi-Bureaucrate," in *Louis XIV and the Craft of Kingship*, ed. John C. Rule (Columbus, OH, 1969), 59. 关于法属公司的历史，见Haudrère, *La Compagnie Française*. 关于该公司的早期历史，见Paul Kaeppelin, *Les originsde l'Inde française: La Compagnie des Indes Orientales et François Martin* (Paris, 1908); Glenn Ames, *Colbert, Mercantilism and the French Quset for Asian Trade* (Dekalb, IL, 1996); and Catherine Manning, Fortunes à faire: *The French in Asian Trade*, 1719-1748 (Aldershot, 1996).

[2] Louis Dermigny, "Le fonctionnement des Compagnies des Indes: East India Company et Compagnie des Indes," in *Sociétés et companies en Orient et dans l'Océan Indien*, ed. M. Mollat (Paris, 1970), 459-462.

长。该公司很快就送出了一份由印度画工和染印工自行绘制的图案，最终制造出了一种既不完全属于英国风格也不完全属于印度风格，而是混合了印度、伊斯兰、中国和欧洲设计元素的产品。法属东印度公司生产出了一种类似的混合风格产品，比如一种中心印有拉封丹寓言的"东方"手帕。与烟草这种横跨大西洋、某些性质与其商品化之前的产地形态接近的美洲印第安人的植物不同的是，进口的印花棉布从一开始就是一种混合形态的商品，是欧洲消费者与熟练印度织工之间所进行的、由公司居中斡旋的对话结果。①

17世纪晚期，最初仅是从东到西的一股涓涓细流变成了滔天洪水，这一时期所进口的印度手工制造的纺织品超过了过去的香料成了公司贸易的主要商品。在对潮流感觉敏锐的西欧，一股"印度狂热"紧紧抓住了那些到下一个世纪都未能拥有足够纺织品的消费者。英国与荷兰在17世纪80年代每年都进口了100多万匹的印度纺织品，其中大部分是棉纺织品；截至18世纪30年代，总部设置于本地治里的法国东印度公司就额外进口了30万匹布料。② 与此同时，随着制造工场在马赛、伦敦、阿姆斯特丹、日内瓦和其他地区出现，欧洲生产者们也开始仿制印花棉布，这一问题我们将在第二章中加以探讨。最初由简单的黑白图案构成的仿制品质量较正品低

---

① 关于这种在法国丝绸工业中出现的对话的出色研究，见 Poni, "Fashion as Flexible Production." 关于英国方面的揽客机制，见 Chaudhuri, *Trading World of Asia*; idem, "European Trade with India," in *The Cambridge Economic History of India, Volume 1, c. 1200-1750* (Cambridge, 1982), 382-407; and John Irwin and Katherine B. Brett, *Origins of Chintz* (London, 1970), 4-5. 关于法国的情况，见 Philippe Haudrère, "The French India Company and Its Trade in the Eighteenth Century," in *Merchants, Companies, and Trade: Europe and Asia in the Early Modern Era*, ed. Sushil Chaudhury and Michel Morineau (Cambridge, 1999), 202-211. 拉封丹主题的手帕藏于维多利亚与阿尔伯特博物馆的亚洲馆藏区（T. 173-1921）。

② Giorgio Riello, "The Globalization of Cotton Textiles: Indian Cottons, Europe, and the Atlantic World," in *The Spinning World: A Global History of Cotton Textiles*, 1200-1850, ed. Giorgio Riello and Prasannan Parthasarathi (Oxford, 2011), 265, table 13.1. 关于法属公司的情况，见 Haudrère, *La Compagnie française*, 286-299.

劣，但价格却更为低廉，因此在中产阶级和社会底层消费者中拥有大量市场。不管是正品还是仿制品都意味着一种新的消费对象诞生了。[1]

起初，印花棉布被专门用于家庭内部装饰。经历过一次广泛的文化转变之后，家庭生活受到了越来越多的重视——甚至被许多启蒙运动时期的作家歌颂为一种美德，欧洲消费者们开始使用印花棉布将住宅布置得更为温馨、私密和舒适。[2]印度产的被子、布幔和挂布让明显是家中最昂贵家具的床成为了温暖、私密并具备视觉冲击性的中心装饰品。在一个许多城市普通人不再与亲属同床而拥有自己的寝床的时代，于高大框架四周挂起的装饰性布幔在家庭中心创造了一个新的温馨空间，一间屋中之屋。印度布料也被用作时髦的窗帘、墙围，以及椅子和沙发的装饰材料。

在使用这种织物覆盖他们的住宅内部之后，欧洲的男女们还尝试着将它制成衣物。站在流行消费最前线的妇女们神奇地穿着印度短上衣、裙子和衬衫，并用无数的棉制搭配物——诸如围裙、斗篷、风帽、袖套、头饰、衬裙和衣袋来装点自己；时髦的男性在家中的非正式私人场合穿着印度晨衣和男式睡衣，当他们出外到城里作乐时则穿戴上色彩鲜明的印度衬衫、围巾和袖口；由于喝咖啡和吸鼻烟等容易造成污迹的习惯的传播，手帕成为了一种特殊的大众服装搭配物。丹尼尔·笛福在1708年还能追寻

---

[1]　关于棉布如何快速取代毛织品和亚麻布存在着一些讨论。Beverly Lemire, *Fashion's Favorite: The Cotton Trade and the Consumer in Britain*, 1660-1800 (Oxford, 1992), and Daniel Roche, *The Culture of Clothing: Dress and Fashion in the Ancien Régime*, trans. Jean Birrell (Cambridge, 1994) 强调了棉布的戏剧性崛起，而Styles, *Dress*则主张一种更为和缓的进程，在此进程中亚麻布仍然因其耐用性而受到重视。

[2]　见Annik Pardailhé-Galabrun, *The Birth of Intimacy: Privacy and Domestic Life in Early Modern Paris*, trans. Jocelyn Phelps (Oxford, 1991); and Raffaella Sarti, *Europe at Home: Family and Material Culture 1500-1800*, trans. Allan Cameron (New Haven, CT, 2002), 119-126. 关于舒适风格的出现，见Joan Dejean, *The Age of Comfort: When Paris Discovered Casual—and the Modern Home Began* (New York, 2009); and John E. Crowley, *The Invention of Comfort: Sensibilities and Design in Early Modern Britain and Early America* (Baltimore, 2001). 印花棉布曾在印度被用于住宅内部装饰。

到印花棉布的隐秘传播过程：“它偷偷潜入我们的宅邸、橱柜和寝室；布幔、坐垫、椅子以及寝床全都是由印花棉布或印度产材料制成。简而言之，印度贸易提供了几乎所有过去由羊毛或丝绸制成、与女性服装或我们宅邸中的家具相关的东西。”①

印花棉布的异域吸引力能够部分解释针对其突然出现的需求。相较于中世纪的欧洲人对于时间有着不同的理解（臆想的过去的黄金时代、自然状态、安乐乡等等），在近代早期，随着对更广大世界的认识的增加，欧洲人开始在空间意义上想象域外的世界。② 在关于外国的想象中，印度是从奥斯曼帝国延伸到印度、中国和日本，是迷人而模糊的东方的一部分。法国的消费者对中国风格（中国风格的瓷器和漆器家具）和土耳其风格（奥斯曼风格的家具、服饰和咖啡饮品）的域外产品显示出强烈的偏好，这两者引入的东方奢侈之风，最终为18世纪中期怪异的洛可可风格提供了养料。③ 路易十五最宠爱的蓬巴杜夫人就曾使用奥斯曼风格的家居、最精美的印度室内装潢材料和一系列由卡尔·范卢创作并反映土耳其女眷闺中

---

① 引自Prasannan Parthasarathi, "Rethinking Wages and Competitiveness in the Eighteenth Century: Britain and South India," *PP* 158 (February 1998), 79. 笛福当然有所夸大，因为对棉布的需求只是在缓慢地侵蚀对诸如亚麻布等更为耐用布料的需求。关于在棉布普及问题上略有差别的探讨，见Styles, *Dress*, chapter 7.

② G. S. Rousseau and Roy Porter, "Introduction: Approaching Enlightenment Exoticism," in *Exoticism in the Enlightenment*, ed. G. S. Rousseau and Roy Porter (Manchester, 1990), 9.

③ Dobie, *Trading Places*, chapters 2 and 3; McCabe, *Orientalism*; Morag Martin, *Selling Beauty: Cosmetics, Commerce, and French Society*, 1750-1830 (Baltimore, 2009), chapter 7; and Julia Anne Landweber, "Turkish Delight: The Eighteenth-Century Market in Turqueries and the Commercialization of Identity in France," *Proceedings of the Western Society for French History* 30 (2004), 202-211. 关于法国早期东方主义的文学与哲学方面的情况，见Sylvia Murr, *L'Inde philosophique entre Bossuet et Voltaire* (Pairs, 1987); and Nicholas Dew, *Orientalism in Louis XIV's France* (Oxford, 2009).

生活的画作装扮其瑰丽的贝莱维城堡。[①] 在另一份记录中，印花棉布通过诸如繁花之树等精致的花饰图案展现出异国情调，这种风格混合了波斯和中国的元素，以迎合17世纪晚期欧洲人对植物学和雕刻风景画的痴迷。由于西欧各处的收藏家们——包括路易十四——都在扩充他们花园中的珍稀物种，对花卉图案布料的需求得到了增强。一位纺织品历史学家写道："花饰设计是东印度纺织品的特征，印花棉布、光面印花布、平纹细布和密织棉布都华丽地装饰着花簇以及与域外动物相伴出现的翠绿色的生命之树。"（图1.3）[②]

但我们务必注意，不要过分强调域外风格所扮演的角色。印度布料可能拥有东方的魅力，但贸易公司却通过增加城市买家所青睐的家庭风格、再由获得详细指令的公司官员传递给制造商来压制其域外特征。最终，这些公司出售的是"欧洲人心目中的东方设计"。[③]

除了域外风格所带来的兴奋，印花棉布吸引欧洲消费者的原因还在于它迎合了他们不断发展的品位和渴求。显然，这种布料最与众不同的一面就是其明亮的色彩。在印度社会中，彩色布料长期以来都被赋予了深刻的象征意义：它不仅显示着社会和政治地位，也表现了神圣性与纯洁性。

---

① Edgard Depitre, *La toile peinte en France au XVIIe et au XVIIIe siècles: industrie, commerce, prohibitions* (Paris, 1912), 105; Perrin Stein, "Madame Pompadour and the Harem Imagery at Bellevue," *Gazette des Beaux* Arts 123 (1994), 29-44.

② Beverly Lemire, "Domesticating the Exotic: Floral Culture and the East India Calico Trade with England, c. 1600-1800," *Textile History* 1 (2003), 69. 关于在法国花的潮流的分析见Elizabeth Hyde, *Cultivated Power: Flowers, Culture, and Politics in the Reign of Louis XIV* (Philadelphia, 2005).

③ P. J. Marshall, "Taming the Exotic: The British and India in the Seventeenth and Eighteenth Centuries," in *Exoticism in the Enlightenment*, ed. G. S. Rousseau and Roy Porter (Manchester, 1990), 61; and Lemire, "Domesticating the Exotic."

图1.3 来自科罗曼德尔海岸地区的光面印花布衬裙，约1750年。Victoria and Albert Museum, IS. 19-1950。

只有某些社会等级、职业以及地位神圣的人才配得上华丽鲜明的颜色。[①] 这种文化结构促使印度工匠发展出令欧洲人大为惊讶的复杂染印方法。在欧洲，数个世纪以来，明亮的色彩仅供掌握特权的少数人使用，其光彩夺目就犹如身处穿着单调的黑、灰和棕等灰暗色彩布料的平民背景之中的孔雀。当鲜艳的印度进口布料（和低劣的仿制品）涌入市场后，欧洲布料的颜色从单调的土色过渡至令人炫目的红色和粉红色，以及奢华的蓝色和黄色。贵妇们是这一潮流的先锋，但它也触及了各类男女和几乎所有的社会等级，构成了"鉴赏力的真正转型"。随着"启蒙运动为普通人带来了彩虹的所有颜色"，历时数个世纪之久的服装传统遭到了挑战。[②] 难怪消费者们如此激动。

不过欧洲消费者更为疑惑的是印度布料颜色的不褪色特性，特别重要的是，将其暴露在光线下或经过反复水洗都不会褪色。凭借一种欧洲人全然不知的技术（但他们终将复制这项技术），印度生产商使用铁或铝媒染剂令颜料附着于棉布这种极其难以染色的纤维物质之上，制造出一种染料不溶解、不褪色和耐洗的布料。[③] 印度对于污秽与纯净观念的文化敏感性再次推动了允许频繁洗涤的工业技术的发展。这种布料抵达欧洲海岸之时恰好碰上了启蒙运动文化的出现，这种文化将洁净作为健康、美德和体

---

① C. A. Bayly, "The Origins of Swadeshi (Home Industry): Cloth and Indian Society, 1700-1930," in *The Social Life of Things: Commodities in Cultural Perspective* (Cambridge, 1986), 291; K. N. Chaudhuri, *Asia before Europe: Economy and Civilization of the Indian Ocean from the Rise of Islam to* 1750(Cambridge, 1990), 182-190.

② Roche, *Culture of Clothing*, chapter 6, 引自137页和145页；and Styles, *Dress*, 118-122.

③ 其他的印度制造方法包括将颜料刷在棉布上，或在将布料投入染料中之前，通过覆盖一层蜡的方式来"保留"织物的白色区域。Raynal, *Histoire philosophique*, 1:322-333, 虽然承认了印花棉布的"鲜艳且无法消除的色彩"，但却不认为印度生产商具备出众的知识。伏尔泰在《巴比伦公主》（*La Princesse de Babylone*，1768）中的观点显得更为公正。关于制造工艺，见G. P. Baker, *Calico Painting and Printing in the East Indies in the 17th and 18th Centuries* (London, 1921).

面的标志加以重视。[1] 正如一个英国人在18世纪30年代所问及的："有哪一个16岁以上的姑娘没有发现自己看起来干净时比被迫穿着从来都不显得干净的毛织布料来得受欢迎吗？或者毛织布料被弄脏后能如此轻易地变干净吗？"[2]

在这种环境中，一件真正耐洗的织物算得上是意外之喜。"来自印度的布料的价值和价格有赖于其鲜明、耐用以及所印染颜色的强附着性——这种特性让它们经洗涤之后不仅没有失去亮丽的色彩，反而变得更加美观。"《百科全书》作者路易·德·若古对此津津乐道。[3] 根据土伦市政官员的记录，城市中的妇女因为印花棉布的不褪色特性而对它多为珍视。"统治这座城市的极端贫困以及能像亚麻布一样洗涤的印花棉布和印染印度布料的低价吸引着几乎所有的妇女和女孩使用它们。"[4] 消费者变得"习惯于这种单色印花棉布的鲜明颜色"，一位来自朗格多克的官员解释道，"并且不用在涂抹肥皂时担心掉色问题；他们不愿看到从洗衣房中拿回来的棉布和暹罗布（使用亚麻或粗丝仿制的印花布）完全变了样"。[5]

最终，印花棉布因其轻便和舒适而大受追捧。在欧洲服饰的生产过程中，个人舒适度从来都不是一个非常重要的考虑因素，主要被用于表明社会地位或者方便普通民众劳作。然而在启蒙运动期间，欧洲人越来越重视

---

[1]　Georges Vigarello, *Concepts of Cleanliness: Changing Attitudes in France since the Middle Ages*, trans. Jean Birrell (Cambridge, 1988); Styles, Dress, 77-83.

[2]　引自Styles, *Dress*, 114.

[3]　*Encyclopédie, ou dictionnaire raisonné des sciences, des arts et des métiers*, ed. Denis Diderot and Jean le Rond d'Alembert, vol. 16 (Neufchastel, 1765), "toile peinte des Indes," 370.

[4]　引自V.-L. Bourilly, "La Contrebande des toiles peintes en Provence au XVIIIe siècle," *AM* 26 (1914), 59. François Véron Duverger du Forbonnais, *Examen des avantages et des désavantages de la prohibition des toiles peintes* (Marseille, 1755), 10, 也强调了廉价印花棉布的耐洗性。

[5]　引自Depitre, *Toile peinte*, 106. 另见S. D. Chapman and S. Chassagne, *European Textile Printers in the Eighteenth Century* (London, 1981), 105.

舒适的观念，这不仅涉及住宅，也与服装密切相关。对于织物而言，这种转变表现在了硬挺的绒面呢与毛织品的衰微以及柔软、通风的棉布的兴旺上。可以想象一下众多文人在自画像中所穿着的宽松晨袍。截至18世纪晚期，甚至连巴黎的劳工阶层都已经抛弃了毛纺织品，转而使用棉纺织品：20%的职业男性的衣柜和59%的职业女性的衣柜中都装有这种有机织物。[①]轻便的棉布在夏天尤其显得便利，而即便到了冬天，男人和女人也找到了在厚重的毛质衣物下面另外穿一套棉质内衣的舒适穿法。

1755年，经济学家弗朗索瓦·韦龙·德·福尔伯奈便曾惊叹于身处印花棉布潮流之中的男女衣着的多变。[②]正如御前商业委员会的请愿书所指出的，为"一小群富裕人士的奢华生活"所准备的最高品质的布料装点着宫廷，妇人们在其中身穿装饰有手工绘制的精美花饰的光面印花棉布服装。[③]"中产阶级"——按照福尔伯奈的措辞——也使用这种虽不华丽，但显得"洁净和优雅"的新布料为他们的子女裁制服装，装点他们的宅邸。事实上，布列塔尼南特港中的商人、从业者和工匠都在用这种织物精心打扮他们的宅邸和妻子。[④]这位经济学家最终解释道："最低品质的印花棉布成为了市镇中妇女日常服装的材料。"同样如此的还有法属西印度"糖岛"上的居民。在阿维尼翁，即便是穷人都穿过产自印度的晨袍、围裙、衬裙和头巾。[5]印花棉布还曾被再次出口至非洲西海岸——当地的统治者们使用捕获的奴隶交换染成靛蓝色的"基尼布"——和殖民者越来越

① Roche, *Culture of Clothing*, 144-145, n. 61.

② 这一段落的所有引述均来自Forbonnais, *Examen*, Part 1.

③ AN F-12 54, fol. 231.

④ AMN, HH 252-256 and 266，此处罗列了从建筑师、律师到面包师傅、马具商等一系列中产阶级消费者。

⑤ Madeleine Ferrières, *Le bien des pauvres: La consummation populaire en Avignon (1600-1800)* (Seyssel, 2004), 238-239.

多穿着棉质服装的美洲。[①]

　　由于印花棉布比传统的欧洲丝织品或精美的亚麻布（虽然劣质的亚麻布也同样廉价）更为便宜，社会底层的消费者们得以使用这种布料。一位印度历史学家强调，印度布料和高品质的欧洲织物之间的价格差距并非源于贫困印度织工的模式化劳动力，虽然他们受到的压榨远甚于其欧洲同行。其原因在于次大陆繁盛的农业部门保证了食物的低价，从而降低了工资水平，允许工人们按照更具竞争力的要求为欧洲市场生产布料。[②] 即便在大幅涨价之后，各东印度公司仍然能以相对低廉的价格出售织物，推动了这种布料在更广阔范围内得到普及。因此，如果说莫里哀在1671年曾经嘲笑中产阶级的典型攀龙附凤者——茹尔丹先生因为听闻"上流社会的人"早上要穿印度晨袍而渴求该物，那么一个世纪之后这种衣着上的僭越行为就不再是个笑话了。[③] 印花棉布的社会属性得到了大幅扩展，这表明欧洲物质文化发生了根本的变化。

　　烟草和印花棉布的迅速崛起反映了17世纪晚期和18世纪富有活力的欧洲消费全球化进程。在美洲由种植园奴隶培植的烟草涌入旧世界，让欧洲人养成了一种不得不戒除的习惯。作为一种源自美洲印第安人并被纳入欧洲人的医疗、社交和消遣活动中的成瘾性物质，烟草令欧洲本土生长的草药黯然失色，它成了这一时期得到最广泛消费的洲际进口商品之一。印花棉布也经历了令人震惊的成功。由熟练的印度织工生产并由武装贸易公司

---

①　Robert S. DuPlessis, "Cottons Consumption in the Seventeenth- and Eighteenth-Century North Atlantic," in *The Spinning World: A Global History of Cotton Textiles*, 1200-1850, ed. Giorgio Riello and Prasannan Parthasarathi (Oxford, 2011), 227-246; Marta Vicente, *Clothing the Spanish Empire: Families and the Calico trade in the Early Modern Atlantic World* (New York, 2006), chapters 4 and 5.

②　Parthasarathi, "Rethinking Wages."

③　Molière, *Le Bourgeois gentilhomme*, act 1, scene 2, in *Oeuvres completes*, ed. E. Despois (Paris, 1873).

装船运往欧洲的印花棉布充斥着欧洲的纺织品市场。成百万的欧洲消费者热切地使用这种来自域外、颜色鲜艳、不易褪色并且轻盈的织物装点他们的住宅内部以及自己。在这两个案例中，欧洲消费者改变了商品在其产地环境中所被赋予的意义，让它们融入一个正在出现的消费文化当中；两种产品在欧洲各个社会阶层中进行着横向传播，它们不遵循过于简单的涓滴消费模式。

欧洲对全球性商品高涨的需求解释了为何马德林于1754年在米约的集市广场上兜售烟草和印花棉布。但这并不能解释为何他需要使用武装团伙，或者为何总督代理人见到他公开叫卖此类商品时显得如此震惊。换句话说，为何马德林是走私头目，而非只是一个商人？这个问题不可避免地引导我们进入政治领域。因为如果烟草和印花棉布制造了大量的消费需求，这并非没有引起欧洲统治者的注意。在17世纪和18世纪，包括法国在内的若干欧洲国家建立了复杂的管理机构来管制烟草和印花棉布，尽国家之全力对其贸易和消费施加影响。马德林显赫的生平表明这种努力未能取得完全的成功。

第二章 国王的干涉

1650年至1800年，西欧消费的全球化并非发生于一个与政治相隔绝的环境中。相反，在这个贸易全球化和消费高涨的时代出现了欧洲的"财政-军事国家"，这是一头能够通过大规模征税和借贷在大陆上派遣强大的陆军或在世界范围部署海军的可怕野兽。① 财政-军事国家从根本上塑造了正在完全改变消费的全球贸易。在将激烈的欧洲国家之间的对抗投射到更大范围世界的过程中，好斗的统治者们为了获取和控制殖民地有价值商品的洲际流通而相互竞争。他们颁布了航海条例，创建了独占贸易公司，建立了殖民地，对外国进口商品征收高额关税，向商业竞争者发动军事战争，向军事劲敌发动商业战争。所有这些都发生于一个世界贸易快速扩张的时代。在近代早期，国家形成与全球化的双重进程不可避免地纠缠在了一起。

欧洲国家在全球经济中的干涉行动受到政治-经济思想与行动的两种基本框架的驱动。其一是财政主义，它希望通过增加国家税收来为战争和战争债务提供资金。深知国际权力取决于国家财政的统治者们拼命地寻找通过贷款和税收筹款的手段。另一种政治-经济框架是重商主义，它认为国家应该通过支持国内工业和鼓励保持贸易顺差来侵略性地增加国家财

---

① 关于财政-军事国家的各种组合，见Christopher Storrs, ed., *The Fiscal-Military State in Eighteenth-Century Europe* (Surrey, 2009).

富，因此获取金块或银块能够形成或至少标志着国家的繁荣。[①] 殖民地被认为是达成这一目标的关键所在。在一个被认为只拥有有限财富的世界中，"每个政权都将其殖民地视为原材料供应者和仅对'母国'制造业开放的市场，如有必要，外国闯入者将会被强力驱逐"。因为在这个多中心的战乱时代中，单方面实施自由贸易并非一个切实可行的选项，重商主义者的干涉行动仍是这一时期的秩序基础。[②]

随财政主义和重商主义而来的政策急剧增强了早期近代国家的力量和扩大了影响范围。然而正如法国的例子所将表明的，它们也意外地刺激了地下市场的成长，这个市场正在稳步扩张以容纳遭到监管的海外进口商品的非法贸易。在崭露头角的全球经济的阴影之下，相伴出现的非法经济也将得到蓬勃发展。

向消费征税：烟草专卖

在烟草成为大众消费品的时期，欧洲国家卷入了所谓财政军备竞赛的竞争当中。正如英国经济学家（和前征税官）查尔斯·达文南特在1695

---

① 我意识到"重商主义"是一个十分不准确的术语。这个出现于19世纪晚期并被回溯性地应用于近代早期国家的词汇只应被用于指称松散的政治-经济架构，而非一系列严密的政策；重商主义在不同地点采用不同的形式。进一步而言，任何有关"重商主义国家"是与被其取代者截然不同的秩序的概念已经得到了以下事实的平衡，即它以确保殖民地贸易为目的而针对专卖、特许状和特权的典型性运用是中世纪和近代早期国家形成的结果。明确的"重商主义"概念也由于贸易保护主义在所谓"自由主义"的19世纪时期的持续存在以及今日威权资本主义的存在而被复杂化。关于重商主义学说的精彩分析，见Philippe Steiner, "Marchands et princes: Les auteurs dits 'Mercantilistes,'" in *Nouvelle histoire de la pensée économique*, ed. Alain Béraud and Gilbert Faccarello (Paris, 1992), 1:95-130. 关于近期的反思，见Philip Stern and Carl Wennerlind, eds., *Mercantilism Reimagined: Political Economy in Early Modern England and Its Empire* (Oxford, 2014); and "Forum: Rethinking Mercantilism," *William and Mary Quarterly* 69 (January 2012).

② Ronald Findlay and Kevin H. O'Rourke, *Power and Plenty: Trade, War, and the World Economy in the Second Millennium* (Princeton, NJ, 2007), 228-229.

年所说的，"相比于我们祖先所处的时代——当时在匆忙的远征中和战
场上，一切皆取决于勇气——战争已经变得面目全非……现在战争的全部
艺术仅仅在于金钱"。"那些能够更好地筹集到金钱来给他的军队提供补
给、衣物和兵饷"的君主要好于"拥有最英勇的部队，百战百胜，无坚不
摧"的君主。① 随着越来越多的战争在公海地区、遥远的殖民地与欧洲本
土同时展开，军队规模的膨胀及其对更高强度训练和供应网络的要求，金
钱变得日益重要。随着战争费用的暴涨，欧洲的统治者们——特别是超级
大国法国和英国的统治者们竞相寻找筹集赋税的新方法，以支持当前的战
争，并支付此前战争所留下的高涨的公共债务的利息。虽然历史学家已经
（夸张地）强调了绝对主义的法国和立宪主义的英国筹集资金的不同方
式，两个王国的道路却在一个至关重要的方面汇集于一点：向消费征税。
两者都试图通过向消费产品征税来夺取高涨消费的财政权力。在17世纪晚
期和18世纪，随着法国和英国展开了第二次百年战争，这两个国家戏剧性
地改变了它们的税收结构，从针对人头和财产的直接税转变为针对商品的
间接税。当国家税收迅速增加，与法国的人口与经济高速增长保持步调一
致并超越英国时，财政负担愈发地依赖于大众消费的各个项目。

　　英国是这一趋势的典型。在18世纪期间，英国（向进口茶叶、白糖、
葡萄酒、外国烈酒和烟草征收的）关税和（向啤酒、麦芽、本国烈酒和食
盐征收的）消费税将税收推到了令人惊愕的高点。在乔治三世统治时期，
间接税已经增加至占全部税收的80%，为英国偿还债务和成为强国提供了
充裕的资金。非间接税的增加不仅反映了同样强劲的英国贸易的增长，它
还是通过创造新的间接税税种以及提高现有间接税税率来增加总收入的审
慎政策的结果。诚然，这种税收首先落到了商人和生产者头上，但它们又

---

① 引自William J. Ashworth, *Customs and Excise: Trade, Production, and Consumption in England* 1640-1845 (Oxford, 2003), 22.

不可避免地以提高价格的形式转嫁给了普通的消费者。事实上，倒退的消费税沉重打击了劳工阶层，其力度之大令城市中产阶级和贫困消费者——特别是啤酒消费者——背负着大英帝国债务的说法都不再是夸张之辞。英国历史学家所孜孜不倦挖掘的"消费社会"正作为一个极有价值的税收来源而遭到国家愈来愈严重的压榨。[1]

在法国，消费也遭遇到了被课税的命运。法国向征收间接税的转变并不如英国那般剧烈，但鉴于法国相对大规模的农业部门，以贸易税和消费税为方向的转型却令人印象深刻。[2]虽然路易十四在其统治后半期创制了新的直接税，但间接税所占比重却从17世纪上半叶约占预算的四分之一跃升至18世纪的一半左右。[3]截至1788年，包括王室领地收入在内的间接税岁入总计不少于2.705亿万图尔利弗尔（下文简称利弗尔），占预算的57%，其中大部分来自对私人合同或盐、酒精、饮料、烟草的课税，以及

---

[1] Patrick K. O'Brien, "The Political Economy of British Taxation, 1660-1815," *HER* 41 (1988), 1-32; John Brewer, *The Sinews of Power: War, Money, and the English State*, 1688-1783 (Cambridge, MA, 1990); and Ashworth, *Customs and Excise.* 作为支付高额消费税的回报，英国的啤酒酿造者们得到了对抗法国葡萄酒的重要保护措施的庇护。见John V. C. Nye, *War, Wine, and Taxes: The Political Economy of Anglo-French Trade*, 1689-1900 (Princeton, NJ, 2007), 78-84.

[2] 虽然法国仍然是名义上的欧洲第一大财政政权，但它无法跟上英国的人均税收水平，无法像其竞争对手那般轻易地支付其公共债务的利息，这导致它在财政危机面前岌岌可危。

[3] 一些研究已经注意到了这种转变：R. J. Bonney, "The Failure of the French Revenue Farms, 1600-1660," *HER* 32 (February 1979), 11-32; Yves Durand, *Les Fermiers généraux au XVIIIe siècle* (Paris, 1971), 57; François Crouzet, *La Grande Inflation: La Monnaie en France de Louis XVI à Napoléon* (Paris, 1993), 62-65, 87-89; James C. Riley, *The Seven Years War and the Old Regime in France* (Princeton, NJ, 1986), chapter 2; Joël Félix, *Finances et politiques au siècle des Lumières: Le Ministère L'Averdy*, 1763-1768 (Paris, 1999), chapter 2; and Philip T. Hoffman, "Early Modern France, 1450-1700," in *Fiscal Crises, Liberty, and Representative Government* 1450-1789, ed. Philip T. Hoffman and Kathryn Norberg (Stanford, CA, 2001), 226-252. Emmanuel Le Roy Ladurie, "Révoltes et contestations rurales en France de 1675 à 1788," *AESC* 29 (1974), 8, 认为以间接税为方向的转型是设法抚慰已经被直接税搅扰得不胜其烦而具有反抗倾向的农村地区的蓄意之举。

不成比例地落在穷人和中产阶级消费者头上的关税。[①] 同年，直接税岁入增加至1亿6300万利弗尔，占预算的34.5%。显然，法国在消费税中发现了一个可资发动战争和支付战争债务的财源。[②] 因此，法国不仅像英国一样在18世纪经历了对外贸易和殖民地贸易的繁荣时期，以及相关消费的激增，而且法国王室也像英国议会一样学会了支配利用消费的财政力量。[③]

消费被课税的过程在烟草上表现得尤为显著。国家通过对进口商品课税或设置专卖介入了大西洋的烟草贸易。在英国，随着人们意识到烟草业已成为新大陆上一种具备商业化可行性的作物，议会对其进口商品设置了高额关税；1685年，烟草关税税额为课税前商品价格的100%。征收这样的关税却并不用担心进口商被吓跑，因为17世纪的航海条例迫使装载烟草和其他少数几种已登记造册的殖民地商品的英国船只直接将货物运往母国，它们将在抵达母国之后被课以关税。这与重商主义的原则是一致的，后者要求一国的船只应将殖民地的商品直接运往母国的中心地带，而不能允许外国船只将这些货物运至外国。然而英国那些希望以阿姆斯特丹为范本，将伦敦和其他英国港口打造成全球货物集散地的法律制定者们却在航海条例中插入了一条重要的漏洞，这一漏洞彻底降低了某些再出口商品的关税。如果英国商人再次出口带回母国的烟草，他们将基于其最初缴纳关税获得数目可观的退款。此类被他们称为"退税"的退款让英国殖民地的烟草得以顺利地在欧洲大陆市场上展开竞争。比如一个从弗吉尼亚进口烟

---

① Michel Morineau, "Budget et l'état et gestion des finances royales en France au dix-Huitième siècle," *Revue historique* 264 (1980), 314.

② 大部分的间接税都被用于支付为了筹集战争经费而不断浮动的政府债券的利息。见Charles Joseph Mathon de la Cour, ed., *Collection de comptes rendus* (Lausanne, 1788), 93; and Jean-Claude Hocquet, "Qui la Gabelle du sel du Roi de France a-t-elle enrichi?" In *Genèse de l'Etat Moderne: prélèvement et redistribution*, ed. Jean-Philippe Genet and Michel le Mené (Paris, 1987).

③ 关于法国对外贸易的规模和影响，见Guillaume Daudin, *Commerce et prospérité: La France au XVIIIe siècle* (Paris, 2005).

草至布里斯托的商人能够将这种商品再出口至荷兰或法国，并获得其曾经缴纳关税的"退税"。尽管课征关税的系统能够产生岁入，但议会显然对鼓励以欧洲大陆为目的地、能够增加贸易顺差的殖民地再出口贸易更感兴趣。足足有85%的切萨皮克湾地区的烟草通过这种方式实现了再出口。[1]

最初，法国效仿出台了一种类似的政策。1621年，这个君主国创制了一项烟草关税，8年之后，它又重新设置了该项税收，以扶持新获得的加勒比群岛：外国烟草进口商品要被课以高额关税，而来自法国殖民地的烟叶则得以豁免。[2] 然而在路易十四时期强势的财政大臣让·巴蒂斯特·柯尔伯的治理下，法国改变了路线，它废止了关税，转而设立了王室专卖制度取而代之。就此而言，早在1636年就已设立有利可图的烟草专卖制度的西班牙成了它的模板。葡萄牙、法国、奥地利以及德意志与意大利地区的诸多国家均纷纷效仿，设立了它们自己的国家专卖制度。[3] 当法国国王于1674年9月27日颁布专卖制度法令时，它承认了这一总体趋势："烟草的使用已经在各个国家变得如此普遍，以至于它促使我们大部分邻国的君主们将这项贸易当作主要岁入来源之一，我们相信能够通过烟草的配给和销售在行省中建立类似的贸易模式。"[4]

太阳王在宣言前言中提到，有鉴于"正在进行的（针对荷兰的）战争耗资甚巨"，以及烟草并非"维持生命的必需品"这一事实，王室烟草专

---

[1] Jacob M. Price, "The Imperial Economy," in *Oxford History of the British Empire: vol. 2: The Eighteenth Century* (Oxford, 1998), 78-104. 法国也精心设置了一项可与之相比的殖民地白糖与咖啡的再出口政策。见Paul Butel, *Les négociants bordelaise, l'Europe et les îles au XVIIIe siècle* (Paris, 1974).

[2] AN AD XI 48, no. 3.

[3] Jan Rogozinski, *Smokeless Tobacco in the Western World* 1550-1950 (New York, 1990), 63. 正如我们所将了解到的，烟草专卖制度的设立凸显了跨国的竞争，印花棉布禁令则是更大范围的欧洲竞争的组成部分，这一观点得到了Sophus A. Reinert, *Translating Empire: Emulation and the Origins of Political Economy* (Cambridge, MA, 2001)的检视。

[4] AN AD XI 48, no. 15, 1674年9月27日宣言。

卖显得"更为合情理"。而提及对荷战争一事并不令人奇怪——几乎所有自15世纪以来新设置的法国税收都由于要为莫名爆发而又耗费巨大的战争提供经费而被赋予了公共的合法性——将烟草描述成无关紧要的消费商品对法国国王政府而言是一种奇特的修辞背离。[①] 在这一关于烟草的描述中所包含的暗示意味便是与盐税这一臭名昭著并在17世纪引发大规模叛乱的王室食盐专卖制度进行的令人反感的对比。在近代早期,食盐是一种绝对的必需商品,这一概念得到了广泛的认同。这种珍贵的矿物维持着人的身体,滋养着农场里的动物,并被用于保存鱼和肉。自14世纪开始,法国国王就已经出于财政目的无耻地榨取这种必需品的价值。在拥有大约一半法国人口的法国北部大盐税区,国王不仅垄断了食盐的销售,为其设定了远高于市场价值的价格,还强迫臣民们每年购买固定配额的国营食盐。无怪乎盐税是法国历史上最招人厌恶的税种。[②]

这份宣言坚持烟草专卖制度会有所不同,因为国王政府并非要榨取一种人们赖以为生的商品的价值。相反,它将要售卖的是一种无关紧要的商品,一种完全通过专卖制度提供的奢侈品。由于消费者是出于自愿购买烟草——就如他们购买所有的奢侈品一样,他们几乎不会认为专卖制度具有压迫性。国王政府通过其后的法令清楚地阐明了这一点,始终成功地提醒着人们烟草税"仅来自于自愿和不必要的消费"[③]。居于专卖制度最高层级的大臣和税务官员们理所当然地兜售着这一财政逻辑,声称烟草绝非是为了满足"自然的需求",而"仅仅是任性与荒诞之物"。[④] 路易十四

---

① 西班牙已经为其专卖制度提供了类似的辩护理由,它声称烟草是一种奢侈品而非必需品。Marcy Norton, *Sacred Gifts, Profane Pleasures: A History of Tobacco and Chocolate in the Atlantic* (Ithaca, NY, 2008), chapter 9.

② 虽然国王从1342年起就开始对食盐课税,但在1547年前还并未在大盐税区垄断其销售。Daniel Dessert, *L'Argent du sel: le sel de l'argent* (Paris, 2012), 14-18.

③ AN AD XI 51, no. 112, 1758年8月24日宣言。

④ AN G-1 106, doss. 1, "Fermes générales, 3e division, Tabac."

时期著名的军事工程师塞巴斯蒂安·勒普雷斯特·德·沃邦相信那些自愿支付烟草税的人就像是自愿承担"因使用奢侈品所遭受的处罚"[①]。作为路易十四财政委员会中受人尊敬的成员，让-路易·莫罗·德·博蒙强调称，对烟草课税"对民众而言完全是自愿的：如果（烟草）在某种程度上成了一种基本需要，他们自己就是这种新需求的始作俑者。国王能否找到一种不这么繁杂的财源为其国家提供经费？……他难道不希望见到其领土的这一部分达成所有这些进步？"[②] 路易十六的财政大臣雅克·内克尔对此十分赞同，他在其财政总结中宣称："烟草税是所有赋税中最温和与最轻微的，它无疑可以跻身最巧妙的财政构想的行列。"[③] 从此时开始至法国大革命时期，这一见证了专卖制度诞生的观点为所有针对烟草税的重要辩护提供了基础。

专卖制度的成功仰赖于其获取、处理和分销来自美洲的烟草，以及压制本土烟草种植业和预防走私的能力。为了保证这些效能的发挥，国王于1681年授予联合包税公司相应的职能。将征收间接税的工作转包给私人金融家是法国财政大臣们长期以来的一贯做法，这些私人金融家以一次付清的预付款作为代价，享受着征收远超转包价格的赋税并将所有利润占为己有的权利。对现代人而言，税收承包似乎是公共权力古老而危险的异化，但对于捉襟见肘的法国国王而言，它却有着巨大的好处。税收承包不仅在避免财政风险和直接管理的官僚主义困扰的情况下保证了稳定的收入，更为重要的是，它为国王政府提供了一种非常有效的信贷机制，当包税商从贵族和中产阶级家庭那里筹集到资金以预付国王的借款时，借款利息就

---

① 引自E. Gondolff, *Le Tabac sous l'ancienne monarchie: La ferme royale*, 1629-1791 (Vesoul, 1914), 390.

② Moreau de Beaumont, *Mémoires concernant les impositions et droits en Europe* (1769), 4:680.

③ Jacques Necker, *De l'administration des finances de la France* (1784), 2:104.

能从转包价格中扣除。国王通过税收承包所获取的信用贷款的限额格外之高。18世纪中叶，作为联合包税公司的核心，由金融家集团组成的包税人为路易十五提供了总额达6800万利弗尔的长期借款和6000万利弗尔的短期借款。[1] 作为第一等级的借款方，包税人成了法国宫廷资本主义的主要依靠，留驻于以宫廷为基础、精心设置的恩庇体系中心的"永久性团体"，国家债权人通过这一体系被授予了有利可图的官职、职位、合同和优渥的薪酬。[2] 因此，向消费征税不仅是简单地获取财源，它还根据社会等级制度在消费者和小规模（但仍在发展）的债权人阶级——其中最为出众的就是包税人——之间重新分配着财富。

除了1697年至1730年的分裂，包税公司这个我们将会十分熟悉的机构于1681年至1791年始终运营着烟草专卖事业。虽然批评家痛斥其腐败和低效，但包税公司大概是旧制度中最为现代的机构了，它是官僚机构职业化的先锋，而这种进程则要归功于诸如近代养恤金制度这样的进步管理制度的发明。[3] 作为一个庞然大物，它令除王室军队之外法国的其他所有机构——不管是公共的还是私人的——都相形见绌。在其发展的顶峰时期，

[1] George T. Matthews, *The Royal General Farms in Eighteenth-Century France* (New York, 1958), 262; Noel D. Johnson, "Banking on the King: The Evolution of the Royal Revenue Farms in Old Regime France," *JEH* 66 (December 2006), 981 and 987; and John Bosher, *French Finances*, 1770-1795: *From Business to Bureaucray* (Cambridge, 1970), chapter 5.

[2] Jean-Yves Grenier, *L'économie d'ancien régime* (Paris, 1996), 95; Daniel Dessert, *Argent, pouvoir et société au Grand Siècle* (Paris, 1984); idem, *L'Argent du sel*; and Hocquet, "Qui la gabelle du sel du Roi de France a-t-elle enrichi?" 关于针对法国宫廷资本主义的进一步分析，见 George V. Taylor, "Types of Capitalism in Eighteenth-Century France," *HER* 79 (1964), 478-497; Gail Bossenga, "Markets, the Patrimonial State, and the Origins of the French Revolution," 1650-1850: *Ideas, Aesthetics, and Inquiries in the Early Modern Era* 11 (2005), 443-510; and Laurence Fontaine, *L'économie morale: pauvreté, credit et confiance dans l'Europe préindustrielle* (Paris, 2008), chapter 4.

[3] 在这一方面，包税公司十分类似于英国高度职业化运作的政府。关于对法国包税公司的重新评估，见 Eugene N. White, "From Privatized to Government-Administered Tax Collection: Tax Farming in Eighteenth-Century France," *HER* 57 (2004), 636-663.

这个公司拥有着40名包税人，被弗勒里主教称为"国家的四十支柱"，这些富有而高雅的艺术赞助人通过战略性的联姻跻身于上层贵族的行列。[1] 这些包税人将位于右岸的隆盖维尔公馆（图2.1）和布雷通维莱尔公馆作为总部——这座巴黎最大的办公复合体中容纳着数百名的行政官员和办事员，他们在此与财政大臣们商讨事务，主持着维持该机构正常运作的中央委员会，并与该领域最为重要的主管人员保持联络。

每一年，数位包税人都要巡视该公司的42个行省包税区，而其中每一个包税区均由一个薪酬优渥的主管负责管理，他的工作便是监督其辖区内间接税的征收。这名驻于行省首府的主管要负责主持其所在地的巡视工作，向法庭提起走私案件的诉讼，管理包税公司的人事事务，并向巴黎方面提交账目。为了完成这一令人望而生畏的任务，他要依靠一批职员：2或3名追踪食盐和烟草储存与销售情况以及该地区税收收入的查账员、1名

图2.1 位于隆盖维尔公馆的包税公司总部。Bibliothèque Nationale de France, VA-227-Fol.

---

[1] 引自Durand, *Fermiers généraux*, 57. 1756年至1780年出现了60名包税人。

经手该包税区所有钱财的总收款员、2或3名监督烟草零售账目并向相关司法权力机关告发走私案件以及负责包税公司团队招募和运作的巡视员。尽管所有的主管、收款员和巡视员都配有为数众多为之工作的低级别办事员，但包税公司最大的分支机构无疑是在巴黎和各行省巡逻以搜捕走私者的警卫队。在1774年为包税公司工作的28839名员工中，有21188名隶属于武装警卫队。[1] 虽然以近代早期的标准而言，包税公司中忙于案牍的官员数量十分惊人，但要一窥其人力规模的大小，却需要从它的准军事团队中入手。这支在欧洲同类型组织中规模最为庞大的武装力量构筑起了专卖制度的堡垒。

承担烟草专卖运营工作的包税公司面临着远超过其专卖食盐过程中所遭遇的挑战。相对而言，食盐专卖一直以来都是一项地区事务，因为这种矿物质采自王国之内的矿井或盐沼，而后向法国臣民出售，或出口至北欧地区。相反，烟草专卖将王国卷入了无序扩张的大西洋经济当中，其中又牵涉了来自四个大陆与数个帝国的人员。虽然人们已经掌握了在欧洲种植烟草的方法，但包税公司仍然依赖于位于美洲的原产地的供应。从现实的角度而言，培养消费者对海外烟草的偏爱是可行的，因为将质量较差的欧洲烟叶——诸如荷兰种植的烟叶——走私带入法国更为容易。因此最好让法国臣民迷上他们无法轻易获得的海外进口烟叶。重商主义原则也认为如有可能，母国应从自己的殖民地——而非与之竞争的国家——进口原材料。如前所述，国王政府最初从其位于加勒比的圣多明各殖民地（现在的海地），而后又从路易斯安那进口烟草。但从18世纪20年代开始，这家烟草专卖公司违背了重商主义原则以及法国殖民地种植园主的意愿，傲慢地抛弃了殖民地，开始从英国采购烟草——英国商人能够向其国内的法国代

---

[1] Vida Azimi, *Un Modèle administrative de l'ancien régime* (Paris, 1987), 32-33 and 37. 在 *De l'administration*, vol. 1, 106 中，内克尔估计警卫的数量达到了2.3万人。

理人输送价格低廉的顶级切萨皮克湾烟叶。作为英国市场上最大的单一买主，并被英国经济学家称为垄断型买家的包税公司能够将批发价格压至最低水平，从而增加其利润率。至法国大革命前夕，90%的包税公司烟叶产自切萨皮克湾地区。[1] 突然转向英国殖民地产品只有一种解释：对于烟草而言，法国国王政府将财政收入放在了第一位。在法国从重商主义滑向财政主义的代表性转变中，财政收入压倒了构建帝国的计划。即便在战争期间，包税公司都选择从法国的劲敌手中购买烟草，而非支付更多的资金从自己的殖民地购得更少的烟叶。[2]

当时大部分的切萨皮克湾烟草都被装船经英国运往包税公司位于法国的大约10家工场。[3] 这些先于19世纪工业革命工厂出现的工场的规模令人惊叹。在一个大部分作坊仍然由一名师傅和数名熟练工人组成的年代，这个王国位于莫尔莱和布列塔尼的烟草工场就雇用了超过1000名的工人，其中许多还是妇女和儿童，他们一年要处理成千上万磅的烟草。在莫尔莱的工场内，薪酬微薄的工人们打开上千磅容量的大桶，拣出充塞于桶内的烟叶，将其卷成长条，接着再风干、挤压，将卷状的烟叶切割成人们所熟知的"萝卜棒"，成捆的烟草将用特制的绳子缠绕起来，以经得住锉磨。[4] 这种随着"萝卜棒"被研磨成粉末而同时消失的绳子也成了包税公司作为官方所生产烟草的特别标志。经过国营工场处理的"萝卜棒"和其他类型

---

[1]　AN 29 AP 85, Observations sur … la ferme du tabac. 剩余的10%烟叶来自荷兰。

[2]　关于当代对这一变化过程的评论，见Vincent de Gournay, *Remarques inédits sur Traités sur le commerce de Josiah Child* (1754; reprint, Tokyo, 1983), 304. James Pritchard, *In Search of Empire: The French in the Americas*, 1670-1730 (Cambridge, 2004), 187 and 235-236, 也注意到了这一变化，但我们应注意不要过分强调这一变化。法国白糖和咖啡工业也经过了调整，以适应再出口（而非财政收入），这点十分类似于英国的烟草。见Butel, *Les négociants bordelaise*.

[3]　包税公司将其生产环节集中于消费水平最高的北部地区。巴黎市消费了大量的烟草，以至于它拥有自己的工场。

[4]　这是制造最普遍烟草款式的方法，消费者最终会将其研磨成粉状物。在18世纪70年代和80年代，包税公司有时会在送入仓库之前将完成将烟草研磨成鼻烟的额外步骤。

的烟叶被运送至王国各处的40多个包税区，而每个包税区都拥有2至3个分配中心。[1] 这些分配中心向566个仓库供货，后者又向全法国各个城市、市镇和村庄中超过1万个拥有许可的零售商供应烟草。与盐税不同，烟草专卖的范围几乎囊括了王国的全部领土。[2]

作为分销体系中的毛细血管，国营零售商店成了消费者购买烟草的最重要场所。几乎是出于本能而深知烟草行销的关键在于商品曝光度的包税人们敦促批发商通过各地区的大批经销店向辖区内的民众提供烟草。正如御前会议所阐释的，消费者"并不想走上两三里格的路去买一盎司或半磅的烟草"[3]。因此，经销商们将烟草零售商们安插于王国的每一个角落，并密切关注他们的销量：超额完成月定额的人将获得奖金，而未能完成任务的人则会落下走私的嫌疑并接受调查。[4] 依托他们的规模，烟草零售商们在全法国的农村和城市地区涌现出来。在如饥似渴的居民为烟草专卖提供了大部分收入的巴黎地区，早在1708年就有1200名国营零售商沿街叫卖烟草，而随着越来越多的咖啡馆店主同时兼任烟草零售商，其数量有了进一步的增长。[5] 在农村地区，烟草经销店被设置于专卖地区的每一个市镇

---

[1] Gondolff, *Tabac*, 325.

[2] *Etat par Directions des Entrepôts du Tabac tant de la France que de la Lorraine* (Paris, 1774). 基于法国教区的数量，一般估计的4.3万人的零售商数量 [Jacob M. Prince, *France and the Chesapeake* (Ann Arbor, MI, 1973), 434; Marc et Muriel Vigié, *L'herbe à Nicot: Amateurs de tabac, fermiers généraux et contrebandiers sous l'Ancien Régime* (Paris, 1989), 201; and Hidemi Uchida, *Le tabac en Alsace aux XVIIe et XVIIIe siècles: Essai sur l'histoire d'une économie régionale frontalière* (Strasbourg, 1997), 25] 可能过高。而内克尔所估计的1万人数量（引自 Matthews, *Royal General Farms*, 121）可能过低。在香槟地区，1738年时1名零售商平均负责1.3个教区。AN 129 AP29, procès-verbal of Helvétius, 1737-1738.

[3] AN AD XI 48, no. 63, 御前会议敕令，1683年7月13日。

[4] AN AD XI 51, no. 17; Jean Clinquart, *Les services extérieures de la ferme générale à la fin de l'Ancien Régime* (Paris, 1996), 202-205.

[5] AN G-7 1291, 1708年记事；Gondolff, Tabac, 132-133. 勃艮第地区的首府第戎拥有40名零售商 [Georges Pitre, *La ferme générale de Bourgogne* (Dijon, 1908), 130]，而大西洋沿岸的新兴城市南特为了满足需求，征召了杂货商和布商成为专制的烟草零售商 (AN G-1 109, doss. 3, État des débitants, 1778)。

中。在距离最近的市镇约20英里的农村教区瓦尔德龙，有不少于3名的零售商为240户家庭提供服务。甚至连奥雷尔这个拥有不超过100户家庭的小村庄也未被遗漏。① 如果包税公司要与走私者相竞争，它就必须为其武装警卫队配备一个能够深入法国农村地区的零售网络。

国营烟草零售商凭借完全覆盖王国的策略获得了巨大的回报。随着家庭烟草年消费量从一个微不足道的水平提升至大约3磅（巴黎为6磅），该公司的年收入也从柯尔伯推行专卖制度运作初期的50万利弗尔增加了60倍，达到法国大革命爆发前夕的3000万利弗尔。② 至18世纪中叶，最初作为一种并不重要的财政尝试的烟草专卖制度已经逐渐在王国的赋税体系中占据主导地位，贡献了超过20%的间接税收入和超过7%的国家总岁入。③ 莫罗·德·博蒙注意到，在所有不同的税收分支中，"没有一项像烟草一样取得如此迅速和客观的进展……最近它已经成了规模最大的税收之一"。作为一名主张自由贸易并在原则上厌恶专卖制度的经济学家，路易十六的财政大臣雅克·杜尔哥在这一时期也无法阻止烟草税收"令人惊异的成长"，而只能对其表示赞赏。在所有这些部门中，"这是获得最多支持的一个，推动其成功是国家的利益所在"④。作为一个看似无穷无尽的资金来源，专卖制度象征着国王政府向消费征税计划达到了顶峰。

---

① ADDR C 1069, 瓦朗斯行省记录，18世纪60年代。

② Price, *France*, 377. Marcel Marion, *Histoire financière de la France depuis* 1715 (Paris, 1919), 2:232, 指出1788年的烟草专卖总收入为5100万利弗尔，其中要扣除作为购买烟叶的1000万利弗尔和用作管理支出的700万利弗尔。

③ Price, *France*, 38, 373-375.

④ Moreau de Beaumont, *Mémoires*, 4:581 and 4:680. 杜尔哥之语引自Gondolff, *Tabac*, 257-258.

保护制造业：印花棉布禁令

烟草并非唯一抓住欧洲诸国眼球的全球性商品。17世纪晚期涌入欧洲市场的印度布料也同样引人注目。虽然印度布料的进口取得了极大的成功，英国、荷兰和法国的东印度公司通过销售它获利颇丰，但它也威胁到了业已植根于欧洲土壤中的毛织品、亚麻和丝织品生产商。而今他们激烈地要求获得保护。理解贸易公司与国内纺织品生产商之间这种矛盾的一种方法便是将其视作阐述支离破碎的重商主义架构的过程。获得国家支持的欧洲贸易公司在"重商主义"基础上进行了自我辩护，后者主张政府应该给予商人的海外贸易以侵略性的支持，特别是当它可以减少贸易对手的份额时。这正是柯尔伯在1664年创建法属东印度公司时所想做的。他写道：我们必须"为王国掌握亚洲的贸易，阻止英国和荷兰从中渔利，正如他们迄今为止所在做的"。[1] 然而与此同时，亚洲贸易却违背了重商主义的其他箴言——它要求统治者们保护制造业免受来自国外的竞争，并增加金银的积累。印花棉布的进口在这一环节陷入了困境，因为无论如何这种布料都无法被解释为要在国内完成最终加工的原材料。它是一种与国内对手直接竞争（并且占据优势）的外国制造业产品。进一步而言，它也难以为将美洲白银这种真实可感的财富运送至印度海岸的行为辩护。花费白银进口印度布料这样的半奢侈品违背了重商主义的基本原则，并将破坏国内至关重要的纺织品制造业。

但这一矛盾不仅限于抽象的经济学说。当印度棉布贸易刚刚开始繁荣之时，利益相关方的联盟就在反对声浪中形成。在法国，限制印花棉布流入的压力在17世纪80年代变得尤为巨大。里昂、尼姆、图尔——特别是诺曼底——等地被突然而至的竞争所惊动的纺织品生产商们努力游说王室

---

[1]　引自Philippe Haudrère, *L'Empire des rois*, 1500-1789 (Paris, 1997), 137.

官员，希望保护他们免遭来自东方以及现在欧洲生产的廉价流行纺织品的破坏性力量的毁灭。传统生产商们宣称王国无法在避免现有制造业遭严重损害的前提下吸纳所有新出现纺织品，并请求官员拯救他们那些据称正陷入困境的企业。正如来自诺曼底海岸地区第厄普的肖韦尔先生向柯尔伯的儿子和继任者塞涅莱侯爵所抱怨的，东印度公司的进口商品"完全毁灭了我们的丝织品、毛织品和亚麻制造业"。法国消费者涌向了低价的进口商品，"而我们生产商的所有产品却无人问津"。① 难道国王政府没有义务在国内的纺织品制造业——它是经济中最重要的制造业部门——最需要帮助的时候施以援手吗？

进一步而言，政府官员们也担心传统纺织品制造业的工人们一旦失业所将引发的公共秩序动荡。未充分就业是旧制度长期存在的一个问题，王国常常担心移民问题，或者更糟糕的叛乱问题。这种焦虑情绪在《南特敕令》被废除（1685年）之后显得尤为严重，这一敕令的废除迫使数千名新教工人和高级技术人员背井离乡，令纺织品制造业陷入混乱之中。在这种黯淡的经济环境下，印花棉布被证明是一只实用的替罪羊。当两三百名失业的纺织工人于1685年2月聚集在鲁昂总督府大门前时，总督找到了当地一名商人相询，商人将这一危险集会归咎于近期满载印花棉布的船只的抵岸。他解释称，印花棉布的涌入打击了精纺毛料的销售，导致商人们无法支付工人的工资。虽然总督成功地缓和了局势，充当中间人促成了一项协议的达成——根据这项协议，商人们将以较低的工资重新雇佣工人，但是当其他骚乱再次爆发时，这一协议却毫无作用。② 在英国，伦敦的织工们于1680年洗劫了东印度公司的仓库，于1697年聚众骚乱，于1719年6月和7

---

① 引自Charles Woolsey Cole, *French Mercantilism*, 1682-1700 (New York, 1943), 167.

② Cole, *French Mercantilism*, 166.

月袭击了售卖印花棉布的商店和身穿印花棉布服装的人。①

　　包括影响力巨大的国内商业与制造业总监鲁瓦侯爵在内的诸多王室官员均认为法国制造商及其所声称为之代言的工人陷入了困境。事实上，大部分的政治家相信通过向"亚洲深渊"投入法国所有的大量金银来进口制成品的做法与法国应留存金银、使用自己的原材料生产并出口——而非进口——奢侈品的常识背道而驰。②法属东印度公司的董事们当然对这些观点予以了反击，他们自称此举是为了消费者的利益，因为进口来自印度的成衣是比支付更高价格购买荷兰或英国棉布更好的选择。为何要允许法国的敌人从这项贸易中渔利？公司的董事们也不接受输出白银将会引发灾难性经济后果的观点。难道这些生产商正在夸大法国输出金银的数量以获得对他们事业的支持的做法还不明显吗？虽然这种抗辩具备十足的条理性，并且不乏真知灼见，但这些董事们在政府内外都没有多少盟友。作为一个潜在的支持者群体，那些模仿亚洲原版并且毫无疑问地关注出台普遍禁令的可能性的法国印花棉布染印商则被视为结构稳固的纺织品制造业中的商业暴发户，他们在庙堂之上不具备施加影响力的位置。（他们可能也希望实施针对进口商品的禁令，这将提振他们自己的生意。）与此同时，那些要经受贸易保护措施所带来损失的法国消费者们可能会与东印度公司站在一起，然而与身为矛盾另一方的工人一样，他们缺乏在这种重大政治事务中表达自身利益关切的正式手段。在这一时期，消费者的激进主义通

---

① Chassagne, *La manufacture de toiles imprimées de Tournemine-lès-Angers: Étude d'une entreprise et d'une industrie au XVIIIe siècle* (Paris, 1971), 48; Beverly Lemire, *Fashion's Favorite: The Cotton Trade and the Consumer in Britain*, 1660-1800 (Oxford, 1992), 34-42; John E. Wills, "European Consumption and Asian Production in the Seventeenth and Eighteenth Centuries," in *Consumption and the World of Goods*, ed. John Brewer and Roy Porter (London, 1994), 137.

② 引自Philippe Haudrère, "The French India Company and Its Trade in the Eighteenth Century," in *Merchants, Companies, and Trade: Europe and Asia in the Early Modern Era*, ed. Sushil Chaudhury and Michel Morineau (Cambridge, 1999), 202-211.

常限于与食物供应等生死问题相关的非正式集体行动，以及——如我们将要了解到的——协助走私者与包税公司斗争。

从各方面来看，随着所有这些请愿和影响力的散播，鲁瓦以及得到其重视的传统纺织品生产商获得了胜利。御前会议于1686年10月26日颁布了一项法令，禁止从印度进口印花棉布以及在本土生产相关仿制品。法令前言谨慎地陈述了这一激烈行动的原因：

> 陛下已经知晓大量在印度印染或在王国境内仿冒的棉纺织品……不仅导致数百万的金银流失国外，还打击了长期以来立足于法国的丝织品、毛织品、亚麻、大麻织品生产商，同时也令那些因为失业而无法再找到工作也无法维持家庭生计、从而离开王国的工人们遭遇到倾家荡产和被遗弃的命运。①

为了彻底改变这种预势，该法令要求所有进口染印印度纺织品进入法国的商人立即停止经营，命令所有的国内印花棉布生产商停止生产，并捣毁他们的印染模具。印度布料能够继续再出口（即进口至法国后再出口到其他国家），但绝不可进入国内市场。1692年，另一项法令将禁令从生产和贸易领域扩展到了消费领域。自此以后，任何被发现购买、穿着印花棉布或使用印花棉布装饰的人都将遭到重罚并处没收材料。为了确保这种布料不再出现在法国市场中，路易十四赋予了包税公司执行禁令的权力。这家保护烟草与食盐专卖制度、征收酒精消费税并为王国海关岗位提供人员的公司如今又接到了维持印花棉布禁令、保护根深蒂固的纺织业生产商利益的任务。这项禁令从而与这个君主国的财政机构直接相联系。

雅克·萨瓦里·德布吕斯隆解释称，通过这种方式，"国王政府致力

---

① 1686年10月26日御前会议的法令，引自Chassagne, *Manufacture*, 36.

于修筑一道对抗业已在巴黎和各行省泛滥的印度布料洪流的堤坝"[1]。在当时引发争论甚至至今仍被热议的1686年法令宣告了法国一个长期封禁时代的到来。[2] 在73年的时间里，一种法国主要消费品的生产、销售和消费都被视为非法。当该禁令于1759年被撤销时，一项针对进口染印纺织品征收高达25%的关税却又取而代之。在另一个25年过去之后，这道"堤坝"仍未被完全拆除。[3] 法国的禁令仅是一波席卷欧洲大陆的贸易保护立法浪潮的前兆而已，而这次浪潮则是第一次封锁一种主要亚洲进口商品的泛欧洲运动。印度布料先后在英国（1701年和1721年）、加泰罗尼亚（1717年和1728年）和普鲁士（1721年）遭到禁止。在法国，这项禁令执行得十分彻底。在英国，最初的进口禁令于1721年被扩展到了染印布料的本土生产和消费领域，但染印亚麻和粗斜纹布以及供出口的染印棉布仍在豁免之列。在加泰罗尼亚，针对印度进口商品的禁令于1728年被扩展至针对欧洲进口商品，但该王国从未禁止国内的生产活动，它希望借此推动取代进口的国内制造业的发展。普鲁士的情况与西班牙类似，禁令被用于保护国内制造免遭来自印度的印花棉布的竞争。即便是在重商主义盛行的时代——当时国家领土越来越多地通过关税壁垒线来确定疆界，从而被赋予了经济上的意义——这一系列的禁令构成了贸易保护主义的一种极端形式。然而从17世纪的最后25年开始，通过高关税保护国内制造业的手段越来越普遍，而公然推行禁令的做法却变得十分罕见了。

[1] *Dictionnaire univesel de commerce* (Paris, 1741), 2:1152-1153.

[2] 见Michel Morineau, "The Indian Challenge: Seventeenth to Eighteenth Centuries," in *Merchants, Companies, and Trade: Europe and Asia in the Early Modern Era*, ed. Sushil Chaudhury and Michel Morineau (Cambridge, 1999)所作的判断；Chassagne, *Manufacture*, 38-49.

[3] 1759年关税在1772年遭到大幅削减，但而后又重新出现在了1786年的《伊登条约》中。

一个全球地下组织

最近，历史学家玛克辛·伯格认为为阻止亚洲进口商品进入英国而匆忙构筑的贸易壁垒刺激了英国纺织品的生产，这又推动了革新，并为工业革命铺平了道路。[①] 她的有趣命题无疑是正确的：在议会封禁亚洲进口商品之后，新生的棉布制造业随之崛起，以满足日益高涨的国内需求，最终生产的机械化让它成为英国工业化过程中的最重要部门。因此，欧洲棉布印染代表了近代早期世界贸易与近代晚期工业生产之间"遗失的一环"。[②] 但这仅仅只是整个故事的一部分。在法国（对此事而言，英国也是如此），洲际进口商品的管理和课税产生了另一个意义深远而且可能是出乎预料的结果：它们催生出了一种有活力并且利用了国家所设置的财政和贸易边界的地下经济模式。

我们知道走私在美洲十分普遍。意在令母国受惠的帝国经济体制——不管是西班牙的舰队体系、英国的航海条例还是法国的独占经营——都在帝国之间构筑起了贸易的边界，这条边界被证明事实上是极易遭到渗透的。18世纪时，加勒比海实际上已经成了一场席卷美洲东海岸的非法风暴的中心。"从新法兰西到布宜诺斯艾利斯，从智利到巴西，凡是有港口之

---

① "In Pursuit of Luxury: Global History and British Consumer Goods in the Eighteenth Century," *PP* 182 (2004), 85-142.

② S. D. Chapman and S. Chassagne, *European Textile Printers in the Eighteenth Century* (London, 1981), 215.

处都在进行着非法贸易"，并往往令合法贸易"相形见绌"。[①] 殖民地的居民通过非法进口来自非洲的捕奴、基本的粮食和大批的制成消费品，以及非法出口贵金属和奴隶生产的多种农产品，从地下经济中获益。因此，在母国贸易法律所构建的正规经济之外流通的多种商品——从奴隶、白银、白糖、朗姆酒到可可豆、咖啡、烟草——能够自由地进行跨帝国的贸易。

虽然走私和海盗活动一样，通常与新世界的"无主"居民相关联，但随着财政主义和重商主义措施在欧洲催生出刺激已有地下经济发展的殖民地商品黑市，它也在管制更为严格的旧世界变得猖獗起来。[②] 在18世纪中期的英国，最引人注目的是每年有300万到350万磅的中国茶叶走私进入各

[①]　Wim Klooster, "Inter-Imperial Smuggling in the Americas, 1600-1800," in *Soundings in Atlantic History: Latent Structures and Intellectual Currents*, 1500-1825, ed. Bernard Bailyn and Patricia L. Denault (Cambridge, MA, 2009), 141-180. 关于法兰西帝国，见 Jean Tarrade, *Le Commerce Colonial de la France à la fin de l'ancien régime* (Paris, 1972), vol. 1, chapters 3-4; James Pritchard, *In Search of Empire: The French in the Americas*, 1670-1730 (Cambridge, 2004), 201-208; and Shannon Lee Dawdy, *Building the Devil's Empire: French Colonial New Orleans* (Chicago, 2008). 关于荷兰帝国，见 Klooster, *Illicit Riches: Dutch Trade in the Caribbean*, 1648-1795 (Leiden, 1998); Linda M. Rupert, *Creolization and Contraband: Curaçao in the Early Modern Atlantic World* (Athens, GA, 2012). 关于英帝国，见 Christian J. Koot, *Empire at the Periphery: British Colonists, Anglo-Dutch Trade, and the Development of the British Atlantic*, 1621-1713 (New York, 2011); Michael Jarvis, *In the Eye of All Trade: Bermuda, Bermudans, and the Maritime Atlantic World*, 1680-1783 (Chapel Hill, NC, 2010), chapter 3; and Thomas M. Truxes, *Defying Empire: Trading with the Enemy in Colonial New York* (New Haven, CT, 2008). 关于西班牙帝国，见 Stanley J. Stein and Barbara H. Stein, *Silver, Trade, and War: Spain and America in the Making of Early Modern Europe* (Baltimore, 2000); and J. H. Elliott, *Empires of the Atlantic World: Britain and Spain in America* 1492-1830 (New Haven, CT, 2006), 224-234.

[②]　关于无主的大西洋地区，见 Peter Linebaugh and Marcus Rediker, *The Many-Headed Hydra: Sailors, Slaves, Commoners, and the Hidden History of the Revolutionary Atlantic* (Boston, 2000).

个港口，几乎是东印度公司合法进口茶叶数量的3倍。^① 研究法国走私的历史学家长期以来都关注诸如食盐这样作为近代早期走私贸易核心的当地商品，但从17世纪晚期开始，烟草专卖制度和印花棉布禁令引发了大规模的走私浪潮，从而在事实上实现了旧制度最后一个世纪里本土非法经济的全球化。^② 在接下来的章节中，我们将有机会检视这些在不断扩大的地下经济之中鲜活但却往往充满悲剧色彩的人物。在此，通过追溯非法商品从美洲、亚洲和欧洲的制造者那里流转至法国消费者手中的主要渠道，它将足以描绘出这个全球地下组织的基本轮廓。

在烟草贸易中，从新世界种植园到法国当地消费者的生产和交易链条中的每一个环节都深受走私活动的影响。在草木茂盛的切萨皮克湾沿岸的生产地，仓库工人和码头工人从运输线上取下一把把的烟叶供自己享用，这被视为一种合乎习俗的权利。他们装载上船的部分烟叶并未如法律所要求的直接运往英国，而是被走私至外国殖民地或英属西印度地区，在此它们经过重新包装被偷运上运载白糖的英国靠岸船只。^③ 直接（因此也是合法地）从切萨皮克湾运往英国的烟草被大西洋另一侧的码头工人接收，他们就如美洲的同行一样在将大桶卸至码头的过程中为自己留下一些烟叶。^④ 与此同时，英国海关官员通过减少进口商品称重——这减少了所课的烟草税收——和增加再出口商品的称重——这为从英国运送烟草至欧洲

---

① Hoh-Cheung Mui and Lorna Mui, "Smuggling and the British Tea Trade before 1784," *AHR* 74 (1968), 44-73. 非法烟草也十分猖獗。见W. A. Cole, "Trends in Eighteenth-Century Smuggling," *HER* 10 (1958), 395-410; and R. C. Nash, "English and Scottish Tobacco Trades in the 17th and 18th Centuries: Legal and Illegal Trade," *HER* 35 (1982), 354-372. 在西班牙，17世纪大约有一半的烟草均采购自黑市。Norton, *Sacred Gifts*, 163.

② 关于非法食盐和其他非殖民地商品的讨论，见第4章。

③ Arthur Pierce Middleton, *Tobacco Coast: A Maritime History of Chesapeake Bay in the Colonial Era* (Newport News, VA, 1953), 188-189; Koot, *Empire*, 208.

④ Peter Linebaugh, *The London Hanged: Crime and Civil Society in the Eighteenth Century* (London, 2003), chapter 5.

大陆的商人尽可能地增加了退税——这样的方式来收取回扣。然而许多为再出口商品索取退税的商人并未将烟草运送出境。相反，他们的船只驶出英国港口来到英吉利海峡的公海区域只是为了绕圈返回并在英国海岸上荒无人烟的郊野卸下船货，抑或在商品秘密运回肯特郡或萨西克斯郡前将其拉上敦刻尔克或某个独立的海峡岛屿。随后陆上的走私者便将这些烟草带入国内的黑市，这在18世纪中期保证了超过三分之一英国所消费的烟草来源于走私。[①]

其余横渡海峡且并未运返英国的美洲烟叶被安全送交给了法国包税公司或其他的大陆商人。虽然那些交至法国包税公司手中的烟草处于严密的监控之下，但仍有部分成功地脱离了官方渠道，流入到了黑市当中。在庞大的包税公司中处理烟叶的工人们会偷取这种植物，他们和位于大西洋两岸的英国码头工人一样相信这是其工作的额外补贴。他们坚信自己拥有这种权利，以至于当包税公司在第厄普的工场中严加限制这种滥权行为时，工人们起而反抗，威胁称将打击那些被引入来取代他们的工贼。[②] 此外，那些销售包税公司官方烟草的当地零售商们在其中加注了"水分"以增加重量，往其中掺入走私烟草或混入大量廉价的添加剂——权威术语称之为"异物"，这些添加剂包括了从鹅掌楸木刨花、筛灰到砖粉、泥沙等一系列物质。巴黎的零售商们往他们的烟草中掺入杂质的问题极其严重，以至于警察局长指派了两名药剂师分析可疑的烟叶。在近代历史上最早的犯罪实验室里，他们检验、称重、焚烧、洗涤并倾倒硫酸到没收的烟草样品上。这种科学实验的结果往往得出了烟草掺假的结论。难怪作为近代化学之父和专业总包税人的安托万·拉瓦锡将零售商视为"烟草包税公司的真

---

① Nash, "English and Scottish Tobacco"; Renaud Morieux, *Une mer pour deux royaumes. La Manche, frontière franco-anglaise XVIIe-XVIIIe siècles* (Rennes, 2008), chapter 8.

② AN G-7 1294, 1715年7月9日的信件。

正敌人"。①

销售给不隶属于包税公司的大陆商人的切萨皮克湾烟草是专卖制度的主要威胁。身处敦刻尔克的法国自由港以及尼德兰诸港口的商人们将走私烟草运输至法国专卖地区的所有角落——从南部的朗格多克海岸一直到西部的布列塔尼和诺曼底滨海地区。运输船停留在远离大陆的地方，小型船只负责运送烟草抵岸，当地人在这里接收烟草并将其运往内陆地区分销。来自英吉利海峡泽西岛和根西岛的走私者们将走私品收入小船中，扬帆或划船将其送至诺曼底或布列塔尼的邻近海岸。不过进入法国专卖地区的最繁忙走私通道却位于王国的东北部，在这里形成了一条从联省共和国和奥属尼德兰南穿阿尔萨斯、弗朗什-孔泰、瑞士和萨伏伊的大型中转走廊。这一跨国区域完全适于向法国专卖区走私烟草。通过敦刻尔克和尼德兰涌入这条走廊不仅有珍贵的弗吉尼亚烟叶，还包括了当地种植的烟草——这种在很大程度上以市场为导向的作物很久之前就在这一区域种植了。至18世纪中叶，一块生产烟草的肥沃新月地带——在世界范围内其产量仅次于切萨皮克湾——已经在沿着莱茵河从乌特勒支开始、穿越阿尔萨斯直至瑞士沃州的区域当中崛起。②

该地区的财政地理环境极大地推动了非法贸易的发展。位于这片中转地带的是若干近期才归附法国的边缘行省，其中特别包括了阿都瓦（1668年）、阿尔萨斯和弗朗什-孔泰（1678年）。这些受到多项并入法国时签订的条约所规定特权保护的行省仍然不受烟草专卖制度的管辖。1719年，法国财政大臣让·拉斯在法国各地禁止了烟草种植，其中包括了过去曾经

---

① Antoine Lavoisier, *Oeuvres de Lavoisier: Correspondance* (Paris, 1955), vol. 7, part 1, 231, letter to Paulze, 7 November 1769. 关于巴黎零售商往烟草中掺杂添加剂的情况，见AN Y 9512B, and 10929/b. 关于这一时期掺假或仿制高关税消耗品的情况，见Reynald Abad, *Le grand marché: L'approvisionnement alimentaire de Paris sous l'Ancien Régime* (Paris, 2002); Ashworth, *Customs and Excise*, 23-24, 308, and 314; and Norton, *Sacred Gifts*, 166.

② 除了后面所援引的作品，该处和接下来的讨论均出自Price, *France*。

允许种植烟草的波尔多和蒙托邦的西南大部以及普罗旺斯和诺曼底的局部地区，但拉斯的格格不入的全面禁令却并不适用于东北的边境行省，它们继续生产自己的烟草。法国的海关边界并未设置在这些行省与外邦之间，而是位于这些行省与法国中心地带的专卖区之间——因此就有了诸如"视若外邦的行省"与"遵循外邦惯例的行省"①之类生硬的官方标签。导致这一地区财政地理形势进一步复杂化的是众多的外国飞地（洛林公爵领、三主教区、蒙贝利亚尔公国和东布公国），尽管法国施加了外交压力，但这些地区融入专卖区的进程仍然十分缓慢。这种小型国家十分类似于现今美国的印第安人保留地，它们成了走私贸易中必不可少的管道。虽然法国官员希望清理这些隐藏于边界上的飞地，但建立整齐划一国境线的计划直至法国大革命时期才完全实现。与此同时，财政上的治外法权将继续推动地下贸易的发展。②

　　一个当地种植的廉价烟草的大规模聚集地就此在法国烟草专卖区的东部边境之外形成了。欧洲种植的烟草缺乏包税公司所购买弗吉尼亚烟草

---

　　① 法兰德斯、阿都瓦、弗朗什-孔泰与布列塔尼、艾诺省、康布雷齐以及若干的南部行省被称为"视若外邦的行省"，它们并不受柯尔伯1664年所制定关税的管辖。除了马赛、敦刻尔克以及之后的贝昂和洛里昂自由港之外，阿尔萨斯、三主教辖区（梅斯、图尔和凡尔登）、维奈桑伯爵领和之后的洛林、热克斯被称为"待之以外邦惯例的行省"，它们不受柯尔伯1667年所制定关税的管辖。这些"外邦"行省中的一部分——但并非所有——位于烟草专卖区之外。值得注意的是，位于英吉利海峡中的转运点——泽西岛和根西岛也同样从英国那里索取到了进行特别贸易的特权。

　　② 作为所有飞地中规模最大和人口最多的一块，位于维奈桑伯爵领的南部教皇领是兴盛的烟草和印花棉布制造业的发源地。1734年，包税公司封锁了这块飞地的食物供应，以迫使教皇克雷芒七世禁止走私品的生产和出口。教皇做出了让步，但这项禁令从未得到严格执行。见Madeleine Ferrières, "'Au Coeur de royaume': Avignonnais et Comtadins," in *Les enclaves territoriales aux temps modernes (XVIe-XVIIIe siècles)*, ed. Paul Delsalle and André Ferrer (Besançon, 2000), 39-58. See also André Ferrer, "Enclaves et contrebande: l'exemple de la Franch-Comté au XVIIIe siècle," in *Les enclaves territoriales aux temps modernes (XVIe-XVIIe siècle)*, ed. Paul Delsalle and André Ferrer (Besançon, 2000), 143-160. 关于法国边境的巩固，见Peter Sahlins, *Unnaturally French: Foreign Citizens in the Old Regime and After* (Ithaca, NY, 2004), chapter 7; and John Bosher, *The Single Duty Project* (London, 1964).

优良的"气味和质地"，质量被认为不及美洲种植的烟叶。荷兰和弗兰德斯的烟叶是欧洲所出产的最佳品种，阿尔萨斯的烟叶质量尚可，但瑞士和弗朗什–孔泰所产出的质量则十分低劣，只有那些消费不起更好产品的当地人才会在不添加其他东西的情况下吸食这种烟叶。[①] 然而在敦刻尔克、阿姆斯特丹、圣奥梅尔、斯特拉斯堡和若干瑞士城市（伯尔尼、洛桑、莫尔日）的大型工场中，欧洲本土种植的烟草被掺入优等的美洲烟叶，用来生产物美价廉的混合产品，这种产品成了走私进入法国内陆地区的理想对象。这种两大洲产品混合物中的一部分透过北部的财税边境，穿越奥属尼德兰进入皮卡第和香槟地区；其他的则从东部入境，充斥勃艮第、里昂内和多菲内的市场。从阿姆斯特丹用船装载烟草顺莱茵河而下到斯特拉斯堡，然后通过陆路运往交通便利的瑞士沃州——它恰好靠近法国边境东侧和南方萨伏伊中转区的北部地区——仅需两周时间。此时的瑞士已经成了一个庞大的走私仓库，以至于当总包税人克劳德·迪潘前来秘密调查位于日内瓦湖畔的沃韦德烟草工场时，工场所有者以为他是一个为走私冒险提供资金支持的商人。这些遍布北部和东部边境、从微不足道的小贩到组织严密的团伙头领的走私者从这个仓库获得欧美烟草的混合产品之后便潜入专卖区，在此它的出售价格要数倍于购买价格。[②]

此类走私品不仅仅充斥着位于法国专卖区东部边缘的边境行省，它还流入了王国的中心地带，传播范围远达诺曼底、巴黎盆地、奥弗涅和朗格多克。1732年，多菲内总督注意到走私者们会根据朗格多克消费者的口味——他们不再想要完全的弗朗什–孔泰烟草——变换他们的采购商品。

[①] AN 29 AP 85, Observationssur la constitution et le régime de la ferme du tabac.

[②] Uchida, *Le tabac en Alsace; André Ferrer, Tabac, sel, indiennes: douane et contrebande en Franche-Comté au XVIIIe siècle* (Besançon, 2002), 131-164; Anne Radeff, *Du café dans le chaudron: Économie globale d'ancien régime: Suisse Occidentale, Franche-Comté et Savoie* (Lausanne, 1996), 339; David Todd, *L'Identitééconomique de la France: Libre-échange et protectionnisme*, 92; Klooster, *Illicit Riches*, 189.

这些走私者们转而向日内瓦商人采购他们清单上的货物，而后者则是从阿尔萨斯首府斯特拉斯堡那里购得混合烟草。他在解释横穿其行省的走私团伙的危险崛起时猜测有30万磅的烟草从斯特拉斯堡突然涌入日内瓦。[1] 数年之后，迪潘估计走私者直接带入法国的烟草仅占阿尔萨斯每年生产的800万磅的一小部分，这800万磅中大约有一半合法地流入到了弗朗什-孔泰、蒙贝利亚、瑞士和萨伏伊地区，再从这些地区走私到专卖区的广袤地域中。仅弗朗什-孔泰每年就为走私者提供了150万磅的烟草。[2] 1749年，王国试图通过征收关税限制殖民地烟草进口至阿尔萨斯，其实质就是要在阿尔萨斯和欧洲其他地区之间划设一条边界，但斯特拉斯堡人得以延宕、修改并最终规避了这项法律，他们继续在整个世纪的时间里混合殖民地和阿尔萨斯的烟草，为走私贸易生产出足够的产品。[3]

在从官方供应线上非法抽调走并运送至法国沿岸的新世界烟叶和通过北部和东部地区流入的混合烟叶之间，大量的非法烟草涌入了法国。其准确数量难以估计。1770年，经济学家纪尧姆-弗朗索瓦·勒托洛斯内曾估计40%的法国烟草是通过地下渠道供应的，这一估计与总包税人迪潘的发现一致，后者认定沙隆行省所消费的38%的烟草是非法的。但这些估计数值可能偏高。作为一名与包税公司相对抗的重农主义者，勒托洛斯内有夸大之嫌。迪潘的估计看似准确，但他所考察的这一地区接近走私猖獗的东部边境。更为可靠的估计来自于博学的弗朗索瓦·韦龙·德·福尔伯奈，这位经济学家和财政大臣西卢埃特的顾问于1758年估算得出法国所消费烟草的三分之一属于走私品，这一结果被历史学家广泛采用。虽然无法准确得知非法贸易的规模——这是地下市场变化多端的运作所致，但三分之一

---

[1]　BN MS 8390, Fontanieu to Orry, 17 July 1732.

[2]　Ferrer, *Tabac, sel, indiennes*, 137.

[3]　Uchida, *Tabac*, 56-73. 承认失败的王国在1774年废除了这项于1749年设置的税收。

的粗略估计数值也反映了这一贸易模式的体量。[①]

正如烟草专卖无法阻止走私烟叶进入法国，1686年的印花棉布禁令也未能阻止来自印度的印花棉布流入。不仅未设置禁令的尼德兰继续在进口这种布料——其中部分穿越边境走私到了法国，连法国公司也被允许继续有利可图的再出口贸易，从而导致布料秘密进入已被封禁的国内市场。通过洛里昂的布列塔尼港口输出的法国再出口贸易遭到了包税公司的严密监视。抵达洛里昂的船只会遇到包税公司的大艇，这些大艇将会陪同其前往碇泊处。在登船给货物贴上封条之后，事务官将会监督其入港并卸货，这些货物将被存放于一个戒备森严的库房中，由南特和洛里昂的总督代理人与来自包税公司和东印度公司的董事共同入册。备案之后，这些印花棉布仍将储存于这个封闭的场所中，直至被拍卖给来自南特、巴黎和日内瓦的批发商，他们将会再出口这些布料至法国之外的地区。

尽管设置了如此详尽的安全流程，但仍有部分抵达法国布列塔尼的印花棉布非法流入了国内的地下市场。在进入洛里昂港的入口处之前，船员们就将印花棉布转运至小船上，然后沿着布列塔尼的岩石海岸扬帆或划船驶向偏远的地点。公司水手也会携带他们自己的"劣等货"，他们得到心照不宣的许可，能够在从印度返回时带上隐藏的走私品并在归途中售卖。公司船只被用于这种私人非法贸易的情况十分普遍，以至于水手们往往会在启程之前仅仅为了采购布料而借贷筹措资金。无法像"劣等货"一样携带的纺织品则被藏于其他类型的货物当中，以躲避码头的检查。即便是

[①] Le Trosne, *Les effets de l'impôt indirect, proves par les deux exemples de la Gabelle & du Tabac*, 257; AN 129 AP 29 (Dupin); Forbonnais, *Recherches et considerations sur les finances de France* (Liège, 1758), 3:228. 关于二手文献的估值，见Price, *France*, 407; Durand, *Fermiers généraux*, 437; David T. Courtwright, *Forces of Habit: Drugs and the Making of the Modern World* (Cambridge, MA, 2001), 17; and Jordan Goodman, *Tobacco in History: The Cultures of Dependence* (London, 1994), 220-222. 维吉耶认为柯尔伯时期黑market提供了所消费烟草的近三分之二，然而，尽管18世纪走私烟草的绝对数量有所提升，但非法烟草所占的比例却下滑到了大约三分之一（Vigié, *L'herbe à Nicot*, 62 and 316）。

封锁在公司仓库中的印花棉布也会在贪腐官员睁一只眼闭一只眼的情况下不可思议地消失。[①]一旦此类走私品从官方市场流入更小的渠道，它会自寻方法进入当地的港口，并从雷恩和布列塔尼的其他市镇流向诺曼底、卢瓦尔河谷与巴黎盆地。有时，那些禁不住从再出口市场中攫取非法利润诱惑的高级官员也成了这种内部扩散的推动者。布列塔尼的总督就曾指示他在南特的代理人为其在巴黎的一些女性朋友送去"8或10条精美的围巾"以及若干刺绣布料。[②]18世纪50年代就曾有传言称，财政大臣让·巴蒂斯特·德·马绍·达尔努维尔曾使用公司布匹的非法贸易所得为宫廷开支提供资金。[③]

然而与以欧洲为基地的非法仿冒品贸易（图2.2）相比，来源于印度再出口市场的走私品就根本算不上什么。今日我们将亚洲与仿制西方商品的大规模生产联系在一起，然而在18世纪，却是欧洲人在生产亚洲时兴商品的仿冒品，特别是印度印花棉布。当法国、英国、西班牙和普鲁士禁止印花棉布的进口时，位于禁令国家之外地区的欧洲制造商们却在更加努力地生产仿冒品。在设置了进口禁令的英国，白色印度布料、当地亚麻和棉麻混织物的国内染印却得到了允许，进口替代——即用国内生产的商品代替遭管制或课税的进口商品——推动了本国棉纺织品制造业的发展，而这

[①]　Morgane Vary, "Les multiples facettes de l'économie parallèle dans les villes maritimes au XVIIIe siècle," in *Justice et argent: Les crimes et les peines pécuniaires du XIIIe au XXIe siècles, ed. Benoît Garnot* (Dijon, 2006), 82.

[②]　AMN HH 221, Ferrand to Mellier, January 1722. 1752年12月20日，一个来自洛里昂、其中装有印花棉布并寄往鲁昂总督处的包裹在途经卡昂市时遭查收。见Philippe Haudrère, *La Compagnie française des Indes au XVIIIe siècle* (Paris, 2005), 305.

[③]　René Louis de Voyer de Paulmy, Marquis d'Argenson, *Journal et mémoires du marquis d'Argenson* (Paris, 1866), 8:130 and 8:199. 这则传言的真实性存疑，但蓬巴杜夫人的确曾使用黑市布料装点她的贝莱维城堡。

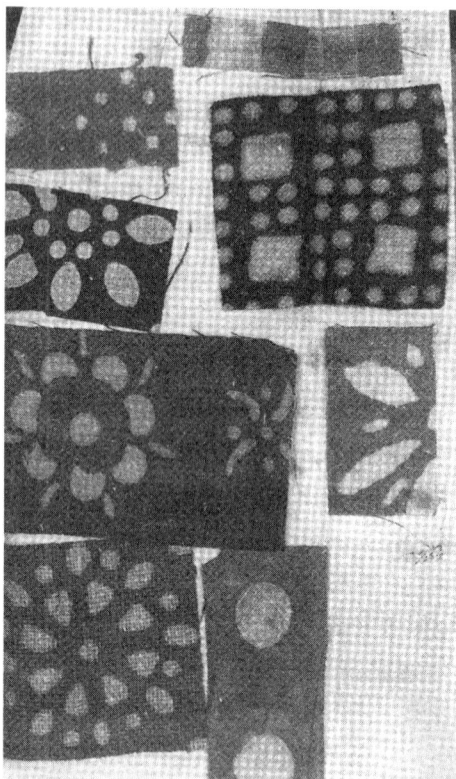

图2.2　印花棉布仿冒品。虽然其制造得到了巴黎方面的特别许可，但这种粗糙的仿冒品只能与低端的非法印花棉布相提并论。*Le Journal Oeconomique, June* 1755 (144-146). Bibliothèque Nationale de France.

个产业的最终机械化将预示着工业革命时代的到来。[1] 法国同样也在进行进口替代。但由于法国同时禁止了进口和国内生产，这种进口替代的进程完全局限于黑市的范围之内。

　　欧洲的第一家印花棉布工场建立于古老的地中海城市马赛，早在17世纪70年代，这座城市的商人就已经开始雇佣掌握"像黎凡特和波斯一样"

---

[1]　Patrick K. O'Brien, Trevor Griffiths, and Philip Hunt, "Political Components of the Industrial Revolution: Parliament and the English Cotton Textile Industry, 1660-1774," HER 44 (1991), 395-423; Maxine Berg, *Luxury and Pleasure in Eighteenth-Century Britain* (Oxford, 2005).

将颜色印染在白色棉布上的技艺的亚美尼亚人。[①] 当1686年禁令出台之后，马赛自由港成了唯一得到豁免的法国城市，它的印花棉布市场得以继续发展。这座城市中的商人不仅在秘密地分销货真价实、据信原本要再出口至世界其他地区的印度棉布，还大量生产仿冒品，将真正的印花棉布和仿冒品同时走私至法国南部的分销中心艾克斯。由马赛–艾克斯轴线引入法国的印花棉布数量估计达到了一年10万匹，其中的80%属于走私品。这种布料从艾克斯向南传播至土伦，向东传播至弗雷瑞斯，向西传播至博凯尔集市和维奈桑伯爵领。在南部各地，普通平民都在抢购廉价的当地纺织品，与此同时，精英阶层则青睐于货真价实的原产地商品。[②]

最大的一股印花棉布走私洪流来自于法国禁令区边缘的东侧，在这个地区，为黑市所准备的烟草数量也日益增多。数个没有生产限制的城市便十分靠近法国内部，其中包括了斯特拉斯堡和米卢斯（一个被阿尔萨斯包围的独立城市共和国），以及巴塞尔、纳沙泰尔和日内瓦（均位于如今的瑞士）。在这些瑞士城邦中，制造业早在17世纪晚期就已经生根。1685年《南特敕令》被撤销之后，法国南部行省普罗旺斯、多菲内和朗格多克——此时印花棉布贸易已经从马赛扩展至这一地区——的新教徒成批地来到了瑞士，重操纺织旧业。撤销《南特敕令》并非是为了肃清印花棉布生产商——当时的政府官员并不知道相当大比例的新教徒都参与了这项贸

---

① 引自Olivier Raveux, "The Birth of a New European Industry: L'Indiennage in Seventeenth-Century Marseilles," in *The Spinning World: A Global History of Cotton Textiles, 1200-1850*, ed. Giorgio Riello and Prasannan Parthasarathi (Oxford, 2011), 300. Ina Baghdiantz McCabe, *Orientalism in Early Modern France: Eurasian Trade, Exoticism, and the Ancient Regime* (Oxford, 2008), 196,也展现了亚美尼亚人在新兴的法国咖啡工业中所扮演的跨文化代理人的角色。

② Oliver Raveux, "Spaces and Technologies in the Cotton Industry in the Seventeenth and Eighteenth Centuries: The Example of Printed Calicoes in Marseilles," *Textile History* 36:2 (2005), 131-145; V.-L. Bourilly, "La Contrebande des toiles peintes en Provence au XVIIIe siècle," *AM* 26 (1914), 52-75; Katsumi Fukasawa, "Commerce et contrebande des indiennes en Provence dans la duexième motié du XVIIIe siècle," *AM* 99 (1987), 175-192.

易——但可以肯定的是这项法令导致了信奉新教的纺织工人大批逃离这个王国。[1] 一年之后，针对印度布料的禁令迫使更多的工人和生产商迁往瑞士，一项庞大的贸易由此跨越边境发展了起来。交叠在一起的新教徒与印花棉布制造业离散现象被分别（回溯性地）称为"新教徒"与"印度布料的国际化"，它们构成了一张从伦敦、阿姆斯特丹、日内瓦到马赛、艾克斯、蒙彼利埃的严密商业关系网。当印花棉布禁令于1759年被撤销后，许多瑞士新教徒都回迁到法国建立工场。

日内瓦和纳沙泰尔的贸易反映了这种让仿冒品得以进入法国内部的网络。在日内瓦这座在世纪中叶仍保持相当大规模的城市中，印花棉布的生意迅速发展，成了它的首个近代工业部门。[2] 不同于商人们行走于乡间为雇农提供生羊毛并由后者将其纺成毛线并提供给织工的贷款系统，印花棉布商人在洛里昂或者瑞士生产商手中购得全素白色棉布，再将原材料、染料和媒染剂提供给规模远超城市行会的巨大工场中汇集在一起的工人。和烟草工场一样，这些工厂在规模和劳动分工上类似于工业革命中的未来工厂（因此也被视为"原始工厂"），虽然它们并未达到19世纪纺织工厂的机械化程度。[3] 印花棉布在配备了数百名为完成所有制造工序而辛苦工作的工人的巨大建筑中被生产出来。在同一座建筑物中，棉布经过了洗涤、拉伸、印染和喷涂，以及挤压、平整和净化程序。多达20%的日内瓦劳动力——2000至3000名男人、女人和儿童在若干个印花棉布工场中工作，他

---

[1] 莫利诺（"Indian Challenge"）和沙萨涅（*Manufacture*）颇有说服力地指出《南特敕令》的撤销并非以印花棉布为目标。埃德加·德彼特里[*La toile peinte en France au XVIIe et au XVIIIe siècles: industrie, commerce, prohibitions* (Paris, 1912)]和安妮-玛丽·皮乌兹[*L'économie genevoise de la Réforme à la fin de l'Ancien Régime XVIe-XVIIIe siècles* (Geneva, 1990)]则持相反观点。

[2] Piuz, *L'économie genevoise*, 455-465.

[3] Ulrich Pfister, "Cotton Manufature in Switzerland and Germany, 15th-18th Centuries," GHEN, University of Padua, 17-19 November 2005, 4; Serge Chassagne, *Le Coton et ses patrons: France, 1760-1840* (Paris, 1991), avant-propos.

们生产了大量既在瑞士、萨伏伊和意大利合法销售又在法国非法销售的布料。为了向法国黑市供货，日内瓦商人雇用了走私者将这些布料运至里昂和格勒诺贝尔附近的城市中，或者进一步深入这个王国，进入普罗旺斯和朗格多克地区。像蒙彼利埃这样的市镇就拥有瑞士生产的"印度"布料的充分供应。

另一种不同的扩散模式源于印花棉布公司"新工场"的所在地纳沙泰尔。与欧洲最大规模的印花棉布商们合作的普塔莱和新工场公司曾雇用了700名工人，并将其产品分销到了日耳曼南部地区和位于禁令区之外的法国东部行省，如阿尔萨斯和弗朗什-孔泰，以及洛林的南锡和巴勒迪克等城市。印花棉布从沿法国关税边境一线的中心点被走私至香槟和勃艮第等行省，甚至远达巴黎和凡尔赛。从巴勒迪克向西延伸的道路上来往着成排非法运载着一捆捆印花棉布前往法国首都的马车。[1]

总而言之，当时有两种不同的印花棉布非法流入了法国：从合法的再出口市场流出的"货真价实的"印度布料和占据走私贸易主要部分的欧洲仿冒品。据估计，在禁令期间，法国本土每年总共消费了价值1600万利弗尔的印花棉布。[2] 当禁令于1759年被撤销之后，随着瑞士公司纷纷进入法国境内，国内的印花棉布制造业在这片六角形的土地上迅速发展起来。[3]然而走私活动并未停止，因为这一禁令被一项高达25%的关税所取代，后者令回避海关的举动仍然有利可图。事实上，使用高进口关税取代禁令甚

---

① Pierre Caspard, *La Fabrique-Neuve de Cortaillod* (Paris, 1979). AN ZLA 990, 992, 1076, and AN Y 10929/b记载了从巴勒迪克出发的走私道路。另见Isabelle Ursch-Bernier, "Mulhouse, l'enclave des indiennes au XVIIIe siècle," in *Les enclaves territoriales aux Temps Modernes (XVIe-XVIIIe siècles)*, ed. Paul Delsalle and André Ferrer (Besançon, 2000), 161-168.

② 韦龙·德·福尔伯奈的估计数值引自Depitre, *Toile peinte*, 105. *Le Journal Oeconomique* (April 1755), 91-93,统计的年消费量在1400万至1500万利弗尔，它认为法国自禁令生效以来已经消费了超过1亿利弗尔的走私印花棉布。

③ Chassagne, *Coton*.

至推动了走私活动的发展，因为免税的瑞士印花棉布能够轻而易举地伪装成合法的法国制造布料，从而进入这个开放的国内市场。

在一个欧洲军事与贸易密集交锋的年代，路易十四及其继承者们为世界经济贡献了两项特别大胆的创新：急于横跨大西洋向西关注美洲的他们建立了烟草的国家专卖制度，向法国消费者出售成百万磅芳香扑鼻的切萨皮克湾烟叶；而急于越过黎凡特地区向东关注南亚的他们则建立了一堵稳固的贸易保护围墙，禁止进口、生产和消费艳丽的印度布料。在这场长跑中，两种政策都大致实现了他们的目标。烟草专卖制度进一步推动了法国向消费征税的转型进程，为法国这个财政-军事国家提供了用于发动战争和偿付战争债务的额外收入。印花棉布禁令则保护了国内的纺织品生产商，让这个国内经济的重要部门避免遭受来自海外和外国的竞争。

然而与此同时，这两项创新都产生了意想不到的后果，即黑市的全球化。法国的专卖制度和禁令刺激了与国营烟草和违禁的海外布料的进口替代品相关的地下市场的发展，从而激活了法国地下市场地理上的扩张趋势，其中包括了新世界的烟草——不管是无掺杂的还是混合的——和印度棉布——不管是来自原产地的还是仿冒的。无论是货真价实的还是仿冒的，或者——对于烟草而言是混合的，"新世界的"烟草和"印度的"印花棉布在从尼德兰到萨伏伊的区域内汇集成了一座规模庞大的宝库，走私者们将它们从这里带入法国境内，挨家挨户兜售给如饥似渴的消费者。

在这座走私宝库以西20英里处，坐落着法国小镇圣茹瓦尔的圣埃蒂安，1725年路易·马德林在此出生。在一系列的灾难摧毁了其家庭的合法生意之后，他离开了自己的村庄，沿着走私洪流逆流而上，跨越边境进入法国之外的萨丁尼亚王国。在此，他将加入一个冷酷无情的走私团伙，潜入地下世界当中，直至通过对其祖国展开复仇而重新出现于世人面前。

第三章　一名走私者的成功

从1754年夏至1755年春，路易·马德林组织了一系列异常大胆的走私冒险，这将令他成为这个时代最为臭名昭著的罪犯。虽然对马德林的成长过程知之甚少，但我们仍然能够通过发生于1753年8月一个夜晚、从法国跨越边境进入萨伏伊——这里是向北延伸至北海的走私走廊的最南端部分——的一次行动瞥见他的身影。现在没有任何关于马德林在那个夏夜的描述存世，但一年多之后警方签发的布告使用了以下词汇来描绘他：

> 路易·马德林来自多菲内的圣茹瓦尔的圣埃蒂安，大约30岁，5英尺4英寸高，身材匀称，一头长而卷曲的金发被扎成马尾，衣着精致，戴着一顶带金色边饰的帽子。

> 路易·马德林来自多菲内的圣埃蒂安德圣茹瓦尔，天主教徒，大约30岁，5英尺4英寸高，身材匀称，肩略宽，皮肤白皙，带有一些红斑和天花麻点，灰色的眼睛锐利而坚定，眉毛和头发为棕色，经常将头发扎成马尾，或简单地用带子绑起来，额头略宽，鹰钩鼻，小嘴，下巴有沟痕。这个马德林在去年8月穿着一件灰色羊毛大衣，大衣上配有被认为是冒牌货的铜纽扣，戴着一顶带金色边饰的帽子。①

---

① ADS C 1, signalements of 24 September 1754 and November 1754. 关于这一描述的展开和应用，见Vincent Denis, *Une Histoire de l'identité: France*, 1715-1815 (Seyssel, 2008), chapter 2.

由于缺乏正规的描述方法，18世纪中叶的警方布告充满了主观色彩——他的头发是金色还是棕色？——但一名目击者证实了马德林偏爱精美的服装，声称尽管其团伙中的大部分走私者都穿着简单而"破烂不堪"的萨伏伊服装，但他却身着"一件羊毛大衣、一件装饰有小方片的红色天鹅绒短上衣，脖子上围着一条丝绢，戴着一顶偷来的、金边帽子，绑着一条宽大的腰带，上面插着一把猎刀……和两把枪"①。

1753年8月初，当马德林走上横跨基尔河——这条河将名为勒蓬德博瓦桑的市镇分割为法属区域和萨伏伊领土两部分——的弗朗索瓦一世桥时，他还不曾佩戴这顶配有花饰、常常引来旁人议论的帽子，但可以肯定的是，这是一个并不太高大但"身材匀称"，衣着可能十分精致，并且装备精良的28岁年轻男子。他在这座桥的最高处跨过了标志着两个王国边界的岩石，然后向下行至河的东岸（图3.1）。踏上萨伏伊的领土之后，他在右手边的第一个商店前停下了脚步，眼睛盯着一个坐在门前的男子。"你是拉莫特先生和蒙吉罗先生那边的人吗？"他恐吓地问道。这个被称为皮埃尔先生、终其一生都生活在这个边境市镇的零售店店主已经观察了马德林"好一段时间"，他清楚地意识到这个问题背后的意义。他知道马德林所提到的那个人正为法国一侧勒蓬德博瓦桑的包税公司工作：拉莫特是一位高级财务主管，而蒙吉罗是警卫队队长。他还知道在最近几周，边境上爆发了一系列致人死亡的冲突，而马德林也牵涉其中。

无意卷入其中的皮埃尔审慎地——并且为了自保而显得过于审慎地——回答了马德林的问题。这名零售店店主肯定地声称马德林有权随心所欲地行事，但他不想"多管闲事"或"支持任何一方"。这一回复激怒了马德林，他在这场对抗包税公司的战斗中看不到任何中立的空间。在恶语相向之后，马德林攻击了这名零售店店主，他一手挥动着小刀，一手拿

---

① ADCO G 2550, Délibérations de Chapitre de Notre-Dame de Beaune, fol. 49.

着手枪。皮埃尔冲进店铺去取滑膛枪，但店内一名冷静的妇人劝说他不要再往外走。马德林仍然站在原地，持枪在手，等意识到皮埃尔不会再出来时，他才放下了这件事，继续行程。在这些日子里，他前头有大把搅扰包税公司盟友的机会。[①]

马德林在8月这个晚上的攻击行为反映了广泛存在的针对包税公司的敌对情绪。消费税在近代早期欧洲的每一个角落都遭人厌恶，在法国，由于包税人负责征收消费税，他们引发了尤为强烈的愤怒。包税产生了一种不完全的假象，即应该为合法目的和国库服务的税收遭到了挪用，落入了贪婪的金融家口袋中。由于王室财政的运作十分隐秘，关于包税人攫取大部分税收的猜测不胫而走，从而形成了包税人是捕猎手无寸铁民众的吸血鬼的形象。然而包税仅仅只是问题的一部分。对法国臣民造成更严重困扰的可能仍是某些根本不算真正赋税、而是以大众消费商品专卖形式出现的消费税。英国人并不喜欢消费税，但收税官所应付的只是少数商人和生产商，而非普通的公众消费者；商人支付消费税之后通过提高价格尽可能地将其转嫁给消费者。与此相反，法国的消费者是在包税公司经营并受包税公司警卫力量保护的国营零售店中购买食盐和烟草。专卖收入是在普遍公开的购买节点而非部分隐藏起来的生产节点上获得的。的确，很难想象能够设计出一个比建立消费商品专卖制度并将其管理委托给在一支半私人化的大规模准军事化力量来实现盈利的金融家机制更为优异的制度形式。这种设计所引发的反感推动了走私和随之而来的暴力的发展。

然而除了针对包税公司的普遍怨恨，马德林也有着仇恨包税人的个人理由。为了完全理解他为何成为一个舞刀弄枪的走私者，攻击像皮埃尔这样拒绝参与对抗包税公司战斗的人，我们必须从其家庭入手，从源头开始了解。

---

① 该段落与前一段落均以Corinne Townley, *La veritable histoire de Mandrin* (Montmélian, 2005), 253的叙述为根据。

图3.1 位于勒蓬德博瓦桑、横跨基尔河的弗朗索瓦一世大桥。Victor Cassien and Alexandre Debelle, *Album du Dauphiné*, 4 vols. (Grenoble: Prudhomme, 1835-1839; reprinted in Grenoble: Éditions des 4 Seigneurs, 1967), I, planche 32, 162-163.

一名失败的商人

路易·马德林并非生来恶贯满盈，亦非由于极其穷困的生活而走向犯罪。他来自"圣埃蒂安最古老也是最卓越的家族之一"，而圣艾蒂安这个小镇正好位于边境行省多菲内境内。[①] 就如在他之前的诸位族长一样，他也被寄予了处理家族生意、保护家族历经数代在这个乡村市镇中建立的好名声的厚望。在当地显贵弗朗索瓦-安托万·马德林的长子于1725年2月11

[①] 这一说法的根据来源于格勒诺贝尔的议会，引自René Fonvieille, *Mandrin: d'après de nombreux documents inédits* (Grenoble, 1975), 33.

日出生时，没人知道路易·马德林会在被设定的道路上迷失得这么远。如果不是因为父亲过早的死亡、变幻莫测的战争与和平局势、法国宫廷资本主义的陷阱，他可能会走完平静、受人尊敬而又全然不起眼的一生。

多菲内的总督曾经详细描绘了马德林的出生地，他写道：这一边远行省的民众"普遍十分贫困，几乎没有什么贸易资源"，"多次遭受众多灾祸的打击，他们的土地受到了繁重赋税的盘剥，他们生活于极端的苦难当中"①。苦难对于圣埃蒂安而言当然不陌生。作为一个坐落于圣茹瓦尔谷地中、拥有1300人口、其间树林茂密的山丘向上绵延到了阿尔卑斯山地区的乡村小镇，圣埃蒂安的居民主要由种植小麦、黑麦、燕麦和饲养骡子、牛、猪、羊在这片土地上勉强维持生计的不识字农民构成。这个小镇还是若干技艺生疏的工匠的栖身之所：两名面包师傅和客栈老板、一些修鞋匠和裁缝以及数名石匠、木匠和铁匠。②

但我们不应立即将视线从圣艾蒂安移开。它坐落于肥沃的比耶夫尔平原上，粮食从这片盛产谷物的地区运往该行省的首府——繁荣的格勒诺贝尔。除了构成其主要人口的劳动者，令圣艾蒂安引以为豪的是它还拥有着一批相对无忧无虑的地主和商人，他们受过良好的教育，舒适地生活于小镇的最上层。这是足够幸运的路易·马德林所出身的社会层级。不仅他的母亲来自于一个富裕的商人家庭，其父亲弗朗索瓦-安托万也是一名地主、马贩和商人，他像这一时代的大部分乡村商人一样小批量地买卖各类商品，包括纺织品、服装配饰、五金器具、工具、珠宝、蜡、葡萄酒、白兰地酒等。马德林的父亲很可能也曾接触过走私贸易，但档案的完全缺失表明即便他这么做过，也并没有展开足以引发法国当局关注的行动。他通

---

① BMG, De la Porte, *Mémoire Général du Dauphiné*, 1754 (R 5766).

② René Favier, *Les villes du Dauphiné aux XVIIe et XVIIIe siècles* (Grenoble, 1993), 254-301; A.-P. Simian, *Histoire de St-Étienne-de-St-Geoirs* (Paris, 1989); and Bernard Bligny, *Histoire du Dauphiné* (Toulouse, 1973), 286-287.

过合法或非法的渠道获得了在当地市场和集市上所能获得的商品，并转手卖出赚取利润。如果说更广大区域内的大型商业城市（里昂、日内瓦、都灵、马赛）已经超出了他所能触及的范围，那么他沿着多菲内地势起伏的大路和小路展开的旅行则足以支撑起这个市镇上最好的家族。

马德林家族自1617年起就定居于圣埃蒂安。他们的商店位于一座令人印象深刻的三层建筑的底层，这座建筑是于16世纪由一个贵族家庭建造，并于1644年以1260利弗尔的可观价格出售给了马德林家族。如同最初的所有者一样，这座房子被赋予了尊贵的地位，其住户能够借此豁免税收与兵役。这座拥有精美装饰的宅邸位于小镇的中心地带，正对着前往市场的大街。市集日期间，如果路易并不忙于在店里给他父亲帮忙，就一定会在广场上玩耍，此时的广场上聚集着一群群为谷物、蔬菜、牲畜、乳制品和其他商品讨价还价的男男女女。这个男孩对于贸易并不陌生。[1]

在一般情况下，路易·马德林应当接掌家族的生意，寻找一名当地女子联姻，繁衍后代，在小镇长老中享有尊崇的地位，直至去世并被葬入教堂墓地的神圣土地中。但在遭遇到社会流动性下降——即便是最好的时期也仍然存在着这种隐患——的危险回流时，他却要为其家族的迅速衰落负责。他放弃了体面的合法道路，也放弃了族长的位置，转而从地下经济中寻求庇护。拥有读写能力、游历甚广、对贸易手段十分熟悉的他很快就像倔强的不死鸟一样重新出现在了边境的另一侧，也站在了法律的对立面上。

就像许多不幸的孩童一样，马德林的不幸始于亲人的过早去世。他的父亲、家族生意的负责人弗朗索瓦-安托万·马德林于1742年以43岁的

---

[1] 我关于马德林年轻时代的描绘来自Frantz Funck-Brentano, *Mandrin: Capitaine Général des Contrebandiers de France* (Paris, 1908); and René Fonvieille, *Mandrin* (Grenoble, 1975).

年纪去世，就此将8个孩子中年纪最长的17岁的路易推上了家族头领的位置。年龄勉强足以掌握家族控制权的路易继续进行着贸易活动，他经常光顾当地的集市，并前往勒皮这样的大型贸易中心。他还买入土地、出租家族的草场、买卖牲畜、修建马厩。作为一个殷实家族的族长，他也跻身于小镇会议的显贵之列。

为了履行作为责无旁贷的继承人和成功商人的诺言，路易于1748年参与了一项重大的商业项目，这场冒险在余生中经常浮现于他的脑海中。我们并不十分明确他最初参与这项计划的原因。他的传记作者们将目标指向了一场充满暴力色彩的土地纠纷以及与债权人的血腥冲突，认为他是在不顾一切地振兴日渐衰微的生意。[1] 同样可信的是，在参与这一计划的过程中，他也在实现自己的抱负，希望能够挤入战争财政的暴利世界。无论如何，他将财富押在了一份为意大利北部的法国军队提供给养的军队合同上。法国自1740年起已经卷入了奥地利王位继承战争，而成千上万在尼斯东面出击的士兵都需要食物的给养。[2]

马德林在这条工作阵线上颇有经验。一年之前，当这支军队从其家乡小镇征用6头骡子时，市政会议便将护送骡子前往位于东南方向60英里远的罗芒的任务委托给了"圣埃蒂安的商人……路易·马德林先生"[3]。他成功地完成了这项任务，并通过自己的努力获得了适当的回报。这次新的冒险意图在更大范围内展开。马德林与一家银行——负责将包税公司的军事后勤供应服务分包出去的阿尔尚博、迪布瓦和里昂公司签订了商业合

---

① Funck-Brentano, *Mandrin*, 94-95; and Fonvieille, *Mandrin*, 38-39.土地纠纷和冲突在这一时期已经十分普遍，成了身处绝望当中的人们的标志。的确，针对身体的攻击是如此稀松平常，以至于除非伴有针对财产的更严重罪行，往往都以庭外和解为主。Nicole Castan, *Les Criminels de Languedoc* (Toulouse, 1980), chapter 6. 关于马德林与其债主的冲突，见 BMG Chenavas (hereafter Ch.) 137 (16).

② André Corvisier and Jean Delmas, *Histoire militaire de la France* (Paris, 1992), vol. 2, 49.

③ BMG Ch. 137 (2), fol. 160, deliberation of 2 January 1747.

同，而不再履行小规模的军事征用义务（包税公司在征税之外还参与了军事后勤的提供工作）。这项合同要求马德林为驻扎在阿尔卑斯山意大利一侧的贝尔岛公爵元帅的军队提供给养。为了给这次冒险提供资金，他与另外两名合伙人——来自圣伊莱尔的商人皮埃尔·雅基耶及其家乡圣艾蒂安的克劳德·布里索——共同出资筹措到了97头装载着食品前往士兵驻扎地的骡子。

　　这并非某种不成熟的计划。王国中某些最富裕的金融家家族就是通过成为军队粮食供应者而发家的，其中尤为著名的是帕里斯兄弟——他们来自顺圣艾蒂安的道路向南即可到达的穆瓦朗小镇。[1] 作为在9年战争期间（1688年至1697年）通过向军队提供面包而大发其财的客栈老板之子，年长的两兄弟（安托万和克劳德）在西班牙王位继承战争期间（1701年至1713年）继续其父亲的工作，并将收益投资于地位日渐提高的王室官职上。历经商场磨炼的两个年轻兄弟（约瑟夫和让）则投身于金融行业，一路平步青云地进入了凡尔赛宫，他们在这里的庇护人正是路易十五的情妇——享有巨大权力的蓬巴杜侯爵夫人。从多菲内的一个乡村小镇到凡尔赛宫的华丽大厅：这对当地而言是一个极其与众不同的成功故事，令人们不禁猜想马德林在出发前往意大利时是否将其铭记在心。最起码，他必然已经知晓了通过军事供应所能获得的巨额利润。虽然他的父亲未必有胆量从事如此大规模的经营活动，但对于一名拥有些许经验的年轻商人而言，为了让其投资收获客观的回报而进行此项尝试是合理的。在宫廷资本主义的高风险世界中往往能够获得意外的收获，这个世界里的贵族、金融家和商人们在政府合同和贷款上进行着讨价还价和各种交易。

　　1748年5月，这3名合伙人带领着97头骡子出发，向南穿过罗纳河谷，

---

[1]　François R. Velde, "French Public Finance between 1683 and 1726," in *Government Debts and Financial Markets in Europe*, ed. Fausto Piola Caselli (London, 2008), 136-137.

再向东抵达尼斯，马德林从这里开始便独自一人勇敢地为沿山地海岸一线设置的一系列营地运送大米、面粉和面包。此时灾祸突然降临。当这次冒险旅程似乎即将获得回报之时，路易·马德林遭遇到了军队供应商所能遇到的最糟糕情况：和平不期而至。随着欧洲各国准备签署《亚琛和约》（1749年1月21日），贝尔岛公爵元帅突然解散了他的军队。既然战争即将结束，那么就没有一名指挥官愿意为给养付款。面对着和平局势下严峻的商业前景，马德林别无选择，只能中止这项计划，带着他的驴子回家。在返回圣埃蒂安的途中，随着骡子一头头相继病倒，已经十分悲惨的局面变成了一场彻底的灾难。当20多头骡子遭受着病痛折磨时，马德林开始止损，他以最便宜的价格卖掉了其中的一部分。其余的在回家的漫漫长途中毙命。在抵达其所出生小镇的入口时，马德林所带回来的骡子已经从原来的97头降至微不足道的16头，其中还包括了两个合伙人的11头骡子。

这一冒险活动成了财政上的一场灾难。1747年的第一份合同规定如有骡子死亡，马德林将会获得赔偿，但这一条款仅存在于意大利的合同当中。只有在骡子被敌人杀死或渡河溺亡的情况下，商人才会获得赔偿。除此之外，供给官所拖欠的、已送达给养的欠款并未得到兑现。马德林向负责监督这一合同的包税公司求助，但遭到了拒绝。战争已经结束，而王国财政也已捉襟见肘，供给商只能自求多福。这始终都是军事合同中所存在的最大风险。让·帕里斯在9年战争行将结束之际派遣其子前往巴黎收回欠款，从而避免了类似的命运。在一个从事布料生意的堂兄弟帮助下，帕里斯兄弟获得了财政部的合同，这足以挽回他们的欠款损失。但马德林与巴黎财政系统的交际世界之间并无内部联系。他的欠款无人偿还，他的损失也得不到补偿。由于战争的结束和法国财政国家冷酷的裙带资本主义，一段曾经看起来似锦的前程就此戛然而止。①

一个犯罪学徒

在不幸的意大利冒险之后，马德林家族的生意随之垮掉，马德林兄弟落入到了当地的地下犯罪世界当中。家族转向非法行当的情况并不罕见，因为在18世纪的法国，犯罪随处可见。当时大约有四分之一的人口面对着饥馑的威胁，而这种危险境地引发了广泛的不法行为，特别是在年轻单身男性群体中。高失业率和低工资让工人们竞相通过季节性迁移、乞讨、偷窃和走私这种临时性经济行业来维持家计。②这正是路易提供军队给养计划失败之后马德林兄弟所陷入的穷困潦倒的处境。但正如马德林的着装偏好所揭示的，曾经享有教育、财富和较高社会地位等特权的马德林兄弟很快就从身处临时性经济行业中的大部分不幸者中脱颖而出。在破产之后，这个曾经享有盛名的家族的继承人开始与一种全新的环境打交道。当地一位神父感叹道，路易的父母"十分体面而受人尊敬"，"但这个机灵的年轻人在小时候就遭遇到了失去亲人的不幸"。③

现在难以追溯这个家族转向非法行当的时间，但我们知道到1753年，警察已经盯上了他们。在这一年中，马德林三兄弟路易、皮埃尔和克劳德

---

① 关于意大利事务的细节，见Funck-Brentano, *Mandrin*, chapter 10.

② 此外还包括妇女卖淫。Olwen H. Hufton, *The Poor of Eighteenth-Century France 1750-1789* (Oxford, 1974).

③ "Notes de M. Morel, cure de Montrigand," *Bulletin de la société départementale d'archéologie et de statistique de la Drôme* 15 (1881), 115. 关于犯罪，见Nicole Castan, *Justice et repression en Languedoc à l'époque des lumières* (Paris, 1980); idem, *Criminels de Languedoc*; and Benoît Garnot, ed., *Histoire et criminalité de l'antiquité au XXe siècle: nouvelles approaches* (Dijon, 1992). 马德林的传记作家丰克-布伦塔诺震惊于路易在1754年豁然快速地崛起成为一个走私团伙的首领，但我们现在知道他已经学到了犯罪和非法贸易的技艺。见Marion Douzet, "Mandrin, Saint-Étienne-de-Saint-Geoirs et le faux monnayage: Les origins criminelles du contrebandier," *La Pierre et l'Écrit* 13 (2002), 131-140.

被控以重罪。他们此前已经与警察发生过争执——1749年，一位法官以劫掠佃户谷仓的罪名而判处他们缴纳高额罚款——但这种小偷小摸的行为与他们如今从事的犯罪活动相比就如同儿戏。皮埃尔和克劳德一开始便拟定了洗劫圣埃蒂安教堂的计划。虽然在18世纪的法国，偷窃是最为普遍的犯罪行为，但洗劫教堂却极为罕见。教堂如同贫穷汪洋中堆满财富的小岛，成了引人心动的目标，但从教堂中偷窃财物作为一种渎神的邪恶行径将要遭受严厉的惩罚。[1] 两兄弟的同谋——来自依日尼的胆大包天的制床垫匠埃内蒙·迪奥于1753年1月3日午后进入小镇上的这座教堂。等到教区居民离开之后，他打破了两个募款箱，其中一个"为炼狱中的灵魂"而设，而另一个的募款则用于教堂修缮。这次不法行为本会得逞，但一名仍留在教堂内的圣器保管员发现了这个陌生人。迪奥遭到了逮捕，并很快地被判处在苦役船上服终生苦役。皮埃尔和克劳德逃脱了追捕，但经过缺席审判被判有罪。为了阻止关于其兄弟被判有罪的不名誉传言在镇上广为传播，路易请求圣埃蒂安的神父不在祭坛上宣布这项判决。当这名教士无视请求，让全镇人都知道这一消息时，路易采取了报复行动，他连根拔起了教士种植的小树和葡萄藤，并劫掠了那些曾经协助检举其兄弟的镇民。

同一年，皮埃尔和克劳德被判犯有抢劫罪，路易和皮埃尔被控犯有制造伪币罪，这项罪行因为侵犯了国王最为基本的权利之一 —— 铸币权而显得格外严重。未在故乡小镇停留多久的路易躲过了追捕，但皮埃尔却遭逮捕，并被送交刑事法庭。基于一封来自布里昂教区的谴责信，法庭宣判他有罪并处以绞刑。1753年7月21日，皮埃尔在格勒诺贝尔的布勒伊广场遭受处决。他的长兄未曾忘记这一幕。

这一年，路易再次与警方发生争执，这一次的起因是一起谋杀案件。

---

[1]　Marie-France Brun-Jansen, "Criminalité et repression pénale au siècle des Lumières. L'exemple du parlement de Grenoble," *Revue d'histoire du droit* 76 (1998), 349.

这起暴力案件源于附近伊佐教区中一个名叫贝努瓦·布里索的年轻人被征召服兵役。和存在着根深蒂固反征兵传统的多菲内地区农民一样，布里索并未应召服兵役。^① 故事本来到此为止，但一项与王室军队相关的限制性法律规定：任何需要服兵役的人如抓捕到一名已知的逃避服兵役者，那么他将免于服兵役。这项法律规定促使一个新近被征召服兵役者皮埃尔·卢为了免于服役而去追捕贝努瓦·布里索。布里索的父亲、曾是马德林意大利冒险事业的合伙人之一的克劳德得知卢正在追捕其子之后，必然请求路易予以庇护。虽然马德林和布里索曾经就他们失败的冒险活动卷入一场诉讼，但路易同意施以援手（可能是在达成某种经济协议之后）。1753年3月30日，马德林、贝努瓦·布里索和另外两名圣埃蒂安居民——安托万·索兹和皮埃尔·弗勒雷在小镇外遇到了卢兄弟。在一场残酷的袭击中，马德林的团伙用步枪重击了卢兄弟，杀死了约瑟夫，重创了弗朗索瓦（皮埃尔可能得以逃脱）。索兹和布里索随后被捕，而马德林与弗勒雷（后者有一个恰如其分的绰号"始终在奔跑者"）则逃脱了追捕。上述四人因谋杀卢兄弟一案而遭到了审判。

与偷窃行为一样，暴力也是近代早期欧洲日常生活的一部分：毫无自卫能力的儿童在家中挨打；喝醉的劳工在酒馆中相互斗殴；敌对的年轻人帮派在乡村集市上爆发冲突；傲慢的贵族在市镇与乡村中进行决斗。^②在珍视家族名誉的荣誉社会中成长起来的各社会阶级成员很轻易就会遭到冒犯，并迅速实施复仇。虽然扭打混战已经十分常见，以至于许多袭击者

---

① Alan Forrest, *Conscripts and Deserters: The Army and French Society during the Revolution and Empire* (New York, 1989), 13.

② 皮埃尔·肖尼主张18世纪见证了暴力犯罪向财产犯罪演变之过程的论文已经遭到了许多人的质疑。财产犯罪的数量的确在上升，但暴力犯罪却并未减少。见Xavier Rousseau, "Existe-t-il une criminalité d'Ancien Régime? Réflexions sur l'histoire de la criminalité en Europe (XVIe-XVIIIe siècle)," in *Histoire et criminalité de l'antiquité au XXe siècle: nouvelles approches*, ed. Benoît Garnot (Dijon, 1992), 123-166.

从未被正式起诉，但像卢兄弟一案这样的公然谋杀行为却十分罕见，从而招致严厉的追究。因此，在1753年7月21日，即皮埃尔·马德林因为制造伪币罪而被处决的同一天，格勒诺贝尔的高等法院判处贝努瓦·布里索绞刑，皮埃尔·弗勒雷和安托万·索兹被发配至苦役船上服苦役。路易·马德林的刑罚是所有人中最严重的：他被判用车轮刑处死。他将被行刑者带至"前面提到的布勒伊广场，在这里将架起一个断头台，他的手臂、小腿、大腿和背部将被弄断，他的脸将朝向天空，任凭上帝的意志决定他苟延残喘的时间"①。马德林本来就要在不久之后与行刑者面对面，但他暂时逃脱了追捕，避免了被车轮刑处死的命运，除了高悬于头上的死刑判决，已经没有什么可以失去的马德林潜伏到了更深层的地下犯罪世界中去。

　　除了抢劫教堂、制造伪币和谋杀，还有一项罪名也要加诸马德林兄弟的身上——这就是走私。在意大利冒险活动惨败之后的若干年中，路易在一个以萨伏伊边境为基地的跨国走私集团中起着重要作用。这个集团的起源并不为人所知，但并非无迹可寻，因为间接证据指向了一个边境非法买卖网络。曾经帮助策划教堂抢劫案的"金发者"约瑟夫·茹尔丹于1754年被判犯走私罪。遭逮捕并一度被监禁的皮埃尔·马德林之后曾声称当他的家族于1751年陷入困境时，他迁往了非法买卖者的天堂——萨伏伊的孔弗兰。布里索和弗勒雷的合伙人、曾经协助谋杀卢兄弟的约瑟夫·帕图耶与皮埃尔同时居住于孔弗兰。②

　　在因谋杀罪而逃匿的过程中，路易·马德林似乎跨越了边境，来到了

---

①　ADI B 2197, fols. 108-109.

②　Douzet, "Mandrin"; Funck-Brentano, Mandrin, 112; and ADS C 13. Laurence Brissaud, "La Contrebande dans le Nord-Dauphiné au 18ème siècle" (Mémoire, Université Pierre Mendès France, 1995) 证明许多萨伏伊的走私者来自圣埃蒂安和邻近的拉科特圣昂德雷。

勒蓬德博瓦桑这个走私中心，他在这里与一个比他大5岁的经验丰富的非法买卖者——绰号"同乡"的让·贝里萨尔联手。贝里萨尔出生于距离马德林故乡仅数英里远的多菲内布里昂，在奥地利王位继承战争期间，他曾在萨丁尼亚军队中服役，并在地下世界中获得了良好的锻炼，其后又在教堂劫匪和走私者"金发者"约瑟夫·茹尔丹的家乡——布雷西厄的民兵队伍中服役。在战争结束之后的一段时间里，贝里萨尔和马德林这两个来自多菲内的边境走私者与其他数人合作将货物走私出萨伏伊。我们能够在马德林于1753年7月4日针对包税公司展开的首次记录在案的暴力行动中看到这个团伙的身影。在这个夏日里从里昂北部的飞地东布返回的旅途中，马德林、贝里萨尔和另外16人在法属勒蓬德博瓦桑外意外遇见了两支包税公司的警卫队。根据官方报告，这个团伙命令警卫队成员放下武器。人数不及对方的警卫队只能照做，并跪下求饶。这批走私者连开数枪，至少击伤了一名警卫队成员——他当时请求"将自己托付给上帝"。不为所动的团伙成员在此开枪，杀死了两人，并夺走了死者身上的值钱东西。①

数周之后的7月23日，也就是在皮埃尔·马德林因制造伪币罪被绞死以及路易·马德林经缺席审判被判处车轮刑两天之后，贝里萨尔和一个由8至9人组成的团伙从萨伏伊一侧经大桥进入法国一侧的勒蓬德博瓦桑，前来营救被捕的同伴"卷毛"加布里埃尔·德加，他近期因为走私而遭逮捕，被绑在了镇上包税公司最高长官拉莫特的马厩里。在入伙非法买卖者必须营救同伴的不成文道义规范的要求下，贝里萨尔的团伙跨越了基尔河，之后便枪声四起。在这场令人震惊的行动中，这伙人攻击了驻扎于拉莫特马厩附近的警卫队，营救出了他们的同伴，并再次杀出一条路，通过大桥返回了萨伏伊。尘埃落定之后，聚集于基尔河两岸的人群计算了伤亡：2名法国代理人死亡，1人受伤；而没有走私者受伤。安全返回萨伏伊的团

---

① Townley, *Véritable histoire*, 57-58 and 115.

伙在这一天的剩余时间里一直在嘲弄河对岸的警卫队。当一名法国士兵勇敢地穿过大桥时，"卷毛"用一根沉重的木棒袭击了他，报了一箭之仇。[1]

法国方面的官员大为惊恐。多菲内总督和瓦朗斯主教害怕，贝里萨尔那天在法国境内的袭击活动预示着包税公司与走私者之间的暴力冲突将升至更高层级。仅在勒蓬德博瓦桑的街头战斗之后数日，马德林便经弗朗索瓦一世大桥进入了萨伏伊的领土，就零售店店主皮埃尔在不断升级的冲突中的中立态度对他进行了骚扰。

萨伏伊：狂野的东部

全面考察了这片即将成为其新家的地区之后，马德林想必已经了解了这个高山地区独特的政治和经济地位。需要在此重复的是，萨伏伊在18世纪并非法国的一部分。这片坐落于法国边境以东的土地属于萨丁尼亚王国，这是一个由意大利西北部的萨伏伊公国和皮埃蒙特公国、现今法国东南角的尼斯以及地中海的萨丁尼亚岛七拼八凑起来的君主国。由于这个王国最初的核心地区萨伏伊属于贫穷的高山内陆区域，它的人民长期以来被认为与世隔绝且呆滞，甚至显得犹疑畏缩。然而对同时期当地人的研究表明，萨伏伊人比过去所认为的更加活跃。[2] 大量的商品经过这片位于两条古老贸易路线交汇的地区：其中一条由北至南穿越莱茵河谷和日内瓦将尼德兰和意大利连接在一起，另一条由东至西穿越法国南部将意大利和西

---

[1] ADS 2B 10009; ADDR B 1314, f. 312; AAE Sardaigne 222, de la Porte to Machault d'Arnouville, 17 June 1754; and ADPD 1C 1645, Deauville to Michodière, 9 November 1754.

[2] Abel Poitrineau, *Remues d'hommes: essai sur les migrations montagnardes en France aux XVII et XVIIIe siècle* (Paris, 1983); Jean Nicolas, *La Savoie au dix-huitième siècle: noblesse et bourgeoisie* (Paris, 1978); Laurence Fontaine, *History of Pedlars in Europe, trans. Vicki Whittaker* (Cambridge, 1996); Anne Radeff, *Du café dans le chaudron: économie globale d'ancien régime: Suisse occidentale, Franche-Comté et Savoie* (Lausanne, 1996); Chantal and Gilbert Maistre, *L'émigration marchande savoyarde aux XVIIe et XVIIIe siècles* (Annecy, 1986).

班牙连接在一起。由骡子牵引大车的商队满载着来自荷兰、英国和瑞士的商品从北方南下，沿着曲折的道路穿越萨伏伊山区，前往位于西南部（格勒诺贝尔、里昂以及更远的艾克斯、博凯尔和马赛）和东南部（都灵、米兰和更远的地方）的若干地点。在制成品从北方流入萨伏伊的同时，农产品、粗纺织品和皮革从法国的多菲内地区朝东北方向进入萨伏伊，再从此地运往日内瓦或都灵。

萨伏伊绝不愿坐视这种商业机会白白流失。在每年第一场降雪之前的秋季时节，成千上万的男人和女人——数量超过当地人口的10%——下山到遥远的他乡寻找工作机会。他们冒险向西进入多菲内，向南进入意大利和普罗旺斯，向北前往瑞士、阿尔萨斯和神圣罗马帝国。他们仅仅凭借着临时护照（往往是出自教区教士之手的身份证明信），使用家族和朋友关系网寻找工作，比如充当罗纳河谷的农业工人、里昂的纺织工人，在任何可以接纳他们的市镇中担任佣人、运水夫、建筑工人和差使。与这种季节性的迁徙一道出现的是大批背负包裹——如果运气好的话还会牵着骡子——的萨伏伊人建立的长距离贸易网络，他们在集市上、教堂前或者城市市场还未渗透到的地区挨家挨户地兜售商品。在欧洲这一多国的——不止于此，甚至是"全球性的"——区域内长途跋涉的过程中，他们售卖从纺织品、饰品到锅瓦瓢盆再到香料、药品的所有商品。[1]一大批的走私者也卷入了这场迁徙活动，其中许多人几乎无法与商人、赶车人以及那些与其共享道路并且往往游走于法律边缘的小贩相区别。

正如马德林将要发现的，萨伏伊是走私者的天堂。应用经济学的术语来形容，它就是一个完美的用以向法国这个饥渴的"市场国家"供应商

---

[1]　Radeff, *Du café; Fontaine, History of Pedlars*; and Hufton, *Poor*, chapter 3.

品的"供应国家"。^① 在北面，萨伏伊人拥有从瑞士轻松获取烟草和印花棉布这两种在法国或是专卖或被禁售，但在日内瓦和沃州却广为流传并且十分廉价的商品的渠道。因为萨伏伊与日内瓦之间的边境足够宽广（这是1603年的《圣朱利安条约》造成的），走私者能够以很小的代价运送他们想要的所有印花棉布和烟草跨越边境进入萨伏伊。一旦返回自己一侧，以萨伏伊为基地的非法买卖者便开始储备他们的货物，跨越千疮百孔的法国边境，秘密将其带入西部地区，当再次返回时，他们的钱包已经装满了硬币。机会对于任何希望冒险快速穿越边境的人而言都是足够的。

萨伏伊政府似乎并不介意这一地区走私活动猖獗的状况。有时在法国的压力之下，都灵的大臣们会签发命令逮捕暴力走私者，但此类命令多半会被当地官员忽视，其中许多人自己就与走私者串通一气。在萨伏伊一侧勒蓬德博瓦桑被捕的贝里萨尔就从尚贝里监狱逃脱，他无疑得到了警卫的帮助。走私者自信他们能够在萨伏伊从事自己的行当而无被惩罚之虞。

由于存在着一种无处不在的"边境心态"，导致了国家认同感的摇摆不定，非法贸易滋养了当地的经济，财政和关税法律未得到尊重，走私者知道他们能够依靠当地人得到赊购品、马匹、落脚点、食物和酒水，以及藏匿硬币的安全地点。^② 从事各行各业的萨伏伊人都敏锐地意识到这

---

① Willem van Schendel, "Spaces of Engagement," in *Illicit Flows and Criminal Things: States, Borders, and the Other Side of Globalization*, ed. Willem van Schendel and Abraham Itty (Bloomington, IN, 2005), 61; and Paul Gootenberg, "Talking Like a State: Drugs, Borders, and the Other Side of troll," in *Illicit Flows and Criminal Things: States, Borders, and the Other Side of Globalization*, ed. Willem van Schendel and Abraham Itty (Bloomington, IN, 2005), 109.

② 我借用了Xavier Rousseau, "Espaces de désordres, espace d'ordre: Le banditisme aux frontières Nord-Est de la France (1700-1810)," in *Frontière et criminalité 1715-1815*, ed. Catherine Denys (Artois, 2000), 131-174的"边境心态"（"borderland mentality"）概念。关于边境地区国家认同的影响，见Renaud Morieux, *Une mer pour deux royaumes: La Manche, frontière franco-Anglaise (xviie-xviiie siècles)* (Rennes, 2008), chapter 8; and Peter Sahlins, *Boundaries: The Making of France and Spain in the Pyrenees* (Berkeley, CA, 1989).

103

片贫瘠之地能够从走私者带回来并在从存货到食物、酒水，从寄宿到雇佣本地劳工（佣人）从事短途走私等所有事物上消费的非法财富中获得多少好处。"萨伏伊的一切都为他们而设"，法国驻日内瓦领事如此描述这些走私者，"他们大肆挥霍，赢得了民心，民众从这种慷慨的消费中发现了对抗贫困的资源"。在这个臭名昭著的贫困山区，走私者无所顾忌的消费为该地区注入了亟须的大量现金流。少数未被这种慷慨打动之人的忠诚则通过恐惧加以收服。走私者"四处挥洒大量的金钱，他们花得甚至比赚得更为轻易。一些（萨伏伊）人被利益的诱惑所吸引，接纳了他们，其他人则忌惮于这些恶棍所犯的暴行"。无论是出于金钱利益还是恐惧，没有人——包括萨丁尼亚的军队——准备阻挡他们的道路。"萨伏伊全境只有一个重骑兵团……它未曾做出任何部署"来打击这些走私者。马德林和他的副手在卡鲁日待了8天，没有任何人试图逮捕他们，尽管"如果萨伏伊总督签发命令的话，事情就不会这么简单了"①。

最重要的是，萨伏伊境内遍布武器和熟知如何使用它们的人。18世纪的农民在口袋中藏匿刀具和随身携带手杖已经成为惯例。但他们还能够获得一系列的剩余军用物资（长矛、锤矛、战斧、剑和滑膛枪），特别是在像萨伏伊这样在18世纪上半叶成为活跃军事舞台的战乱地区。在奥地利王位继承战争（1740年至1748年）期间及其结束之后，法国和西班牙的军队带着枪支充斥于这一地区，而由于退伍士兵和逃兵为了重返平民生活而将他们的武器出售，这些枪支大部分落入当地人之手。18世纪中期，任何一个想给自己配备除手杖之外装备的萨伏伊人都能够获得大量的火器。法国

---

① AAE CP Genève 66, fols. 204-207, Montperoux to Rouillé, 13 November 1754. 蒙佩鲁相信都灵方面的"不作为"源于宫廷在持续进行的走私活动中所享有的经济"利益"。AAE CP Genève 66, fols. 244-245, Montperoux to Rouillé, 6 December 1754.

包税公司不仅在人数上不及对手，在装备数量上也处于劣势。[1]

　　在这样一种环境下，走私者军团——不管是业余的还是专业的，来自法国的还是来自萨伏伊的，装备精良的还是手无寸铁的——沿着法国和萨伏伊边境进行着贸易活动。现已不可能确切得知当时有多少农民曾经时不时地背负烟草跨越边界，也不知道有多少小贩在他们的鞍囊中藏匿少量的印花棉布，以图快速地赚取利润。就那些参与危险的巨额贸易的专业走私者——他们过去往往是士兵、逃兵或逃犯——而言，多菲内总督在18世纪30年底估计有400名走私者在规模为40至60人的武装团伙中从事跨境走私活动。[2]在接下来的数十年中，他们的数量将会进一步增加。

　　马德林在萨伏伊的"狂野东部"过得如鱼得水。作为一个不断移动的标靶（对于历史学家以及包税公司而言），他拥有不止一个的交易基地。在他于1754年至1755年发动冒险的荣耀日子来临之前，人们能够在勒蓬德博瓦桑这座混乱的边境市镇中寻觅到这名失败商人的身影。作为位于日内瓦、格勒诺贝尔、里昂和都灵之间道路交汇点上的一座嘈杂市镇，勒蓬德博瓦桑事实上是由两个融为一体的市镇组成的。沿着法国与萨伏伊之间蜿蜒边境流淌的基尔河将这个居民点划分成了两个在政治上截然不同的市镇。虽然狭窄的弗朗索瓦一世大桥连接着基尔河两岸，将两个社区捆绑为一个拥有共享教堂的单一教区，但政治边境却以截然不同的方式塑造了两岸的生活。在基尔河的西岸，法属勒蓬德博瓦桑成了这个欧洲大陆上最强大王国的一个战略前哨点。相较于同等规模的内陆市镇，它配备有更多的国家机关和军事力量，常驻一个直接向多菲内总督报告的总督代理人，拥

---

①　Julius R. Ruff, *Violence in Early Modern Europe* (Cambridge, 2001), 49. 在受萨伏伊走私者欢迎的一个终点站博凯尔集市上也有枪支出售。

②　BN MS 8476. 拉莫里哀估计有120名全职走私者在萨伏伊边境的3个市镇——圣热尼、庞特德博瓦桑和雷埃谢勒——活动。SHAT A1 3406, no. 92, La Morlière to d'Argenson, 9 April 1755. 1753年，在庞特德博瓦桑的白十字酒馆工作的夏尔·K邮证实"80名或者更多的"走私老手在从圣热尼到雷埃谢勒的边境地带工作，他给出了其中50人的名字。

有一队骑警、一支卫戍部队和包税公司的办事处——其中配有一名高级财务主管和一支警卫队。[1]

　　基尔河的东岸呈现出了完全不同的场景，萨伏伊一侧的勒蓬德博瓦桑小镇由都灵宫廷所统治，但后者对于它的现状却视而不见。在政府心照不宣的同意之下，只要走私者不伤害当地居民，他们都将予以容忍，这座市镇由此成为走私烟草、印花棉布和其他需纳税或管制货物并随身携带枪支的非法买卖者的天堂。[2]非法交易是这个小镇萨伏伊一侧的原动力，这里挤满了非法买卖者，从在白十字酒馆和圣母酒馆（马德林最爱出没之地）这样的小酒馆吃喝的无名小卒到如同黑手党大佬一般指挥走私活动的市镇显贵，不一而足。[3]弗朗索瓦·克雷特是当地一名与萨伏伊元老院关系密切的商人与银行家，他深度参与了地下的印花棉布交易，"告知（走私者）一切事情"，负责处理马德林的伙伴让·贝里萨尔的赃物。[4]在非法贸易的推动下，科雷特家族此后出现了尚莫尔伯爵这样的显贵，他在拿破仑统治时期坐上了国务大臣的位置，其遗骸仍然留存于先贤祠当中。[5]

　　在达到人生的巅峰，获得大量的财富和名声之后，马德林似乎减少了在勒蓬德博瓦桑停留的时间，他更多地出现在了卡鲁日和一个乡村庄园——罗什福尔城堡当中。卡鲁日小镇给养充足。这个走私头目落脚在了银狮客栈，客栈的老板——一个名为戈捷的人热情地为他提供了食物、金钱和武器，并为他处理来往信件（如果你知道"图瓦里"这个暗语，戈

---

[1]　Favier, *Villes du Dauphiné*, annexe 8.

[2]　市镇官员曾逮捕过一个名为拉福尔玛的走私者，因为他踹了一个农民的胃部，偷走了后者携带至市场的樱桃并威胁杀死一名目击者，但他们并未搅扰曾经在白十字酒馆激战的走私者圣皮埃尔。ADS C 13, letters of 30 June 1750 and 14 January 1751.

[3]　AN G-7 248; and Jean Descotes-Genon, *Les douanes françaises et la contrebande sur le Guiers, en Chartreuse et à Miribel-les-Echelles* (Neuilly, 1994), 9-12. 一名商人曾定期在他位于法国一侧市镇上的商店中运送纺织品，而顾客们则会在等待船货期间下榻金狮客栈。

[4]　SHAT 1A 3406, no. 147, Marsin's journal.

[5]　关于科雷特家族，见Nicolas, *Savoie*, 90-92.

捷也将像自己人一样招待你）。卡鲁日位于萨伏伊北部的便捷之地，乘船横渡日内瓦湖很快就能抵达瑞士的沃州，这里的烟草加工业者为马德林的团伙和其他走私者供货。卡鲁日距离马德林将众多财富交予身为胡格诺派教徒的纺织品供应商贝纳尔兄弟保管的日内瓦也仅咫尺之遥，而成为合法印花棉布制造业巨头之前的贝纳尔兄弟则可能在1759年禁令出台之后也参与了走私活动。① 除了卡鲁日，马德林还经常光顾罗什福尔城堡，它坐落于勒蓬德博瓦桑的正东方，是地位尊崇的皮奥朗克·德·图里的财产，图里是格勒诺贝尔高等法院的法官，其岳父肖芒侯爵像科雷特一样也持有着这名走私者的部分财富。②

路易·马德林并非生来就是罪犯头领。作为父亲突然去世和为军队提供补给的灾难性冒险的意外结果，他在成为一名走私者之前就已经堕落到了充满暴力的地下犯罪世界。他跨越了边境进入萨伏伊——这里是走私跨国聚集区的南部边缘，建立了一个从事走私的移动基地，并在短短数年时间里成为地下世界的明星。马德林不仅带领着走私团伙策马跋涉数百英里进入法国内陆，对抗那些聚集起来对付他的武装力量，积攒了超乎想象的财富，赢得了欧洲普罗大众的景仰，但与大部分从不离开地下世界阴影的走私者不同，他公开赋予为他提供财富的非法贸易以夸张的政治色彩。然而在我们思考这个失败的商人如何从普通的走私者中脱颖而出，成为传奇性的政治符号之前，应该更深入地考察他借以发迹并自称主宰过的地下经济。

---

① SHAT 1A 3406, no. 147, Marsin's journal; and Herbert Lüthy, *La banque protestante en France de la revocation de l'Édit de Nantes à la Révolution* (Paris, 1959), 2:107, 439-441, and 677. 卢梭声称日内瓦商人弗朗索瓦-亨利·迪韦尔努瓦的财富便源于他为马德林保管的钱财。Jacques Berchtold, "Rousseau et Cartouche," in *Cartouche, Mandrin et autres brigands du XVIIIe siècle*, ed. Lise Andries (Paris, 2010), 348.

② SHAT 1A 3406, no. 147, Marsin's journal. 根据同一份档案的记录，居住于庞特德博瓦桑的贵族马克·安托万·德·帕塞拉·德·圣-塞弗兰也保管着马德林的部分财富。

第四章 地下经济

马德林栖居于一个广大的地下走私世界。法国国王政府针对消费商品供应所提出的征税、专卖和禁售等一系列所图甚大的要求与实现这一目的有限能力之间不断扩大的差距导致了四处蔓延的地下经济的不断增长。[1] 在18世纪，超过100万名来自各行各业的男人、女人和儿童在这个地下经济世界中工作：贵族和教士在幕后操盘和交易，商人为边界之外的走私者供货，农民穿越边境将走私品送入市镇，城市交易者在酒吧、咖啡吧和租赁房屋中兜售非法物资。[2] 与此同时，无数的消费者在抢夺他们所能获得的走私品。鉴于地下经济所占据的巨大比例，差不多每个人都认识一个非法走私者、交易者或消费者——如果他们不是其中一员的话。

这些地下交易者到底是些什么人？他们组成了怎样的贸易网络，他们

---

[1] 关于地下经济，我并非意指费尔南·布罗代尔所读的经济的"阴暗区域"，他在此暗指的是市场所得以立足的原始非市场经济[*Structures of Everyday Life*, trans. Siân Reynolds (Berkeley, CA, 1992), 23-24]，但非法经济也被称为"平行的""非官方的""法律不许可的"或"非正式的"经济。

[2] 来自James R. Farr, *The Work of France: Labor and Culture in Early Modern Times, 1350-1800* (Lanham, MD, 2008), 49的100万人数统计数值中并不包括大批在行会体系之外非法生产和销售商品的城市工人。见Steven Kaplan, *La fin des corporations* (Paris, 2001), chapter 10; Alain Thillay, *Le Faubourg Saint-Antoine et ses 'faux ouvriers': La liberté du travail à Paris aux XVIIe et XVIIIe siècles* (Paris, 2002); Daryl M. Hafter, "Women in the Underground Business of Eighteenth-Century Lyon," *Enterprise and Society* 2 (March 2001), 11-40; and Cissie Fairchilds, "The Production and Marketing of Populuxe Goods in Eighteenth-Century Paris," in *Consumption and the World of Goods*, ed. John Brewer and Roy Porter (London, 1994), 228-248.

又如何规避开包税公司，穿越边境将非法商品送到消费者手中？从总体的视角来看，我们已经考察了烟草专卖制度和印花棉布禁令分别所体现的财政主义和重商主义如何催生出涌入法国的大规模走私品洪流。现在我们是时候进入更深层的地下经济，观察卷入这一非法贸易的无数人员，以及他们在从制造商处输送大批走私品到消费者手中的过程里，为了规避法律而使用的目不暇接的技巧。正如我们所将了解到的，他们的危险工作让违禁商品或高关税商品得以出现在公众面前，从而刺激了法国消费的增长。

运载之物

在18世纪，所有的东西都可能经过了走私的渠道。在这个世纪，进入和经过法国领土的几乎任何商品都要被征收关税，而几乎所有遭课税的商品都成了走私的对象。以法国黑市作为终点站的走私商品品类组成了长长的名单：咖啡、茶叶、巧克力、白糖和胡椒粉；葡萄酒和烈酒；肥皂、油料和染料；梳子、纽扣、锁扣、饰针和缝衣针；帽子、手帕、丝带和长筒袜；五金器具和餐具；肉类与面粉；纸牌；瓷器；皮革；武器。根据一项统计，从英国进入法国的商品多达45%属于非法范畴。[1] 然而，关税的存在只能部分解释在法国的贸易动脉中流通的大量走私品。更为重要的是，限制特定商品销售从而造成大需求量产品出现短缺的政府专卖制度和禁令。国王政府的专卖制度所设置的价格要远高于那些被课以关税或消费税的商品，从而催生了繁荣的黑市，同样产生这一效果的还有与消费者需求背道而驰的禁令。事实上，四种在法国流通最广的走私商品——书籍、印花棉布、盐与烟草——或是遭遇到了禁令（比如前两者），或是属于国家

---

[1] Ambroise-Marie Arnould, *De la balance du commerce et des relations commerciales extérieures de la France*, 3 vols. (Paris, 1791-1795), 1:173, 1784年的统计数据。

专卖的范畴（比如后两者）。

借助罗伯特·达恩顿的启发性作品以及其他著作，我们了解到了关于大革命前法国书籍走私的许多情况。[①] 在18世纪，天主教会、高等法院和法国国王政府均拥有查禁"坏书"的权力，但唯有国王政府才拥有政府的一切资源，能够为禁令采取强制措施。通过发挥王室出版署、城市警察力量和印刷商行会的作用，国王试图阻止所有他认为会削弱教会和国家权威抑或攻击公共道德的出版物的流通。这也减少了那些希望将规模仍然十分庞大的产业从黑市引入合法贸易渠道的行省出版机构的数量。但这未曾阻止印刷商和书商向消费者提供违禁或盗版作品。相反，在法国东部边境之外许多同样生产烟草和印花棉布的地方——特别是18世纪上半叶的低地国家和18世纪70年代之后的瑞士，境外法文出版社印刷了一系列的禁书和盗版书籍，并避开了各国政府将这些书籍送至法兰西王国的书商手中。那些治安状况较差的行省中充斥着禁书和盗版书籍，部分书籍还流入了巴黎，这里的读者如饥似渴地等待着最新运抵的货物。达恩顿估计，除开专业作品、礼拜仪式作品、受大众欢迎的廉价书籍、历书之外，截至1770年，在法国出售的著作中有一半可能是非法的，它们由外国出版商或王国境内的地下出版机构生产。他认为，煽动性著作的泛滥逐渐削弱了旧制度国家的合法性，并为革命指明了道路。

鉴于禁书作为新的"哲学"观念的媒介所具备的政治意义，无怪乎禁书吸引了历史编纂学的瞩目。但非法书籍仅仅只是18世纪非法体系的冰山

---

① Robert Darnton, *The Forbidden Best-Sellers of Pre-Revolutionary France* (New York, 1996); Thierry Rigogne, *Between State and Market: Printing and Bookselling in Eighteenth-Century France* (Oxford, 2007); André Ferrer, *Tabac, sel, indiennes: douane et contrebande en Franche-Comté* (Besançon, 2002), 165-181; Elizabeth L. Eisenstein, *Grubb Street Abroad: Aspects of the French Cosmopolitan Press from the Age of Louis XIV to the French Revolution* (Oxford, 1992); Robert Dawson, *Confiscations at Customs: Banned Books and the French Booktrade during the Last Years of the Ancien Régime* (Oxford, 2006).

一角。相比于书籍，食盐的地下市场更是无处不在，而"三巨头"——食盐、烟草和印花棉布——的走私活动则受到了更为严厉的压制。虽然这些货物并不具备印刷物那样的意识形态影响力——吸走私的鼻烟不同于阅读一本禁书，但它们还是成了高度政治化的商品，削弱着包税公司的权力，并最终在更大范围内挑战着法国的财政机构。

自从国王腓力六世在14世纪建立了关于食盐的王室专卖制度，食盐便已成为了地下经济的主要依靠。三个世纪之后经过柯尔伯的重组，盐税便立足于将王国划分为5个官方区域的格局。在大盐税区——这里是聚集了法国几乎一半人口的王国北部核心地区——依照法律规定，每个臣民每年须购买一定分摊额的食盐（半米诺[①]或大约50磅）。在其他4个地区（小盐税区、制盐区、四分之一盐税煮盐区和豁免区），食盐仅仅只是遭到适当课税，或者根本无须缴税。上述情况导致了管辖权限的混乱与价格的多变——这正是走私的绝佳条件。最显著的价格差异出现在了布列塔尼，这个在1532年并入法兰西王国时享有专卖豁免权并拥有盐沼的西部行省与迈内这个位于大盐税区内陆的行省之间。享有特权的布列塔尼人只需支付1.5利弗尔至3利弗尔就能购买到1米诺的食盐，而其居住于迈内、不享有特权的东部邻居如要购买同样数量的食盐，则需支付58利弗尔，两者相差20倍至40倍之多。难怪，这里是王国走私最泛滥同时也是监管最严厉的边境地区之一。每一年都有数百名食盐走私者——这仅仅只是数千名活跃于该地区的走私者的一小部分而已——被送交当地法庭审判。[②] 其他的境内

---

① 　米诺（minot），谷物计量单位，1米诺约39升。——译者注

② 　从1759年至1788年，位于布列塔尼边境东部的拉瓦尔的低级盐务法庭审理了4788件案子；而从1765年至1789年，索米尔的委员会——一个管辖西部地区食盐走私团伙案件的高级法庭——审理了大约6878例违法案件。Yves Durand, "La contrebande du sel au XVIIIe siècle aux frontières de Bretagne, du Maine et de l'Anjou," *Histoire Sociale* 7 (1974), 227-269; Micheline Huvet-Martinet, "La repression du faux-saunage dans la France de l'Ouest et du Centre à la fin de l'Ancien Régime (1764-1789)," *AB* 84 (1977), 423-443.

海关边界同样也吸引了一批食盐走私者。[①]

正如我们已经了解到的，在17世纪晚期，烟草专卖制度的创建和印度棉布禁令的出台推动了法国黑市的全球化。这两种产品作为走私对象获得了众多赞许。它们拥有比食盐更高的价值-重量比；也就是说按磅计，它们比这种长期以来都是法国主要走私品的货物更有价值。它们引发了不断增长的消费需求，而在旧制度过去的一个世纪中，食盐的需求似乎已经维持于相对平稳的水平。因此，随着烟叶、棉布和印刷品等新的走私生意与过去的食盐走私生意合流，地下经济出现了显著的扩张。正是这种新的暴利贸易吸引着马德林和无数其他人进入这个地下经济体系。

走私之人

如果说大量的食盐、烟草、印花棉布和其他商品秘密流入了法国各地，那么它们也不是独力完成这一流动过程的。大批的男人、女人和儿童证明了人类的创造力、决心和绝望境地，他们或是背负着走私品，或是将其塞入鞍囊，放在车上，踏上穿越国家与行省之间边界的大道和小径。这些走私者呈现出令人震惊的多样性：年迈的寡妇与年轻的单身汉同道而行，无地农民与富裕商人在路上推推搡搡，家仆与吵吵嚷嚷的法外之徒交割生意，手无寸铁的平民为持枪的士兵让道，外省的农村居民密谋欺骗狡诈的巴黎人，法国佬与外国人相互合作。非法经济已经具备足够庞大的规模和渗透性，任何人都想要分一杯羹。

[①] 在大盐税区的所有边界上，走私者都在偷偷地将食盐运进法国内陆，而那些位于法国南部地区的走私者们则从税收较轻或适中的行省横向输入食盐。那些价格差别并不明显的行省边界可能并不会产生相同的利润空间，但管制程度同样也会降低，从而吸引了同样众多的走私者。Anne Montenach, "Le faux-suanage en Haut-Dauphiné au XVIIIe siècle: entre économie parallèle et pluriactivité," *Histoire des Alpes* 14 (2009), 149-163.

当然，其中大部分的走私者是占据了法国人口的85%的农民。[1] 18世纪，由于飞涨的价格、停滞的收入，以及日益增加的人口压力所导致的土地"碎片化"等恶劣经济条件而陷入困境的底层农民——特别是那些只拥有少量土地从而成为谷物净买入者而非卖出者的农民——仅能勉强维持生计，而走私活动则成了他们重要的生计来源。[2] 如果说长时段的经济趋势形成的总体环境驱使着农村居民进入地下经济世界，那么他们的活动则遭到了经济生活结构性律动的限制。农民们的劳动强度虽大，但并不平均，其涨落受到了农业周期的影响。在不景气的季节，他们便加入了走私行当，这份工作能够为他们提供维持生计、避免饥饿的收入。除开这种结构性的力量，短期的生存危机内突然高涨的谷物价格也迫使许多人走上了走私的道路。举例而言，农民走私者的浪潮在1709年、1740年至1741年和1770年这样饥荒肆虐的年份不断冲击着财税边境。[3] 可以肯定的是，大部分的走私者并非无家可归的流浪者——许多人是普通的男人和女人，他们与所在社区联系密切，有着需要供养的家庭——但他们同时也是穷人，并且正在滑入一个不可能得到饶恕的经济体系。

---

[1] 关于走私者的社会出身，见Ferrer, *Tabac, sel, indiennes*, 214; Micheline Huvet-Martinet, "Faux-saunage et faux-sauniers dans l'ouest et du Centre à la fin de l'Ancien Régime (1764-1789), *AB* 85 (1978), 377-400 and 573-594; Durand, "La contrebande du sel"; Nicolas Schapira, "Contrebande et contrebandiers dans le nord et de l'est de la France 1740-1789" (mémoire, Université de Paris, 1991), table II.5; Nils Liander, "Smuggling Bands in Eighteenth-Century France" (PhD diss., Harvard University, 1981), table 21; and Laurence Brissaud, "La Contrebande dans le Nord-Dauphiné au 18ème siècle" (mémoire d'histoire moderne, Université Pierre Mendès, 1995), chapter 2.

[2] Olwen Hufton, *The Poor of Eighteenth-Century France* 1750-1789 (Oxford, 1974). 针对穷苦劳工的更恶劣条件的分析见Jack A. Goldstone, "The Social Origins of the French Revolution Revisited," in *From Deficit to Deluge: The Origins of the Frenche Revolution*, ed. Thomas E. Kaiser and Dale K. Van Kley (Stanford, CA, 2011), 67-103.

[3] Jean Nicolas, *La Rébellion française: Mouvements populaires et conscience sociale* 1661-1789 (Paris, 2002), 56-60. André Zysberg, *Les Galériens: Vies et destins de 60,000 forçats sur les galères de France* 1680-1748 (Paris, 1987), 95 (graph 5); and Liander, "Smuggling Bands," 485.

与长期未充分就业和不稳定的无望背景形成对比的是走私活动可能带来的收益，它无可避免地抓住了这些陷入困境者的眼球，特别是那些正好生活于边境地区之人。根据一份1774年包税公司的内部备忘录记载，一个食盐走私者仅通过运送50磅的食盐就挣得了超过20利弗尔的收入。烟草走私者获益更多，他们以12索尔1磅的价格从专卖区以外的地方购得烟叶，而后在专卖区内以36索尔的价格卖出，获得200%的利润。如果一个人背负50磅的烟草，那么他将赚得60利弗尔的利润，这比许多农村劳动者和外省工匠从事3至4个月的合法工作所赚取的还要多。[①]

无怪乎，当时像安托万·卡尼耶这样"有着一个年轻妻子和四个小孩的贫穷农民"也会在1728年从事走私活动。蒙彼利埃的修女解释称，他所身处的极端贫困境地"迫使其在伯爵领购买烟草，他寄望于到维瓦赖重新出售这些烟草，以维持家庭的生计"[②]。在花光了最后一索尔从盛产烟叶的教皇领飞地购得30磅的烟草后，他于11月29日半夜跨越罗纳河返回家乡的途中被捕。假使卡尼耶那夜成功跨越了罗纳河，他就能够保证其家庭在之后数月内渡过难关，但他与其家庭的命运现在落入了王室官员之手。这个维瓦赖的农民并非个例。王国另一端艾诺尔当地的狱卒曾震惊于一个被关入监狱6个月的走私者的一贫如洗："这个男人是如此贫困，以至于他特意省下自己的面包寄给需要他养活的妻子和儿女。"[③]当被法官问及为何要走私时，这名囚犯给出的答案可能与大部分的农民类似，他们的答案囊括了从毁灭性的自然灾害到患有致命疾病的家族成员再到饥饿的儿童等一系列的个人灾祸。在被审问为何与其犯罪同伙携带走私品时，某个名为

[①] AN G-1 106, doss. 1, "Fermes générales, 3e division, Tabac." 参见后文关于走私利润的例子。

[②] ADH C 1696, dossier on Antoine Garnier.

[③] 引自Jean Clinquart, *Les services extérieurs de la Ferme générale à la fin de l'Ancien Régime* (Paris, 1995), 233.

于贝尔的人用诗意且深刻务实的措辞回答道："因为饥饿正追捕着狼，但巡逻的警卫不会遍及各地。"[1] 这一描述中暗藏着足以取代国家制定的法律的对生存基本权利的呼求。

与此同时，利润也和贫穷一样成了一种推动力。农村居民并不普遍地适用于守旧、痴迷于土地的农民的刻板印象，因为18世纪的许多人为了改善他们的物质生活展现出了非同寻常的灵活性和创业精力。[2] 近来，德·弗里耶极力主张一个观点，即欧洲西北部的底层阶级曾为了赚钱购买新的消费商品而在家庭之外积极寻找额外的工作。[3] 对于这些劳动者而言，额外的收入意味着额外的支出经费，他们可以用来购买时兴的配饰、玩具和家具。作为一项可能很快赢得利润的兼职职业，走私正是那种吸引贪婪平民的工作。1761年，当萨伏伊的马塞尔·马尔坦成功完成一项走私活动返回其所居住的村子之后，便开始拼命地购买东西，其中包括了"一批漂亮的马匹、一只金表和多件银器"——18世纪"闪闪发亮的奢侈品"。[4] 人们也都知道走私者们会使用他们的意外横财在村子的小酒馆里消费食物和酒水，从而在诸如购买存货和租借马匹、骡子这样的常规生意开支之外，为当地经济注入了新的资金。虽然大部分的农民无法通过走私摆脱贫困，但少部分人却赚得了足够的钱财供自己享受，从而为18世纪总体消费水平的提升做出了自己微薄的贡献。

除了农民，充斥于地下经济大军中的最大团体便是由流动职业者——小贩、客运马车夫、商人、货运马车夫和船夫——构成，此外还包括了为

---

[1] 引自Schapira, "Contrebande," 134.

[2] Liana Vardi, *The Land and the Loom: Peasants and Profit in Northern France*, 1680-1800 (Durham, NC, 1993); and Stephen Miller, *State and Society in Eighteenth-Century France: A Study of Political Power and Social Revolution in Languedoc* (Washington, DC, 2008).

[3] Jan de Vries, *The Industrious Revolution: Consumer Behavior and the Household Economy*, 1650 *to the Present* (Cambridge, 2008), chapters 1-4.

[4] ADS C 662, Matton to Capris de Castellamont, 8 August 1761.

他们服务的客栈和小酒馆店主。① 这些通常来自萨伏伊和奥弗涅的商贩背
负着包裹或木制箱子，或者使用骡子装载货物，旅行到遥远的地区，以
远低于座商的价格出售一系列的商品。除了叫卖像五金器具、纺织品、书
籍、皮制品和香料这类合法商品之外，他们另外还通过出售走私品增加利
润。1733年冬季，一名商贩拜访了马加的伊萨克·加尔德的宅邸，加尔德
并不在家中，但这名商贩仍然说服他的孩子们购买了2码的印花棉布和3盎
司的烟草。这种挨家挨户的兜售方式十分普遍，以至于当过于热心的包税
公司事务官们追索加尔德的财产时，多菲内的总督召回了他们，并恢复了
这个人的良好名誉。②

　　此外，客运马车车夫也从事着走私活动。1710年7月5日，往返贝桑松
与第戎之间的车夫雅克·比祖阿尔——他的行车路线跨越了弗朗什-孔泰
与勃艮第之间的财税边境——在一个关卡遭到逮捕，当时哨兵们检查了他
的车厢，从中发现了3磅装于纸袋中的烟草粉末，另有10多磅烟草装于一
个木箱中。③ 比祖阿尔那些从里昂、第戎和斯特拉斯堡往返首都的同行们
也以走私著称。一名王家邮政的老员工曾透露："各条道路上的邮递员都
会或多或少地走私少量商品。"④

　　货运马车夫将走私品堆在了他们的马拉货车上，并埋藏于合法货物之
下。他们中的许多人都为边界另一侧的老板工作。1765年10月19日，当来
自法兰德斯的托马·布瓦亚尔驱使着一辆重载货车和六匹马穿越皮卡第地
区时，被亚眠附近的包税公司警卫拦截。这名车夫乐于向警卫展示证明他

① Schapira, "Contrebande," table Ⅱ.5,指出其样本中有17.4%从事这种流动贸易工作。另见Liander, "Smuggling Bands," table 20. 紧随流动职业者之后的便是士兵、工匠和纺织工人。

② BN MS 8372, Orry to Fontanieu, 12 January 1733; and 8390, Fontanieu to Orry, 5 February 1733. 关于小商贩，见Laurence Fontaine, *History of Pedlars in Europe*, trans. Vicki Whittaker (Cambridge, 1996).

③ AN AD XI 49, no. 18, arrêt du conseil, 2 January 1714.

④ BA Bastille, 11127, Machault to Feydeau de Marville, 2 July 1746.

按合约将数以千计的鸡蛋送往巴黎的证件。但是当警卫们靠近检查时，他们发现货车中的八个大篮子里事实上装满了烟草。布瓦亚尔被证明为阿姆斯特丹的科内肯兄弟工作，后者雇佣他运送3411磅的烟草，这批从阿图瓦运至法国首都的烟草上覆盖着薄薄的一层鸡蛋。[①]

那些最具创业精神的车夫们则是为他们自己工作。当居住于巴黎拉阿尔普大街上的医学生让-巴普蒂斯特·瓦斯放弃学业时，便开始从阿图瓦往巴黎运送烟叶。其位于阿拉斯的供应商——一个名为迪富尔的商人提供了荷兰烟草、圣文森特烟草和普通烟草，作为交换，瓦斯向他支付期票。有鉴于"商人的本质"，迪富尔本来更倾向于使用现金交易，但只要得到一家资信可靠的金融机构担保，他也乐于接受期票交易。"我的心自知无所畏惧，"迪富尔写道，"但谨慎告诫我必须让你的期票得到著名担保人的背书。"在找到岗特爵士这名值得尊敬的担保人之后，瓦斯开始定期从阿拉斯购买数以百磅计的烟草，他将这些烟草装入木桶当中，顶部覆盖着厚厚一层含盐黄油，然后用一辆马车拉回巴黎，并在这里按磅出售这些商品。他就此赚得了一大笔钱。有鉴于瓦斯是以24索尔1磅的价格购入烟草，然后以50索尔1磅的价格出售，而他的进货量多达400磅，因此每趟旅程他能够赚得500多利弗尔，这要多于大部分法国人一年的收入。这个富有创业精神的医学生必然过着国王一般的生活……直至他于1772年在一

[①]　BA Bastille 11127. 虽然当局最初准备将布瓦亚尔送到苦役船上，但商人们花重金将其保释了出来。在一个影响更小的案例中，来自博纳依的菜农路易·皮埃尔·普雷沃受其地主指令，运送四袋走私品给巴黎郊外的一名商人，他将这些走私品埋藏在了一车的豆荚中。他获得了多达12利弗尔的酬劳——其中6利弗尔为预付款，另外6利弗尔则在他返回后支付（AN Y 9512/B）。这种走私方法在印花棉布贸易中尤为常见。商人们不再亲冒风险运输非法商品，而是用一笔很少的佣金雇佣车夫运送棉布跨越边界。1740年3月27日，一个名为让-皮埃尔·贝加的车夫受雇驱使一辆运载着1087古尺棉布的三驾马车前往巴黎，他在莫城以东区域被捕。作为一个无足轻重的下僚，贝加最终被宣布无罪，但他那个给货车装载货物并未曾告知其运送何物的老板遭到了审判。BA Bastille, 11127.

个巴黎关税检查站被捕。[1]

部分车夫展现了超凡的创造力，他们在马车当中建造了假隔层。来自法兰德斯的小地主菲利浦·弗朗索瓦便在其篷式马车中建造了数个这样的隔层。1774年11月4日夜，在赶往巴黎途中，他于这座城市北端的圣德尼关税检查站被拦住。在被问及是否有东西需要申报时，他回答说没有，但警卫们没有停止搜查，他们注意到篷式马车的两侧显得异乎寻常得厚实。他们检查了车体，发现了秘密的隔层，其中藏有347包白纸包裹的鼻烟，总重量达320磅。[2] 走私者约瑟夫·德斯帕尔组织的方案则更为严密，他在位于蒙特贝利亚尔飞地的老巢定期雇佣车夫驱使他的镀金篷式四轮马车从弗朗什-孔泰赶往巴黎。1762年5月2日，包税公司的事务官们在朗香关税检查站截停了他的3名车夫，从马车假隔层中发现了藏匿的1300磅烟草。[3]

除了运输工人之外，与他们联系紧密的兄弟姐妹、客栈和小酒馆店主也在地下经济中扮演了重要的角色。[4] 在小镇生活的中心，小酒馆店主（就像他们从前的对手教区教士一样）成了当地社区与外部世界之间的媒介，这给予了他们从非法贸易中获利的大量机会。最起码，他们提供了一个公共空间，商人、小贩、公共马车乘客、邮差以及当地人在其中

① AN Y 9512, Jean Bastiste Vast, 18 November 1772; and AN V-7 493, liasse 1771-1772.将烟草藏匿于大型黄油桶中是一种相对常见的走私手法。见AN Y 9513, case of Nicolas Virion, 29 March 1774.

② AN Y 9413, case of Marie Jeanne Laurent, femme d'Antoine Boudier, 4 November 1774.

③ AN Y 10929/b. 另见Ferrer, *Tabac, sel, indiennes*, 150-151.

④ Jean Nicolas, "Cabarets et sociabilité populaire en Savoie au XVIIIe siècle," in *Les intermédiaires culturels* (Aix-en-Provence, 1981), 305-321; idem, *La Savoie au XVIIIe siècle: Noblesse et bourgeoisie* (Montmélian, 2003), 862-865; Nicole Castan, *Les criminels de Languedoc* (Toulouse, 1980), chapter 6; Liander, "Smuggling Bands," chapter 7; Schapira, "Contrebande," 83-85; and Anne Radeff, *Du café dans le chaudron: économie globale d'ancien régime: Suisse occidentale, Franche-Comté et Savoie* (Lausanne, 1996), 236.

自由地进行走私贸易、玩纸牌和饮酒。小酒馆店主玛格德莱纳·博凯便曾招待过走私团伙，为他们的马匹提供马厩和饲料，并为他们准备了食物、酒水和休息的房间，甚至为他们在酒馆之外树林中藏匿的走私品通风报信。[①] 其他的小酒馆店主甚至更为直接地与地下经济保持着联系，他们借钱给走私者，在阁楼中藏匿非法商品，相互引见商人、走私者和向导，向包税公司事务官行贿，向其顾客销售非法烟草。皮埃尔·约瑟夫·迈雷斯曾在位于艾诺行省维涅小镇上的银链酒馆附近从事走私活动。他以酒馆为中心招募团伙成员、召集会议和策划走私活动。他从走私烟草中所获得的利润想必已经远远超过他为当地人提供廉价酒水和饭食的收入。

虽然农民、流动职业者和少量的工匠、纺织工人、士兵构成了走私者的主体，但是神职人员和贵族等级——旧制度社会中占据主导地位的两个等级——也毫不犹豫地投身于黑市当中。这个王国的精神领导者们总是会充分注意到利润的召唤，他们几乎都要将圣产都投入到地下经济当中。包税公司卫队不欲搜查的男女修道院往往都触犯了法律，在它们的园地中种植烟草，而修道院与教堂也成了走私的仓库和交易场所。[②] "走私者曾竭尽所能地藏匿他们的走私烟草，有时藏在树林当中，有时藏在巨石之后，"雷恩高等法院的法官们观察道，"但他们突然发现了其他更为安全的方法，就是在夜里将烟草带入教堂中，他们在此向意欲购买者出售烟草；他们只有在神父、教区委员、圣器保管员和那些掌管教堂钥匙者的配合下才能这么做。"事实上，1699年4月6日，4名包税公司警卫在晚上11点闯入了布列塔尼的埃尔屈伊的教区教堂，他们发现"许多人拿着蜡烛藏

---

① AN Zla 991, jugement of 17 March 1756.

② AN AD XI 51B, arrêt de la cour des comptes, aydes et finances du Languedoc, 9 February 1718; AN AD XI 51C, sentence de l'élection de Reims, 2 December 1747; and AN Z la 989, jugement of 14 March 1754.

在教堂柱子后面"。这些正在进行地下交易而被打断的人夺过他们的滑膛枪，向这些闯入者射击了6枪，击伤2人，并从教堂中跑出来追击剩下的人。两名躲过子弹的警卫在次日早晨返回教堂，他们在发现了100磅遭遗弃的烟草之后立即将其没收。①

虽然教士们很少亲自运输走私品，但其中一些人却也经营着自己的走私生意。巴黎的加拉涅修道院长在宅邸中修建了一个烟草和印花棉布仓库，通过一张大约包括24名小贩的销售网出售这些商品。诺曼底的圣瓦斯特教区教士在居所中储藏了492磅的走私烟草。那么他是否会在星期日分发完圣饼之后去兜售这些世俗的草叶呢？②

贵族也扮演着相当重要的角色。一般情况下，他们为由看门人、车夫和马童组成的仆人大军提供庇护，这些仆人使用其主人的城堡储藏走私品。由于仆人在消费革命需求端所扮演的重要角色，近年来，越来越多的研究开始关注他们：作为文化中介，他们从市镇向乡村、从贵族家庭向平民百姓散播着衣着时尚；³但仆人们也在这场革命的供应端扮演着角色，地下仓库管理者和零售业主正是通过他们获得存储商品的场地。艾格勒女伯爵32岁的仆人克劳德·弗朗索瓦·勒费弗尔伙同其他贵族家庭的仆人用船从敦刻尔克、斯特拉斯堡和圣奥梅尔运送烟草到王太子妃位于凡尔赛的宫殿。这个走私中心汇集了各地的烟草和印花棉布，再将它们送入巴黎。勒费弗尔使用了一辆有篷四轮大型马车，一次就能运送多达2400磅的烟草，他在佩罗讷贿赂了一名包税公司的高级官员，让后者在他的马车经过

---

① AN AD XI 48, no. 126, arrêt de la cour du parlement de Rennes, 23 April 1699. 另有4则关于教士在走私活动中所扮演角色的谈论，见Hufton, *Poor*, 294-297; and Liander, "Smuggling Bands," 126-127.

② BA Bastille, 11127, letter of 21 July 1740; AN AD XI 51, no. 141, arrest du conseil of 14 June 1768.

③ Daniel Roche, *The Culture of Clothing: Dress and Fashion in the Ancien Régime*, trans. Jean Birrell (Cambridge, 1994), 40-41, 78, 100, 106,144, 173, and 185.

关税检查站前往皮卡第时睁一只眼闭一只眼。一旦这些烟叶被安全地存放于凡尔赛宫的马厩中，勒费弗尔就能将它们出售给那些将在鲁昂和巴黎进行销售的零售业主。[①]

甚至连法官都承担了强行使用王国法律庇护参与地下贸易的仆人的职责。在时髦人物经常光顾的巴黎西郊讷伊地区，这个国家的最高法院——巴黎高等法院的一名主席皮埃尔·阿尔诺·德·拉布里夫的门房约瑟夫·皮东在这名法官的私人戏院中储藏了1500磅的烟草。[②] 在艾克斯，受雇于高等法院法官的仆人们被怀疑在其主人的宅邸中——其中一个案例甚至是在法院中——储藏走私烟草。艾克斯法院的主席之一弗朗索瓦·布瓦耶·德·邦多尔知道当局不敢检查他的财产，便准许他的仆人们出售来自其庄园的烟草。一名惶恐的王室官员说道："他本就身居高位，而法院主席的职位更是进一步提高了他的地位。"[③] 在蒙彼利埃，两名商人被指控从该市税务法庭一名法官所拥有的公寓中向外出售印花棉布。[④] 在格勒诺贝尔，高等法院的法官们庇护着那些穿行于其产业土地上的走私者，并向从事走私贸易的商人们提供借贷。马德林本身就曾与这些法官打过交道，因为他曾经在萨伏伊一座属于奥诺雷·皮奥朗克·德·图里——他便是两年前宣判马德林为谋杀犯的法庭庭长——的城堡中寄宿。[⑤]

---

① 　AN Y 10929/b, report of 16 July 1763. 类似的案例见AN Y 9521/B; BA Bastille 11127.那些不欲直接介入走私贸易的仆人便只是将其主人的场地租借给走私者。见AN Y 10929/b, canse of 26 July 1763. 关于凡尔赛的非法书籍贸易，见Robert Darnton, *Devil in the Holy Water or the Art of Slander from Louis XIV to Napoleon* (Philadelphia, 2010), 132.

② 　AN Y 9512/B, case of Joseph Pithon.

③ 　引自V.-L. Bourilly, "La Contrebande des toiles peintes en Provence au XVIIIe siècle," *AM* 26 (1914), 68-70.

④ 　ADH C 1678, procès verbal of 17 February 1730.

⑤ 　关于贵族从事非法贸易的进一步讨论，见Liander, "Smuggling Bands," 127-130; and Nicolas, *Rébellion française*, 96-101; René Favier, "Une province face à la contrebande," in *Louis Mandrin: malfaiteur ou bandit au grand cœur*(Grenoble, 2005), 16. 格勒诺贝尔法官参与该省走私贸易的行为早在18世纪30年代就已被总督告发。BN MS 8390, Fontanieu to Orry, 6 July and 3 August 1732.

　　贵族与他们从事走私活动的下属之间的确切关系并不总是清楚的。贵族们是否只是故作姿态，抑或他们积极地参与到了非法贸易活动中？诺曼底的一个案例表明部分贵族的确在幕后操纵着走私活动。在圣洛这个市镇中，一个名为阿迪加尔的贵族从英吉利海峡的泽西岛和根西岛进口了走私烟草，在他的庄园中将其研磨成粉，再让他的男仆和一名当地裁缝将鼻烟装入数千个纸盒。随后，这些鼻烟在夜色掩护下被送至当地一个从事走私的烟草贩手中，他将分享其中的利润。这名接手者经常应邀前往贵族的庄园赴宴，在"窃窃私语"中达成交易，以至于仆人们均未有所耳闻。①

　　在马德林所游荡的多菲内和萨伏伊地区，拥有土地的贵族经常干唆使他人走私的勾当。除了雇佣那些有闲暇时间运输非法商品的农民，他们还准许走私者穿过他们的土地，为他们过河提供渡船服务，并提供至关重要的补给服务。②当一个团伙的头目穿越多菲内的村庄依泉时，"该地的贵族朗贡先生为其提供了众多亟需的食物和酒水"。③被派去消灭马德林王国的年轻而勇敢的官员亚历克西·马加利翁·德·拉莫里哀便诅咒这些"数目众多的贵族，特别是位于边境附近的那些人"，他们鼓励其"附庸"保护穿越他们领地的武装团伙。每当国王派遣军官肃清这片地区时，这些"国境上的绅士与贵族"都会通过"释放善意、恭维或盛情款待"劝说他们回心转意。④特别令人鄙夷的是指挥官马尔西厄的女婿——圣-阿尔班先生，他"总是在驱使走私者从他位于基尔河附近——距离勒蓬德博瓦桑四分之一里格——的城堡进入多菲内"。圣-阿尔班"在这项交易中收益颇丰，同许多像他一样从事高等法院法官这一崇高职业的人沆瀣

---

　　① AN G-7 1294, Mémoire sur l'affaire Adigard, 18 December 1714.关于布列塔尼贵族所从事的走私活动，另见AN V-7 506, doss. 3; and J. Darsel, "Gentilshommes contrebandiers: l'affaire de la Hunaudeye," *Société d'Émulation des Côtes-du-Nord* 87 (1959), 22-31.

　　② BN MS 8476; and SHAT 1A 3406, no. 276, d'Espagnac to d'Argenson, 28 May 1755.

　　③ SHAT, 1A 3406, no. 161, letter of 28 April 1755.

　　④ SHAT, 1A 3406, no. 239, mémoire.

一气"。①

　　虽然教士和贵族均与走私者牵涉颇深，但典型的走私者形象却是一个20多岁或30多岁的农民（完全成年但却足够年轻，能够长途背负重物），他同样来自边境地区，并在此经营着自己的生意，装备精良，配备一个沉重的手杖，独自一人或聚集成一个规模很小的群体从事走私活动。② 然而任何一个特定走私者的形象在很大程度上取决于他所携带的货物。因为食盐在诸多外围行省格外廉价，所以食盐贸易的成本也十分低廉，特别是当这种商品仅仅只是通过背负的形式——而非使用马车或马匹运输时。因此，食盐走私仍然保持着一种相对简陋的地下贸易形态，农民、妇女和儿童在这种贸易中占据了数量上的优势。在从布列塔尼到迈内和安茹的非法食盐贸易的原点——拉瓦尔的方向上，被送交当地法庭的走私者中有60%是妇女。她们基本上手无寸铁，或独自一人，或成对，或携家庭成员工作，每趟旅程仅能携带略微多于20磅的食盐。③ 薪酬少于男人且被许多职业拒之门外的近代早期女性往往求助于边境市场，这个市场提高了她们的自主性，即便当时她们的法律地位在诸多方面都呈现出下降的态势。地下

---

①　SHAT, 1A 3406, no. 261, La Morlière to d'Argenson, 23 May 1755.

②　Ferrer, *Tabac, sel, indiennes*, 209-219, "Contrebande," table II. 2; Liander, table 18; Durand, "La contrebande"; and Corinne Townley, *Le veritable histoire de Mandrin* (Montmélian, 2005), 49-50. 虽然具备高度机动性，但走私者们普遍出生或居住于距离边境10英里或15英里的区域内，他们并不会前往离家太远的地方冒险。在弗朗什-孔泰经营生意的走私者们往往来自本地区或邻近地区（洛林、阿尔萨斯、蒙贝利亚、瑞士、勃艮第、香槟）。那些长途旅行者则来自东南地区（萨伏伊、多菲内和马德林的故乡奥弗涅）或巴黎。北部地区同样如此，这里的大部分走私者均出生和居住于沿皮卡第和香槟外围边界设置的财税边境附近。多菲内的走私者也颇为类似，他们生活于格勒诺贝尔或靠近萨伏伊边境的格雷西沃当峡谷和基尔河沿岸地区。在法国西部地区，穿梭于布列塔尼-迈内/安茹边境的食盐走私者则生活于这条财税边境的东侧边缘地带。

③　Durand, "La contrebande du sel."

食盐市场为妇女们提供了无法抗拒的商业机会。[①] 与此形成对照的是，男性食盐走私者更喜欢拉帮结派地行动，使用马匹和马车运输，随身携带火器。事实上，被送交至索米尔特别法庭—— 一个处理团伙暴力走私食盐案件的高级法庭——的被告中男性占据了70%。[②] 在烟草走私者比食盐走私者更臭名昭著的东部和北部地区，也出现了类似的模式。这些地区的男人更倾向于从事大规模的烟草走私活动，女人往往从事小规模的食盐走私贸易。在北部地区，兰斯特别法庭审理的主要案件大多牵涉到了烟草，足足93%的被告都是男性。[③]

总而言之，地下经济触及了各个社会阶层的男男女女。在较低的职业等级中，农民出身的小走私者通过徒步冒险来增加微薄的收入。女性食盐走私者便是这一贸易层级的典型代表。地下经济的上层则充斥着高效率的男性走私者——他们往往是运输业者或士兵，使用马车或马匹交易烟草和印花棉布，随身携带武器，并且拉帮结伙。这正是年轻男子马德林所要融入的职业环境。

---

① Laurence Fontaine, *L'économie morale: pauvreté, credit et confiance dans l'Europe préindustrielle* (Paris, 2008); Anne Montenach, "Femmes des montagnes dans l'économie informelle: les 'faux-sauniers' en Haut-Dauphiné aux XVIIIe siècle," in *Donne e lavaro: prospettive per una storia delle montagne europee, XVIII-XX secc*, ed. Luigi Lorenzetti and Nelly Valsangiacomo (Milan, 2010), 68-83; Hafter, "Women in the Underground."

② Huvet-Martinet, "Faux-saunage."

③ Schapira, "Contrebande," 88 and tablesII.1 and III.14; Liander, "Smuggling Bands," tables 16 and 19. 沙皮拉的表格表明该委员会41%的案件仅与烟草有关，24%的案件仅与食盐有关，19%的案件与两者均有关联（虽然烟草有可能是最主要的货物）。利昂代的表格表明46%的案件仅与烟草有关，11%的案件仅与食盐有关。数据差异来源于采样年份的差别；沙皮拉所得出的较高的食盐走私率是由于他囊括了18世纪80年代晚期造成的，当时的农业危机迫使更多的农民投身于简单的食盐走私行业。这两份研究一致的地方便是男性主导了层级更高的走私活动。

团伙

在18世纪，除了形单影只的农民或匠人（或学生）通过运送走私品赚取收入或利润，越来越多的走私者成群结队地聚集成大型团伙。第一个较大的团伙在路易十四统治的后半期开始成形，当时的经济失去了活力，西班牙王位继承战争（1701年至1714年）的需求令军队规模大为膨胀，并导致国营食盐和烟草的价格维持于高位。在这个混乱的年代，整个连队的士兵和逃兵都会参与走私活动。但战争的压力并不能解释《乌特勒支和约》之后走私团伙的快速增加。18世纪20年代和30年代，在包税公司的烟草价格急剧上涨20%以及包税公司警卫队伍规模显著扩张之后，包税公司与走私者之间的共生关系催生出了更多的团伙。随着包税公司部署更多的警卫巡逻边境，渴求利润的走私者试图聚集成更大规模的团伙来战胜他们。然而在走私者的团伙规模越来越大之时，包税公司也成立了越来越多的警卫队以阻止他们，从而形成了科学家们所谓的正反馈循环。[1]

作为这种仍然出现在现今毒品战争中的反馈力量的结果，有组织的团伙成了地下经济的常备特征。在法国东北部地区，法庭记录表明，在18世纪后半叶活跃着38个大型团伙，其中还不包括那些躲过侦查的目标。[2] 在东南部地区，多菲内总督在18世纪30年代估计称，大约有400名走私者活跃于25至30个不同的匪帮当中，其中最大的一个团伙被称为"橙帮"，由70人组成，所有人都"武装到了牙齿"。[3] 这些将印花棉布和烟草从瑞士和萨伏伊运送至普罗旺斯和朗格多克的走私团伙横穿多菲内而无惧于受到

---

[1] BN MS 8476, mémoire concernant les contrebandiers. 关于这一时期包税公司警卫力量增长的情况，见第7章；Ferrer, *Tabac, sel, indiennes*, part 1; and Schapira, "Contrebande," 1-14, 245, 355, and 463.

[2] Liander, "Smuggling Bands", 291.

[3] BN MS 8476 and 8390. 一份类似的报告（SHAT 1A 3406, no. 181）所计数的为萨伏伊和瑞士团伙工作的"恶棍"数目便"超过了400至500人"。

恐吓的包税公司官员的干涉。财政大臣将遭通缉走私者的名单印发给了这一地区的总督们，但他承认问题在于：一旦走私团伙越过边境进入法国的关税区，便会很快地出售烟草，隐藏武器，并分散撤回，这令当局要在犯罪现场将他们缉拿归案显得极其困难。[①] 到1754年马德林组建他自己的匪帮为止，走私团伙已经肆虐法国边境地带数十年之久。

正如我们将要了解到的，小说将走私团伙描绘成奇怪的地下经济团体，他们讲着费解的俚语，举行闻所未闻的仪式。事实上，走私团伙并非如此神秘，但其中最为保守的一部分事实上是一种兄弟间共享的与众不同的军事文化，这种文化立足于饮酒、渎神和旅途生活之上。像这一时期的士兵一样，他们挑选了丰富多彩的绰号，这些绰号或能表明出生地（如西班牙人、普罗旺斯人、皮埃蒙特人、尼姆人），或能表明身体特征（胖子、卷毛、金毛、狮子鼻、驼子），或能表明军队等级或职责（上校、骑兵、队长、掷弹兵、炮兵），或能表明个人特性（不知羞耻者、路西法、贵族、待饮者、幸运者），或仅仅只是合其心意而已（鹦鹉、嘉年华）。团伙成员们也会从吹嘘他们处置包税公司官员的经历或在苦役船上服刑的时间来获得男性的荣誉感。支持这种军事文化的正是家庭组织，它在生意由父及子、由兄及弟传承或通过婚姻结成家族联盟的过程中支撑着团结的形态。路易·马德林的弟弟克劳德所迎娶的妻子就来自萨伏伊另一个走私家族科洛尼耶家族——他们亦被称为科科尼耶家族。政府当局记录了这次有若干名大名鼎鼎的走私者参加的婚礼，但据报其间并无骚乱发生。[②]

一般水平的团伙规模相对较小（10名成员或更少），他们徒步旅行，

---

① BN MS 8375, fol. 335, Orry to Fontanieu, 8 October 1736; ADH C 1697, Orry to Bernage, 29 March 1731, and Bernage to Orry, 31 December 1732; and SHAT 1A 3385, no. 475.

② ADS C 13, Saraceni to Sinsan, 10 July 1755.这可能是一场包括两对新人的婚礼。根据Guy Peillon, *Sur les traces de Louis Mandrin* (Lyon, 2005), 245, 路易的姐姐玛丽安娜在同一个月嫁给了科科尼耶家族的雅克·德洛古尔。

但一般情况却掩盖了极端的多样性。[①]一些团伙的成员少至5人；其他团伙的人数可能多达100人。一些团伙由同一个村子的门外汉组成；其他团伙则汇集了来自相隔遥远地区的全职专业人员。一些团伙借助脚力跨越边境穿梭运输商品；其他团伙则骑马冒险深入内陆地区。一些团伙携带了火器，如果路上偶遇包税公司的警卫队，他们会毫不犹豫地使用这些武器；其他团伙则手无寸铁，他们试图不计代价地躲避包税公司的官员。一些团伙与腐败的包税公司官员合作；其他团伙则依靠自己运作。所有人都将边境作为一种资源加以利用，无惧死亡或被捕的风险，他们向消费者提供了廉价的非法商品，并从这种贸易中获益颇丰。

为了深入了解像马德林所领导的这类团伙，对三个运作于法国东北部地区的大型匪帮的结构进行考察是值得的：这三个匪帮分别是在乡村地区走私食盐的莫勒帕匪帮、四处流窜走私烟草的维尼匪帮和走私印花棉布的拉捷匪帮。[②]莫勒帕匪帮是典型的以农村为基地的团伙，这在法国北部地区最为常见。[③]在18世纪50年代的鼎盛时期，该团伙由大约50名亲戚、朋友和邻居组成，其中大部分来自莫勒帕这个坐落于作为法国关税区最前线的索姆河北岸、人口不过数百的皮卡第村庄。靠近财税边境的地理条件鼓励着莫勒帕的散工、纺织工人和工匠利用部分时间参与到走私活动中，他们每隔数周便前往阿图瓦的甘布雷西地区搬运廉价的食盐（有时候是烟草）。每个人都是徒步行走，携带手杖作为武器，背负着大约70磅的走私商品向南前行至索姆河，由于担心撞见包税公司的巡查警卫，他们在此结

① 关于充斥着烟草的东北部地区，见Schapira, "Contrebande," table Ⅲ. 8 and Ⅲ. 12; and Liander, "Smuggling Bands," table 16 and 17. 关于食盐所主导的西部地区，见 Huvet-Martinet, "Faux-saunage."

② 因为瓦朗斯特别法庭的档案并不完整，所以不可能详细探讨活跃于法国东南部地区的诸团伙，而马德林正是在此处发动他的战争。然而，在兰斯委员会的档案中得到详细记录（AN Zla 964-1080）的东北部地区的条件与东南部地区十分类似，来自关税区以东区域的烟草均主导了两个地区的地下市场。

③ AN Zla 988-991; and Liander, "Smuggling Bands," chapter 8.

伴渡河。在相隔遥远的河对岸，他们又分散至邻近的村庄兜售商品，但不会深入到王国的内陆地区。其中的部分男子是身份独立的走私者，他们自己购买和出售货物以赚取利润，但为了安全起见又与他人结伴渡河；他们的利润颇丰，每趟旅程大约能获得6利弗尔的收益。另一部分人则是地下经济世界的仆人和无产者这样的受雇劳工，他们为了赚取30索尔的日薪而运送着其他人的商品；这些人冒着与独立走私者一样的风险，但却被排除在最大份额的利益之外。这个团伙诸位头领中的两人——皮埃尔·索尼耶（也被称为"芦笛"）和让-巴普蒂斯特·布尔吉耶扮演着斥候的角色，他们领先于大队伍15分钟的路程以确保道路的安全。如果斥候遭到了包税公司警卫的伏击，仆人们将与剩余的团伙成员一同搬运商品逃离。

这个团伙成功的关键在于包税公司的腐败以及索姆河上的摆渡人，居住于河岸上的农民们知道这条河流的每处拐弯和水流方向，他们能够引导携带货物的走私者在夜色最浓之时涉水渡过河道。已婚并且是三个孩子父亲的散工吉利安·德格雷便来自河岸上的村落埃蒂内昂，他充当着莫勒帕匪帮的摆渡人。由于晚上船只必须被拴住，并处于包税公司的严密监视之下，德格雷不得不利用芦苇建造了两个小型筏子，每个能够承载两人（或一人及一捆走私货物），这两个筏子被绑在了一根绳子上，通过拉动绳子让筏子得以过河。一旦人与货物被送至对岸，他与助手皮埃尔·埃卢瓦——一个嘴风不紧且嗜酒的村民——便会毁掉筏子，将残骸扔进河中，以销毁所有证据。（在多菲内更往南的地区，走私者使用轻便的滑轮和绳索来运送货物横渡罗纳河。）①通过这项工作，德格雷收取了高额费用（每运送两捆货物收取3到5利弗尔），但有时也会遇到费用难以收回的困难。1752年8月的一个晚上，运送了莫勒帕匪帮的45名成员及其货物的德格雷及两名助手本应收取总额达170利弗尔的费用，但由于匪帮的部分

---

① AAE CP Genève 66, fol.313, Montperoux to Rouillé, 9 April 1755.

成员拒绝支付，他们只收到了120利弗尔——不过对于一名散工而言，这仍然是一笔巨款，即便这笔钱要被分成3份。

德格雷还必须同串通一气的当地包税公司警卫分享收益。事实上，对于整个运作过程而言，贿赂是关键所在。德格雷与索姆河畔布雷检查站的警卫与这条河流上最腐败的边境官员之一的尼古拉·塞里合作。德格雷进入地下经济世界首先应归咎于塞里的怂恿。"德格雷受到收益的诱惑，并为家庭生计所迫"，他后来承认塞里曾经"唆使"他步入犯罪的生活。这两个人完善了一个几近完美的走私体系，当塞里值班时，德格雷便会带领走私者跨越边境。他们瓜分了所有的利润。但德格雷的妻子无法容忍这种风险，在她的催促下，德格雷试图从这项不正当的生意中脱身，尽管他在后来的审讯中如此宣称，但却未曾放弃"如此简单而安全的赚钱方式"。[1]在德格雷这样的摆渡者和塞里这样的合谋者的帮助下，莫勒帕匪帮得以在若干年时间内蓬勃发展起来。

如果说莫勒帕匪帮是一个典型的不携带火器、依靠徒步走私的农村食盐走私团伙，那么维尼匪帮则代表了专业的烟草走私团伙。[2]就其8至18人的规模而言，它在许多方面都类似于马德林的危险匪帮：走私烟草（从未走私过食盐）；成员包括了全职和兼职走私者，部分来自该团伙所立足的村庄很远之外的地方；走私旅程路途漫长，要持续两周之久；配备有马匹和精良的武器。

这个活跃于18世纪30年代和40年代的团伙因循着一贯的路线。这个团伙的人各自单独骑马自东来到甘布雷西专卖地区以外的村庄采购烟草。他们有时会进一步向北进入奥属尼德兰地区，这里的烟草价格甚至更为低廉。无论如何，他们在位于维尼村银链酒馆——其所有者是我们已经提到

---

[1]　AN Zla 990, interrogation of Guilain Degrés, 28 July 1753.

[2]　我关于维尼匪帮的讨论的素材来自Liander，"Smuggling Bands," chapter 7.

过的皮埃尔-约瑟夫·迈雷斯——的总部会面之前，通常使用现金购买商品。在酒吧间熟悉的环境中，这个团伙推选头领以迎接每月一次的旅程，讨论可能的旅行路线。在指定的日期，团伙成员们将会等到日落之后开始往马背上装载货物（每匹马运载两捆100磅的货物，两侧各一捆），而后向南骑行至通河，在摆渡人的帮助下横渡这条河流，摆渡人将他们的烟草塞入一个大而厚实的皮囊，拖拽着过河（这个皮囊是该团伙的共同财产，但每个人需要为每匹马上的货物单独付给摆渡人6利弗尔）。在将河流甩在后头之后，这些人潜入了香槟行省，见缝插针地穿越蒂耶拉什山区，来到拉昂和苏瓦松这两座城市。这个夜间赶路、白天藏匿走私货物的团伙有时也会向南来到兰斯，一度甚至向西远行到了巴黎。当他们接近一个市镇时，指定的一名团伙成员将会抛下货物，进入市镇与当地商人商讨货物转移问题。在苏瓦松，走私者在一个包税公司受贿警卫的协助下通过攀爬城墙上的豁口将货物存入一个小酒馆店主的院落当中。警卫及其助手们从那里将商品转入一个修道院，而一名批发商则在此通过零售商网络分销商品。与莫勒帕匪帮不同的是，维尼匪帮的走私者们从未参与贸易活动的终端零售。在完成货物的运送之后，他们便领取钱款，然后启程返回。

就其成员为每趟旅程推选新头领的做法而言，这个团伙是相对民主的（就如同公海上的海盗团伙一般），但我们务必不要将这个团伙的平等主义特质浪漫化。[1]其成员之间并不平等。比如莫勒帕匪帮中的成员被划分为携带雇主走私货物的雇佣仆人和独立的走私者，而头领正是从后一类人

---

① Marcus Rediker, *Villains of All Nations: Atlantic Pirates in the Golden Age* (Boston, 2004)强调了海盗的平等主义生活，然而Kris Lane, *Pillaging the Empire: Piracy in the Americas*, 1500-1750 (London, 1998)则提供了一个较少浪漫主义色彩的视角。关于海盗与走私者之间关系的对立观点，见Niklas Frykman, "Pirates and Smugglers: Political Economy in the Red Atlantic," in *Mercantilism Reimagined: Political Economy in Early Modern Britain and Its Empire*, ed. Philip Stern and Carl Wennerlind (Oxford, 2013); and Alan L. Karras, *Smuggling: Contraband and Corruption in World History* (Lanham, MD, 2010), chapter 2.

中选出。对于迈雷斯而言，他经常在匪帮中安置两个仆人，每个仆人每趟旅程将获得75利弗尔（在仆人使用自己的马匹的情况下）或36利弗尔（在迈雷斯提供1匹马的情况下）的薪酬。小酒馆店主也在其中安插了一个办事员，他的工作不仅包括携带店主的烟草，还负责监视迈雷斯的另外两个仆人，并负责烟草的销售事宜。不同于支付给仆人们的固定工资，办事员可从销售中抽取六分之一的利润。剩余的利润归属迈雷斯，他安然在其酒馆内等着横财的到来。这种利润远高于农村食盐走私团伙所获得的收益。

在所有的走私团伙中，那些以印花棉布为贸易对象的匪帮如果说不是最为职业的，至少也被最为深入地整合为更大型的半合法化企业。[1] 因为违禁的印花棉布远比走私烟草昂贵，更遑论食盐，所以这项贸易对于资本的要求远远超出了大部分农民和工匠所能负担的范畴。独立运作的印花棉布走私者的确存在，但他们更类似于为具备良好社会关系的商人服务的代理人。以德诺瓦尔这样的走私者为例，他在1739年雇佣了3个仆人，协助其驱使一辆装载印花棉布的四驾马车疾驰在从洛林到巴黎的路线上。有鉴于其中一匹马上装载的货物属于德诺瓦尔个人所有，他事实上是一个在关税区之外购买自己的布匹并到首都出售的独立走私者。但其他三匹马上装载的是两名巴黎商人的财产，其中一人曾以走私发迹，但后来跻身于较低层级商人的行列。这两名商人雇佣德诺瓦尔运送他们从巴勒迪克一个不知名商人处购买的商品。虽然德诺瓦尔因为这份工作收入颇丰，但走私链条两端的商人——巴勒迪克的卖家和巴黎的买家——却抽取了最多的利润。

在印花棉布生意中，像德诺瓦尔这样的走私者只是更大规模的纺织工业中的无名小卒，在其中，商人和银行家却积攒了巨额的财富，并且安处

---

[1]　我关于走私印花棉布匪帮的讨论素材来自Liander, "Smuggling Bands," chapters 6 and 9；而AN G-7 248则记录了关于"橙帮"的材料，这个团伙在日内瓦和博凯尔之间走私纺织品。

走私混战之外。就如同合法商人一样，巴黎的印花棉布商人使用从让·科坦父子银行这样声望卓著的银行中取出的汇票向巴勒迪克的批发商支付钱款（科坦父子银行身为一家新教徒开办的银行并非巧合，因为从《南特敕令》被废止一年之后设立印花棉布禁令开始，新教徒的离散与印花棉布的扩散是一致的）。科坦银行还向巴勒迪克商人贷款，从而为在低地国家批发采购印花棉布提供了资金。类似的交易也发生在日内瓦，这里的国际商人借款给走私者，赞助他们购买商品、武器、马匹和劳动力。[1] 烟草贸易罕有在如此高的金融层级上进行运作，虽然更大规模的走私者的确存在从半合法的烟草商人处贷款购买商品的现象。而食盐贸易则从未接近过这一范畴。

1759年，印花棉布禁令被一项过重的进口关税取代，此后，印花棉布走私活动的职业化进程开始加速。这一时期不仅仍然存在着强力刺激走私活动的因素——25%的关税完全值得规避，而且印花棉布在法国生产、销售和使用的合法化也让在关税区内出售走私棉布变得更为简单。走私头领让-巴普蒂斯特·拉蒂耶的冒险经历证明了这一点。拉蒂耶属于被称为"承保人"的那一类人，是一个抽取一定百分比的收入额并"确保"违禁货物输送给法国内陆的商人（承保人还参与了书籍贸易的运作，这也是一个非法市场和合法市场相互渗透的行业）。[2] 如果他的印花棉布被包税公司没收，承担金融责任的将是他而非进口者。当然，这种在18世纪晚期变得十分普遍的运作模式令印花棉布走私活动吸引了更多想要规避风险的商人。

[1] AAE CP Genève 66, fols. 189-190, mémoire of 5 November 1754.

[2] Darnton, *Forbidden Best-Sellers*, 18. 关于一个包含烟草走私者的保险合同的罕见案例，见Harald Deceulaer, "Violence, magie populaire et contrats transfrontaliers," in *Fraude, contrefaçon et contrebande de l'Antiquitéà nos jours*, ed. Gérard Béaur, Hubert Bonin, and Claire Lemercier (Geneva, 2006), 81.

拉蒂耶是一个职业的走私者。作为隐藏于18世纪法国最复杂走私集团后面的主谋者，他使用货车将印花棉布从洛林内陆运送至布勒瓦内周边的关税边境，并将货物分配给徒步而行的走私者，他们往返边境运送这些货物，然后将它们藏在树林中。而后这些布料将由一个骑马的匪帮从树林中带走，转移至更深入关税区的地区，直至蒂韦，这些货物将会在此被盖上伪造的印戳。它们由货车从蒂韦运送至马恩河畔的韦塞盖，然后再向西被送至那些雇佣拉蒂耶的巴黎印花棉布商人手中。这一流程中引人注目的是拉蒂耶完善的交际圈。他在蒂韦能够依仗博洛尼侯爵的影响力，后者的城堡还被他用作中继站点。拉蒂耶还与包税公司建立了联系，将贿赂活动提升到了一个全新的高度。他不再是在个别行动的基础上以贿赂海关官员来寻求出路，而是将包税公司官员列入了发薪名单。布勒瓦内附近的海关边境上至少有23名海关官员接受了这份定期薪金，而无论当月有多少印花棉布经过这些官员所在的岗位。而且拉蒂耶似乎犹觉上述手段无法让走私道路足够安全，他还仰赖于一个密探网络来获知当地包税公司警卫队的行动部署。与在洛林和巴黎、日内瓦和蒙彼利埃或马赛和艾克斯之间运输印花棉布的其他承保人一样，拉蒂耶将"组织性"引入了组织犯罪中。这是高度职业化的冒险事业，从银行家和商人到腐败的包税公司警卫，再到那些从事体力劳动并冒着被逮捕风险赚取工资者，他的网络覆盖了许多不同的人群。

零售市场

这一时期，形形色色的大批走私者携带走私品跨域边境进入法国内陆地区。一旦进入专卖区和禁售区，走私者既可自行决定是直接向消费者出售走私品，还是转售给专注于秘密销售的批发商或零售商。在这条冗长商业链的零售终端，黑市与上百万的消费者衔接在了一起，这些人经常为了获取一块彩色布料、一盎司廉价的烟草、一小包食盐或一本禁书等物品而违法。

那些直接与消费者打交道的走私者将走私品传递给家庭成员、朋友和客户；他们或在乡下挨家挨户兜售，或在农村集市中叫卖，或在市镇的窄巷、拥挤的酒馆和狭仄的公寓中向市民出售货物。17名携带武器并曾现身于维瓦赖狂欢集市的走私者便落脚于当地的一家旅馆，他们在所住房间之外出售烟草和其他走私品。[1] 香槟地区的士兵们带着他们的商品来到拉昂的大街上，无所顾忌地喊道："卖烟草""谁想买一些烟草？"这些叫卖声引起了那些急欲以便宜价格囤积烟叶的市镇居民的注意。[2]

然而大部分的大规模走私者却不会费事地去零卖他们所运输的走私品。他们更倾向于将货物卸在市镇之外，而后自己返回边境，从而将货物交予当地的批发商和零售商，由他们出售给消费者。在小型市镇中，零售商从路过的走私者手中购得走私品，然后出售给当地居民。萨伏伊圣让地区诡计多端的贝尔纳·方丹在从地方走私者手上购得烟草存货之后，便让潜在消费者离开公共集市。他吸引他们进入邻近的山谷达成交易意向，然后再引导他们回到其处所完成货物的交割。[3] 布罗奈的小村庄乌勒福尔有一个不知姓名的妇女，她在村庄公墓里开办了一个商店，用随身携带的天平称量烟草的重量。[4]

大额的利润存在于城市当中，这里消费了法国大部分的烟草。由于多数的大型市镇都拥有城墙，走私品通常储藏于市镇之外，然后穿过城

---

① ADH C 1981, Letter to St. Priest, 13 May 1756.

② AN G-7 1291, letter of 1708.

③ ADS C 428, Casasque to Ferraris, 2 February 1755.

④ AN G-7 1292, letter of 28 July 1711.

门、跨越城墙或（比如在艾克斯和巴黎）通过地下隧道偷偷运入城内。[1]
用作走私仓库的农舍、旅馆和酒馆环绕着法国的所有城市。马蒂厄·里瓦
尔便离开了位于吕伊的家，在里昂城外数英里处、前往格勒诺贝尔的路上
经营着一家这样的市郊仓库。当包税公司的便衣官员们前来他家求购烟草
时——这一时期并无法律禁止诱捕——他告诉他们自己刚刚向一些意图往
里昂城内走私的人出售了大量的烟草，但还剩下2磅，他可以以50索尔的
价格出售给他们。当官员们询问他们以后是否能够再来购买更多的烟草，
里瓦尔回复称他每周能够为他们提供200磅的同类烟草。显然，这是一个
与职业走私者保持着紧密联系的批发商。但他的秘密经营没有继续下去，
官员们占领了此地，没收了他们能找到的所有东西，并将他逮捕。[2]

　　一旦进入城墙以内，黑市商品便会通过地下零售商的广阔网络四处扩
散。有赖于总督方丹的调查，我们得以重构18世纪30年代晚期格勒诺贝尔
行省首府的地下零售贸易。位于这座城市从事非法贸易的35人名单最上方
的是让娜·勒克莱尔，她也被称为"大让娜"，生活在三修道院街上。她
的儿子是一名技巧娴熟的屠夫，并与走私者串通，将烟草和印花棉布带入
格勒诺贝尔，让娜负责"每天"向更低层级的交易者和消费者出售这些商
品。"大让娜"不是这座城市中唯一的货源。更低层级的交易者还能够从
出售男子服饰用品和五金器具的商人巴尔特隆兄弟那里购买，他们的供应
者是活跃于萨伏伊边境附近的一个走私团伙。这份名单上的其他交易者还
包括了一位酒馆店主、一对经营布料的父子（他们亲自从日内瓦购得印花
棉布）、一个向腐败的包税公司零售商提供走私烟草的走私者以及少数工

---

　　① Bourilly, "La Contrebande," 68-70; and Jean-Marc Peysson, "Le mur d'enceinte des fermiers-généraux et la fraude à la fin de l'ancien régime," BSHP 109 (1982), 233 and 238.

　　② AN G-7 1293, dossier on Mathieu Rivoire, 1713.

匠、寡妇。[1]

然而就市镇黑市而言，巴黎是无可比拟的。这座在18世纪中叶汇集了50万以上男人、女人和儿童的城市是欧洲大陆最大的人类定居点和西欧的核心都市。尽管巴黎市民消费了大量的包税公司提供的烟草和合法纺织品，但他们仍然渴求唯有走私者才能提供的廉价烟草和鲜艳的印度棉布。对于那些愿意冒险运送走私品进入这个欧洲管制最严城市的人而言，巴黎市场为他们提供了巨额的财富。因为巴黎走私的烟草、葡萄酒、牲畜、白糖、咖啡和其他商品，包税公司每年估计损失了600万至700万利弗尔。[2]

在巴黎市民能够获得走私品之前，这些货物首先必须悄然进入像国中之国一样遭到严密管制的城市。所有进入首都的道路交通都要经过指定的关税关卡，包税公司在这些地方配置了数百名警卫。载客马车、载货马车和携带包裹的行人必须停下来申报他们的商品，出示运输文件，如有要求，还必须开放车辆接受检查。巴黎的海关官员使用特殊的带木把手的铁制工具探测货箱寻找走私品。未携带包裹的行人较少引起注意，但也并非不会遭到怀疑。包税公司官员的工作职责在于确保所有经过巴黎海关的商品都被适当课税，阻止违禁物品进入。[3]

然而包税公司却无法彻底搜查每天进入巴黎的大量商品和数以千计的人——即便如此去做，它也无法在避免彻底使当地经济窒息的情况下获得成效。因此许多藏有走私品的载客马车和载货马车未经搜索便进入了城门，然后与零售商们见面。弗朗索瓦·梅隆驱使着一辆带有8英寸宽秘密

① BN MS 8392, fol. 40-43 and 75-78, Fontanieu to Orry, 19 January 1737 and 9 March 1737.

② E. Gondolff, *Le Tabac sous l'ancienne monarchie: La ferme royale*, 1629-1791 (Vesoul, 1914), 284; V. de Clercq, "L'incendie des barriers de Paris en juillet 1789," BSHP (1938), 31; Reynald Abad, *Le Grand marché: L'approvisionnement alimentaire de Paris sous l'ancien régime* (Paris, 2002), 77-83 and 93-99, 估计15%的巴黎葡萄酒和牲畜都是走私品。

③ *Encyclopédie Méthodique: Finances* (Paris, 1784), 1:92, "Barrières"; Abad, *Grand marché*, 94.

隔间的载客马车从阿拉斯前往巴黎，他悄然通过巴黎关税关卡，与让·巴普蒂斯特·佩雷及其妻子约瑟夫·马亚尔会面。用纸包裹成1磅重的砖块状烟草被卸下并储藏于两个仓库当中，其中一个仓库位于圣德尼大街，另一个位于布尔格修道院长大街上银狮旅馆的房间中。这显然是一门家族生意，因为这对夫妇的13岁女儿负责在圣路易岛上向顾客分发烟草，她的裙褶中能够一次藏匿数块烟砖。①

另有一些走私者在受贿警卫的默许之下通过了城门。1773年，在巴黎发现的最大一桩腐败丑闻中，数名驻扎在康弗朗斯、圣米歇尔和圣德尼检查点的包税公司官员被指控收取贿赂并放行了30至40辆满载走私品的车辆。一名被卷入调查的年轻警卫声称他遭一位高级官员挟持而参与了这项冒险活动。他说如果为包税公司竭诚服务了30年的父亲知道他被逮捕，将会羞愤而死。"如果我无法得到赦免，我将用剑结束生命。"②

当走私者打算借秘密隔间或包税公司中的盟友顺利地从外省向巴黎运送走私品时，那些将货物毫无遮拦地装载在马匹上的走私者更倾向于将它们卸在城郊，然后让其他人偷偷将其带入城市内。因此，以首都为目的地的众多走私品都汇集于巴黎盆地。事实上，城市周边的非法烟草价格要低得多，这里已经发展出了一个繁荣的批发市场。由于其间不可侵犯的贵族宅邸，凡尔赛成了巴黎及其周边地区走私活动的主要中心。但供应这个大都市的仓库则可以扩展至奥尔良那么远的地区，比如这里有一个名为拉加的"富有魅力的女人"，她在通过隧洞与其院落相连的一个秘密地下室中储藏烟草。她"向所有走私者开放她的居所"。③

走私品从此类饱和的环境中通过各种途径渗入巴黎。城市的外围存

① AN Y 9512 and V-7 493.

② AN Y 9512/B, case of 6 May 1773. 关于另一个有众多包税公司员工牵涉在内的案件，见AN Y 9513, case of Martin Rousseau, 5 February 1774.

③ AN Y 10929/b, case of Étienne Lemesle, 28 June 1763.

在着一种小型的产业，非法商人雇佣行人将烟草隐藏在他们的口袋和围裙中，或藏在裙子和大衣之下通过关税关卡。二手家具商西蒙·勒克莱尔便因为携带15磅烟草通过一个巴黎检查点而获得了20到30索尔的报酬（对于一名无特殊技能的巴黎工匠而言，这样的报酬已算优渥）。[①] 熟练的制轮工克劳德·费里在从拉维莱特出发的道路上遭一名陌生人请求携带某些东西进入首都，作为回报，他将获得24索尔和一杯白兰地。费里接受了他的请求，但他在圣马尔坦的关税关卡被拦了下来，当时他正将某种东西藏于衣服之下。官员们将他送到了办公室中，并搜出了2磅4盎司夹藏在皮大衣与其他衣服之间的烟草。费里声称并不知道所携带的是何物，坚持认为他的罪责仅仅是因为需要钱购买面包供养其妻子和7个孩子。然而他还是被扔进了主教堡的监牢，未能等到允诺的那杯酒。[②] 与此同时，走私者还在夜里将更重的货物拉上城墙，他们的包裹将安然落入贵族、大使和神职人员的院落。一旦越过了城墙，走私品会由一名仆人——通常是园丁或管理员——接收，他们或自行存储，或将其转交给零售商。雅克·帕绍便将他的烟草和印花棉布扔到国王的私人花园——巴黎植物园的围墙之内，交给一名退休的园丁，后者将这些货物送至附近的一座房子内储藏，这里的储藏费用是每包每天30索尔。[③] 那些不喜欢攀爬城墙的走私者会在午夜通过市镇边缘房子的门、窗传和裂缝传递走私品。当包税公司于1784年开始修建一座环绕巴黎的新围墙时，这股走私流便被切断了。

走私品一旦进入巴黎，批发商们便会穿越城市，将它们转移至秘密

① AN Y 9512/B.

② AN Y 9512, case of Claude Ferry, 5 June 1772.某些赚取工资的走私者能够获得可观的收益，特别是那些运输印花棉布的人。来自边境行省弗朗什-孔泰的阿尔布瓦地区的泥瓦匠克劳德·科泰因为从瑞士向法国走私印花棉布获得了15利弗尔的报酬（超过了1周的正常工资）。这一报酬十分可观，但他一旦被抓，就将一无所得。ADD 1C 426.

③ Liander, "Smuggling Bands," 262-263. 来自沃日拉尔的园丁们也负责将成包的烟草从马雷沙尔·德·迪拉夫人的家中偷偷运入巴黎。AN Y 10929/b, case of Leonard Gadaine, 26 July 1763.

的仓库当中。这些走私品或是堆积于作为塞纳河右岸南北商业动脉的圣德尼大街的院落当中；或是储藏于圣殿等市政管理权力遭到削弱的特权场所当中；或是放置于教士、贵族甚至是王室成员家中，其中包括了塞纳河左岸的圣日耳曼修道院、小卢森堡公馆和右岸的王宫、罗浮宫、苏利公馆、军火库。[1] 这座城市中最活跃的仓库之一便是苏瓦松公馆。这座归债务缠身的贵族卡里尼昂公爵维克多-阿梅代·德·萨瓦所有的公馆从18世纪20年代的赌窟摇身一变成为30年代和40年代首都最为重要的走私交易场所之一。1746年，财政大臣告知巴黎警察长，尽管此前经过多次打击，但鼻烟仍旧"公然"在这座公馆中销售。这座公馆还可能是这座城市中为数不多敢于在前厅展示印花棉布的纺织品商店的供应商。这家商店的两位所有者夏尔先生和公爵的遗孀卡里尼昂夫人均与巴黎警察官员合谋，后者负责提醒这位遗孀注意应付即将到来的警察突袭行动。[2]

然而巴黎大多数零售商却是几乎无法仰赖于警察庇护的小交易者。这座城市中遍布着咖啡销售者、小酒馆店主、邮差、杂货商、仆人、客栈老板和士兵，正如一份王室敕令所抱怨的，他们更多地投身于兜售走私品，而非自己的本职工作。[3] 手中拿着天平和铁制砝码的让·巴普蒂斯特·勒穆瓦纳便是无数为顾客称出少量烟草粉末的咖啡销售者中的一员。在地下市场中，他往纸袋中装入半盎司的鼻烟，以普通巴黎市民所能负担得起的价格售出。[4] 与勒穆瓦纳为伍者还包括了让·雅克这样的士兵，他从荣军院的战友那里获得打折的军用烟草，并以32索尔1磅的最低价出售。[5]

---

[1] AN Y 10929/b; AN Zla 1076; AN Y 9512, case of Jean Baptiste Perret and Josephe Maillard, 18 November 1772; Schapira, "Contrebande," 83; Liander, "Smuggling Bands," 263.

[2] BA Bastille 11127; Liander, "Smuggling Bands," 263-264 and 272-273.

[3] AN AD XI 51, no. 39, arrest du conseil, 28 May 1743.

[4] AN AD XI 51, no. 112; AN V-7 493, dossier 1.

[5] AN G-7 1292, procès verbal of 8 March 1710. 另见AN Y 9512, case of Pierre Fougue, 10 July 1772.

生活于市郊圣安托万的仆人安托万·弗朗索瓦以32索尔1磅的价格从当地一名批发商那里购得200磅的烟草，然后穿越圣安托万检查站进入巴黎，他就在巴士底狱的阴影之下以45索尔、50索尔乃至60索尔1磅的价格出售这些烟草。[①] 美丽城街区的小酒馆店主安德雷·巴罗什出售各种类型的烟草，从以每磅35索尔价格买进再以每磅38或40索尔价格卖出的普通烟草，到以每磅42索尔价格买进再以每磅55索尔价格卖出的更高端的圣文森烟草和荷兰烟草。他在酒吧中或贝尔西大街以外的圣让公墓上经营生意。[②] 此类案例实在是不胜枚举。

这些小交易者的顾客广泛分布于社会各阶层。通过18世纪30年代财政大臣菲力贝尔·奥利——正是他将法属东印度公司置于王室越来越严密的控制之下——所领导的在全王国范围内打击印花棉布消费的运动。我们了解到有一大批男人和女人——从廷臣、法官到自由职业者、工匠——都通过黑市获取时兴的布料。而遭到逮捕的大部分是普通女子，比如被发现持有4码布料的来自昂贝尔穷苦农村的寡妇佩罗内尔·马松，或恰巧穿着一件印度布料服装站在丈夫的马具商店门口的卡特琳·罗伊贝。总督丰塔尼厄敦促财政大臣追索那些"拥有更多财富"的人，而非"因为缺乏其他蔽体手段而迫不得已违反法律的不幸者"。[③] 吸鼻烟者或抽烟者使用走私烟草的证据难以获得，这是因为警察官员甚少追查消费者，但曾因欺诈行为而被解雇的前包税公司员工——巴黎地下商贩西蒙·卢卡在1714年记录了向他购买走私烟草的巴黎顾客的名单。[④] 他的顾客几乎囊括了各个社会群体，包括富有的金融家和教士、公证人、律师、商人，以及普通士兵与劳

---

① AN Y 9513, case of Antoine François, 29 March 1774. 另见AN Y 9512, case of Nicolas Vallet, 24 August 1772.

② AN Y 10929/b, case handled by Pierre Thiéron, commissaire au Châtelet, 1762-1772.

③ BN MS 8392, fol. 32-40, Fontanieu to Orry, 17 January 1737. 另见ADPD 1C 1627.

④ AN G-7 1294, letter to Desmaretz, 19 August 1714.

工。他的名单中包含了来自社会等级两端的人，他们的共同点仅仅只是一样的烟草爱好：一名前高级金融家（总收益管理人）不会不屑于在地下市场节约若干索尔的金钱，而一个普通的供水工则很难负担得起国家专卖所设定的价格。

从路易十四时期至法国大革命，非法贸易的网络从遥远的其他大陆延伸到了巴黎的街头，为众多的劳动者提供了日常所需的面包甚至更多的东西。虽然那些偶尔携带一包食盐跨越边境的贫穷农民仍然是地下经济的主体，但无数其他人却与冗长而曲折的全球地下贸易链条建立了新的联系。银行家、商人、客栈老板、车夫、士兵、酒保和城市交易者都将边境地区视为一种资源并加以利用，他们在国家之间见缝插针，同样这么做的还包括了一大堆由有组织团伙所雇佣的同谋者（斥候、密探和承保人），甚至连腐败的包税公司官员都以被贿赂的形式仰赖这种贸易为生。总而言之，一大批人参与到了将非法商品从生产地转运至消费地的工作当中。如果我们将在大西洋两岸藏匿烟草的码头工人、从官方渠道截留美洲烟叶的商人、包税公司烟草种植园里在工作之余偷窃烟草的劳工、将合法烟草与走私品混合在一起的包税公司零售商、在布列塔尼海岸重新将印度布料卸下或藏匿于衣物箱中的法属东印度公司水手、将欧洲制造的印花棉布从东部边境输入法国内陆地区的"承保人"以及成百万经常违法购买违禁商品的消费者计算在内，显然，所谓的地下经济就没有那么简单了。它是日常生活中普遍存在的一个侧面。

这种灰色经济在18世纪的消费革命中扮演了重要的角色。毋庸置疑的是，消费繁荣大部分是由合法贸易的扩张所驱动，比如在巴黎开张的零售商店和将城市消费商品介绍给农村大众的商贩。但走私活动也通过非官方市场提供的高度管制商品推动了消费的高涨。吸鼻烟、抽烟和咀嚼烟草的消费者能够在当地包税公司商店购买烟叶，也能够在乡间的集市、村庄里的酒馆和城市大街上非法购得。对于印花棉布而言，开拓新的供应渠道甚至更为重要，在1759年以前，只有黑市才能够供应印花棉布。预示着向棉布全面转向和工业革命来临的17世纪晚期第一轮印花棉布狂热如果无法令那些规避法律的商人和走私者受益，那么它也势必会被禁令扑灭。在这两个案例中，纵横交错的非法网络以前所未有的方式将生产者和消费者联系在了一起。①

同样重要的是，走私品供应者通过降低大众消费商品的价格刺激了消费。虽然奴隶生产的新世界烟草历经了17世纪和18世纪价格的大幅跌落，但在若干个欧洲国家，由渴求税收的国家专卖机构设定的官方烟草价格仍处于极高的水平。但烟草仍然成了在18世纪欧洲得到最广泛传播的殖民地商品。在法国，普通民众和中产阶级的烟草消费在某种程度上迅速增加，因为黑市能够提供廉价、低质的替代品取代官方的包税公司烟叶。② 正如那些创造性地提供高端商品的低价仿制品的工匠和设定价格低于国营零售商的商贩一样，走私者让普通消费者能够消费得起烟草，它在外省的价格要比包税公司低40%。由于新用户对成瘾物质的需求并不固定——也就是说成瘾物质的低价刺激了额外的需求——正是廉价走私烟草的涌入鼓励了

---

① Anne E. C. McCants, "Exotic Goods, Popular Consumption, and the Standard of Living: Thing about Globalization in the Early Modern Wordl," *JWH* 18 (2007), 443-444, 得出了关于英国茶消费的类似观点。卡普兰（*Fin*, 361）和费尔柴尔德（"Populuxe Goods"）同样认为非法的法国劳工帮助扩张了分销的网络。

② 虽然可以肯定这并非新的现象，但市场分化为高端和低端——后者尽管效仿前者，却提供了更为低质和廉价的产品——似乎成了18世纪消费文化的一个主要特征。低端市场经常（但并非始终）带有非法贸易的色彩，正如走私品、赃物和非正规纺织产品的零售商提供诱人的廉价商品一样。

消费，特别是在穷苦劳工当中。[1]

走私活动还影响着包税公司的烟草价格。在走私泛滥的专卖区东部边缘地区，包税公司被迫降低价格与黑市展开竞争。[2] 但即便是在内陆地区，总包税人们也知道他们所能负担的限度，因为任何潜在的提价都将不可避免地导致非法贸易的相应增加。对于印花棉布市场而言，也是同样的道理。在1759年禁令遭废止以及企业家们开始在法国建立工场之后，廉价布料的走私活动迫使国内生产者以消费者负担得起的价格出售他们的产品。来自地下经济的竞争让整个市场的价格都维持在了低位。[3]

人们认为18世纪的国家专卖制度、禁令和进口关税抬高了商品价格，限制了它们接触在下一个世纪将会接触到的一小部分市场。[4] 但一个繁荣的地下经济的形成消减了财政主义和保护主义拓展商品消费市场的效果。走私低价烟草、印花棉布和其他产品的活动令这些货物广泛地出现在了那些原本不愿意或无法购买它们的消费者面前。在这种意义上，生产于美洲、亚洲以及欧洲的廉价"殖民地"商品的地下贸易推动了18世纪消费的增长。

①　Gianluca Fiorentini and Sam Peltzman, eds.,*The Economics of Organized Crime* (Cambridge, 1995), 20-21; Friedrich Schneider and Dominik H. Enste, *The Shadow Economy: An International Survey* (Cambridge, 2002), 171; Ronald Findlay and Kevin H. O'Rourke, *Power and Plenty: Trade, War, and the World Economy in the Second Millennium* (Princeton, NJ, 2007), 259.

②　包税公司沿东部边境一侧地区将其"顶级"烟草价格从每磅50索尔削减至33索尔，将"次级"产品的价格从每磅25索尔削减至16索尔（AN AD XI 50, no. 90）。包税公司还被迫向士兵提供价廉的"行军烟草"以阻止他们走私。

③　Serge Chassagne, *Le Coton et ses patrons: France*, 1760-1840 (Paris, 1991), 16.

④　Kenneth Pomeranz, *The Great Divergence: China, Europe, and the Making of the Modern World Economy* (Princeton, NJ, 2000), 196.

第五章　叛乱的叛乱者

1754年夏，路易·马德林从位于萨伏伊的巢穴出发，进入到了向北一直延伸至北海的走私聚集地，并突然开始活跃起来。他带领着一帮骑马的同伙，穿越法国东南部数百英里崎岖的地带，开始了他的第一次重要冒险。从北部弗朗什-孔泰地区充满松香的茹拉山脉到西部奥弗涅地区由火山生成的中央高地，再到南部朗格多克地区多岩石的高原，他向饥渴的消费者输送了上千磅的非法烟草和印花棉布。比行动规模更令人印象深刻的是马德林及其同伙们用来兜售商品的大胆手法。他们从地下经济的阴影步入白日的光明中，无耻地占据了市镇，划出公共空间来出售走私品。更加肆无忌惮的是，他们通过强迫包税公司的官员购买非法烟叶，撬动了烟草专卖制度。此类即兴手法毫无疑问地提升了这个团伙的收益，而它同时也委婉地向国王政府当局和当地目击者传递了更为丰富的政治讯息。马德林的手段充分展示了传统的道德-经济抗议形态，让他在与包税公司的战斗中转败为胜，驳斥了烟草专卖制度的合法性，进一步政治化了一种业已具备反叛色彩的大众文化。

叛乱的形式

长期以来，历史学家相信近代早期法国的民众叛乱发生了明显的演变，它从危机四伏的17世纪的反赋税和反兵役叛乱发展为更为平和的18世纪的粮食骚乱与领主叛乱。[1] 然而让·尼古拉具备开创性意义的著作暴露了这一叙事所存在的重大缺陷。他在收集了来自王国各地的证据之后证明，1660年至1789年，赋税叛乱仍是法国最普遍的叛乱形式，远超过面包暴动、领主争端、工场骚乱和宗教冲突这样的集体行动。从路易十四时期至法国大革命，所有的存档叛乱案件中足足有39%是具备反赋税性质的，紧随其后的是为了生计而爆发的暴乱（18%）、对非国家财政机构的攻击（14%）和其他各种类型的叛乱。此外，在占主导的赋税叛乱类别中，大部分的事件（65%）是由镇压走私的行动引发的，难以控制的食盐走私者会与充满反叛色彩的印花棉布和烟草走私者联合，其中烟草走私者是最为暴力的集团。[2] 虽然包税公司的腐败现象润滑了走私者与其正式对手之间的关系，但更多的严厉政策和一个毫不妥协的地下经济共同在18世纪催生出了活跃的反抗活动。因此，17世纪最后数十年的走私叛乱显得相对较少，但叛乱的数量却在1709年经济危机时期达到顶峰，并且于18世纪40年代和50年代再度攀升（平均每年爆发30次叛乱，其中部分得益于马德林发

---

[1] 关于这一转变的经典阐述出现在了Emmanuel Le Roy Ladurie, "Révoltes et contestations rurales en France de 1675 à 1788," AESC 29 (1974), 6-22. 经罗哲尔·沙尔捷传播的拉杜里的论文 The Cultural Origins of the French Revolution, trans.. Lydia G. Cochrane (Durham, NC, 1991), 141-145, 是基于Yves-Marie Bercé, Histoire des Croquants, 2 vls. (Geneva, 1974), 后者并未考虑到小规模的赋税叛乱仍然延续到了18世纪。

[2] Jean Nicolas, La Rébellion française: Mouvements populaires et conscience sociale 1661-1789 (Paris, 2002), table I.3 and annex 2. 另见Nicolas Schapira, "Contrebande et contrebandiers dans le nord et de l'est de la France, 1740-1789" (mémoire, Université de Paris I, 1991), tables III.14 and III.15; and Nils Liander, "Smuggling Bands in Eighteenth-Century France" (PhD diss., Harvard University, 1981), table 16.

动的运动，在1754年跃升至56次）。[1] 在路易十四统治的辉煌时期结束之后，赋税叛乱非但没有逐渐消失，反而一直肆虐到了大革命时期。

然而赋税叛乱的形式却发生了变化。在17世纪中后期黎塞留和马扎然治下"增加财政压力"的阶段，直接税急剧提高，而间接税则扩展到了新的地区，法国经历了若干次行省规模的叛乱，从而给严阵以待的国王政府提出了严峻的领土挑战。相反，在18世纪，当赋税和禁令变得规律化，大规模暴动的数量减少之时，反抗行动便在黑市当中出现，比如走私者所发动的小规模攻击开始日益增多。战斗如今发生在了地下经济当中。[2] 如果国王政府成功地让"伟大世纪"的激烈叛乱成为过去时，它就永远无法牢固地建立起德国社会学家诺伯特·伊利亚斯所谓的对赋税和暴力的双重控制。[3] 在后路易十四时期稳定的虚饰之后蔓延起了一场持续进行中的游击战，这是巨象一般的包税公司与高度机动的走私者军团之间的战争。

在这场战争中——"战争"正是当时用来形容包税公司与走私者之间冲突的词汇[4]——三种叛乱占据了主导地位。其中一类是可被刑事司法系

---

① Nicolas, *Rébellion française*, figures 3 and 4. 这些数字确实处于低水平。Liander, "Smuggling Bands," tables 15 and 22表明在18世纪40年代，仅在北方地区（皮卡第、苏瓦松和香槟），兰斯委员会平均每年检举了23次暴力反叛和暴乱案件。这一数字并不包括同一地区低等法庭所检举的案件数量和未获报告或未经确认的反叛数量。无论绝对数字是多少，尼古拉和利昂代都证明了走私叛乱在18世纪70年代和80年代有增多的趋势。就人均而言，此类叛乱在烟草走私活动占主导地位的北部地区（阿图瓦和皮卡第）最为猖獗；在西部地区（迈内和安茹），食盐走私活动居于统治地位；在遥远的南部地区（鲁西荣），食盐和烟草走私均十分普遍。

② Jean-Claude Hocquet, *Le sel et le pouvoir* (Paris, 1985), 404提出了一个类似的假设，即走私是自黎塞留和马扎然时期大规模反赋税叛乱失败之后出现的"新斗争形式"。

③ Norbert Elias, *Power and Civility: The Civilizing Process*, trans. Edmund Jephcott (New York, 1982), 91-225.伊利亚斯的暴力的国家控制概念来源于马克斯·韦伯的《以政治为业》。

④ 行政官、经济学家和新闻记者经常使用"战争"一词形容包税公司打击走私者的活动和走私者反抗包税公司的叛乱活动。见第11章；关于复辟时期战争隐喻的类似使用，见 David Todd, *L'Indentitééconomique de la France: Libre-échange et protectionnisme* (1814-1851) (Paris, 2008), chapter 3.

统归类为"叛乱"的拒捕行为。当走私者被人赃俱获时，他们会毫不犹豫地使用暴力摆脱包税公司警卫的抓捕，前者认为后者介入他们事务的做法是完全非法的。事实上，由这种干涉行为引发的暴力表明走私者的叛乱不仅是为了保卫自身及其贸易，也是为了抗议卑鄙的警察系统与日俱增的存在，与其相关联的是包税公司的破坏行为，而非王权的合法扩张。根据国王应该由其自己的领地供养并克制收取新近（就历史的角度而言）才停止的常规税的古老观念，合法的王室官员在18世纪收取永久性的直接税是十分困难的。[①] 对于许多地下交易者而言，包税公司官员——他们被视为与国王存在可疑联系的投机主义寄生虫——的干涉行为看起来是全然不可接受的，走私者们抓住这个机会加以报复。

我们需要考察让–克劳德·洛维亚的案例，这个巴黎贵族家庭的门房曾在他的房间中兜售烟草。[②] 当3名包税公司官员于1773年7月16日前来搜查他的房屋时，他呼喊道"滚出去"并拳脚相加。当他的妻子从橱柜中抢走走私品夺路而逃，吸引了两名官员前去追捕时，洛维亚使用沉重的门锁钥匙追打第三名官员，直至这名官员的脸上和衣服上沾满了鲜血。占据优势的洛维亚抓起一把剑，在肃穆的国王广场（现在被称为孚日广场）追击了一阵满身是血的官员之后才耀武扬威地逃离。与王室法律的禁令相反，这样的走私者倾向于将他们的走私品存货视作合法的财产，认为那些试图没收它们的包税公司官员是活该被痛殴一顿的奸诈盗贼。正如未来的关税长官亚当·斯密在1776年观察英国的地下经济时所说到的，走私者"经常

---

① Alian Guéry, "Le roi dépensier: Le don, la contrainte et l'origine du système financier de la monarchie française d'Ancien Régime," *AESC* 39 (1984), 1241-1269; and Jean Meuvret, "Comment les Français du XVIIe siècle voyaient l'impôt?," in *Études d'histoire économique* (Paris, 1971), 295-308.

② AN Y 9512/B, report of 27 July 1773.

准备用暴力保卫被他习以为常地视作正当财产的东西"①。

第二类走私叛乱牵涉到了大批的当地居民，这些居民基于守卫基本社区价值观的信念保护着混杂于他们之间的走私者。相较于E. P. 汤普森在创造"道德经济学"一词用以阐释18世纪英国食物暴乱者背后潜藏的逻辑时所提及的家长制范式，这种价值观更多地来源于一种人们所共享的经济公平的感觉，它允许村民们反抗被视为包税公司对社区进行非法索求的行为。②在一个既定的社区中，并非每一个人都会赞同一种特定的经济公平观点，或带着同样的狂热参与走私叛乱，但关于从事国家禁止之贸易的权利的普遍信念却根深蒂固地存在着，它驱使着大批人共同对抗包税公司的官员，必要时还会动用暴力。比如1710年在诺曼底的圣维克托·德·克雷提厄维尔教区爆发的叛乱，当时有6名官员前来调查一个公然销售走私烟草的名叫维维安的人。当村民们确认这些外来者是包税公司的官员时，他们高喊："抓起武器，这些狗崽子在这里……杀了他们，剁成碎片。"拿着枪的教区教士敲响了警钟，召唤来大批"带着滑膛枪、长柄叉、戟、长柄勾刀、斧头和金属头棍棒"的人，他还以上帝之名发言谴责了包税公司。这些官员辩驳称他们代表着国王，但在一场与村民的紧张混战之后，一名官员被铁棍击中，他们仓促撤回，扬言将会上报整个事件。③

---

① Adam Smith, *An Inquiry into the Nature and Causes of the Wealth of Nations*, ed. R. H. Campbell and A. S. Skinner (Indianapolis, IN, 1981), 2: 898.

② E. P. Thompson, "The Moral Economy of the English Crowd in the Eighteenth Century," *PP* 50 (1971), 76-136.在强调经济公平的观念时，我赞同詹姆斯·C. 斯科特在《农民的道德经济学：东南亚的叛乱与生存》[*The Moral Economy of the Peasant: Rebellion and Subsistence in Southeast Asia* (New Haven, CT, 1976)]和《弱者的武器：农民抵抗运动的常见形式》[*Weapons of the Weak: Everyday Forms of Peasant Resistance* (New Haven, CT, 1985)]中的观点。关于道德经济学范式的现状，见Dominique Margairaz and Philippe Minard, "Marché des subsistances et économie morale: ce que "taxer" veut dire," *AHRF* 352 (2008), 53-99; Didier Fassin, "Les économies morales revisitées," *AHSS* 64 (December 2009), 1237-1266以及我之后的讨论。

③ AN G-7 1292.

　　第二类叛乱反映了国家（或至少是国家认可的包税公司）与民众（或至少是支持走私的部分民众，而鉴于非法贸易的规模，其人数也十分庞大）之间深深的规范区隔。虽然国王政府试图通过司法系统污名化危险的武装走私者，正如它侮辱谋杀者和盗贼一般——而我们也将在随后的章节中对此加以检视——但大部分的民众并不相信走私活动是一种严重违背道德的行为。相反，劳动阶层和许多精英分子都将非法贸易视为完全合法的赚取钱财和获取商品的手段。由于此类贸易中所涉及的商品被认为是无害的——本身作为烟草供应商的国家很难用今日斥责毒品的方式妖魔化烟草这种植物——走私活动似乎也像是一桩没有受害者的犯罪。此类态度是如此普遍，甚至连作为社区道德监守者的教士也毫不犹豫地庇护人群中的走私者。根据一位沮丧的行省总督在1732年作出的报告，非法烟草走私活动的猖獗"是因为教区教士……完全不把它当作犯罪。我与格勒诺贝尔主教讨论过这件事，对他而言，他已经措辞强激烈地训斥了他的教士，但却徒劳无功"[①]。在延续数个世纪允许赦免逃税者的教会教义的支持下，教士们接纳了走私者的捐赠，为他们的利益祈祷，甚至在教区之外动用权威介入他们的活动。[②] 一位想要与这一"可耻职业"斗争的教士获知他在祭坛上对走私活动的谴责导致其成为"教区不共戴天的敌人"。一个教区居民警告称：你将会被"众人爱戴"，只要你不再开口"斥责走私者"。[③]

　　有鉴于这样的道德环境，无怪乎以秘密交易形式出现的针对财政国家的消极反抗行为广为流传。走私者和消费者毫无疑问都在规避包税公司，对监管法律嗤之以鼻。正如睿智的巴黎风俗观察者路易-塞巴斯蒂安·梅

---

　　① 　BN MS 8390.

　　② 　Vincenzo Lavenia, "L'Église, juge du fisc: Théologie et impôt aux XVIe et XVIIe siècles," in *Philosophie de l'impôt*, ed. Thomas Berns et al. (Brussels, 2006), 37-68; Liander, "Smuggling Bands," 126-127 and 417.

　　③ 　引自Anne Radeff, *Du café dans le chaudron: Économie globale d'ancien régime: Suisse Occidentale, Franche-Comté et Savoie* (Lausanne, 1996), 236.

西耶对那些偷偷携带走私品通过巴黎关税关卡之人的观察："这个世界上最诚实的人每天都要撒无数个谎言。有人因为愚弄征税制度而沾沾自喜，每个人都落入了彀中；人们……皆以此而自豪。"[①] 走私者和消费者不仅仅是为了赚钱或省钱，他们还享受着这种打击包税公司的感觉。然而同样的道德环境也助长了更加暴力的反抗形式，比如在许多群体叛乱中，众人群情激昂地保护地下交易者，对抗那些为包税公司工作的背信弃义的"狗崽子"。

第三类叛乱远没有第二类普遍，但却更具攻击性，它是以机动的包税公司警卫、关税关卡和关押待审判走私者的监狱为目标发动的有预谋的突袭。[②] 对于这种更为罕见的极端暴力叛乱类型而言，我们不妨就看看路易·马德林。作为一个叛乱者中的叛乱者，马德林发动了一种游击战，其中包括射杀、军事占领和绑架等超出常规遭遇战的策略。这种进攻性的暴力活动在其生涯早期——正好是在1754年夏秋之际的大规模斗争之前——占据了重要的位置。正如我们所了解到的，1753年7月，马德林、贝里萨尔及其同伙残忍地射杀了两名警卫。这种针对包税公司明目张胆的攻击在1754年1月的一次走私活动中得到了延续，当时这两个带领着6名同伙的多菲内人先发制人地伏击了查尔特勒的边境哨所，偷取了警卫们的武器和火药，销毁了他们的关税记录，并威胁要痛击任何继续为这个可恶机构工作的人。[③] 随着哨所遭破坏，走私者们轻易地跨境进入法国，继续向屈尔森进发，他们在此地骗过了一支包税公司警卫队，让后者相信他们是来自另

---

① Louis-Sébastien Mercier, *Tableau de Paris* (Amsterdam, 1782), vol. 1, chapter 123.

② 相较于80%针对包税公司的叛乱或是群体性的、或是对于包税公司官员的伏击、逮捕和调查行动的回应，仅7%属于马德林有意领导的有预谋袭击。（剩余13%的叛乱是针对搜查、传唤或发生于宅邸或酒馆内的逮捕行动的群体性或个人反抗行为。）Nicolas, *Rébellion française*, 44-45.

③ AAE CP Sardaigne 222, de la Porte to Machault d'Arnouville, 17 June 1754. 本次袭击行动中的偷袭者的身份未被确定，但作案手法与马德林在数天之后经过该哨所的事实表明后者正是幕后黑手。

一个哨所的同事，随后他们突然开火，杀死了3人，击伤2人。[①]在离开犯罪现场之前，马德林从一名警卫尸体上顺走了一件战利品：一顶制作精良、镶嵌着金边的军帽，在未来的冒险活动中，他总是以炫耀的姿态戴着这顶帽子。正如乡间匪帮中的年轻人抢走其敌人的帽子，以此来展示自己所占据的优势地位，马德林的新帽子也代表了他在与包税公司的对抗中所取得的血腥胜利。[②]

于屈尔森发动的袭击产生了立竿见影的影响。在下一个市镇勒格朗朗普，走私者们获悉一位名为皮埃尔·迪特雷的包税公司官员吹嘘称，如果他当时在屈尔森的话，就能很快收拾掉这个匪帮。虽然这种吹嘘行为在警卫和走私者当中都十分常见，但马德林及其同伙并不准备让吹嘘者安然无恙。他们等到午夜时分便悄悄潜入这名夸夸其谈者的家中，抓住了他与他的妻子，让他们穿着睡衣走出家门。在夜色中，他们威胁迪特雷如果继续为包税公司服务就将杀死他，随后抢走了他的三支步枪、一对手枪、一个猎物袋和一匹马。[③]

由于这种大胆的侵略性行动有所预谋，并与现场自卫无甚关系，因此是无正当理由的，从中可以看出马德林所有走私冒险的特征。这种受到复仇欲望驱使的暴力反映了威廉·拜克所谓的"复仇文化"，在这种文化中，普通人会惩罚或羞辱特定的当地官员或有地位的人，这些人在他们眼中属于社区穷人的剥削者。[④]复仇的观念同样也驱使着马德林。在1754年

[①]　ADDR B 1304, jugements of Mandrin and Bélissard; Guy Peillon, *Sur les traces de Louis Mandrin* (Lyon, 2005), 17.

[②]　Fédérique Pitou, "Jeunesse et désordre: les coureurs de nuit à Laval au XVIIIe siècle," *RHMC* 47 (2000), 82.

[③]　AAE CP Sardaigne 222, de la Porte to Machault d'Arnouville, 17 June 1754; Corinne Townley, *La veritable histoire de Mandrin* (Montmélian, 2005), 60.

[④]　William Beik, *Urban Protest in Seventeenth-Century France: The Culture of Retribution* (Cambridge, 1997); and "The Violence of the French Crowd from Charivari to Revolution," *PP* 197 (November 2007), 75-110.

7月9日，他在完成一次短途走私活动之后又绕道前去为其死去的兄弟皮埃尔复仇。他在返回出生地圣埃蒂安后抓住了包税公司的官员雅克·西日斯蒙·莫雷——马德林将其兄弟之死归咎于此人——并残忍地射杀了他。他还杀死了莫雷两岁大的孙女，当这个马德林家族的子孙返回找莫雷算账之时，她恰好在其祖父的臂弯之中。我们不断地在马德林发动的所有这些针对包税公司的袭击中发现此类复仇的身影；正如他的传记作家所喜欢强调的，他似乎是在报复那些于意大利战争之后夺走其生活和家人生命的总包税人。但我们应该避免依靠单一的复仇镜头来阐释这名走私者的暴力。这么做虽然能够创造出戏剧性的故事，但却无法捕捉到马德林充满暴力的商业活动中所蕴含的全部政治意义。并非他的所有叛乱行为都发生于当地复仇文化的范畴之内。

破碎的专卖制度

任何暴力行为的准确意义只能通过分析所爆发的背景、得以表达的象征手法和所瞄准的想象目标加以确定。[①] 对于理解马德林攻击包税公司行为的全部意义而言，将视线从他对武装警卫的报复性攻击上移开，转而检视他借以出售走私品的手法是十分重要的，这些在他的生涯中发展出来的手法将这个匪帮与其他团伙区别了开来。马德林贸易活动中的第一个重要革新发生于1754年夏，当时他的团伙不再满足于秘密地兜售商品，而是公

---

① 关于探讨近代早期法国大众暴力的同一路径，见Natalie Davis, "The Rites of Violence: Religious Riot in Sixteenth-Century France," *PP* 59 (May 1973), 51-59; Colin Lucas, "The Crowd and Politics between Ancien Régime and Revolution in France," *Journal of Modern History* 60 (September 1988), 421-457; Arlette Farge and Jacques Revel, *The Vanishing Children of Paris: Rumor and Politics before the French Revolution*, trans. Claudia Miéville (Cambridge, MA, 1991), 61; and Beik, "Violence." 关于将暴力理论化的行之有效的方法，见Charles Tilly, *The Politics of Collective Violence* (Cambridge, 2003); and Fernando Coronil and Julie Skurski, eds., *States of Violence* (Ann Arbor, MI, 2006).

开身份，用军事手段占据了整个市镇，市集上公然出售走私品。身为"武装生意人"的马德林通过开拓公共空间以及向震惊不已的市镇居民出售大量廉价商品，公然藐视着专卖制度下的警卫力量。[①]

在3次长途冒险深入法国领土的过程中，马德林发展出了这种大胆的销售策略：一次是6月6日至7月9日从萨伏伊到朗格多克长达一个月的旅行；一次是7月底在瑞士周边的短途旅行（对于这趟旅程我们所知甚少）；一次是从8月20日至9月5日前往奥弗涅的仓促旅行。那年夏天他所待过的团伙多由30至60人组成，规模普遍大于他此前加入过的匪帮。除了贝里萨尔，这群人中包括了一些以无赖著称的怪人，马德林在此前数月就与他们展开了合作，其中包括了绰号为"少校"的约瑟夫·迪埃·圣皮埃尔（来自萨伏伊的走私天堂雷埃歇尔）、"少校"的弟弟——又被称为"哈姆"的让-弗朗索瓦、绰号为"待饮者"的安托万·罗什（一个来自维瓦赖、现居住于萨伏伊的逃兵）、绰号为"狮子鼻"的约瑟夫·米沙尔（土生土长的勒蓬德德瓦桑人）和绰号为"水壶"的约瑟夫·里翁代（来自雷埃歇尔）。[②]1754年夏，诸个匪帮均深入到了法国。这些人骑着马，每人携带两个100磅的走私品包裹，疾速前进，在任何一个市镇停留的时间很少超过一天，所经之地远超出了马德林年轻时旅行过并熟悉的地区。在如此深入王国的地区艰难跋涉是有一定道理的。在这样的内陆地区，不仅走私品能够卖得更高的价格，走私者也能在很大程度上避开军队。西班牙王位继承战争（1701年至1714年）之后，当法国不再遭到外来入侵的威

---

① "武装生意人"（military entrepreneur）一词借用自Thomas W. Gallant, "Brigandage, Piracy, Capitalism, and State-Formation: Transnational Crime from a Historical World-Systems Perspective," in *States and Illegal Practices*, ed. Josiah McC. Heyman (Oxford, 1999), 26.

② 最完整的团伙成员名单见Peillon, *Sur les traces*, 241-253.

胁时，国王政府便将军队从内陆地区转移至边境地区卫戍。① 一个走私团伙越深入王国的中心地带，撞见军队的机会就越小。

我们所知的第一次大规模冒险旅程持续了一个多月。② 他们装载了印花棉布和圣文森特烟草——一种以加勒比海地区法属岛屿名称命名的欧洲-美洲混合烟草，偷偷溜进了多菲内，并继续向西跨越罗纳河，穿越维瓦赖，进入朗格多克，这里距边界已有200英里。这些走私者和过去一样，在接近关税检查站时总是显得残忍无情。在一个清晨，在袭击扼守德拉克河的勒蓬德克莱检查站的行动中，他们杀死了一名警卫，击伤其他数人，夺走了这些人的衣服、武器和钱财，销毁了他们的工作记录。在下一条河罗纳河上，他们在杀死一名警卫并击伤其他3人之后赶走了包税公司的一支警卫队。其后他们胁迫当地的船夫载其渡河进入维瓦赖地区。这个团伙从此地朝西南方向进入朗格多克的鲁埃格地区，而正是在这一地区的米约村第一次传出了关于该团伙怪异的新商业手段的消息。

6月22日，当匪帮的成员策马进入这个村子时，他们制造了非凡的场面，其中每个人都配备着1支双管滑膛枪、4把双管手枪和60发弹药。米约的居民可能曾与非法贸易打过一些交道——谁又没有呢？——但他们此前从未见过这样的阵仗。在光天化日之下进入这个村子之后，这些走私者们占领了集市广场，卸下货物，开始兜售他们的商品。这种胆大妄为的策略令人震惊。在旧制度下，市镇的集市广场是一个受到高度管制的空间。人们不得简单地立起摊子出售商品，更何况是遭到禁止的商品。严格的王室法令、市政法令和行会法令规定了谁可以开设店铺、可以在何地开设店

① André Corvisier, *Armies and Societies in Europe*, 1491-1789 (Bloomington, IN, 1979), 15.

② 除了后文所引用的材料，我关于这次冒险旅程的叙述均是基于AAE CP Sardaigne 222, de la Porte to Machault d'Arnouville, 17 June 1754; ADDR B 1304, jugement of Mandrin; Peillon, *Sur les traces*, 27-31; and BMG CHenavas, 144.

铺、什么质量的何种商品可在何种价位被出售、各类商品应如何称量、何时可以进行交易。正如一位历史学家所阐释的，集市广场是"国家管制机构的关键所在"，这就是大部分的市镇走私者都对其避而远之的原因。[①]因此，当马德林及其同伙兴高采烈地占据米约集市时，地下贸易的突然公开化震惊了市镇中唯一的王权代表——当地的总督代理人。令他惊讶的不仅是走私商品的出现，还有出售这些商品所采用的引人注目的手法。他愤慨地指出，走私者们出售违禁的烟草和印度布料的方式"比一个售卖饰品和念珠的商贩还要光明正大"。[②]这个团伙扯掉了覆盖在地下市场之上的神秘外衣，为走私品的公开出售强行开拓了空间；他们通过直接违反禁令和专卖制度，将非法贸易带入了公共视野。在这年夏天的剩余时间里，这个匪帮入侵了一个又一个的市镇，就如同开设配备武装且流动的免税商店一般建立起了非法的开放市场。

在赚取了超过3000利弗尔之后——按任何标准而言，这都是成功的一天——"指挥官"和"上校"（可能是贝里萨尔和马德林或马德林与圣皮埃尔）举办了一场精彩的"阅兵式"，让米约的良善居民们大开眼界。指挥者命令他们的"军队"在市镇广场上进行操练，就好像真正的王室军队。这些民众想必清楚这些走私者是冷酷无情和危险的，其中许多人之前曾是通晓如何使用枪支的士兵。一名走私者曾在占领期间吹嘘称："他们中没有一个人不曾被判处在苦役船上终身服刑。"[③]但同样明显的是，这些武装商人对其顾客毫无恶意。他们使用武器是为了赚取非官方贸易的利

① Steven L. Kaplan, *Provisioning Paris: Merchants and Millers in the Grain and Flour Trade during the Eighteenth Century* (Ithaca, NY, 1984), 27.

② ADH C 1978, letter from Nayac to Bonefon, 18 July 1754. 与此相似的是，在8月26日的伊桑若，这个团伙据报"携带着武器公然出售他们的商品"。ADH C 1978, De Rachat to St. Priest, 29 August 1754.

③ ADH C 1978, Nayac to Bonefon, 18 July 1754.这个团伙于1754年6月24日在圣阿夫里屈埃重施故技，进行了一场类似的军事操练，向空中鸣枪以纪念他们指挥官的守护圣徒圣约翰。

润，并避免贸易遭到包税公司可能的侵扰。

匪帮的道德经济学

然而米约的大胆销售"与他们在罗德兹集市曾经的所作所为相比就不算什么了"。瓦布尔的总督代理人写道："你很难相信这是真的。"甚至连"那些亲眼见到者都需要说服自己相信确有其事"。[①] 鲁埃格的首府罗德兹市拥有该行省规模最大的集市，这里吸引了来自该地区各个角落的牲畜交易商、纺织品商人和其他商贩。已经占领过米约的马德林及其走私同伙加入了这场一年一度的迁徙活动，他们骑着载有烟草的马匹于1754年6月29日出现在了充满节日氛围的集市上。不确定应该如何与这个武装团伙打交道的潜在买家们最初显得较为惊恐，但这些走私者安抚后者称他们将会在镇压事件中得到庇护。他们的自信获得了胜利，消费者们开始低价购入烟叶，这些烟叶的数量之多，引起了该市包税公司办公室雷纳尔先生的注意。雷纳尔担心如此大量的走私品突然涌入将会挤占当地包税公司的销售空间，但他知道自己并没有火力能够阻止这一销售活动。因此他用一种虽然罕见但却和平的姿态接触这个匪帮：如果他们停止正在进行的销售活动，他将以每磅35索尔的价格购买这些走私烟草中的一大部分（大约1700磅），这一价格仅比在集市上出售的价格低5索尔。毫无疑问，雷纳尔试图中止这些烟叶在市面上的流通，然后再以包税公司之名出售它们。被批发出售给包税公司的不确定前景所诱惑的马德林及其同伙接受了这一提议。他们停止了销售，将烟草运至雷纳尔的宅邸，但却发现这名官员自食其言并逃之夭夭。走私者无法容忍这种背信的行为，他们打破雷纳尔的家门，毁坏了他的私人空间和财产，将烟草存放于他的家中，并差遣他的

---

① ADH C 1978, Nayac to Bonefon, 18 July 1754.

两个邻居前去通知他，如果未能偿还欠债，"他们将烧掉他本人和他的房子"。于是3000利弗尔的欠款在一小时内被付清。[1]

马德林和贝里萨尔在一名包税公司官员的推动下，完成了他们的首次强制交易。两人此前都曾尝试过使用强制手段。马德林曾经从圣埃蒂安的仓库管理员那里强抢了一份价值400利弗尔的期票，但未曾留下任何烟草作为交换。[2] 贝里萨尔同样也曾强迫一名公证人支付600利弗尔购买烟草和马匹，但这种强制交易行为并不针对包税公司。[3] 这个匪帮在罗德兹创造了一种全新的交易形式，其成功鼓舞着他们在下一个市镇进行类似的尝试。在芒德，这些走私者没有等待包税公司的负责人提出要约。他们强行闯入他的宅邸，拿走了能够找到的所有钱财（价值1052利弗尔），然后放下了一定数量的烟草作为交换。[4] 他们原本能够轻易地拿走了这笔钱财并逃窜——强盗们一直以来都是如此行事——但他们却选择了留下等价的烟草完成交易。在象征意义上，这种强迫包税公司购买走私品的交易和皮埃尔·佩里索尔等人那种简单地劫掠奥尔良财政区葡萄酒税收入的行为存在着极大差别。[5]

我们应该如何理解此类强制交易行为呢？乍看起来，它们十分类似于军队进行勒索的"军事捐助"，军官们经常强迫被占领市镇为军队支付

---

[1]　ADH C 1978, letter from the subdelegate of Vabre, 18 July 1754.

[2]　AAE CP Sardaigne 222, de la Porte to Machault d'Arnouville, 17 June 1754. 强夺期票之事发生于1754年1月9日。

[3]　ADDR B 1304, no. 312.

[4]　ADH C 1978, Barenton to St. Priest, 7 July 1754.这个匪帮扬言他们将会在一个月内返回，届时这名负责人必须准备好购买价值10000利弗尔的走私烟草。

[5]　Olwen Hufton, "Begging, Vagrancy, Vagabondage and the Law," *European History Quarterly* 2 (1972), 118; Nicole Castan, "La justice expéditive au XVIIIe siècle," *AESC* 31 (1976), 334. 关于劫掠受保护税收的行为，见Daniel Dessert, *Argent, pouvoir, et socicété au Grand Siècle* (Paris, 1984), 38.

税款或提供食宿。[1] 作为这种捐助的补偿，军官们承诺不让他们的士兵劫掠这一地区。有鉴于这种敲诈式庇护在被战火蹂躏的近代早期欧洲十分普遍，所以部分国家官员将马德林视为一个强行实施军事勒索的退伍军官就毫不奇怪了。曾经担任大臣的传记作家达尔让松侯爵注意到了这个匪帮："看看这些人"，他们"就如同敌人一般强索捐助"。[2]

但是将马德林的强制交易行为视作军事捐助却忽略了它们更大的意义所在。在军事捐助中，钱财所交换的并非商品，而是免遭敲诈者所威胁之祸害的庇护。虽然马德林绑架了包税公司的官员，但他所经营的却不是出售庇护的生意。他的贸易形式是一种真正的以钱易货的交换。这当然是强制交易，但仍然是一种交换，在这一方面他的行为令人更多地想起了"平民课税"—— 一种在18世纪法国和英国经常爆发的谷物暴动，而非军事捐助。[3] 因此，我们必须转而检视食物暴动，以揭开走私者强制交易行为的意义。

在18世纪的法国，人们普遍希冀国王能够庇护其臣民不受饥馑之困。虽然地区谷物市场为消费者提供着商品，但这些市场却受到了王室官员的

---

[1] John Lynn, *The Giant of the Grand Siècle: The French Army*, 1610-1715 (Cambridge, 1997), 211. 他们同样也负担着盐税——即强迫臣民每年购买一定数量食盐的王室专卖制度。但正如同我们将要了解到的，马德林认为他自己要做的是去打破专卖制度，而非创建专卖制度。

[2] René-Louis de Voyer, Marquis d'Argenson, *Journal et mémoires du marquis d'Argenson* (Paris, 1866), 8:396. 另见AAE CP Sardaigne 222, fols.261-264, de la Porte to Machault d'Arnouville, 17 Juin 1754; SHAT 1A 3397, no. 432, d'Argenson to d'Espagnac, 28 February 1755; Charles-Philippe d'Albert, Duc de Luynes, *Mémoires du duc de Luynes sur la cour de Louis XV* (1735-1758) (Paris, 1863), 13:356.

[3] 关于"平民课税"的作品汗牛充栋，但可参看George Rudé, "La taxation populaire de mai 1775 à Paris et dans la region parisienne," AHRF 143 (1956), 139-179; Louise Tilly, "The Food Riot as a Form of Political Conflict in France," *Journal of Interdisciplinary History* 2 (1971), 23-57; Steven L. Kaplan, *Bread, Politics and Political Economy in the Reign of Louis XV* (London, 2014); idem, *Provisioning Paris*; Cynthia Bouton, *The Flour War: Gender, Class, and Community in Late Ancien Régime French Society* (University Park, PA, 1993); and Margairaz and Minard, "Marché des subsistences."

监管，他们的职责在于确保大部分民众食物的充分供应。在收成好的年份里，官员们让市场根据供给与需求的可观力量运作。但是在收成不好、短缺情况出现、谷物价格攀升的时候，官员们经常出手干预，声称追寻利润的商人正密谋哄抬价格，从而威胁到了无辜民众的生存（这一说法在许多情况下是十分正确的）。斥责这种可憎商业行为为"垄断活动"的官员们则诉诸课税（限价），他们借此命令谷物生产商和交易商以一个在正常非垄断情况下常见的、所谓公正的价格出售其商品。"公正价格"来源于拉丁词汇"justus"，意为"真实的"或"实在的"，它被认为是市场在未有欺诈行为的情况下自发设定的价格，通过这种方式，既为商人们提供了最为正当的利润，也可让除了最贫穷的普通百姓之外的所有人都有获得食物的机会。[1]

当食物价格高涨而当地行政官未能进行干预时，农民、工匠和工人们便麇集起来，填补管制的真空，亲自对商品课税——因此"平民课税"一词的意思便是按照民众的意志限定价格。受到被汤普森称为"群体的道德经济学"的一系列信念的驱动，男人、女人和儿童大规模地聚集在一起，要求食物销售者将价格降低至一个合理的水平。面对这种群体行动——以及其所带来的暴力威胁——商人们宽大地以大众限定的价格出售他们的商品。暴动者拿走食物，并留下钱（或欠条）作为补偿。[2] 交易的确得以展开，但却是以购买者强制设定的价格展开的。

我认为我们可以将马德林的强制交易行为看成是"平民课税"的一

---

[1] Raymond de Roover, "The Concept of the Just Price," *JEH* 18 (1958), 420-421 (and comment by David Herlihy, 437-438); and John W. Baldwin, *The Medieval Theories of the Just Price* (Philadelphia, 1959), 80.

[2] Bouton, *Flour War*, 96-97 and 123-124. 那些未进行任何支付的人有时解释称他们没钱可给，这是将他们的行为与彻头彻尾的盗贼区别开来的借口。Déborah Cohen, *La nature du peuple: Les forms de l'imaginaire social (XVIII-XXIe siècles)* (Seyssel, 2010), 323. 在某些情况下，司法与警察部门也以同样的方式向穷困的食物盗贼们展现一定程度的宽大姿态。Arlette Farge, *Le vol d'aliments à Paris au XVIIIe siècle* (Paris, 1974).

个镜像。虽然这两种交易模式走向了截然相反的方向——马德林是一个强行以更高价格向其买家出售商品的卖家，而非一个想以更低价格从卖家手中购得商品的买家——但它们都具备某种基本的特征。两者均由普通民众的群体强行实施，他们并不像鲁莽的暴民一般，其行事达到了审慎和克制的惊人地步。走私者本能够轻易地抢掠芒德的政府机构，而不留下任何烟草，正如食物暴动者抢走谷物而不对商人进行补偿一样。但他们并没有这么做。与盗贼（或海盗）不同，他们选择以从事合法互惠的交易作为借口进行交易。因此，通过其在法院中的关系追踪这个团伙夏季行动的吕内公爵观察到这些人行事"十分公正"，虽然他们的确要求使用现金当场支付。①

进一步而言，"平民课税"和马德林强制交易行为的参与者均声称他们的强制交易行为在市场的垄断条件下是合理的。以面包这种对人的生存至关重要的半神圣化的"基本必需品"为例，几乎任何限制供应或助涨价格、令其超出普通民众负担水平的手段——特别是在困难时期——均被认为是垄断的或在本质上是邪恶的。②此种道德经济学以这样的方式授予了消费者打破谷物"垄断"和重建合法经济秩序的权利。而在烟草领域当中，则不会出现这种与生存供应的道德责任相关的声明：没有任何人的生

---

① Luynes, *Mémoires*, 13:356. Alan Karras, *Smuggling: Contraband and Corruption in World History* (Lanham, MD, 2010), chapter 2, 认为走私者倾向于交易而非抢劫的特征将他们与海盗截然分开，但Niklas Frykman, "Pirates and Smugglers: Political Economy in the Red Atlantic," in *Mercantilism Reimagined*, ed. Philip Stern and Carl Wennerlind (Oxford, 2013), 强调了这两个群体之间的相似性。类似于Charles Tilly, "War Making and State Making as Organized Crime," in *Bringing the State Back In*, ed. Peter Evans and Dietrich Rueschemeyer (Cambridge, 1985) and Alejandro Colás and Bryan Mabee, eds, *Mercenaries, Pirates, Bandits, and Empires: Private Violence in Historical Context* (New York, 2010), 我认为在严格的自愿与强制之间存在着一种统一的交易形式。

② Kaplan, *Bread*, 60-62. 然而值得注意的是"课税"行动有时候也会超出谷物和面粉的范畴，延伸到其他基本商品上，如肉类、蜡烛和木材。Margairaz and Minard, "Marché des subsistances," 62-63.

命依赖于烟叶；没有任何关税法律会为了穷人的利益去规范价格；数个世纪以来也没有任何温和专制主义的经济模式被构建起来，以确保分配。但是，马德林的交易行为反映了一种类似的垄断非法性，这将在他的下一次旅程中展露无遗。

我们把目光转回1754年夏这次令人激动得忘乎所以的旅程。到目前为止，我提及马德林时似乎都将他当作匪帮的头目，但他可能仅仅只是一批联合起来的独立走私者中的一员。如果任何人曾担任过这个夏季首次旅程的首领，那也应该是贝里萨尔。7月底的第二次旅程仍然不为世人所知。[①]然而在8月20日至9月5日的第三次——也是最后一次——夏季冒险旅程中，马德林已经成为真正的领导者，在他的领导下，这个团伙为了将其意志强加在包税公司头上，发展了最具创新性的手段。[②]在从瑞士（该团伙在此储藏了印花棉布、荷兰烟草、圣文森烟草和巴西烟草）向奥弗涅崎岖不平的东侧地区发起的这次夏末突袭活动中，马德林获得了应有的声誉，成为这次伟大冒险旅程中的典范。

发生在布里乌德和卡莱帕涅两座市镇的事件反映了这个匪帮所践行的道德经济学。这些配备着带刺刀步枪和双管滑膛枪的人于8月26日黎明时分抵达距离萨伏伊边境约200英里的布里乌德。这个市镇是克莱蒙地区数个储藏烟草的仓库所在地之一。在18世纪30年代初期，布里乌德的仓库每年能够售出大约10000磅的烟草，可以为包税公司提供24000利弗尔的利润。[③]20年之后，这一地区所收获的利润甚至更高。马德林知道，即便是

---

①　我们所知道的是随着来自多菲内、比热和布雷斯的王室军队处于高度警戒状态，马德林放弃了经常使用的从萨伏伊进入多菲内的南行路线，转而选择横渡日内瓦湖、穿越瑞士、进入弗朗什-孔泰地区的北行路线。这个已经壮大为50至60人的匪帮攻击了穆特和绍纳夫的包税公司警卫队，但似乎并未进行任何强制交易。

②　ADDR B 1304, jugement of Mandrin. 关于这次冒险的描述，我所依据的是ADD 1C 1310; and Peillon, *Sur les traces*, 37-44. 丰克-布伦塔诺和其他专家作家依照的是不甚准确的《路易·马德林生平简史》[*Abregé de la vie de Louis Mandrin* (1755)]所提供的路线。

③　AN 129 AP 20, procès-verbal of 1734.

此类的货物集散中心也要定期将他们的利润转移至防御严密的城市中，因此在仓库负责者的宅邸可能正是藏匿钱币之所。

在布置岗哨包围了这座市镇之后，走私者们拜访了仓库负责人安热莉克·德·拉盖尔。马德林在这名寡妇的门前安排了四名岗哨，并指示手下将烟草卸到她的庭院中，然后才前去会面。两名当地行政官和一名法庭书记员赶到了现场，但他们或其他任何人都没有什么可做的：守卫门口的岗哨并未放行他们，而骑警要3天之后才能抵达，那时候马德林早已扬长而去。手中拿着滑膛枪和手枪的走私者们蜂拥涌入这名寡妇的家中，却发现后者卧病在床。这些人并未被寡妇的屠弱模样吓到，他们"成百上千遍地诅咒她"，其内容都是愤怒的年轻人在诉诸暴力之前所使用的。其中一人——可能是马德林——解释了他们为何要用这种方式对待她："她就是这些人无法和平与安全地从事走私活动的原因；她还导致他们损失巨大，因此他们前来强迫她，要她违背自己的意愿购买他们提供的所有烟草，否则她就不会安然无恙，他们会将她扔出窗户。"[①]

这种胁迫性声明反映了该团伙强制交易行为中暗藏的两种标准逻辑。首先，虽然使用了暴力，但强制交易行为的主导者却受到了一种强烈的交换正义感的驱使，这种正义感要求私人之间的交易必须公平进行。交换正义感的约束力已经在6月6日至7月9日的旅程中得到了展现。在圣阿夫里屈埃，这个团伙用死亡威胁迫使一名客栈主人不情愿地为他们提供食物，但他们给了这个店主4路易支付开销。在圣龙德塔尔恩，当一名走私者意外射杀了一名怀孕妇女之后，该团伙的"指挥官"进行了一场审判，被告被判无罪，但必须支付24利弗尔以补偿葬礼的花费。在罗德兹，该团伙劫持了一名人质，要求总督代理人归还5年前从其同伙那里扣下的数支步枪。当送来的枪支远远超过原来的数量时，他们将多余的交给了市镇警卫，而

---

① ADPD 1C 1635, procès-verbal of 26 August 1754.

作为交换，他们收下了一张存款单。[①] 人们知道萨伏伊的商贩拥有他们自己的内部司法系统，马德林的匪帮也不例外。[②]

在布里乌德的案例中，马德林让包税公司代表成了未明商业损失的负责人。这种强制交易行为仅仅只是一种解决旧仇宿怨的方式而已，这正是马德林本人后来在与一名混入其团伙的密探交谈时所透露的。在谈及负责军备供应的灾难性冒险时，马德林抱怨说总包税人拒绝补偿他拖欠的4万利弗尔款项。他的强制交易行为只是取回其应得部分的方式。[③] 他还在数个场合声称包税公司没收了大量的走私货物，这项损失迫使他改变了向消费者直接兜售烟草的策略，转而强迫包税公司购买烟草。马德林曾经一再承认，他知道自己身处一个"声名狼藉的行业"，但在蒙彼利埃被没收了价值5万利弗尔的货物之后，他被迫诉诸强制交易。[④] 这种野蛮暴力之中吹毛求疵的算账行为不断增加。重点在于布里乌德的强制交易行为代表了这个匪帮试图拿回他们相信（或声称相信）属于自己的钱财。要为自己因没收而遭受的损失争取补偿的想法当然能够解释他向包税公司提出的溢价，在这次旅程中，其报价为每磅3利弗尔，下一次旅程的报价则为每磅5利弗尔，均高于他向普通消费者提供的商品价格。正如乔凡尼·里维所展示的，近代早期阶段设定价格的过程往往反映了抵消不同群体之间不平衡的尝试。这种溢价看起来多么像是履行原有义务的最后尝试。[⑤]

[①]　ADH C 1978, letter from the subdelegate of Vabre, 18 July 1754.

[②]　Laurence Fontaine, *History of Pedlars in Europe*, trans. Vicki Whittaker (Cambridge, 1996), 33.

[③]　AAE CP Genève 66, fols. 236-237, Montperoux to Rouillé, 2 December 1754. 有鉴于马德林意大利冒险的有限规模，他所提及的40000利弗尔金额似乎有所夸张。

[④]　ADPD 1C 1639, suite des nouvelles; and ADH C 6877, Saulx Tavannes to Moncan, 12 October 1754. 关于这一行为的辩护也出现在了达尔让松侯爵的《日记》（*Journal*, 8:435-436）以及《阿姆斯特丹公报》[*GA* (5 November 1754)]、《阿维尼翁通讯》[*CA* (29 October 1754 and 15 November 1754)]和《科隆公报》[*GC* (1 November 1754)]之类的报纸当中。

[⑤]　Giovanni Levi, *Inheriting Power: The Story of an Exorcist*, trans. Lydia G. Cochrane (Chicago, 1988), chapter 3.

　　然而秋后算账并不能解释一切。马德林如果不对平衡收支感兴趣，他本应抢掠包税公司的保险箱，而不留下这么多的烟草作为交换。但他有计划地留下了这些烟叶，这表明第二种更具政治色彩的逻辑影响着他的强制交易行为。通过强迫包税公司购买那些看起来不合法的商品，马德林和他的团伙直接挑战着专卖方作为王国唯一烟草交易商的地位。迫使包税公司购买他的走私品就是为了破坏烟草的公开供应链，并直接声明其参与这一领域贸易的权利。因此，当这个匪帮面对布里乌德的寡妇时，他们就将她视作和平进行走私生意的非法阻碍，正如马德林将芒德的仓库负责人痛斥为包税公司树立起来阻止他自由出售商品的"障碍"。[①]此番言辞让马德林看起来就像是某类言不由衷地赞同自由贸易的资本家，19世纪的经济自由主义者正是这番样子。然而与那些管制谷物价格的人一样，马德林既非严格意义上的资本家，也非反资本主义者：他所做的是去纠正一种他认为不公正地阻断了其通往市场之路的资本主义垄断形式。虽然很难说马德林是否会憎恶抽象意义上的垄断——他是一名走私者，而非一名政治经济学家——他显然讨厌所遭遇到的这种形式的垄断，即代理人不公正地宣称对法国市场具有排他控制权的烟草专卖制度。[②]

---

① ADH C 1978, St. Priest to d'Argenson and Séchelles, no date.

② 我对市场矫正的强调与近期关于食物供应的作品是一致的。史蒂文·卡普兰注意到实施限价的政府当局无意于"去扼杀商业，而是去驯服和教导它，并非去强制推行市场原则，而是去更正它"。法国消费者在精神上对于市场阴谋的恐惧如此根深蒂固，当王室官员试图在生存危机期间为谷物市场提供粮食时，他们也被指控施行"垄断"。Kaplan, *Provisioning Paris*, 28; and idem, *The Famine Plot Persuasion in Eighteenth-Century France* (Philadelphia, 1982). 与此类似，在一份针对汤普森的直白批评中，阿德里安·兰德尔和安德鲁·查尔斯沃思主张："道德经济学的市场模式并非一个资本主义市场的选项，而是受到严密管制的资本主义市场的模式。"Adrian Randall and Andrew Charlesworth, "The Moral Economy: Riot, Markets and Social Conflict," in *Moral Economy and Popular Protest: Crowds, Conflict and Authority, ed. Adrian Randall and Andrew Charlesworth* (London, 2000), 17. John Bohstedt, "The Moral Economy and the Discipline of Historical Context," *Journal of Social History* 26 (Winter 2002), 267, 也主张食物暴动者是被显著具备欺诈性和过高价格的"贸易中存在着的剥削激怒的"，"而非简单地由资本主义贸易本身引发"。

　　烟草（至今）未被视为一种首要必需商品不是重要的原因；垄断的恶臭已经为抗议提供了足够的理由。事实上，尽管存在着某种结构上的共通性，马德林强制交易行为的政治意义与食品骚乱是截然不同的，这正是因为前者并非植根于维持生计的文化必要性当中。食物抗议者在价格高涨之际自发地填补了国家管理者的位置，马德林则计划着他的袭击计划——他在口袋中装着一个潜在目标的名单——并顽固和自信地加以推进，从而开启了作为近代早期群体行动的近代游击战模式。食物暴动者往往试图让王室政府意识到他们依照惯例应该承担的温和专制主义职责，即尊重基本的生存权利；而马德林的手下并不诉诸更高层级的政府当局，转而自行承担了声明展开违禁商品贸易的权利，并开始质疑财政国家核心机构的合法性。我并不认为一种形式的民众激进主义在本质上会比另一种更加激进，因为每种都具备了各自不同的颠覆性，但是若将其放置在一个更为广大的抗议领域中（从食物暴动到其他类型的走私叛乱），马德林对包税公司的暴力和象征性攻击构成了一种特别大胆并且影响深远的政治挑战。①

　　当我们考虑走私者暴力所针对目标的精准性时，这一挑战的特殊意义已经变得显而易见了。马德林及其同伙们不是天使——他们会在旅程结束之前杀死包税公司的许多雇员——但他们很少伤及普通民众，他们还会避免骚乱征收直接税的官员，而其中的微妙区别并未被观察家们忽略。达尔让松侯爵写道："他从来不去触碰装有直接税款项的钱箱，他只想要那些属于总包税人的财产。"② 吕内公爵同样也被走私者审慎的做法所震惊：

　　　　他们在奥弗涅制造了巨大的骚乱，带来了大批的走私品，并要

---

① 食物暴动的政治含义仍有待探讨。关于此类暴动中的激进主义，见上文引用的卡普兰著作。关于激进主义的局限，见Bouton, *Flour War*, 167-175; and Nicolas, *Rébellion française*, 286-289.

② D'Argenson, *Journal*, 8:436.

求使用白银支付；他们未曾偷窃路人的东西，但抢走了总包税人的所有收入，他们入侵村庄、市镇，甚至城市，所有人均全副武装，配备大量弹药，他们要求当场支付，但不限于接手者所声称拥有的钱财，当接手者声明他们的保险柜空无一物时，走私者便会强迫他们前去借贷。他们根本没有杀人，甚至还维持着某种"秩序"；他们抢走了钱财，留下相应的收条。[①]

虽然这种精准性只有在下一次旅程中才为观察者们所注意，但它已在布里乌德有所显露，马德林及其同伙在此地继续为所欲为。走私者们在向德·拉盖尔夫人发出威胁之后，夺走了她口袋中的钥匙，打开了她的衣柜。他们在其中发现了4350利弗尔的现金，这可能是他们迄今为止最大额的单笔收入。但这笔钱仍远少于他们已经存放在她庭院中烟草的价值。走私者们使用了官方的天平称量烟叶，他们计算出烟叶的准确价值为15421利弗尔，这比拉盖尔所曾掌握的财富还要多11071利弗尔。该怎么办？这名仓库负责人试图说服他们拿走她的银器，或干脆只留下价值4350利弗尔的烟草，但她的建议却遭到了"诅咒和恶毒的辱骂"。走私者们威胁称如果她无法立即凑齐这笔钱，他们就将在宅邸内四处放火。

在这次令人兴奋的交易中，走私者们想出了一种从包税公司口袋里压榨钱财的新方法。在搜刮干净在盖尔家中能找到的所有财物之后，他们命令这名寡妇向市镇居民借款。得益于近期的研究，我们知道私人借贷在18世纪不仅普遍存在于富人和城市居民当中，也在穷人和农村居民当中广为流行。[②] 在市镇和乡村中，那些陷入困境的商人往往会向当地显贵们求

---

① Luynes, *Mémoires*, 13:417, 23 December 1745.

② Laurence Fontaine, *L'économie morale, pauvreté, credit et confiance dans L'Europe préindustrielle* (Paris, 2008); and Philip T. Hoffman, Gilles Postel-Vinay, and Jean-Laurent Rosenthal, *Priceless Markets: The Political Economy of Credit in Paris*, 1660-1870 (Chicago, 2000).

助，后者给予他们贷款，让他们的生意顺利渡过难关，然后获得相应的利息回报（这并非始终都是唾手可得的）以及尊敬、忠诚和服务，这正是维持当地社会等级制度的黏合剂。这些走私者坚持让拉盖尔夫人四处借款，从而迫使她深陷村镇的借贷网络当中。因为病重而无法亲往，拉盖尔夫人只好让她的姻亲姐妹勒盖夫人从镇上的大家族那里借款。勒盖夫人在3名走私者的陪同下，拜访了数名显贵，筹措到了额外的2310利弗尔款项，这笔钱对于布里乌德这么大的一个市镇而言并不算多。其中一半的借款来自直接税征税官，而包括一名行政官和一名书记员在内的其他显贵也赫然在列。拉盖尔夫人拿到了这笔借款，将其转交给了走私者，后者现在手握总值6660利弗尔的巨款，这笔钱购买的是他们存放于此处的22包烟草（重2219磅）。剩余的烟叶被重新装上马背，运离了这座市镇。由于胸口遭到了走私者步枪枪托的重击，德·拉盖尔夫人于一周后去世。

瞄准总包税人

在罗德兹，这个团伙完成了它的首次强制交易。在芒德，它确定了这种强制交易的原则。而在布里乌德，它通过强迫包税公司官员从社区中借贷来给该公司增加额外的压力。马德林道德经济学的重中之重——签发收条则出现在了克莱帕涅，这成为该团伙商业交易过程中一个与众不同的特征。

克莱帕涅可能没有可与布里乌德相比拟的烟草集散中心，但这个市镇的规模却足以维持4名持证零售商的存在，马德林在抵达此地时就已经意识到了这一点。这些走私者已经把强制交易当作例行公事，他们"以战斗队形"进入了这座市镇，随后立即分列为4个小队，各个小队前去寻找一名的零售商。在卸下"数量令他们满意的货物"之后，这些走私者"用手枪顶住零售商的脸颊"，命令他们在一小时内支付全部的款项。① 这笔款项总额达到了5601利弗尔。手中并没有这么多现款的零售商们只好在他们陪同之下横穿市镇，向亲戚、朋友和当地官员求助。在凑足必需的金额之后——其中一大部分来自市长之手——他们将这笔钱交给了走私者，作为交换，后者给他们留下了烟草和一样新东西：一页潦草涂鸦的纸片。这是经马德林的一名副官署名的收条：

> 兹证明我曾用武力和暴力强迫克莱帕涅的烟草商人接受烟草，其中包括了圣文森烟草和贝尔纳烟草，总数为5601磅，此份我手书之证明可令包税公司知晓我交付于该烟草商人上述数额的商品。

> 1754年8月28日，[签名]莫雷②

这份收条显然是他们的首件作品，从而具备了非同寻常的文献价值。罪犯很少会记录他们的罪行，然而马德林的同伙们却公然证明他们使用了"武力和暴力"对抗包税公司。为何他们通过这一方式处心积虑地记录其罪行呢？这份收条宣称其目的在于让包税公司知晓这一强制交易行为。但为何要警醒包税公司？诚如维瓦赖的军事指挥官所推断的，答案在于克莱帕涅的收条允许烟草零售商"在面对公司时能够撇清自己的责任"。③ 也就是说，这些走私者希望零售商们通过这份收条向包税公司证明他是被迫购买了这些烟草，因此不需要为这一交易负担经济上的责任。马德林及其同伙也不希望包税公司的低级官员与这门生意有所牵连，便将他们摒除在

---

① ADH C 1979, letter from Petit, 28 August 1754; 另见C 1978, letter from Rachat, 29 August 1754.

② ADH C 6828, Reynaud to St. Priest, 31 August 1754. 正如在芒德一样，该团伙也警告克莱帕涅的居民他们将在若干周后返回进行另一次交易，他们最好凑足欠款，否则这座市镇将会被"血"与"火"摧毁。

③ ADPD 1C 1635, Lemps to Michodière, 6 September 1754.

了交易所产生的经济责任之外。在第一次从事提供军备的生意过程中，马德林便亲身经历了被商业债务所困并遭包税公司金融家抛弃的不幸。看起来他并不希望将仓库负责人和零售商们置于同样的不公待遇之中。

在起草这份收条的过程中，走私者们将目标瞄准了当地官员中的最高头目。这份收条意在成为通过包税公司级级上传、直抵总包税人手中的商业账单，而总包税人将被迫予以承认。[1] 包税人不得不补偿不幸官员的损失，自行承担强制交易所带来的财务冲击。一份由马德林在1754年10月冒险旅程中所撰写的收条明确地指出了这一点："我承认已从弗朗索瓦先生处收到用以购买我交给他的3担烟草的钱款，总额为3000利弗尔，这笔款项将由诸位总包税人先生向他付讫。"[2] 这份收条将目标准确地瞄准了该公司的领导者，这反映了该强制交易行为明显的政治特征。与大部分赋税叛乱不同——在这些叛乱中，暴乱者往往会报复性地攻击包税公司的官员——马德林的匪帮追逐较低层级的官员，但却将目标瞄准了那些负责公司运作的达官要人。正如后文中一名圣茹斯特当地的包税官员所讲述的，这些走私者并不想从他身上拿走任何"个人的东西，他们所想要的是（匪首）已经与之公开宣战的包税人的财产"。[3] 当然，复仇仍然能够部分解释此类收条的使用，即马德林试图借此羞辱那些曾经苛待其家族的总包税人。但不管是何种报复，他事实上采用了商业交易的形式，这种形式处心积虑地破坏了专卖原则，并如我们所将了解到的，其影响力也得到了广泛的传播。签发收条的做法不仅让总包税人背负上了商业债务。它还构成了一种激进主义的形式，即让包税人购买走私者大量送入专卖区的走私品，

---

① 关于此类收条价值的讨论，见第6章。

② Adolphe Rochas, *Biographie du Dauphiné* (Geneva, 1971), 103. 在另一份收条的空白处，马德林写道"确认收到2501（利弗尔）"，这表明该收条已被承认是一份财务票据。ADPD 1C 1639, relation.

③ ADPD 1C 1639, Relation.

维护走私者同包税公司进行交易的权利。

当该团伙于8月29日抵达蒙布里松时，他们的强制交易行为已经具备了所有的特征。一俟抵达弗雷的首府，他们便在本地烟草仓库负责人家中卸下烟草。不同于通常情况的是，他们还在其中加入了剩余的印花棉布，可能是想在回家之前处理掉这些存货。这些走私者设定了每磅3利弗尔的烟草价格和每码3利弗尔的印花棉布价格，要求这名官员支付5532利弗尔的钱款。而当后者声称他恰好将收入交给包税公司，手头没有这么多钱时，走私者们给出了一个现成的答复："他不得不指明哪些人家中颇有余财，这些人或心甘情愿或被迫将钱款借给了他。"[①]一名烟草商人再一次被迫四处卑躬屈膝，但他足够幸运地找到了借贷者。在本案例中，借贷者是当地的征税官，这名官员负责征收王国的主要直接税——人头税。走私者们当日似乎并没有签发任何收条，但他们在接下来的旅程当中让签发收条的程序成为一种惯例。

自蒙布里松之后，马德林将他的心思放在了跨越边境、安全返回安身之所上。自该团伙跨越边境深入法国以来，战争大臣达尔让松伯爵（达尔让松侯爵的兄弟）已经在法国-萨伏伊边境地区部署了一支特别的轻骑兵部队，希望这支军队部署的消息能够说服马德林放弃从多菲内返回的计划，此外他还将多名军队指挥官派遣到了弗朗什-孔泰和勃艮第地区进行警戒。这名匪首恰如达尔让松伯爵所预测的，偶然地从北部穿越弗朗什-孔泰离开法国。该行省的指挥官朗当公爵派遣了军队驻守于此地，但该匪帮在未被发现的情况下悄悄溜走了，他们在前行途中于瓦埃和帕莱与一支包税公司的警卫队交火，随后跨越边界进入瑞士。此地距离萨伏伊仅一步之遥。达尔让松伯爵对朗当公爵的失望之情是显而易见的，这位大臣斥责

---

① ADPD 1C 1635, letter from Rochebaron, 1 September 1754 [原文错误地标记为8月1日].

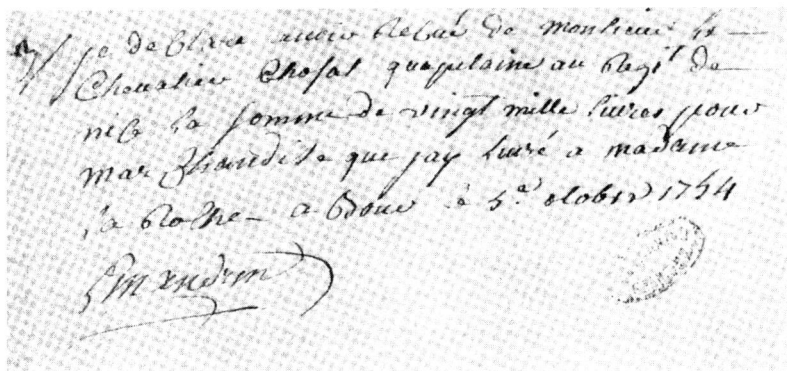

图5.1 马德林签字的收条范本，手书于1754年10月的旅程之中。Archives Nationales, AB XIX 793 (1).

道："如果他们发现途经其他行省穿越边界是如此简单，那么我们关闭多菲内边境地区的出口就毫无用处"。[1]

残忍杀戮警卫的行径已经将马德林与那些他曾经合作过、由隐藏于神秘大衣之下的普通走私者区别开来。但即便是在拒捕或是将包税公司官员赶出市镇的叛乱走私者中，马德林仍然是一个大胆并充满政治复杂性的人物。他不仅通过军事方式占领市镇，清理公共空间来公开销售走私品，直接挑战了烟草专卖制度的权威；他还强迫包税公司购买它意欲销毁的走私品，以此撕裂它的供应线，将走私品输入专卖系统当中，来反转两者之间的权力关系。他通过使用收条来完结这种强制交易（在占领克莱帕涅的案例中），发起了针对行省官员头目的抗议，并以此打击处于法国财政系统中心位置的巴黎金融家。

这种由马德林及其同伙发展出来的强制性销售手段为走私叛乱增添

---

[1] SHAT 1A 3385, no. 153, d'Argenson to Randan, 17 September 1754.

了一层新的政治意味。马德林的行动已经超越了地域性复仇的范畴，事实上，他在两种相互竞争的资本主义形式之间划下了一道战线：一种是非法（但在道德上是合法的）贸易的地下商业资本主义，一种是合法（但在道德上是非法的）专卖财政制度的宫廷资本主义。[1] 在1754年夏，这名转而成为走私者的失败商人仅仅只是开始利用民众的经济正义与财政国家的管理机构之间的冲突。在即将开始的冒险旅程中，他将在更大舞台上实施更加风格化的强制交易活动，吸引报纸的注意，从而把他的反叛言辞更广泛更远地传播给不同国家的读者，借此加剧地下世界与包税公司之间的对立。

---

① 当然，资本主义是一个令人焦虑的词汇。我给出的"地下商业资本主义"的定义则更具包容性，其中不仅包含了要求大量资本开支、雇佣付薪劳动力的大规模走私冒险活动，也包括了较少组织性的非法贸易形式。我在第2章中给出了"宫廷资本主义"的定义。

第六章　胜利

马德林在1754年10月展开的冒险旅程与此前截然不同，令人印象极为深刻。他极大地拓展了自己的运作空间，将匪帮人数扩充至原来的3倍，开始攻击主要城市（包括3个行省首府），通过单趟600英里的旅程出售大量的走私品。大规模的活动势必令各地的官员们为之震惊。瓦朗斯的代理主教询问奥弗涅的总督："阁下现在怎么看我们的走私者战争？我们曾嘲笑他们最初的行动，但最近爆发的事态却令人笑不出来了。"[1] "他们已经公然宣战了"，其对象便是包税公司，总督断言道。[2] 然而相比于这次冒险旅程的规模，更令观察家们震惊的是他们采用的手法。马德林在夏季时曾经不经意实施的强制交易如今变成了这个团伙的标志性特征，这张名片随着每次行动的展开而更加具备辨识度。目睹了这种大胆的强制交易形式的报纸记者们对这个故事大加鞭挞，给马德林取了一个"走私者的将军"的绰号，将他奉为最显赫的名人。[3] 在已经引起媒体的注意之后，10月的行动又让这个曾经名不见经传的走私者一举成名。

马德林在1754年10月组织起来的匪帮极其强大。这个超过100人的团伙包括了若干补充元素：一支由1名中尉、1名少校、1名掌旗官、1名秘书

---

① ADPD 1C 1645, Daurelle to Michodière, 17 October 1754.

② ADPD 1C 1638, Michodière to d'Ormesson, 27 October 1754. 仅仅数天之前，一封来自里昂监督官的信件便谈及了"一场针对包税公司的战争"（ADH C 1699）。

③ GA, 29 November 1754.

和1名外科医师组成的指挥团队；① 若干名将命运与这个大有希望的年轻
走私者及其天马行空的手法捆绑在一起的走私头目；② 一群为了加入该团
伙而一次性支付了入伙费的独立走私者——他们将独立购买和出售自己的
商品；③ 以及众多已经领取了一次性酬劳但仍需支付日薪的仆人——他们
将负责运输雇主的商品。④ 在旅程中，斥候负责招募增补人员——向导、
密探和脚夫，以及安排客栈与农舍的食宿。⑤ 这个团伙全副武装、装备精
良、经验丰富，几乎就是一支私人雇佣军。显然，王室的海外公司并非唯
一参与武装贸易的组织。

10月3日，马德林的匪帮已经采购好了烟草和印花棉布，他们渡过了
卡鲁日以西的罗纳河，在夜色掩护之下进入了法国的比热行省。这些人在
南蒂阿作短暂停留，完成了一次强制交易，然后在圣马丁夫雷恩大肆饮酒
作乐，又在蓬德马亚稍作休整。10月5日清晨，该团伙在塞尔东附近遭到
一支包税公司警卫队的伏击，这是首次以马德林为目标发起的攻击行动。
警卫队击杀了一匹马，打伤了一名走私者。"大克劳德"被迫在数日之后
退出这支队伍，但他们未能减缓这支匪帮的行军速度，它仍朝着第一个主

---

① AAE CP Genève 66, fol. 182, Montperoux to Rouillé, 1 November 1754.

② 一名于1755年冬混入这个匪帮的密探列出了6名匪首的名单。SHAT 1A 3406, no. 147, Marsin's journal. 另见SHAT 1A 3386, no. 339, d'Argenson to d'Espagnac, 16 December 1754; ADD 1C 1310, Boynes to d'Argenson and Séchelles, 18 December 1754.

③ ADD 1C 1310, interrogation of François Griffon, 17 and 18 December 1754.

④ 仆人们在受雇时已经获得了一笔可观的酬劳（100利弗尔到300利弗尔），但在冒险旅程中，他们还要领取一份日薪（20索尔至60索尔）。见AAE CP Genève 66, fols. 216-217, Montperoux to Rouillé, 17 November 1754; René Louis de Voyer, Marquis d'Argenson, *Journal et mémoires du marquis d'Argenson* (Paris, 11866), 8:365; GC, 31 December 1754; Charles-Philippe d'Albert, Duc de Luynes, *Mémoires du duc de Luynes sur la cour de Louis XV* (1735-1758) (Paris, 1863), 13:356; ADH C 6877, Saulx Tavannes to Moncan, 12 October 1754, and C 1979, St. Florentin to d'Argenson, 28 October 1754.

⑤ 一名斥候在分析潜在目标时，曾向一名来自伽马当地的马车夫询问这个市镇的烟草仓库负责人拥有多少财富，有多少警卫扎在那里。他指示这名马车夫前去提醒客栈老板走私者即将抵达，并向他支付了每日6利弗尔的酬劳（还从银制鼻烟盒中分给了马车夫一撮烟草）。ADPD 1C 1640, procès-verbal of 1 November 1754.

要目标——熙熙攘攘的布尔格市进发。

布雷斯地区的布尔格

布尔格作为布雷斯行省的首府，居住着大约6000名居民，它显然是马德林至今敢于闯入的最大规模的市镇。虽然这座市镇拥有着一支规模颇大的民兵队伍，但马德林在10月5日却并未碰到多少抵抗，他这支由112名骑马匪徒组成的队伍在上午10时左右进入这座市镇，他们关上了城门，占领了公共的市场空间。马德林的首条商业命令便是去拜访包税公司的总负责人让·埃尔斯米雷·德·拉罗什，此人负责监督布雷斯地区的200名烟草零售商。[1] 正如在他之前的许多官员一样，罗什在听闻匪帮前来的消息之后匆忙逃窜，留下了"年轻而美丽的"妻子主持谈判事宜。[2] 慌忙潜逃不是骑士风范的表现，但这也是由于人们认为已婚女子不会成为匪帮施虐的对象。

当马德林来到这名负责人的家中时，拉罗什夫人仍在进行晨妆打扮。急于交割生意的走私者们运来了破纪录的38袋烟草，并要求拉罗什夫人支付20000利弗尔，这笔钱款对于这个并不富裕的社会而言（20000利弗尔抵得上一个富裕行省贵族的年收入）算得上是天文数字了。当走私者们获悉拉罗什夫人手头并无现金，便陪同她，"十分无礼地让她光着脚、穿着睡袍、头发蓬乱地穿越街道"来到该地区征税官瓦雷纳的宅邸。[3] 横穿市镇中心时，这些人召集了布尔格的市民，安抚后者称"他们针对的只是包税

---

①　*Etrennes historiques à l'usage de la Bresse* (1755).

②　Adolphe Rochas, *Biographie du Dauphiné* (Geneva, 1971), 102-103, report of M. de Bohan.

③　同上。

公司的官员们"。① 在马德林的事业鼎盛时期——此次冒险旅程无疑位列其中——他的眼睛只瞄准了那些最确定无疑的目标。

占领一座首府城市并强制完成一笔巨额交易似乎尤嫌不够特别，10月5日，一名政府显要人物恰好来到了布尔格。身为勃艮第、布雷斯和比热的总督，御前会议成员和显要行政官家族后裔，让-弗朗索瓦·若利·德·弗勒里当时正与瓦雷纳商谈在布雷斯的市镇和乡村分配人头税的问题。若利·德·弗勒里是马德林迄今为止接触过的最高等级的王室官员，他们之间的交易将成为传奇的一部分。

这一天早晨，总督正享受着精心准备的接待仪式所给他带来的喜悦。随侍在瓦雷纳宅邸中的是30名绅士，其中包括了这座市镇的总督和两位优雅的女士。上午11时，马德林及其同伙拖着拉罗什夫人蜂拥进入了征税人的庭院。在这个行省最高长官得知这伙吵闹的走私者已经出现在了此地之后，匪帮与国王之间的对峙便随之发生。根据一名目击者的描述，"更强者的规矩"获得了胜利。在全副武装的匪帮的恫吓之下，这些举止优雅的官员逃窜到了隔壁的加布遣修道院，与此同时，若利·德·弗勒里避退到了一间位于顶楼的房间中，并派遣了两名军官——博昂中尉和肖萨上尉前去寻找这支队伍的指挥官，以"确保让其撤退"。②

这两名军官进入庭院之后向这名匪首做了自我介绍，他们现在已经知道后者名为马德林。这名匪首非但不像他们预料的那般野蛮，反而十分文明，甚至充满了魅力。博昂叙述道："马德林为在总督门前制造喧哗而致歉"，但他强调自己不能"中断对抗让-巴普蒂斯特·布基永（包税公司的租契即以他的名义签署）名下受庇护者的行动，直至他付清用

---

① AN AB XIX 793 (1), report by Joly de Fleury, 5 October 1754.

② Rochas, Biographie, 102-103; and GA (5 November 1754).

于支付自己运送过来的商品的20000利弗尔钱款"。① 这两名谈判者向若利·德·弗勒里转告了走私者的要求，弗勒里立即起草了一项征用令，指示瓦雷纳支付谈判中提及的20000利弗尔。瓦雷纳准时送出了这笔钱财，博昂和肖萨将其送交马德林的行为就"如同一个人向总督进献葡萄酒一般"。② 为了对收获这笔钱财表示感谢，马德林立即释放了罗什夫人，并手书了这一天的第一份收条：

> 我声明已经收到来自骑士肖萨上尉的总额20000利弗尔的钱款，这笔钱款用于支付我运送至拉罗什夫人处的商品，

> 布尔格，1754年10月5日　[签名]　L. 马德林

另一份收条于当日下午签发，其中明确请求总包税人补偿那些达成交易的零售商的损失：

> 我承认已从弗朗索瓦先生处收到总额3000利弗尔的钱款，用以支付我运送给他的3担烟草，他应从诸位总包税人处获得这笔钱款。

> 布尔格，1754年10月5日　[签名]　L.　马德林③

钱财在手的走私者们在市场附近的酒馆里宴饮狂欢，并向市镇居民出售走私品。与此同时，马德林率领着一支小分队前往监狱。在前一次冒

---

① Rochas, Biographie, 102-103.

② 同上。

③ 关于第二次强买强卖行为，存在着相互矛盾的描述。根据博昂的叙述，此次强买强卖由马德林发起，他声称自己无法"心安理得地在经过一座像布尔格这样的城市时不为仓库负责人留下一批烟草"。根据勃良第军事指挥官索尔克斯·塔瓦纳的说法，一名次要头目负责了此次强制交易，马德林既无权力也无意愿去阻止他。若利·德·弗勒里的报告在描述第二次强制交易时并未提及马德林的事实则佐证了塔瓦纳的说法。ADH C 6877, Saulx Tavannes to Moncan, 12 October 1754.

险旅程中，马德林的手下将蒙布里松所有的囚犯都从监狱中释放了出来，其中包括了7名走私者、3名盗贼和1名谋杀犯，由于市监狱仅被用于在审判前关押被告者，而非惩罚已定罪者，因此其中的所有人都只是嫌疑犯。在释放了被囚者之后，走私者们将锁链扔回了监狱（因为它们"属于国王"），无差别地欢迎这些囚犯加入匪帮。[1]与此相反，马德林在布尔格改进了他的解救方法，对不同类型的囚犯进行了甄别。他声称不希望"任何盗贼和为恶者混进他的队伍"，还查阅了监狱的记录，遴选释放了10名囚犯：其中包括了4名走私者、2名造假者、1名逃兵、1名债务人，以及2名被控罪名不明者。[2]3名一同溜出来的盗贼被扔回了监狱，被特意留了下来。[3]马德林在自己与盗贼之间划下了界线。

在布尔格的行动具备了马德林道德经济学的所有特征。他的同伙相对而言仍显得纪律严明，专注于以暴力（但并未施行）威胁包税公司。他签发的收条清楚地表明要让总包税人负担走私品的花费。作为匪首，他令人震惊地显得文明有礼，在与总督打交道时展示了一名贵族的自负，似乎十分享受他在这个更大舞台上所扮演的角色。监狱解救行动也充满了政治意味。尽管处于叛乱狂热当中的群体分子前去解救抗议者的行为并不罕见，但马德林却通过前往一个未曾亲身陷入囹圄的地方解救并不相识的人，为这种行动平添了新的变化。他令这种解救行动变得普通，展示了与铁窗之后的这些人之间的一种相对抽象的团结。正如杰克·雪帕德的"越狱"行动一般——这名强盗在18世纪20年代不断逃出监狱，令伦敦人大为错

---

[1] ADPD 1C 1635, Rochebaron to Joly de Fleury, misdated 1 August 1754; and Guy Peillon, *Sur les traces de Louis Mandrin* (Lyon, 2005), 46-47.《阿维尼翁通讯》报道称蒙布里松的囚犯已经跟随这支队伍离开。

[2] AN AB XIX 793 (1); Peillon, *Sur les traces*, 68.

[3] Rochas, *Biographie*, 102-103.

愕——打开布尔格监狱大门的行动也回击了西欧的监禁潮流。[1] 法国有空前数量的走私者和其他囚犯被发送到苦役船上或苦役营中，马德林的监狱解救行动指向了另一种司法系统，在其中合法的"犯罪"（走私、造假、负债、擅离职守）和非法的犯罪（偷窃和其他恶行）将得到区分。就这一方面而言，强制交易与监狱解救行动所内含的道德区分是一致的。

若利·德·弗勒里在这种道德经济学中所处的位置不无其重要性。他并没有挑起军事对抗或干脆拒绝马德林的提议，而是满足了马德林每一步的要求。无疑他担心自己以及布尔格市民的性命，但他的参与已经超越了自我保全的范畴。首先，正如马德林所希望的，他在其权限内尽可能地确保了瓦雷纳得到总包税人的合理补偿。在走私者们离开布尔格之后，这名总督就将所有的走私烟草运至瓦雷纳的宅邸，进行了井然有序的记录。每一包货物都经过了称重，确定数额然后封包：最后总共有44包货物——马德林已经将这个准确数字写在了他的收条中——总重量达到4918古斤。一俟这个信息被认真记录下来，这批烟草就被锁入瓦雷纳宅邸的楼梯之下，"直至上述2.3万利弗尔以及支付给搬运、称重、记录和封包者的48利弗尔的补偿付讫"[2]。当包税公司后来要求若利·德·弗勒里签署一项将瓦雷纳手中的烟草转交给拉罗什，以便再将其转运至里昂的仓库中的命令时，总督同意了，但他在这项命令中加入了一个条款，以确保这次转手不会令瓦雷纳申索补偿的权利失效。[3]

总督还拉拢财政大臣莫罗·德·塞舍尔支持瓦雷纳的行为，但塞舍尔

---

[1]　Peter Linebaugh, *The London Hanged: Crime and Civil Society in the Eighteenth Century* (London, 2006), chapter 1. 福柯的"大禁闭"概念——即躁动的穷人受制于沉重的监狱制度的压迫——在18世纪已经引发争论，但显而易见的是，骑警、城市医院——尤其是收容所的增加的确代表着又向更大规模的监管迈出了一步。我们将在第7章中继续讨论治安维持的问题。

[2]　AN AB XIX 793, nos. 1 and 5.

[3]　AN AB XIX 793, nos. 4, 6, and 7.

断然反对给予其补偿。这位大臣不仅认为御前会议没有资格强迫总包税人向布尔格的征税人支付这笔款项，还进一步坚持称它也没有必要这么做，认为没有任何"法律"要求包税人承担经济上的责任："如果走私者想让（包税人）蒙受这种损失，对于御前会议而言这就不是一个（如此行事的）充分理由。"相反，这位大臣坚持要那些遭到胁迫的纳税人赔偿包税公司的损失。他声称，如果那些经营烟草的"无赖"是在"这些民众"的帮助和支持下犯罪的，那么应该通过一种特殊的赋税让"这些民众"为马德林的强制交易行为付出代价。只有这样，他们才会同包税公司一道对抗"这些强盗和公然行动的盗贼"[①]。然而，塞舍尔拒绝遵守强制交易协议的决定在他下台之后未能得到延续。两年半之后，新一任的财政大臣开始支持征税人一方，命令总包税人做出补偿，从而在事实上认可了马德林收条的效力。[②]

若利·德·弗勒里可能只是通过寻求补偿的方式来关切瓦雷纳的经济困境——这位总督没有顾及马德林的愿望，他只是在照顾自己的党羽。但是有证据有力地证明了这位总督在某种程度上同情马德林，由衷地关心他的命运。至少，他更为审慎地选择了试图委以这名叛乱者职位，而非试图去消灭他。在马德林攻占布尔格之后的一段时间里，若利·德·弗勒里令人震惊地请求战争大臣给予他特赦。我们并不清楚他所提议安排的条件。这位总督可能已经在法国军队中为这名匪首争取到了一个职位，这在近代早期被证明是中立叛乱者的一种有效手段。（既然路易十四曾经委任卡米扎尔的领导者让·卡瓦利耶为指挥官，那么为何马德林不能照此办理

[①] ADCO C 322, Séchelles to Joly de Fleury, 21 October and 14 November 1754. 这位大臣解释道："当这些纳税人意识到他们必须承担自己所导致的重税和损失时，他们就会在自身利益的驱使下去阻止这些走私者。"

[②] ADCO C 322, Trudaine to Joly de Fleury, 19 March 1757.

呢？）①但若利·德·弗勒里更有可能只是在寻求简单的停战，通过这种方式，马德林可能放下武器，以期获得宽厚处置。无论如何，达尔让松伯爵粗暴地拒绝了这个主意："关于你为马德林争取的特赦，他不要冀望得到原谅，因为他已经因为制造伪币罪而被判处了死刑，而且这将会给予这类人的谈判留下一个不好的榜样。"②战争大臣混淆了事实——是皮埃尔·马德林曾被判处制造伪币罪，而路易·马德林被判处的则是谋杀罪——但这一点并不重要。他不准备与一个惯犯进行谈判。

若利·德·弗勒里在10月5日不曾阻止马德林的事实并没有给予其争取特赦的行动任何帮助。战争大臣斥责这位总督道："我几乎不知道有比你更悲惨的处境，你的行为将让这些匪徒更加肆无忌惮且不顾后果。"（信件原文更加尖刻："可悲的是你在这一刻向武力屈服了。"）③战争大臣不是唯一为若利·德·弗勒里在布尔格的不抵抗行为所困扰的政府官员。奥弗涅总督麾下一名喜欢闲言碎语的下属声称前者受人尊敬的同僚中有一人（可能也是一位总督）不赞同若利·德·弗勒里的随从在向走私者"两次支付钱款之后撤向加布遣修道院"的行为，认为他们不但不应撤退，还应集中力量阻止马德林的计划。④这种诘难暴露了国王政府内部像若利·德·弗勒里这样同情马德林的官员与那些蔑视他强迫包税公司进行交易行为的官员之间的区别。

①　这一建议首见于*Reflexions sur les contrebandiers en France* (Leipsic, 1755)。在17世纪90年代，太阳王还曾授予了加勒比海地区的数名海盗船长海军指挥官的职位，以劝诱他们解散其船员。

②　SHAT 1A 3385, no. 403, d'Argenson to Joly de Fleury, 20 October 1754. 达尔让松伯爵拒绝特赦请求一事另见AAE CP Genève 66, fol. 247 bis, Séchelles to Rouillé, 8 December 1755.《阿姆斯特丹公报》（GA）（1754年11月15日）报道称特赦决定正在讨论当中。

③　SHAT 1A 3385, no. 332, letter to Joly de Fleury, 11 October 1754.

④　ADPD 1C 1645, Daurelle to Michodière, 5 December 1754.

沙尔利厄弧圈

刚从布尔格得胜归来的马德林向西继续着他的旅程，直至来到了沙尔利厄小镇。该团伙将从此地出发，向南循着一条长300英里的椭圆形路径穿越多山的奥弗涅东侧地区，来到一个名为朗戈尼的村庄，然后通过维瓦赖、里昂内和博若莱向北折返，至沙尔利厄完成一个弧圈的行程。这个遍布着唾手可得目标的细长弧圈构成了10月冒险旅程中的"美妙行程"。奥弗涅地区没有防守严密的城市（除了其首府克莱蒙），它与主要的商路完全隔绝，几乎无法得到骑警或王室军队的保护——前者只有一支数百人的队伍分散在了该行省的广阔区域内，后者在数十年前已经完全撤离了这一中心区域。马德林在以该地区为目标进行武装贸易时进行了很好的选择。

在以沙尔利厄为起点环绕一圈的两周行程里，马德林规范化了他的强制买卖手段，完成了十来次连珠炮似的强制交易活动。每次交易均包含了一系列日渐惯例化的步骤：占领市镇，要求支付钱款，筹集现金，运送商品，提供证明文书，解救囚犯。作为第一个步骤的占领包括了占领城门、教堂和中心集市区域。比如当罗阿讷于10月9日下午被占领时，由25人组成的一小队先锋，"骑着马，配备着滑膛枪、手枪、刺刀和马刀"，以战斗队形进入小镇，占领了圣埃蒂安教堂前的广场。封锁教堂入口是一个精明的举动，因为在前工业时代的欧洲，教堂钟声往往被用做示警。钟声被用于提醒居民自然灾害、四处打劫的军队、掠食的狼群以及危险的匪徒的到来，并向邻近市镇发出警告，最终通过一连串的示警将消息传遍乡野。让罗阿讷的这一通信系统无法挥发作用将确保这座小镇一直保持沉默。在占领这个公共广场5分钟之后，两名横笛演奏者步入小镇，紧随其后的是指挥官马德林——一个骑着马、带领着125名全副武装者的"彪形大汉"，这对于任何一个地区小镇的居民而言都是令人印象深刻的场景。①

　　一旦小镇遭占领，以达成强制交易为目标的下一个步骤就是去拜访包税公司的官员，要求他们提供一大笔钱款以交换烟草。在沙尔利厄弧圈上，马德林通常提出的要求是2万利弗尔，他已经成功地在布尔格拿到了这一数额的钱款，而他也将继续坚持以此数额作为公开的价码。但在很多情况下，这一要求远远超出了这些官员的能力。在18世纪30年代，昂贝尔的包税公司仓库一年能够产生2.5万利弗尔的利润，足够满足马德林这一不着边际的要求。② 但是当马德林于1754年10月12日占领这个小镇时——此时这一地区的烟草销量肯定所有增长——他发现其资金远未达到他所要求的20000利弗尔。因为仓库负责人们每月都要往巴黎运送钱币，它们的运作就如同国家银行一般，每份现金收据都需要向当地政府支付费用，他们几乎不会在此地储存数周的收入。马德林抵达昂贝尔的那一天，烟草仓库的保险柜中仅有3000利弗尔。

　　当包税公司官员的回答令人失望时，马德林开始了他的即兴表演。虽然他经常复述其要求，提出威胁并殴打官员及其家属，但往往不得不降低自己的价码。马德林曾于去年夏天拜访过的弗雷行省首府蒙布里松的案例在这一方面表现得尤为明显，因为它反映了马德林与其同伙之间的罕见分歧。10月23日，这支队伍抵达蒙布里松，他们立即来到了盐税征税官巴亚尔·迪皮内的家中。从一开始，巴亚尔就出色地予以了应对，他在最初听闻匪帮抵达的消息后将自己关在了家中。当走私者试图破门而入时，他提出只要他们答应饶他一命，并且只派遣几名代表进来，他就同意打开大门。在马德林答应了他的要求之后，一小群走私者进入了宅邸内，提出了

---

① ADPD 1C 1639, Relation de ce que les contrebandiers ont fait dans la province d'Auvergne (后文作"Relation").

② AN 129 AP 20, Thiers (20,038 lt) and Brioude (24,480 lt).

交出20000利弗尔的要求。巴亚尔冷静地接待了这些人，分辨出了其中谁是头领，然后让他与妻子、姊妹和母亲交谈。马德林说他来自于勒皮伊，曾在此地中枪，他要求这户人家叫来一名外科医师清洗并包扎他的伤口。当时似乎没有外科医师愿意接纳这样一个危险的患者——叛乱者的受欢迎程度也是有限的，特别是在封闭的边远地区——但这名征税人的妻子自愿去寻找医生。在等待期间，马德林洗了个澡，喝了一碗热汤。

巴亚尔一家的殷勤好客软化了马德林最初的立场。这名征税官邀请马德林进入他的办公室，向他证明了保险柜中仅有5002利弗尔。巴亚尔解释称，通常他每月会收到7000里弗尔，但此时距10月份结束还有一周时间。在这间办公室内，马德林决定另外给巴亚尔一桩生意：他不再要求这名盐税征税官支付20000利弗尔，他只需拿出6000利弗尔，其中5000利弗尔来自他所收到的款项，另外1000利弗尔将从人头税征税官那里借得。马德林意识到他的同伙们可能不会同意做出此种妥协，便提议秘密进行这次交易。他们将这个秘密保守到了向巴亚尔交割烟草之时。由于这些走私者已经卸下了大约40包烟草，预计等价于一笔20000利弗尔的横财，当马德林指示他们将多余的包裹重新装上马背时，"便引发了其队伍中大量的牢骚、抗议和不满"①。普通走私者恼怒于匪首严格遵循宾客惯例的做法。他做出了互惠姿态便意味着其他人也不得不这么做。

马德林对于交易道德的关注另有多次引发了其同伙的非议。在昂贝尔，当马德林忙于让一名仓库负责人购买烟草时，他的一名同伙决定强迫仓库负责人的妻子购买26件印花棉布手帕。这个名为拉法叶的走私者要求吕西尼夫人以56埃居（168利弗尔）的价格购买这些商品，并在交易完

---

① ADPD 1C 1639, Suite des nouvelles touchant les contrebandiers (hereafter "Suite"), 22 to 29 October 1754. CA, 15 November 1754. 另一个因为殷勤好客而引发抗议的例子发生在圣迪迪耶，此地一名包税公司官员的宅邸幸免于难，这是因为他曾在其酒馆中为这些走私者提供了葡萄酒。ADPD 1C 1639, Suite, 20-25 October 1754.

成之后以自己的名义手书了一份收条。虽然这个团伙经常向个人消费者出售印花棉布，但它一般不会强迫不进行布匹贸易的包税公司购买这些纺织品。这种情况下的强制交易是一名脱离其指挥官强制交易流程（和条理）的心急走私者所施行的。马德林得知这一情况后没有取消交易，但他十分恼怒于过高的价格，于是"痛骂"了拉法叶一顿。这名走私者被勒令返还26埃居给买家，因为根据马德林的评估，这些手帕"最多值30埃居"[①]。据说这名仓库负责人极为欣赏马德林的诚实和正直，两人坐下来痛饮了一瓶葡萄酒。

强制交易的下一个步骤便是筹集钱款。在马德林设定款项数额之后，包税公司官员必须去寻找足够的钱币予以偿还。由于很难筹集足够的现金，他们几乎都要被迫进行借贷。事实上，强迫包税公司官员与当地的信贷网络接触在这次10月的冒险旅程中变得十分稀松平常，以至于斥候开始通过询问当地人这一地区"教士、绅士、地主"和仓库负责人所拥有的财富来研究可能的目标。[②] 包税公司官员所求助的最重要的借贷者中便包括了各类征税官。虽然这些走私者从未直接将人头税征税官作为目标，盐税征税官也只是偶尔成为他们勒索的对象，但他们仍然十分乐于让包税公司官员向这些征税官借贷。有时这些人头税和盐税征税官能够借出全额的款项，比如在布尔格。但是当这些官员无法满足要求时，包税公司官员便不得不向作为第二选项的市镇显贵借贷。在蒂耶尔，两桩强制交易——其中一桩的对象是仓库负责人的女儿让娜-泰蕾兹·巴尔丹，另外一桩的对象是盐税征税官——最终的借贷者都指向了同一个富翁。寻找贷款的巴尔丹立即就求助于小镇上最富裕的人——75岁的跨国商人巴泰尔米·里伯罗勒。征税官在拜访了其他镇上居民但仍无法筹集足够资金之后，最终也找

---

① ADPD 1C 1637, procès-verbal of 12 October 1754.

② ADPD 1C 1640, procès-verbal of 1 November 1754.

到了里伯罗勒。被困于自己家中的里伯罗勒通过一名寡妇主持了谈判，他同意借给征税官4000利弗尔，但拒绝借款给身为仓库负责人女儿而无法以私人名义担保还款的巴尔丹。这与年龄相关而非性别。罗阿讷的人头税征税官同样也拒绝借款给该市烟草仓库负责人的几个儿子，因为贷款给未成年人所冒的金融风险实在太大了。里伯罗勒还恼怒于巴尔丹径直将这些走私者带到他面前，"好像他的家中住着一个拥有大笔钱财的包税公司出纳官"[①]。

一旦通过当地的信贷网络筹集到足够的现金，马德林便开始确定其烟草的价格，然后将商品运送给包税公司。即便价格未能明确定下，但卸下与所勒索金额相对应数量烟草的做法中实际上已经暗含着确定价格的过程。在10月冒险旅程中，马德林的定价相对而言是前后一致的：每包烟草的价值都被定为500利弗尔。因此，当该团伙强迫谢斯德约的零售商支付2000利弗尔后，他们便为其留下了4包烟草。有鉴于每包烟草的重量大约为100磅，这些烟草的大概价格为每磅5利弗尔。[②] 这一价格于是成了标准价格；在普拉代尔，走私者告知包税公司的零售商们"他们将以每磅100

[①] ADPD 1C 1637, Mignot to Michodière, 14 October 1754. 如果说在蒂耶尔借款渠道都指向了同一个借贷者，那么更为常见的情况则是通过范围更大的社区努力来筹集资金解救遭绑架的包税公司官员。比如在圣博内莱沙托，身为烟草仓库负责人和盐税征税官的戈丹先生仅能拿出马德林要求的12000利弗尔钱款中的一部分，他遭到了"残酷的折磨"，并被派至周边的市镇筹集贷款。经过两个小时的祈求，他从六个"同情他的处境和所面临危险的"人手中筹到了2184利弗尔的资金。其中两人是我们所能预料到的包税公司官员，但在剩余的四人中，有两个商人、一个公证人和一名教士。这笔借款加上自己手头的资金让他能够凑齐4000利弗尔，虽然这笔钱仍然远低于最初要求的数额，但最终还是让走私者们感到满意。BMG Chenavas 139 (215), procès-verbal of 22 October 1754.

[②] ADPD 1C 1639, Relation.

索尔（5利弗尔）的价格出售（烟草）"①。

　　通过每磅5利弗尔的出价，马德林从包税公司那里榨取了高额的溢价。包税公司自己是以每磅2.6利弗尔的价格出售烟草。②当马德林以"正常的"黑市价格向消费者直接出售烟草时——正如他于6月在罗德兹所做的——他便将价格定在了每磅2利弗尔，这一远低于官方价格的出价引发了消费者的兴趣。③这一价格很好地与这一时期其他走私活动保持了一致：1761年，一个匪帮在马尔塞纳尔市场上以每磅1.75利弗尔的价格出售其烟叶，"这一价格与包税公司零售商相比有着天壤之别"，以至于"很快就告售罄"。④但是当马德林强迫包税公司购买其烟草时，他不仅将价格提升到了高于黑市的水平，还超出了包税公司自身的专卖价格。他在8月至9月的冒险旅程中将强制交易的价格定在了每磅3利弗尔到3.5利弗尔。⑤10月，他将价格提升到了每磅5利弗尔。这样的高价可能反映了他意欲算旧账、惩罚总包税人强制实施专卖制度的想法，也可能只是为了赚取更多的钱财。无论原因为何，高价卖出仍然与彻头彻尾的偷窃行为有所区别。走私者们从未在已经拿到钱款的情况下爽约不交割烟草，他们始终严格按照自己设定的价格提供商品。

　　这名匪首十分严格地按照所设定的价格出货，以至于被迫交纳10000利弗尔款项的罗阿讷盐税征税官都能义正词严地抱怨他并未收到正确数量

---

　　① 价格会有些许变化，因为并非所有包裹的重量都正好是100磅。在普拉代尔，实际价格变成了4.8利弗尔，因为这些包裹要比100磅略重。ADH C 6877, letter of de Frenal de la Coste, 18 October 1754. 布尔格的价格则因为同样的原因而降至每磅4.7利弗尔。在谢斯德约，这些包裹的重量略为不足，因此价格升至了5.9利弗尔。昂贝尔的价格是所有地区中最高的，达到了每磅6.4利弗尔。ADPD 1C 1638, procès-verbal on Chaise-Dieu, 14 October 1754; and ADPD 1C 1645.

　　② AN 29 AP 85, Observations sur la constitution et le régime de la ferme du tabac.

　　③ ADH C 1978, subdelegate of Vabre to subdelegate of Lodève, 18 July 1754.

　　④ ADPD 1C 1651, Mallessaigne to Michodière, 26 May 1761.

　　⑤ ADPD 1C 1635 (Brioude and Montbrison); ADH C 1982 (Craponne).

的交易烟草。如果如马德林所说的，每包烟草的价值为500利弗尔，那么这批货物还是有两包的缺口。这名走私者适时地承认了他的错误，并再次送来了两包烟草。但是当两包烟草送抵时，这名勇气可嘉的征税官抗议称它们并不像其他包裹那般装得满满当当，原来那些看守包裹的走私者们已经出售了其中的一部分烟草。在日常交易的世界里，这种斤斤计较的做法是人们能够接受的，因为价格固定的商品出现缺斤短两是一种常见的欺诈形式，但马德林粗暴地宣称讨价还价到此结束。他在商业上的正义感也有其底线。①

接下来的步骤是提供证明文书。当走私者们沿着沙尔利厄弧圈完成整个行程时，他们不仅出具了收条，还同样起草了补充性的证明文书。在罗阿讷，上文提及的那名直言不讳的征税官在提出再获得两袋烟草之外还要求在一名法官和法庭书记员在场的情况下完成整个交易流程，而这两人能够据此起草一份正式文书。马德林认为这一要求是完全合理的；他的同伙们"并非盗贼"，因此对法律人士的在场并无异议。②在昂贝尔，证明文书采用了另外一种形式。当仓库负责人吕西尼要求获得一份证明使用1000金埃居（3000利弗尔）交换6包烟草的文书时，马德林回复称他不仅将提供一份收条，还将在吕西尼所选择的公证人起草的一份正式声明上签字。经过公正的收条自然能够增加仓库负责人申索补偿的法律筹码。这两人进入了王室公证人埃尔比尔-拉罗什的办公室，后者在盖上印戳的官方文件上起草了一份声明，叙述了"商人和走私者头目路易·马德林"所强迫完成的交易。这份声明由仓库负责人、马德林、公证人和两名目击者——油漆工让-巴普蒂斯特·拉蒂耶和商人亨利·福雷签字。③

---

① ADPD 1C 1639, Relation.

② 同上。

③ Antoine Vernière, "Courses de Mandrin dans l'Auvergne, le Velay et le Forez (1754)," *Revue d'Auvergne* 6 (1889), 263.

马德林对证明文书的偏好也在蒙布里松和博厄恩有所反映，这两个地区的官员撰写了若干份关于这些强制交易的报告。在蒙布里松，这名"匪首说起草一份全面的报告是必要的，正如他曾经在其他地方所做的"。虽然一些司法官员拒绝参与此事，但一名律师最终同意在两名主席庭成员陪同下起草这份文书。[1] 有鉴于马德林在拜访期间已经与盐税征税官建立了特殊的关系——我们都知道这名匪帮头领已经出于好意降低了强制交易的总额——马德林可能还曾想要向他提供额外的证明文书，以增强申索补偿的合法性。同一日在博厄恩，烟草零售商们也要求得到一份正式的文书，马德林欣然签署了这份文书，其签名紧随市政官员的签名之后。这份文书声明这些烟草包裹已经被印上了一名行政官的盾形纹章，储存于一名零售商处，他"允诺在得到法庭命令之后交出这些货物"。[2] 这些文书一览无遗地反映了要与包税公司达成法律协议的愿望。

紧随着出具强制交易的证明文书之后的便是监狱一游了。如果我们知道在文艺复兴时期，法国国王通过在他们所拜访的市镇中废除赋税和赦免囚犯来展示其仁慈，那么逃税与监狱解救行动之间的联系似乎就不那么微弱了。[3] 通过在10月份释放了多达9名的囚犯，马德林不仅扩充了他的队伍——因为据我们所知，新释放的囚犯都加入了这个团伙[4]——还展示了某种类似于国王的慷慨，并通过证明某些所谓罪犯的无辜来挑战司法权威（并最终挑战王国的最高法官——路易十五）。每当特定类别的囚犯经遴选而被释放时，这名走私头目就会宣布他们所被指控犯下的"罪行"并非真正的罪行。事实上，他在布尔格所进行的这种审判——释放走私者、

---

[1]　ADPD 1C 1639, Suite, 22 to 29 October 1754.

[2]　Vernière, "Courses de Mandrin," 305.

[3]　Natalie Zemon Davis, *The Gift in Sixteenth-Century France* (Madison, WI, 2000), 90-95.

[4]　比如在克吕尼。Peillon, *Sur les traces*, 116.

造假者、逃兵和债务人，但拒绝释放"盗贼"和"为恶者"——贯穿了整个冒险旅程的始末。当然有时候这个团伙的道德信念也会有所动摇：在克吕尼，他们曾释放了两名被控谋杀的囚犯；在奥尔热莱，他们释放了一名被控杀人者和另一名被控偷窃者；在勒皮，他们释放了一名被控偷窃者。但是在罗阿讷，这个团伙的道德判断力却显得极其敏锐。在强迫狱卒妻子打开监狱大门之后，这些人命令同处一室的囚犯站在他们面前接受问询。虽然许多囚犯自称是走私者，但一名旁观问询的骑警告知这个团伙某些人正在撒谎，他们事实上被指控犯下了谋杀和拦路抢劫的罪行。在意识到大部分的囚犯是"罪有应得的恶棍"后，这些走私者"便满足于释放两名仅仅因为斗殴而被拘禁的人"。① 这种将囚犯分门别类的方法并不十分有条理，但正如我们所将了解到的，这种方法本身就让已经让观察家们印象深刻了。

沃莱地区的勒皮

马德林在沙尔利厄弧圈上未遇到多少抵抗，直至他抵达勒皮。② 勒皮事件是一个强制交易遭遇失败的故事。如果有人好奇马德林在遭遇强有力抵抗的时候会发生什么，那么答案就出现在了10月16日。包税公司的警卫们在瓦莱的首府对他的赚钱事业造成了沉重一击。勒皮的规模是布尔格的2倍，其城墙之内居住着13000人、一支市镇民兵队伍、若干支包税公司的警卫队和骑警队。这个目标是一个坚固的要塞，但它的烟草仓库却储藏有大量的白银。武装到牙齿的马德林及其同伙在午后抵达，他们从帕内萨克

---

① ADPD 1C 1639, Relation; BMG Chenavas 158, procès-verbal of 9 October 1754; and Vernière, "Courses de Mandrin," 253.

② 还原马德林在勒皮的经历主要基于ADH C 1699; C 1979; C 6877; and C 6828; ADPD 1C 1638 AND 1639; and GU (29 November 1754).

门的残破拱道列队进入了这座城市。虽然这些走私者就像曾经在布尔格做过的那般，大声呼喊着来安抚居民，示意他们并没有恶意，但没有人准备去碰运气。"人们紧锁大门，关掉了店铺"，整个市镇变得一片寂静。此时马德林和一支20至30人的小分队与运输货物的大队伍分道扬镳，沿着一条狭窄的街道来到了勒皮烟草仓库管理员迪潘先生的家中。

在数天前听闻这个匪帮正在附近游荡的消息之后，迪潘便逃离了此地，他将其宅邸移交给了一名经验丰富的包税公司警卫队长。预料到最坏情况的勒朱热队长准备在这座石质结构建筑中进行战斗，他加固了大门和窗户，储备了大量武器，并在不同楼层布置了两支12人的警卫队。这一次遭受突然一击的将是马德林。当这个团伙沿着狭窄的街道来到仓库负责人的宅邸前时，滑膛枪从这座建筑关闭的窗户后面开火了。18岁大的走私者"金发"米歇尔当场被杀死了，此外还有多人受伤，其中包括了马德林——他的左臂被一颗子弹击中。走私者顽强地予以了回击，他们冒着警卫们倾泻而下的石头雨，使用大槌猛击这座建筑厚重的前门。（在罗阿讷，马德林的马匹携带了一种用于打破大门的特殊装置；这一装置是否就是他在勒皮所使用的、但无甚效果的工具？）当这座坚固的建筑被证明不可逾越之后，"班巴拉德"让-巴普蒂斯特·雅布兰率领着一支小分队登上了邻近一座建筑的屋顶，试图从上方进行强攻。警卫们使用步枪予以了痛击，班巴拉德的下颌被打碎，另一名走私者的左手被击穿，但包税公司也无法击溃围困。在受伤之后，警卫队长和他的手下们撤离了这座建筑，他们通过邻近建筑的屋顶撤离到了安全地带。

这座仓库如今落入了走私者之手。因为遭遇到激烈反抗而恼怒异常的走私者们放弃了相对文明的强制交易所应具备的程序，他们发誓将对勒朱热和迪潘进行报复，要把他们的人头插于矛上游街示众。勒朱热出人意料的反击激发了强烈的报复欲望，这种欲望通常不会在未逢对手的强制交易中展现。长久以来的战争惯例表明，那些被围困但拒绝投降的敌人所在的城市一旦被占领，便会遭到洗劫，这个匪帮便如同节日狂欢一般洗劫了这座建筑。在大肆享用了迪潘家中的火腿、香肠和葡萄酒后，他们还将其妻子的头巾系在了帽子上，"作为胜利的奖品"，这些走私者此前在昂贝尔也曾这么做过，他们模仿了数月之前马德林没收一名警卫帽子的行为。[①] 随后这些走私者们又将这名仓库负责人的家具搬到了街上，并敲鼓宣布进行一场公共拍卖。他们模仿包税公司拍卖没收走私品的活动，向一群急切的民众出售床、桌子、挂毯、镜子、书籍、布料和烟草，而当地的骑警只能徒然地在一旁围观。

被拼死抵抗所激发的这种劫掠行动让人回想起了17世纪赋税叛乱中酷烈的报复文化。[②] 当包税公司的官员们攻击这个团伙时，他们已经跨越了界线，并要为此承担个人的责任。因此，劫掠迪潘的宅邸针对的不是远在巴黎的总包税人，而是身处勒皮的官员，他们被象征性地驱逐出了仓库。然而与此同时，这种劫掠行动并没有丧失在此前数次强制交易行动中所体现的谨慎的道德经济学区分。当马德林的同伙们在阁楼上发现一个谷物储藏间时，他计划也将其拍卖出售，但这座建筑的所有者站出来解释称这些谷物属于他本人，而非其租客迪潘。在仔细考虑这一请求之后，马德林决定不将这些谷物搬到街上，而是要求所有者支付一笔600利弗尔的罚款，以惩罚他将其财产出租给迪潘这样的恶棍。这名走私者针对所有者施加道德罚款，从而取代了强夺谷物的行为，但这种罚款并不同于那些组建不久的团伙针对入侵当地婚姻市场的外来者或殴打妻子的丈夫等超出集体规范者所施加的罚款。这座建筑的所有者不至于连不宜帮助包税公司官员也不

---

① ADPD 1C 1638.

② William Beik, *Urban Protest in Seventeenth-Century France: The Culture of Retribution* (Cambridge, 1997).

知道，如今他便要为其错误付出代价。这种惩罚措施表明马德林强迫包税公司接受的价格可能不仅是为了复仇或增加利润，还存在着就在王国内强制推行专卖制度一事惩罚总包税人的目的。

在迪潘的宅邸遭洗劫，所有家具被砸碎、出售或拉走之后，一行12人的走私者来到了这个市镇的监狱，希望能在其中找到他们的同伙让-安德烈·罗谢特，他曾于三周前被关押于此处。虽然他们发现罗谢特已经被转移至另一座监狱，但却借着这个机会释放了3名恰好被关押于此的囚犯（1名走私者、1名作伪证者和1名盗贼）。第二日清晨，这些走私者"慷慨地向旅店老板支付了酬金，向穷人施舍了大量金钱，为埋葬同伙支付了必要的花费"。一名当地的教士让"金发"米歇尔入土为安。[①]

在勒皮经历了激烈对抗并获得胜利的走私者们向南骑行至朗戈尼，其后突然向北折返回到沙尔利厄。战争大臣错误地猜测这个团伙在奥弗涅造成一片混乱之后将会马上穿越多菲内直接向东撤出法国。[②] 然而可能是预计到了多菲内-萨伏伊边界地带军事力量的增强，马德林迅速往东北方向穿越了布雷斯和弗朗什-孔泰，奔向瑞士。在靠近边界的地区，一支由24人组成的包税公司警卫队试图封死该团伙的去路，但却完全不起作用：马德林的同伙们杀死了1名警卫，其他警卫仓皇逃窜，这些走私者随后跨越了边界，安全抵达瑞士。[③]

时代的传奇

10月的冒险旅程让马德林一举成名。焦虑不安的王室官员们传阅着关于其罪行的报告，而仰慕他的外省居民则称赞他的功绩，传颂他的传奇

---

① ADH C 6877, Serphanion to Lemps, 16 October 1754.

② SHAT, 1A 3385, no. 454, letter to Randon, 27 October 1754.

③ ADD 1C 1310, Varod to Boynes, 1 November 1754.

故事，称之为"社会盗匪"或伸张正义者。[①] 一首关于马德林占领布尔格的当地打油诗对比了他的"英勇"与若利·德·弗勒里的怯懦。[②] 但是真正让马德林的恶名传播至全欧洲的是报纸媒介。虽然这个王国最古老的报纸——政府所认可的《公报》拒绝承认他的存在（或者威胁推翻社会秩序的大多数民众煽动者的存在），但马德林的英雄事迹报道已经出现在了边界另一侧繁荣发展起来的外国报纸上。

双周出版物《阿姆斯特丹公报》《乌特勒支公报》《科隆公报》和每周出版两次的《阿维尼翁通讯》，以及每月出版一次的《阿盖历史与政治信使报》均产生于法国走私货物的来源地或其邻近地区，它们凭借别处无法获得的官方材料建立了数目庞大的读者群。除了报道欧洲各大宫廷的日常新闻——如贵族名流的结婚生子、外交上的最新进展和转变，以及战时著名将军的会战——之外，这些法语报纸还会定期评论法国的内政。当然，这些外国编辑也不能过于猛烈地抨击西边的这个强邻，以免激怒负责法国邮政系统的包税人，他们需要依靠这些包税人的合作才能将报纸送至法国中心地区的订阅者手中。但是相比于法国国内的同行，他们在处理敏感的政治话题时仍自由得多。他们不仅能够就战争和外交话题为读者提供更为公正的报道，还能撰写关于法国政治主题的严肃新闻。比如，在马德林登场之前，《阿姆斯特丹公报》的编辑们便详尽报道了在路易十五统治时期震动法国的詹森派的争议性讨论。王室出版署的一名主管曾灰心丧气地说道："在各处均能见到《阿姆斯特丹公报》和《乌特勒支公报》，它们在王国内点燃了一把火，不断地向外国人传递我们遭遇到了令国家陷入

---

① 只有从10月份我们才能开始看到这种积极的文化描述，这被埃里克·霍布斯鲍姆称为"社会盗匪"，见 *Bandits* (New York, 2000).

② "Histoire de l'arrivée de cent contrebandiers à Bourg le 5 octobre 1754," in Peillon, *Sur les traces*, 73-74.

不利境地之困难的信号。"[1]

外国报纸的读者群不大可能遍及所有地区。此时还不是工人们能够每日购买廉价报纸的大众传媒时代。在18世纪中期，订阅一份外国报纸是一件相对奢侈的事情。对于精英而言，这些报纸所带来的新闻自然值得上订阅价格，诸如廷臣、行省贵族、行政官、商人和律师等群体都急于了解法国内外发生的最新政治动向。身为法官、哲学家和社会科学家的孟德斯鸠便通过仔细阅读数份外国报纸来追踪他那个时代的历史。[2] 达尔让松侯爵也是通过订阅官方的《公报》和《科隆公报》来追踪国内的政治动态以及马德林的行进路线。尽管精英与专业人士构成了主要的读者群，但中层与底层群体也拥有接触这些报纸的渠道。除了在家庭和朋友之间传阅，巴黎和其他城市的市民还能够花费很少的代价，在阅读室中仔细阅读报纸，从沿街叫卖的商贩手中购买过期的报纸，或者从书商那儿租赁报纸。他们甚至可以旁听在咖啡馆或街角即兴进行的报纸朗读，这让书面新闻在文盲群体中的传播变得更为简单。此外，那些不想订阅价格高昂的《阿姆斯特丹公报》或《乌特勒支公报》的人还可以订阅《阿维尼翁通讯》，这份与法国邮政署签订特殊协议的报纸的价格就便宜得多。低廉的邮寄费用允许《阿维尼翁通讯》大幅降低其订阅价格，从而推动其发行量增加到了1757

---

[1]　引自Pierre Grosclaude, *Malesherbes: Témoin et interprète de son temps* (Paris, 1961), 73. 该段落和下一个段落均来自Gilles Feyel, *L'annonce et la nouvelle: La presse d'information en France sous l'ancien régime* (1630-1788), chapters 9 and 12. 另见Gilles Feyel, "La Diffussion des gazettes étrangères en France et la revolution postale des années 1750," in *Les gazettes européennes de langue française (XVIIe-XVIIIe siècles)*, ed. Henri Duranton, Claude Labrosse, and Pierre Rétat (St. Étienne, 1992), 81-98; and Henri Duranton and Pierre Rétat, eds., *Gazettes et information politique sous l'Ancien Régime* (St. Étienne, 1999).

[2]　Robert Favre, "Montesquieu et la presse périodique," *Etudues sur la presse au XVIIIe siècle* 3 (1978), 39-60; Feyel, L'annonce, 538-541.

年至1758年的9000份，足以与官方的《公报》匹敌。[1] 感兴趣的人还可以购买《历史与政治信使报》的廉价复制品——这些复制品在日内瓦印刷，然后被走私至里昂——或在阿维尼翁、波尔多和日内瓦非法复制的《阿姆斯特丹公报》。法国读者是否意识到这样一个充满讽刺意味的事实：他们通过报纸获取有关马德林消息的行为本身就是秘密进行的？有鉴于这些报纸传播方向的多样性和每份复制品均辗转多人之手的事实，可以说它们接触到了很大一部分的法国上层和中层阶级，这些人正在逐渐适应公共意见的概念。

没有什么能像战争一样让报纸畅销，这意味着在路易·马德林所处的和平时期——他发起的运动正好处于奥地利王位继承战争结束之后和七年战争爆发之前，报纸编辑们正在挖空心思地寻找能够取代战争荣耀的素材。事实上，他的故事正是被视作战争的微弱回响——而非一出关于犯罪或叛乱的戏剧——首先引发了编辑们的注意。最初关于他的报道并不算多。唯一一份报道了1754年冒险旅程的《阿姆斯特丹公报》（1754年10月11日）仅仅将这一行动视为一次单纯的叛乱活动和军事镇压："走私者们在多菲内和奥弗涅引发了大规模的骚乱……；部分王室军队已经受命进驻这些地区，驱散为数众多的叛乱分子。"有人质疑如果士兵不曾被派去驱散这些行省的走私者，这个故事是否就根本不会得到报道。在最初跟进追踪这个匪帮时，《科隆公报》（1754年11月8日）自视甚高地报道称，"在高等法院放假期间，以及整个欧洲停止动荡之际，我们来讨论这一小小的英雄事迹，这些走私者今日扬名立万，他们就像期待桂冠一般地等待着绞索和苦役船的到来"。在没有战争新闻的情况下，读者们不得不依靠

---

① René Moulinas, *L'Imprimerie, la libraire et la presse à Avignon au XVIIIe siècle* (Grenoble, 1974), 349. 当这份报纸于1755年开始报道马德林时，其发行量已经达到了7000份。

走私者的无聊恶作剧来打发时间。

然而当马德林突袭布尔格和勒皮之后，新闻报道的语气就突然发生了变化。这两次突袭所展现出的大胆无畏催生出了一种新的、更为详细并且更具戏剧性的报道形式。事实上，只有在叙述布尔格发生的强制交易时，这些报纸才会赋予这个故事鲜明的个人色彩，提及马德林的名字。如今编辑们会在粗略提及叛乱走私者的字里行间加入"马德林"这一名字，在勒皮令人印象深刻的胜利之后，他们还在这个名字之前加上"走私者的总指挥官"的头衔，好像整个地下世界都听命于他。① 这名"指挥官"的故事因其独特性而得到了连载，而新的冒险旅程每隔数周便会见诸报端，于是"马德林"便被烙印在了印刷物上以及数以千计的读者心中。②

在10月的冒险旅程之后，马德林所遭受的舆论压力并非都是正面的。这个男人曾经肆意破坏，杀死了多名警卫，从王室官员那里榨取钱财，这些重罪甚至连身处国外的胡格诺派编辑——法国绝对主义的天然敌人——都无法容忍。还要记住的是，外国报纸也要依赖于运营邮政系统的金融家，其中许多人均与总包税人有联系——如果他们本身不是总包税人的话。这些编辑需要十分小心谨慎地避免惹怒任何人，以免他们的报纸送至法国读者手中的唯一渠道被切断，因此当他们提及这个走私团伙时，便

---

① 在早期的报道中，马德林的名字本身还未形成固定的拼写；《科隆公报》（GC）和《阿姆斯特丹公报》（GA）分别在1754年11月8日和12日称呼他为"芒德里厄"（"Mandrieu"）和"芒德朗"（"Mandrain"）。（索尔克斯·塔瓦纳在其早期的军事信件中写作"Manderin"。）《阿维尼翁通讯》精明的创始主编弗朗索瓦·莫雷纳充分地挖掘了马德林的故事，他在1754年10月29日使用斜体字向读者们介绍了这名匪首："数日之前，我们从里昂获悉了以下关于这些走私者的首领马德林（Mandrin）的详情。"关于莫雷纳，见Moulinas, L'Imprimerie; and Jay M. Smith, Monsters of the Gévaudan: The Making of a Beast (Cambridge, MA, 2011), 63-75.

② Anne-Marie Mercier-Faivre, "Le Feuilleton de Mandrin dans la Gazette d'Amsterdam," in Cartouche, Mandrin et autres brigands du XVIIIe siècle, ed. Lise Andries (Paris, 2010), 310-311也提及了这一系列关于马德林的报道。

会激烈地谴责其为"强盗"，这在18世纪时一项特别遭人痛恨的罪行。[①]
《阿维尼翁通讯》（1754年12月3日）报道称：这些走私者"已经堕落成为强盗"。"据称他们遍布各条道路……我们确认现在他们进入萨伏伊的所有道路均已被萨丁尼亚国王派遣的军队封闭，国王同时还命令反被捕者均按强盗处置。"《科隆公报》（1754年11月29日）发出了类似的警告："走私者继续他们的劫掠行动，他们已经没有任何商品可供出售，他们每到一处就抢掠偷窃，因此交通要道上没有一人是安全的。"报纸强调了法国军队与走私者之间一触即发的冲突，它们预测称一旦军队获胜——这是毫无疑问的——那么这些罪犯将很快为他们的罪行接受惩罚：

> 我们收到的所有来自里昂的信件中都充斥着描述走私者所引发的动荡和劫掠行为的内容，这些走私者有1800多人，他们全副武装地在这些区里游荡，强迫富人购买他们的商品，实施残酷的暴行。格拉桑与拉莫里哀的军队以及布列塔尼志愿军已经在密切追踪他们。被逮捕者将像拦路强盗一样遭到严惩，也就是说不经审判便立即绞死。

> 《科隆公报》，1754年10月22日

然而这些普遍对劫掠行为进行谴责的报道在描绘马德林这个匪首时却显得颇为赞许。事实上，含糊其辞地谴责叛乱走私者不法行为的同一批报纸却也在用精彩的细节描述我们所谓的走私者道德经济学的诸多复杂性。此类细节不仅让这个匪帮的冒险旅程在读者眼中变得真实，还展示了将这个匪帮与无可救药的堕落劫匪区别开来的道德上的微妙之处。《乌特勒支公报》驻巴黎的记者于1754年11月22日报道称，"这些因其数量和武

---

① Lise Andries, ed., *Cartouche, Mandrin et autres brigands du XVIIIe siècle* (Paris, 2010).

器而显得十分强大的走私者肆无忌惮地穿越乡间，从一座城市来到另一座城市，他们绑架居民，强迫后者购买与索要钱款价值相当的商品。然而这些和平的搅扰者却展现出了一种正直的品质，甚至对于那些害怕遭到虐待而不得不服从的人还颇为慷慨。作为他们的头目，马德林是迄今所知最为坚毅的人"。1754年11月的《历史与政治信使报》效仿这些活跃的周报，报道了这些走私者如何要求包税公司的官员"用银币交换他们的商品"。"他们自行确定金额，给予自认为适当数量的商品……他们的索求方式相当得体，但与此同时却也具备了足够的恐吓效果，让官员们担心拒绝合作所会招致的最坏结果。"《阿维尼翁通讯》（1754年10月29日）派驻的记者十分接近日内瓦和里昂这些故事发生地，于是这份报纸便特别小心地强调了这位英雄对于道德的敏感。在为马德林于布尔格强迫包税公司购买烟草时提出的过高价格辩护时，这份报纸解释称，一旦马德林通过向包税公司强索财物以补偿后者过去对他造成的损失之后，其走私品的价格便会回落。报纸还适时地报道称马德林的收条将被呈送给总包税人，他们将承担这些强制交易的经济责任——而这一消息无疑正是马德林所希望听到的。这份报纸进一步强调称，马德林在蒙布里松曾要求撰写一份正式文书，以确保货物接手者能够获得补偿。为了强调这名匪首的正派，《阿维尼翁通讯》告知读者马德林在解放布尔格的监狱时，拒绝释放四名被控偷窃的囚犯，他"声称他不会保护这种人；相反，他亲自给他们戴上了镣铐"。这些报纸在积极塑造一个反叛但却具备社会认同感的大众英雄的同时，却未去提及这个匪帮有时也会释放一些卑鄙之徒。

不同于报纸在宫廷消息中对英勇贵族的描述，它们用令人印象极其深刻的词汇塑造了马德林的形象。所有的报纸都强调了他在布尔格表现出的和蔼可亲——他在此地对罗什夫人的尊重、对若利·德·弗勒里的彬彬有礼，以及在与弗勒里使者交易时所展现的诚实。"优雅""得体"——尤其是"有教养"这样的形容词充斥于这些报道当中。根据《阿姆斯特丹公报》（1754年11月5日）对布尔格事件极为详尽的报道，"这名匪首非常有礼貌地接待了他们（弗勒里的使者），就自己的到来让大家惊恐不已向后者表达了歉意，但他又坚持必须继续履行自己的使命"。这种教养、优雅再结合其出众的军事才能，这让许多人猜测马德林过去曾是一名军官，因为10月的冒险旅程更像是由一名退役军官——而非来自小资产阶级的走私者——所指挥的。

马德林理所当然地被描绘成一名堪比优秀军官的人。《历史与政治信使报》（1754年12月）解释称："他发现了（令手下）对自己尊崇有加的方法，让他们盲目地追随着他。他也自认为拥有着荣耀其队伍的权利，这支队伍因他非凡的成就而受人瞩目。他的自以为是已经发展到了这样的程度：他构想出了一个骑士团，试图借此奖赏队伍中那些英勇的指挥官。"同一份报纸还讲述了一件轶闻（如果不是虚构的话）。这名走私者机智地击败了一名曾经悬赏3000利弗尔而不管死活都要抓住他的地主。当马德林听到这个悬赏消息后，便在这名贵族的城堡前露面了，并宣称他已经带来了这名匪首的头颅。而当贵族问及头颅何在时，这名走私者答道："在这里：我就是马德林，我命令你——先生——遵守你的诺言。"当这名暴怒的地主踌躇不决时，马德林再次说道："我为在这个行当中拥有这样的荣誉感到自豪。你是否能够立即友好地拿出3000利弗尔？如果不行的话，我的手下就在这里，一声令下，你的城堡就将被洗劫一空。"于是这名贵族十分不情愿地支付了悬赏，"随后，马德林十分得体地离开了此处，撤走了他的队伍"。

如果说布尔格的文明交易给了报纸一个称赞马德林高贵举止的机会，那么他在勒皮所展现的暴力则让它们的称赞戛然而止。一场以包税公司为对手、充斥着枪林弹雨和伤亡的战役已经悄然展开。事实上，编辑们都小心翼翼地在关于这一事件的报道前加入了强烈谴责走私者的导言，并在结尾处预言了他们必遭惩处的结局。《阿姆斯特丹公报》在报道开篇便虚伪地宣告："在沃莱地区的勒皮的冒险旅程代表了这样一种英勇的行迹——如果它是勇者为施行良善所为，我们应该予以称赞，但如果是强盗与恶棍所为，我们就必须加以谴责。"但是紧随其后的报道主体部分却破坏了开头的基调，它向读者展示了一个战无不胜的英雄的胜利神话——一个鼓励读者为马德林欢呼的战争传奇。"这就是事情发生的经过"，马德林、他的副官圣皮埃尔和另外60多人"果决地"冲入了城市，浑然不知100多名全副武装的包税公司警卫正严阵以待。当这支队伍从仓库负责人宅邸前经过时，这些警卫突然用步枪齐射，杀死了一名走私者，击伤多人。

希望迎来一场盛大欢迎仪式的马德林与圣皮埃尔在这种情况下表现得极为冷静，他们立即就地指挥展开反击，命令队伍成员下马包围这座宅邸。片刻之后，当敌人出现在视线之内时，出现了零星交火，但这次小规模且非决定性的战斗不能完全让两名匪首满意，他们想要获得胜利，否则不若战死。马德林率领一支小分队破门而入，与此同时圣皮埃尔和其他人爬上屋顶。所有事情都围绕着这两名匪首运转。屋顶被打开了缺口，大门在大槌的重击之下轰然倒下；从头武装到脚趾的走私者冲入宅邸，不断向警卫们开火。这次行动持续了近一个小时，战场简直就是为马德林及其队伍所设。16名警卫战死，更多的人身负重伤。走私者一方仅仅损失了一人，他是在经过宅邸前时被杀死的。在这次令人难以置信的大胆进攻中，两名匪首均被击伤。他们缴获了30支步枪，还洗劫了这座宅邸，迫使剩余的包税公司官员四处逃窜。以上就是这次勇敢、冒失与罪恶并存的交火事件的主要情况，而正义迟早将会降下惩罚。

马德林在勒皮的施暴并未阻止《阿姆斯特丹公报》的编辑们将其塑造成为家喻户晓的战场英雄："战场简直就是为马德林及其队伍所设。"事实上，关于这名匪首最具启发性的描述出现在勒皮事件之后，一名驻于马德林的老巢萨伏伊的尚贝里的记者在同一份报纸上（1754年12月27日）所发表的一篇报道。（这份报纸是如何躲过负责邮政系统的包税人的审查呢？）

> 这个叫马德林的男人是萨伏伊和他的家乡多菲内的名人。年龄在35岁至36岁，面貌相当俊美，身形高大强壮，且十分敏捷。在这副好皮囊之外，他还拥有精明的头脑、优雅有礼的风度和自然温和的气质。但他却被迫进行反击，勇敢无畏地面对任何挑战，在危险面前，他沉着冷静。作为一个清醒而有节制的人，他的理智从未受到葡萄酒的诱惑。作为一个耐心而过分勤勉的人，他的勇气让他能够承担起一切责任，来满足他的野心。如果他不曾缺少一个机会和一个适当的职位，那么他就有可能在上流社会崭露头角，获得旁人的尊重。相反，如今，通过一连串引发我们注意的事件，他成了一个强盗。

尽管外国报纸大体上谴责了这种劫掠行为，但它们却将马德林描绘成地下经济光鲜亮丽的一面。

10月的冒险旅程成就了马德林。仅仅是从强制交易中所获得的战利品——价值102184利弗尔的金币和银币——就足以让他腰缠万贯。[1] 即便算上商品的原始成本、仆人的佣金和分配给其他匪首的战利品等等花费，我们也可以十拿九稳地说马德林从这趟冒险旅程中获利颇丰。如今他所拥有的财富超过了绝大部分的平民和许多贵族。

---

[1]　ADPD 1C 1645, Route tenue par une bande de contres, October 1754.

但在这场运动中，比金钱意义更为重大的是对包税公司——乃至于国王政府本身——权力的测验。在布尔格，马德林完成了生涯中最著名的一次强制交易，他让一名身份高贵的王室总督卷入了一场有礼有节但影响深远的强制交易中。而在勒皮，被一次出人意料的反击所震惊的马德林与包税公司展开了殊死战斗，最终战胜了一支全副武装并且十分顽强的警卫队。在其他规模更小的市镇中，不断重复进行的强制交易和监狱解救行动都充分表明这不是一个典型的走私者团伙，其领导者也不是平常的匪首。马德林直接驳斥了王室烟草专卖的权利（以及在较小程度上的印花棉布禁令），破坏了包税公司的管制权力，篡夺了审判遭指控罪犯的权利——所有这些都抓住了媒体的想象力。在和平的沉寂期中，外国报纸利用马德林的冒险事迹塑造了一个具备贵族举止、充满道德信念、拥有高超军事才能的人物形象，将其充满破坏力的贸易形式展现在了一大批多半对其报以同情的读者面前。

在报纸为读者带来马德林的故事之前，国王政府就已经意识到这名走私者所产生的巨大政治威胁。当马德林于1754年10月快速穿越东南部地区时，路易十五便已罕见地调遣王室军队前去摧毁这个匪帮。马德林一定已经知道这些军队正集结起来对付他，但他仍然要在12月进行另一次冒险。这也将是他的最后一次冒险旅程。

第七章　自命的将军

　　1754年12月，马德林在萨伏伊和瑞士休整了数周之后，开始了最后一次进入法国的冒险旅程。在10月，他横扫了东南部地区，曾经让法国当局猝不及防，但现在他们已经聚集起了一个近代化国家的全部力量来对付他：城市民兵负责防御，骑警负责巡查道路，人数不断增加的包税公司警卫枕戈以待战斗的来临，而作为这一地区的一支新力量，王室军队则准备好了追逐他们的猎物。马德林所面对的是一种全新水平的对抗，他将遭遇到愈发暴力的报复手段。的确，与1754年冬天的伤亡相比，此前数次冒险旅程中的流血都相形见绌。虽然所遭到的激烈反抗破坏了马德林强制交易中的道德经济学，但在1754年的最后一段日子里，他确立了作为一名命运多舛却才华卓著的军事指挥官，以及一名勇气堪比这一时代最卓越军官的"失败将军"的声誉。[1]

走私战争

　　马德林取得辉煌战果的10月战役让法国国王政府陷入了困境。它要如何阻止这个叛乱团伙的领导人进一步在东南部地区肆虐呢？有一件事情是肯定的：国王不能依靠都灵宫廷的协助，后者既无能力也无意愿去镇压

---

[1]　这一表述出自陆军上尉迪尔比·德·拉尔之口（SHAT 1A 3406, no. 227 bis）。

萨伏伊地区的走私活动。1754年9月，在法国外交官施加越来越大的压力之后，萨丁尼亚国王查尔斯-伊曼纽尔三世承认了萨伏伊藏匿有暴力走私者，命令该行省总督前去逮捕54名走私者，其中包括了路易·马德林。[①]但是其中没有一人遭到逮捕。在10月冒险旅程的纷扰之后，法国的外交事务大臣将马德林的恶行重新归类为"残忍的犯罪"，剥夺后者获得庇护的权利，力求将其引渡回法国。都灵方面再一次指示萨伏伊总督逮捕马德林，但仍再次徒劳无功。[②]至此，法国宫廷意识到，如果他们想要抓获马德林就必须独自行动。

相对而言尚不明确的一件事是法国政府的哪个部门负责提供完成这一任务的资金。尽管看似拥有"绝对的"权力，但国王政府仍然欠缺一支近代化的专业警察力量，遑论20世纪为了对付有组织犯罪而建立的专业调查机构。巴黎是这一时代治安管制的典范，但广袤的法国农村地带仍然置身于国王权力的监管之外。事实上，管制一个人口流动频繁（因此具备潜在威胁性）的王国的概念直到18世纪才开始生根发芽。[③]有鉴于旧制度法律实施过程的基本特征，几乎没有多少手段可以用于镇压马德林这样的劫掠者。可供国王自由支配的手段有四种：城市民兵、骑警、包税公司警卫和王室军队。其中没有一股力量最初是旨在摧毁全副武装的大规模走私者团伙而建立的。它们被一股脑地投入到对抗马德林的战斗中。但其中只有一股力量成功地抓住了他。

城市民兵是所召集者中最弱的一支力量。在17世纪中期，大部分大型

---

① ADS C 1, Emannuel to Sinsan, 24 September 1754.

② ADS C 1, St. Laurent to Sinsan, 13 and 20 November 1754; and AAE CP Genève 66, fol. 242, Rouillé to Séchelles, 5 December 1754.

③ Vincent Denis, *Une histoire de l'identité: France*, 1715-1815 (Paris, 2008), chapter 8. 关于巴黎的情况，见Vicent Milliot, "Paris, une ville sans brigands? Un regard sur le 'triomphe' de la police parisienne à la fin du XVIIIe siecle," in *Cartouche, Mandrin et autres brigands du XVIIIe siècle*, ed. *Lise Andries* (Paris, 2010), 175-195.

市镇的居民都筑起了城墙，修造了城门，建立了民兵队伍，以保护自身免遭充斥着强盗、盗贼和士兵的外部世界的侵扰。民兵还负责巡逻城市的周边地区，为民政事务增添了些许军事色彩。在16世纪晚期，一名罗马显贵在拜访里昂时便对这座城市中由5000名指定优秀公民组成的民兵队伍所具备的威仪军容赞许有加。[1] 然而1660年之后，随着王国内部的战争和动荡局势趋于和缓，以及军事工程师沃邦沿着王国边境的关键地带修建了一连串的堡垒，市镇开始解散它们的民兵队伍。市政当局没有了耗费巨资维持军火库和向市民强加沉重兵役的急切需要。许多队伍不复存在了，而那些得以幸存的民兵队伍也不复从前的规模，它们被那些已经找到豁免兵役义务方法的当地显贵们抛弃了。

当马德林登台亮相时，城市防御的虚弱就已经显而易见了。他所突袭过的最大市镇——勒皮的城门在这个团伙于1754年10月穿过时处于完全失修的状态。这个市镇的执政官解释称：市民们无意于加固城市的防御，因为走私者们"仅仅针对烟草零售商们施行了充满敌意的暴力"[2]。当"走私者还未曾在任何一个市镇中虐待居民"时，各个家族的族长不愿意在民兵队伍中"冒着生命危险"进行战斗。[3] 他们为何要为包税公司挺身而出呢？

然而在10月冒险旅程之后，不安的战争大臣和焦虑的行省总督们开始向法国东南部地区的市政官员施压，要求他们修复破碎的城墙和破败不堪的城门，重建闲置已久的民兵队伍。这一努力的结果有成有败。在昂贝尔，市镇居民展现出了令人羞耻的一面，他们"缺乏为陛下效劳的激情和保卫自身利益的勇气"[4]。在另一次突袭事件中，总督威胁要向该市镇征

---

[1]　Albert Babeau, *La vie militaire sous l'ancien régime* (Paris, 1890), 4.

[2]　ADH C 6828, consuls of Le Puy to St. Priest, 2 October 1754.

[3]　ADH C 6828, consuls of Le Puy to St. Priest, 5 November 1754.

[4]　ADPD 1C 1643, Michodière to consuls of Ambert, 25 December 1754.

收附加税以弥补包税公司的损失，从而引发了一场骚乱。在1754年12月24日的一场市镇会议中，各个家族的族长抗议称他们无法负担组织防御或缴纳附加税的费用，尽管这名总督的强硬措辞的确驱策着他们建起了壁垒，并在周边农村地区搜寻劳动力、叉子和猎枪。最终，他们凑齐了10支枪和一小队民兵。

其他市镇的成效更为显著。蒂耶尔嘈杂的议会虽然出现了不守规矩的市民掌掴市长的一幕，但这样的冲突和市镇居民不谙"军事"的事实并未阻止他们组织防御。尽管缺少步枪和弹药，但他们却组织起了一支由330名中产阶级和工匠组成的队伍日夜巡逻街巷以弥补。[1] 其他市镇纷纷予以效仿，重建了城门，合拢了城墙，在战略要道上安置了大炮，组织了大批人手。[2] 新设立的城市民兵队伍无法胜任阻击马德林的任务，但通过激烈抵抗来阻滞他通过各个行省的行程，从而为更强大的力量抓捕他创造机会的想法也是不无道理的。

骑警队便是这样一支更为强大的力量，它设立之初的目的是镇压士兵、逃兵和退伍军人的劫掠活动。在18世纪，骑警队逐渐发展成为一支全国性的警察队伍，用1769年敕令中的措辞来说，其使命是维持法国乡村地区"良好的秩序和公共的安宁"[3]。除了督查士兵，18世纪的骑警队还负责抓捕拦路强盗、盗贼和小偷，维持公共市场和集市的治安，巡逻主要道路，押送囚犯前往苦役船服刑或赋税收入前往巴黎。

最为重要的是，骑警队还被用于控制农村贫穷地区的流动人口。从18世纪50年代开始，随着人口的增加，法国劳动阶层出现了有记录的迁

---

① ADPD 1C 1643, Mignot to Michodière, 22 and 24 December 1754, and Noyer to Michodière, 24 December 1754.

② ADPD 1C 1643, Vixouse to Michodière, 23 December 1754;ADPD 1C 1643, Cobat and Dupuy to Michodière, 28 December 1754; Antoine Vernière, "Courses de Mandrin dans l'Auvergne, le Velay et le Forez (1754)," *Revue d'Auvergne* 6 (1889), 315-319.

③ 引自Jacques Lorgnier, *Les juges bottés* (Paris, 1994), 297.

徙活动，土地经过"破碎化"进程，被划分成面积极小的碎片，停止增长的工资迫使贫困者离开了他们生长于斯的市镇或村庄。[①] 虽然法国在这一时期经历了一段强有力的经济增长，促使一些工人前往遥远的市镇寻求更好的工作机会，但贫穷的工人并不一定能够借此发家致富，许多人不得不在旅途中寻找工作和食宿。地主阶级长久以来都默许着拥有固定居所的穷人——那些依靠施舍维生并或多或少地融入社区的邻居——的存在，但他们害怕所谓的无根游民——他们或长途跋涉于公路之上，或麇集于市集，或在城市广场或借宿的宅邸内挤作一团。虽然无业游民偶尔也会集中起来形成颇具威胁的团伙，但许多精英的恐惧却是对于他们身边越来越多贫穷陌生者歇斯底里的反应。无业游民被视为懒惰的窝囊废，令人生疑的道德品格驱策他们走上暴力和犯罪之路。骑警的工作便是通过逮捕所有声名狼藉者和缺乏身份文件——如前雇主所撰写的介绍信、教区教士所签发的品行证明或军官给予的准假证明等——的流浪者来管制这群人。

走私者截断道路并对公共秩序构成威胁，对他们加以镇压自然就成了骑警的工作。就这一目的而言，使用骑警在许多方面都比使用包税公司警卫队更具优势。骑警队中的骑士拥有丰富的战斗经验、更优渥的薪酬，并像真正的骑兵一样配备了马匹、武器，身着彩色纽扣制服。他们也不会像包税公司官员一样招致如此多的仇恨，因为这支队伍与非法或不公平的赋税没有什么瓜葛。村庄居民并不总会欢迎骑警进入他们的社区，但他们绝不可能攻击他们或干涉其行动。事实上，在1789年，当针对包税公司官员的叛乱活动发展到高潮阶段时，农民们曾要求部署更多——而非更少——的骑警力量。

---

①   Jack A. Goldstone, "The Social Origins of the French Revolution Revisited," in *From Deficit to Deluge: The Origins of the French Revolution*, ed. Thoms E. Kaiser and Dale K. Van Kley (Stanford, CA, 2011), 67-103.

　　这是一支可能能够接受北部和东部地区全副武装的危险走私团伙挑战的力量，但它也存在着一个致命缺点：规模过小。由于所承担任务的规模导致了经费持续不断的短缺，这支队伍的力量仅堪与包税公司的一部分警力相当。即便骑警队在1720年经历了重组改革，从而将触手延伸至法兰西王国全部疆域之后，这支队伍的人数也少于3000人。在18世纪60年代和70年代，当政府当局试图肃清盗贼和流民时，这支队伍才招纳了更多的成员，但其军官、骑士和警卫加起来也不足4000人。[1] 结果，所有这些行省只能仰赖于区区数支队伍。马德林所活动地区的骑警数量更是少得可怜。这个世纪中期，奥弗涅所有处于法律管辖之外的区域都配备了86名骑警。一名来自被马德林突袭过的市镇的总督代理人曾写道："这支骑警队正处于最好的时期，但人手的不足令我们担心这些走私者将会为所欲为。"[2] 在朗格多克东部的洛代夫——马德林曾于夏天的冒险旅程中在此遭到了伏击——这名总督代理人"只配备了一队由三名骑士组成的骑警队"，其中两人又老又病。如果全副武装的走私者再次出现于此，这名在岗的官员"将被迫投降，并给予他们想要的东西"。[3] 沿着弗朗什-孔泰崎岖不平的东部边境，驻守圣克劳德和蓬塔尔利耶的两队骑警"没有能力守卫"与瑞士接壤的"边境"。[4] 在走私者肆虐的多菲内，骑警队的成员数量仅为72人。[5]

---

　　[1]　Ian A. Cameron, *Crime and Repression in the Auvergne and the Guyenne*, 1720-1790 (Cambridge, 1981), chapter 1; Jean-Noël Luc, *Histoire de la maréchaussée et de la gendarmerie* (Maisons-Alfort, 2004), 194.

　　[2]　ADPD 1C 1643, Madur to Michodière, 24 December 1754.

　　[3]　ADH C 1978, Bonafonds to St. Priest, 21 July 1754.

　　[4]　ADD 1C 1310, Boynes to Séchelles, 6 and 22 November 1754; and Séchelles to Boynes, 7 November 1754; and Boynes to Randan, 20 November 1754. 这个问题照常也要归咎于经费的短缺：总督并不愿意在行省中征收新的税赋来筹措更多骑警队所需的经费。

　　[5]　Cameron, *Crime and Repression*, chapter 1; Bernard Bligny, *Histoire du Dauphiné* (Toulouse, 1973), 308.

　　由于数量有限，总督和国务大臣们只能明确指示骑警避开大规模的武装匪帮。多菲内总督丰塔尼厄坚持认为，王室骑警队应该专注于"整肃乡间的"游民，"骑警队的任务应该减少，因为冀望4到5人（这是一支骑警小队的人数）轻率地应对强劲的对手是不公平的"。[①] 财政大臣塞舍尔对此表示赞同。他警告称，派遣骑士去与走私者作战"要冒被击杀的风险"。"如果打发他们去对付规模相当庞大的走私者团伙，我们将会毫无意义地将骑士们暴露在他们的复仇怒火之下；而召集若干支队伍共同对付走私者也是危险的，因为这将任由盗贼们摆布行省，他们不会放过这个渔利的机会。"[②] 在谈及马德林的匪帮时，战争大臣也认同了骑警几乎无法对抗"这支由坚毅和老练之徒组成的庞大队伍"的悲观看法。[③]

　　但避免让骑警遭受武装匪帮毁灭的决定并不意味着他们全都能够在一侧旁观。相反，骑士们在追踪那些据称参与走私团伙或与走私团伙合作之人的过程中扮演了重要的角色。这一任务的关键在于对体貌特征的利用，由瓦朗斯特别法庭和行省总督撰写的简报罗列了走私嫌疑犯和在逃者的名字和相貌描述（高度、面部特征、身体特征）。[④] 在缺少诸如指纹和嫌疑犯照片等近代法庭工具（更遑论基因分析）的情况下，体貌特征成了骑警掌握的唯一手段，但是当这种粗糙的新工具与巨额的悬赏（普通走私犯悬赏50利弗尔，马德林匪帮的成员悬赏150利弗尔）相结合时，有时也能显

---

①　BN MS 8476, Mémoire sur la contrebande.

②　ADPD 1C 1636, Séchelles to Michodière, 9 September 1754; and quotation in Cameron, *Crime and Repression*, 90.

③　SHAT 1A 3385, no. 413, d'Argenson to Bernage de Vaux, 21 October 1754.

④　关于体貌特征以及骑警队的应用，见Denis, *Une histoire de l'identité*, chapters 2 and 8.

现出足够的威力。[①] 比如雷埃歇尔的一个小酒馆内发生打斗之后，一位当地官员便认出了一个位列30名嫌疑犯名单上的人，并将其逮捕。[②]

除了抓捕嫌疑犯，骑警还通过扫荡流民参与反走私行动。在东南部地区，这种扫荡行动在马德林的10月冒险旅程之后便随即展开了，当时，震惊的财政大臣命令骑警"搜索各条道路，检查路上遇见的所有人，逮捕所有身份不明者或未持有充分证明文件和安全通行证的人"[③]。这位大臣知道以外国为基地而深入法国的团伙在返程时会化整为零。他也相信马德林会利用将商贩和其他人伪装成流民的手段来收集军队、警卫队和警察的部署情报。为了抓捕返程的走私者和四处游荡的密探，骑警受命逮捕并审问尽可能多的游民。通过审问获取的情报被呈送给了瓦朗斯特别法庭的主席，他将决定是否提起公诉。

在总督及其代理人的督促下，弗朗什-孔泰的骑警在马德林10月冒险旅程结束之后无情地袭击了流民。他们扫荡了商贩、工匠、农工、逃兵、乞丐、小股走私者和退伍士兵，并在没有任何证据的情况下将这些人投入了监狱。以此类无根游民为对象的审问记录读起来像是一部狄更斯的小说。纪尧姆·蒙谢芒是一个来自勃艮第的31岁农民，他的父母在其年幼之时便已去世。身无一物的蒙谢芒在南部诸行省四处游荡，通过当散工勉强糊口，这一情况一直持续到他18岁加入军队前。他在被派遣至路易斯安那

---

① BN MS. 8390, Fontanieu to Orry, 28 September 1732; ADH C 1698, Orry to Bernage, 20 May 1743; ADCO C 255, Trudaine to Joly de Fleury, 11 May 1757. 骑警理论上（但实际上并非一直如此）没有从扣押走私品的行动中渔利的权利，而这一权利正是总包税人处心积虑地为他们自己的官员保留的。ADPD 1C 1628, memoir and letter of 21 September 1733; and BN MS 8376, f. 286, Orry to Fontanieu, 1 July 1737.

② ADS C 13, Sclarandi to Sinsan, 20 January 1755.

③ ADD 1C 1310, Séchelles to Boynes, 27 October 1754. 类似的命令见Séchelles to Michodière, 27 October 1754; and ADD 1C 426, Varod to Boynes, 10 April 1755. 关于早期的扫荡行动，见AN AD XI 48, no. 189, Ordonnance du roy, 1 August 1711; AN AD XI 49, no. 62, Ordonnance du roy, 10 November 1718.

的旅程中于公海上得了坏血病，在波尔多和图卢兹的医院中治疗了一段时间后，他返回了勃艮第，依靠贩卖扫帚为生，通过一路贩卖扫帚，他来到了多尔，但却在此莫名其妙地被捕。[①]蒙谢芒是大批紧随马德林的秋季和冬季冒险旅程之后跨越东南部地区但遭到逮捕的游民之一，这一逮捕活动正是改革之后的骑警队所进行的实力宣示。然而，绝大部分的嫌疑犯声称他们是无辜的，在臭烘烘的监狱中被关押数日之后，他们因为缺乏证据而被释放。

在那些落入骑警队搜捕网的嫌疑犯中，仅有3人曾被指控可能为马德林的匪帮成员。其中两人显然是无辜的。一人是因被怀疑为马德林本人而遭逮捕的萨伏伊僧侣——风传马德林会使用精巧的伪装来欺骗敌人。（正如我们所将了解到的，马德林作为骗子的形象通过沿街兜售并大受欢迎的小册子得到了广泛传播。）但事实证明这名僧侣只是一个放荡的神职人员。另一名无辜者——自称曾经加入这名匪首团伙的退伍士兵——由于无法复述冒险旅程的路线而被当作精神错乱者加以释放。[②]第三个嫌疑犯于1755年1月被捕，他可能曾经担任过匪帮的斥候。这个名为安德烈·瓦泽巴赫的瑞士人曾经因为参与马德林突袭勒皮的活动而遭逮捕，但后来由于缺乏证据而被释放。随后曾有人见到他与匪帮的成员共同饮酒，他亦承认1754年10月27日曾在奥尔热莱与马德林麾下的一名绰号为"市长"的头目共进晚餐，当时这支匪帮正好途径瑞士。但瓦泽巴赫抗议称，他只是一个以出售药剂和交易马匹为副业的无辜外科医师。勃艮第总督和马贡市长不以为然，他们怀疑他充当了斥候，他在匪帮抵达之前负责勘察市镇的情况。如果说这起案件的卷宗并不能够提供证明其是否有罪的确凿证据，但它的确证明了骑警队是如何通过自身有限的手段来协助追捕马德林匪帮成

---

① ADD 1C 426, Signalements and interrogations.

② ADPD 1C 1645, Daurelle to Michodière, 10 December 1754.

员的。①

直面匪帮的英勇任务留给了包税公司和军队。包税公司武装力量的规模相较于骑警队要大得多。总包税人年复一年地将比例相当可观的收入（10%至17%）投入他们的警卫力量当中，这一警卫力量如果无法根除走私活动，也至少能遏制地下经济的增长趋势，并部分地确保专卖、禁售和征税活动的进行。②结果，包税公司警卫队的士兵数量从这个世纪中期的1.5万人增加至旧制度末期的2万人——它显然是欧洲地区规模最大和最强大的准军事力量。警卫们分组成为由4人至10人组成的小分队。戍守警卫负责看守食盐和烟草仓库、驻守关卡、搜查货运马车和客运马车，机动警卫（部分配备了马匹）负责巡查道路、实施伏击和追捕在逃的嫌疑犯。在交通繁忙的边境地区，两类警卫队经部署形成了多条防线。

急于让包税公司盈利的国王政府赋予了包税公司警卫们强大的治安权力。1680年6月（关于食盐）和1681年7月（关于烟草）基础性的国王敕令以及在接下来的18世纪中出台的一系列法令赋予了包税公司警卫在王国任何地方（包括教士与贵族的城堡和马车）搜查和扣押走私品，并逮捕、拘禁和起诉涉嫌走私者、从犯和任何干涉其工作者的权利。警卫们并没有身着过于昂贵的制服，而是分配到了披挂于肩上、刻有"陛下的包税人"字样的子弹带。配备了滑膛枪的警卫们还被赋予了携带武器并向嫌疑犯开枪的权利，警卫队中那些知道如何操作武器的军队老兵便拥有着这项致命特

① ADD 1C 426, interrogation of 27 January 1755. 骑警还缴获了马德林匪帮在向盖南逃窜时储藏在塔尼埃的枪支。"Procès-verbal de tournée de la maréchaussée d'Autun," in *Rendre la justice en Dauphiné*, ed. Olivier Cogne (Grenoble, 2003), 387.

② Marie-Hélène Bourquin and Emmannuel Hepp, *Aspects de la contrebande au XVIIIe siècle* (Paris, 1969), part II, chapter 2. George T. Matthews, *The Royal General Farms in Eighteenth-Century France* (New York, 1958), 129-130所记录的经费为377万9868利弗尔，其中大部分为支付给警卫的薪酬。Jacob M. Price, *France and the Chesapeake* (Ann Arbor, MI, 1973), 1121, note 231估算的总经费为400万利弗尔。

权。[1] 如若包税公司警卫在执勤时冒险使用了过度的武力，他们也根本不怕来自王室法庭或领主法庭的审判，因为上述法庭被明确禁止起诉他们。唯有特别指定的（因宽宏大量而声名狼藉的）包税公司法官才获准审理被控处置失当的案件。

由于异乎寻常的规模和权力，包税公司警卫队的确相对出色地完成了工作，逮捕了数不清的落单走私者和地下世界中的小鱼小虾，偶尔还会拿下小规模的匪帮。[2] 然而逮捕落单走私者和偶尔击溃走私团伙的行动与摧毁像马德林的团伙这样全副武装的大规模匪帮的战役是截然不同的。对于包税公司警卫队而言，阻止这样一个由危险人物组成的集团是不可能完成的任务，它将受限于两个不利因素。首先，尽管警卫队规模庞大，但其数量仍不足以保护包括漫长的东部边缘和混乱的内部边界在内的所有王国边境地带。这完全是数量的问题。作为一支拥有1.5万人或2万人的强大力量，它必须负责数千英里的边境，保护数以百计的行省食盐和烟草仓库，为巴黎和其他城市的众多哨卡配备人员，征收若干种不同的赋税。随着这些警卫被分散部署在如此广阔的区域内，大规模的走私者团伙能够很轻易地击败他们。在"包税公司警卫分散于各自岗位上而无法机动或轻易集合为大规模队伍的"内陆地区尤为如此。[3] 这个世纪中期，整个奥弗涅行省——这里是马德林所钟爱的交易地区——只配备了7支警卫队，总人数仅为50人。[4] 当然，随着包税公司逐渐加强边境薄弱地区的安全投入，更多的警卫队被部署到了边境行省，但即便如此，这些地区的安全状况仍然堪忧。1738年，马德林的出生地——多菲内行省所拥有的警卫队不

---

[1]　André Corvisier, *L'armée française de la fin du XVIIe siècle au ministère de Choiseul* (Paris, 1964), 936.

[2]　关于警卫队成功抓获一个匪帮的若干成员的案例，见AN Z1a 991, jugement of 17 February 1755.

[3]　ADCO 322, Bertin to Villeneuve, 4 June 1762.

[4]　ADPD 1C 1638, memoir on brigades in Auvergne.

多于18支，其中仅有10支配备了马匹。[1]总共126人必须守卫两条内部界线——沿罗纳河而设的西部边界和与伯爵领以及普罗旺斯接壤的南部边界——除了与萨丁尼亚王国接壤的多山的东部边界。1753年和1754年，两支新的警卫队被派驻到了查尔特勒和蒂兰，但除此之外就没有更多的警卫队前来此地解决武装走私的问题。一支7人警卫队怎么对抗由30人组成的匪帮，更遑论一支100多人的队伍了。难怪一名灰心丧气的官员将马德林的成功归咎于总包税人，后者的贪婪和短视阻碍了警卫队规模的成倍扩张。[2]

另一个令包税公司忧虑的不利因素是新兵的招募。一名包税公司警卫的平均工资一年大约为300利弗尔，这几乎就是许多市镇或农村散工的工资水平。为了让这份工作更具吸引力，包税公司提供了许多诱人的好处：赋税豁免，免除为军队提供住宿等难以负担的义务，为逮捕、扣押或发现走私路线与网络的行动提供大额赏金。[3]这个始终在进行近代化改革的包税公司甚至在1768年建立了员工养老金制度，这是法国第一次引入此类制度。在一个许多农民仍然朝不保夕地的时代，一份固定工资和领取养老金的机会具有强大的吸引力。一份1755年来自格勒诺贝尔的招募海报略带夸张地宣称步兵和骑兵的工资将分别增加至350利弗尔和700利弗尔："增加的工资加上逮捕行动的赏金和其他酬金，将让这些职位十分有利可图……

---

① BN MS 8372, Orry to Fontanieu, 14 April 1732; 8360, Mémoires généraux sur toutes les fermes du Roy en Dauphiné; and 8390, Fontanieu to Orry, 17 July 1732. 另见Jean Descotes-Genon, *Les douanes françaises et la contrebande sur le Guiers en Chartreuse et à Miribel-les-Echelles* (Neuilly, 1994), 23-25.

② ADPD 1C 1645, Daurelle to Michodière, 21 December 1754.

③ 高层员工（监事、财务主管和队长）拿走了最大一份的赏金，但参与抓捕活动的警卫也能大幅增加他们的收入。见AN AD XI 51C, Devoirs des entreposeurs, 7 December 1730, and Deliberation de messieurs les fermiers generaux, 20 April 1731; BN MS 8376, fol.172, Orry to Fontanieu, 1 April 1737; and AN AD XI 51, no. 35, deliberations of 1 February 1743. 包税公司雇员的福利清单见AN AD XI 51B, arrêt du conseil of 23 July 1720; and AN G-1 105.

那些曾经在陛下军队中服役的人将占据有利的位置，而那些具备热忱和良好品德者将会得到晋升，这将改善他们未来的生活。"[1]

然而包税公司所提供的工资和福利仍然不足以吸引社区中出生于高等级或具备高教育程度的人。相反，所招募的警卫主要来自中下阶层的农民，这一群体中同样产生了众多他们所追捕的小走私者。[2] 正如我们已经了解到的，警卫的普遍背景和有限收入不仅刺激了腐败的滋生，还无法在面对来自与他们同一阶层的走私者时给予自己任何保护，因为这些走私者视他们为卑鄙的叛徒。一名警卫曾经沿罗纳河谷而上来到里昂，他在此地的一家小酒馆中遇见了一伙走私者，后者立即对他进行了搜身和审问。如果他不是颇具先见之明地将任务文件藏在了衣服夹层中，并留下了子弹带，"将有被杀死的风险"。[3] 警卫们的卑微出生也导致他们很难追捕地位较高的男子或女子。一名指控孔蒂亲王夫人的马车夫涉嫌运输1磅走私烟草的不幸警卫在亲王夫人向财政大臣投诉之后遭到了革除。[4] 普通的警卫官员对于此类的贵族特权几乎毫无办法。

最后，警卫们较低的社会地位意味着其中的许多人缺乏教育和修养。事实上，警卫的目不识丁已经广为人知到了成为一家巴黎咖啡馆的打赌对象的程度。[5] 一个声称曾经接触过包税公司记录的人用200金路易打赌所

---

[1] ADPD 1C 1647, Monticourt to Michodière, 15 July 1755.

[2] Jean-Claude Boy, *L'Administration des douanes en France sous l'Ancien régime* (Neuilly, 1976), 104; André Ferrer, *Tabac, sel, indiennes: douane et contrebande en Franche-Comté au XVIIIe siècle* (Besançon, 2002); Earl Robisheaux, "The 'Private Army' of the Tax Farms: The Men and Their Origins," *Histoire Sociale* 6 (1973), 262-269.

[3] BN MS 8390, Fontanieu to Orry, 24 August 1732.

[4] AN G-7 49, letters from Orry of 24 February 1733.曾在圣维克托大门处搜查塞纳克夫人手下的巴黎海关官员也同样地遭到了调查。Arlette Farge, *Subversive Words: Public Opinion in Eighteenth-Century France, trans. Rosemary Morris* (University Park, PA, 1995), 176.

[5] *Projet pour la suppression des douanes dans l'intérieur du royaume* (Avignon, 1763), 116.

有的警卫中不超过10人能够未经上级帮忙而知道如何撰写一份正式报告。这名赌徒可能输掉了他的赌注，然而文盲现象的确十分严重。里尔警卫队中仅有26%的人能够填写报告，与此同时，只有略多于一半的人掌握了书写技能。[①]多菲内总督曾抱怨称他一度难以招募到良家子弟，因为应征入伍的尽是"贫弱之人"，这引发了王室官员的共鸣。[②]为了让这些人不至于良莠不齐，总包税人试图施行严格的官僚程序和严苛的训练手段。从1729年开始，任何被发现与走私者串通的警卫都将被判处死刑。[③]诸如辱骂、醉酒和怠惰等较小的过错也会成为警卫被辞退的缘由。[④]但事实上，包税公司无法过多地期望其雇员接受过近代晚期的学校教育和工厂工作训练。

　　面对人员数量和质量上的局限，包税公司只能寄希望于通过密探抓获像马德林这样的大鱼。这个主意便是收集足够多关于这名走私者行进路线的精确情报，然后在法国领土上进行伏击。这一计划过去曾经奏效过；1732年，包税公司的密探所提供的情报导致了一个臭名昭著的走私团伙头目让·巴雷被捕。1754年夏，当政府当局首次意识到马德林的威胁时，瓦朗斯特别法庭的主席加斯帕尔·勒韦便要求外交事务大臣选派一群包税公司所收买的密探出手。这些走私者"四处杀人和行凶，他们的行军人数如此众多，装备如此精良，以至于（包税公司的）警卫们既无法攻击也无法抵挡他们；走私者将他们从岗哨上揪出来，就地杀死"。勒韦推断认为他们唯一能做的事便是向日内瓦方面提供嫌疑犯的名单，当这些人途经这个共和国时便会遭到逮捕。"我坚信如果没有使用密探，我们将无法取得

---

① Boy, *L'Administration des douanes*, 103; Ferrer, *Tabac, sel, indiennes*, 69-70; Robisheaux, "Private Army."

② BN MS 8392, fol. 324-332, Fontanieu to Orry, 28 August 1738.

③ AN AD XI 50, no. 31, Declaration of 2 August 1729.

④ AN AD XI 51C, Ferme generale du tabac, devoirs des entreposeurs … 7 December 1730.

成功。"①

在马德林10月的冒险旅程震动东南部地区之后，包税公司完全采纳了勒韦的建议。1754年11月，贝桑松的监事指使一名31岁的军队粮食供应商让·弗朗索瓦·格里芬混入马德林的匪帮。这名商人以10路易的代价获得了匪首的信任，获悉了他下一次突袭的时间和地点，并向距离最近的包税公司官员汇报了这一情报。格里芬的任务进展十分顺利。他在接壤日内瓦的法国西北部小行省热克斯的一间小酒馆中装作商人与马德林的一名副官偶遇，并被邀请加入了这个团伙。格里芬缴纳了100埃居的加盟费，这笔资金被投入到了沿途售卖的商品当中。然而跟随这个团伙来到卡鲁日之后，他获悉该匪帮将在冬季停止行动，团伙的指挥官们将要出售他们的马匹并四散离开。显然，这名匪首已经"饱受颠簸旅程和（在勒皮）所遭受的创伤之苦，他不再想要返回（法兰西）王国"。为了不让这个新加入的同伙失望，马德林答应如果他在来年春季组建新的团伙将会邀请格里芬入伙。②

1754年11月，另一名包税公司的官员——勒蓬德博瓦桑的总监督员和总督代理人皮埃尔·罗贝尔·勒鲁·德·拉莫特更加精心地编制了一张密探网络。拉莫特的父亲是曾经撰写过关于走私品书籍的包税公司监事，他本人也是一名充满激情的官员，指挥着数支沿基尔河驻守的警卫队，即将升任监事一职。③甚至在马德林登场亮相之前，拉莫特就已经主动敦促都灵王室方面逮捕若干居住于萨伏伊的走私者——他们曾残酷杀害了一名包

---

① AAE CP Genève, f. 76-77, Levet to Saint-Contest, 29 June 1754.

② ADD 1C 1310, Boynes to d'Argenson, 18 December 1754, and interrogation of Grifon, 17 and 18 December 1754.

③ *Projet pour la suppression des douanes*, 61-64.其父的手稿*Le Guide des employees* (1751)收录于AN G-1 63.

税公司的官员。① 在等待边界另一侧的协助但徒然无功之后，拉莫特继续展开攻势，抓获了贝里萨尔匪帮的成员——后来历经枪战从这名总监督员的马厩中逃脱的加布里埃尔·德加。在马德林令人震惊的10月冒险旅程之后，包税公司授予了拉莫特指挥一个以勒蓬德博瓦桑为基地的大规模间谍行动的权力。② 这对这名年轻官员而言是一个绝佳的机会，他坚定不移地投身于这一计划，搜寻萨伏伊走私者的位置、通信和偏好的路线，希望借此"消灭"一个主要匪帮来"以儆效尤"。③ 他所搜集的信息具有极高的价值，但这一价值对于他本人而言却过犹不及，因为他最终在基尔河畔被一名走私者击倒，这正是本书开头部分所提及的那次谋杀。

尽管存在显而易见的不足，但包税公司的警卫队仍然构成了一支强有力的力量。在18世纪中期，这支私人军队在巡逻边境、抓捕普通走私者，甚至是偶尔给匪帮制造麻烦方面都显示出了令人惊讶的效果。它也证明了自身有能力收集关于马德林这样的重要地下世界人物的情报。但所有这些情报仍然不足以让包税公司在未得到军队援助的情况下抓获马德林。

王室军队不同于城市民兵、骑警和包税公司的私人军队，它拥有足够的人手，1754年时它的规模已经接近12万人。然而调度军队镇压走私者也面临着棘手的问题，因为普通士兵或军官都未曾将打击走私者视为他们的职责。正如我们已经了解到的，士兵本身与走私活动牵涉颇深。要求他们镇压法国东南部地区的武装走私团伙就像是要求扒手来管制巴黎街道的治安。高等级的军官也不希望参与镇压非法贸易的行动，因为执行这种不光彩的追捕活动无甚荣誉可言。1732年，军队最后一次参加了打击武装走私

---

①　ADI 2B, letter of 16 July 1753, 副本见Olivier Cogne, ed., *Rendre la justice en Dauphiné* (Grenoble, 2003), 385-386; Corinne Townley, *La veritable histoire de Mandrin* (Montmélian, 2005), 57-58.

②　SHAT 1A 3386, no. 14, d'Argenson to La Morlière, 4 November 1754.

③　SHAT 1A 3406, no. 94, report of April 1755.

团伙的行动，马尔西厄爵士对于追捕巴雷的主意感到十分恼怒——后者曾经在往返伯爵领和日内瓦之间走私烟草和印花棉布的过程中杀死了两名包税公司的警卫。马尔西厄在写给掌玺大人的信中说道："我毫不夸张地向您坦承，我强烈希望宫廷能够免除我执行这项吃力不讨好且有失声誉的工作——也就是率领军队对抗得到整个地区支持和怂恿的走私者的行动——的职责。"① 正如丰塔尼厄向财政大臣所解释的："（王室军队）十分反感与恶棍团伙作战，他们无法从中获得激励他们的荣誉。"② 真正的荣誉只能从击败有价值对手的过程中获得。

18世纪50年代初期，随着总包税人逐渐意识到东南部地区烟草走私活动所导致的收入损失，他们再次催促主计长去说服战争大臣召集军队。作为回应，战争大臣达尔让松伯爵提醒了这一地区的军队首长，并派遣了特别部队去完成包税公司警卫和骑警所无法完成的工作：保障与萨伏伊边界的安全，打击武装走私活动。1753年8月，达尔让松伯爵部署了一支"轻装部队"——由多菲内志愿兵（志愿兵是指那些签署的服役合同比普通士兵更为灵活的人。）组成的尖刀部队，它曾在让-弗朗索瓦·德·冈特麾下参加了奥地利王位继承战争（1740年至1748年）。这支由12名骑兵和100名步兵组成的多菲内志愿兵队伍驻扎在了法属勒蓬特博瓦桑一侧，他们在市镇的广场上进行操练，能够一览无遗地观察到敌人渡河。1754年7月，在马德林的首次大规模行动之后，国王调遣了另外一支规模更大的轻装部队前来增援前一支队伍。这支由参加过两次战争的著名老兵亚历克西·马加隆·德·拉莫里哀上校指挥的佛兰德斯志愿军（因其曾于1744年

---

① 引自Edmond Esmonin, *Études sur la France des XVIIe et XVIIIe siècles* (Paris, 1964), 420.

② BN MS 8392, fol. 324-332, Fontanieu to Orry, 28 August 1738.

至1748年驻守佛兰德斯而得名）由140名骑兵和240名步兵组成。[1]它的任务是追捕"那些每日逍遥法外且肆无忌惮的萨伏伊走私者"。达尔让松伯爵告知拉莫里哀："你清楚地知道他们是如何蛮横无理，以及镇压他们是何等重要，所以我必须敦促你圆满完成这项任务，这样那些包税公司的官员就不能抱怨称剿匪者反助其势了。"随着军队被大量派驻至边境地区的各个市镇，或驻守于它们后方，法国军队的力量现在可供包税公司任意支配。没有什么比打击走私的战争更能展现国家"财政"与"军事"部门之间的交集了。[2]

然而直到10月，在马德林的匪帮"钻了军队缺位的空子"，横扫东南部地区突袭各处的烟草仓库之前，这位大臣对这一行动的承诺仍显敷衍。[3]最初看起来随意攻击包税公司官员的行动如今却像是由一个矢志于颠覆国家政权的人所组织的一场持续战役。达尔让松伯爵不再将非法贸易看作是仅与包税公司相关的严格意义上的财政问题。现在王权和公共秩序的存续都成了问题，关切的目光直接落到了军队身上。这至少是今后达尔让松伯爵在其所有关于此事的通信中所使用的措辞。在致战场指挥官的信中，他强调了肆虐东南部地区的动乱是"与公共安宁相悖的，它们将会损及陛下的权威，并且不利于陛下之包税公司的利益"。走私者的胆大妄为"已经到了无以复加的地步，仍然按兵不动将是可耻甚至是危险的"。"他们的大胆行径已经到了如斯地步，以至于陛下的权威和包税公司的财

① ADH C 6877, Marcieu to Moncan, 12 October 1754.这是他在战争末期所指挥的军队经过不断裁撤而留下的最后部分。André Corvisier, *Histoire militaire de la France* (Paris, 1992), 2:42-43.

② SHAT 1A 3384, no. 46, d'Argenson to Marcieu, 18 July 1754; SHAT 1A 3384, no. 45, d'Argenson to La Morlière, 18 July 1754. 这种交集表现为不同方面分担行动的经费，其中包括了：为士兵支付军饷的总包税人、负责提供薪材的国防部和受波及行省的纳税人——他们的政府被怀疑在走私活动中串通一气。BN MS 8372, Orry to Fontanieu, 17 October 1732; ADD 1C 1310, d'Argenson to Randan, 23 September 1754.

③ SHAT 1A 3386, no. 12, d'Argenson to Moncan, 4 November 1754.

产都处于险境。"① 现在该轮到军队出马了。

被10月的一连串事件所刺激的达尔让松伯爵策划了一项新的攻击计划。拉莫里哀仍然停驻于暴风眼所在的勒蓬德博瓦桑，以维持与萨伏伊接壤边界的稳固，与此同时，其他众多军团被连续部署在了茹拉山脉到地中海之间的地区。勃艮第、弗朗什-孔泰、多菲内、普罗旺斯和朗格多克的军事指挥官们增加了对各自行省的督查，而皮埃尔·埃梅、马尔西厄伯爵、多菲内指挥官和拉莫里哀都在努力提高他们军队的战斗力。除了平常对于纪律的要求，他们还命令所有的士兵以恭敬的态度与包税公司展开全面合作；将任何涉嫌参与走私活动的士兵直接押送到瓦朗斯特别法庭。他们还起草了颇具攻击性的交战条例。指挥官们要高度重视从包税公司官员那里收到关于走私团伙报告的类似信息，并立即将军队投入到追捕行动当中。分遣队在交战前不会等待包税公司警卫到达。他们将成为这一行动中的领导力量。② 一名官员如此评论军队的新攻势，"瞧，在这个最伟大的和平时期，整个战争机器都开动了起来，我们的士兵将要追捕那群罪犯"③。

在新的军队部署当中，一支精锐的轻装骑兵——菲舍尔的轻骑兵显得尤为重要。由于马德林仍然在使用斥候和密探为其匪帮指引通过军队大本营无人防御的间隙，达尔让松伯爵委任这支特别突击力量在他下次穿越边境时予以追踪。作为一名来自社会中间阶层的幸运的外国士兵，让-克雷蒂安·菲舍尔中校已经在奥地利王位继承战争中一举成名。④ 自从法国

---

① ADH C 1978, d'Argenson to St. Priest, 17 September 1754; and SHAT 1A 3385, no. 394, d'Argenson to Tavannes, 20 October 1754. 瓦朗斯特别法庭的主席在其与外交事务大臣的通信中长期使用"公共安全"一词。AAE CP Genève 66, fols. 76-77, Levet to Saint-Contest, 29 June 1754.

② ADH C 1655, Ordre générale, 13 September 1754.

③ ADPD 1C 1645, Daurelle to Michodière, 21 December 1754.

④ E. de Ribaucourt, *La Vie militaire et les exploits de J.-C. Fischer* (Paris, 1928).

军队在中欧地区被师法土耳其人发动小规模攻势的机动队伍袭扰，路易十五便建立了自己的轻装特别部队予以回击。这些部队避免了陷入胶着战斗的局面，他们在投入战斗和撤出战斗方面均享有前所未有的行动自由。菲舍尔于1743年被授予了这么一支队伍的指挥权，并很快借此引起了别人的关注。当他的轻骑兵从60人的小队发展为600人的队伍时，便承担起了情报刺探、区域侦查、攻击地方骑兵和擒获战俘的任务。事实上，菲舍尔和马德林的生涯存在着奇怪的相似性。两人均以大胆的行动而闻名，也都对败北者有所"助益"，而且那场成就菲舍尔的战争也毁灭了马德林成为一名军队供应商的梦想，将他推入到了地下世界当中，而正是在这个地下世界中，马德林发展出了他自己的贸易战争风格。这两个勇于进取的年轻人——一个是在军队中不断获得晋升、善于打破常规的特种作战大师，一个是通过地下贸易的迂回方式成名的走私者——将于1754年12月20日在勃艮第一处可俯瞰盖南的山腰遭遇。

无疑，菲舍尔擅长轻装-快速突袭的名声吸引了达尔让松伯爵的注意，后者于1754年11月授予了这名充满锐气的中校抓捕马德林的任务。谁更适合追踪一个像特种骑兵那样拥有快速行进能力的匪帮？指挥着一支在和平时期经过精简的60人小队（20名骑兵和40名步兵）的菲舍尔受命"不管在何处遇见这些走私者，立即进行追捕和攻击"，换一种说法，"驱散并摧毁进入（陛下）领地并侵扰公共和平的武装团伙"。[1] 在大部分部署对抗马德林的部队都采取防守姿态守卫边境的各个区段或归其负责的市镇与区域时，菲舍尔却不受牵制地展开了攻势，穷追不舍地紧咬马德林。这种集群攻击力量正是懒散倦怠的法国军队所需要的。

曾在充斥着军事间谍活动的奥地利王位继承战争中建立起一个令人

---

① ADH C 6877, Saulx Tavannes to Moncan, 16 November 1754; ADCO 322, Ordonnance du Roy, 12 November 1754;引自Guy Peillon, *Sur les traces de LouisMandrin* (Lyon, 2005), 147.

印象深刻的情报网络的菲舍尔立即着手收集尽可能多的关于马德林的情报。[1] 他进入瑞士走访平民，并派遣上尉乔治潜入萨伏伊秘密侦查马德林的行动。[2] 伪装成匈牙利军官的乔治赢得了一名萨伏伊绅士的信任，后者安排他在卡鲁日与这名走私者碰面。在这次碰面中，乔治声称维也纳全城都为马德林倾倒——有鉴于两个王国之间的敌对状态，这种恭维似乎是可信的——对他大加奉承，并提出可以联系身处奥地利首都的朋友，他们能够为这名匪首提供功成身退后的安全居所。当马德林对这个提议有所兴趣时，乔治回复称他将乐意前去进行必要的调查，从而为自己争取到了设置陷阱以获得马德林信任和收集必要情报的时间。如果需要争取更多的时间，他可以一直在德意志起草子虚乌有的回信并从慕尼黑寄给马德林。[3]

乔治混入马德林匪帮的大胆行动并没有获得任何关键性的情报。马德林似乎察觉到了叛徒的存在，趁机向其传递了关于匪帮计划的错误讯息。他告诉这名密探称法国军队严密防卫着边境地带，以至于他们无法从北部地区突袭进入弗朗什-孔泰；然而两周之后，这个匪帮就将完全沿着这条路线进入法国。乔治还"发现"马德林将会横渡日内瓦湖前往韦尔苏瓦港口，这一情报催生出了一项在此地抓捕这名匪帮头目的计划；然而没有任何证据表明马德林曾经乘船驶入这个港口。如果马德林曾经利用乔治来摆脱法国军队的跟踪，那么这名匪首也曾利用后者向法国政府当局传递他自己的某种形象。声称热爱其祖国的马德林坚持他无意对国王不敬，因为他的行动仅仅是为了索回在不幸的意大利征程中被总包税人坑骗走的40000利弗尔钱款。马德林在此似乎重申了其事业的正义性，就像历代的批评者总是避开国王，将矛头对准中间人，在这个案例中，这个中间人便是没有

---

[1]　Stéphane Genêt, *Les Espions des Lumières* (Paris, 2013), chapter 6.

[2]　AAE CP Genève 66, fol. 241, Séchelles to Rouillé, 5 December 1754.

[3]　AAE CP Genève 66, fol. 236-237 and 244-245, Montperoux to Rouillé, 2 and 5 December 1754.

补偿其损失的总包税人。他还透露，希望在自己放下武器的情况下，国王能够给予其赦免，显然他向乔治展示了一封来自达尔让松伯爵的来信，其中也出现了这一提议。我们知道若利·德·弗勒里曾向这位大臣提出类似的建议，但达尔让松伯爵此前都拒绝摆出此种姿态。

这支军队的情报工作不仅局限于乔治一人，还延伸到了外交领域。达尔让松伯爵敦促其同事——外交事务大臣安托万·路易·鲁耶指示国王的驻日内瓦特使——蒙特佩鲁男爵艾蒂安-让·吉马尔在这个共和国的中心地区建立一个情报机构。作为法国国王在这座城市中的最高代表，蒙特佩鲁男爵已经全权担负着处理外交事务、经营贸易关系和监视伏尔泰的工作，但是在1754年11月，他也卷入了打击走私活动的战争。"这件事已经引起了陛下的注意"，达尔让松向外交事务大臣解释道，这些走私者近来"偷走了陛下的岁入，强制打开了监狱，犯下了种种罪行……他们在日内瓦市及其州内购买货物，还能在此找到一些商人——他们不仅能够负责运输货物，还能提供确保销售的必要帮助，也即提供贷款支付购买武器、人员薪酬和购买马匹及其他驮兽的费用"。为了阻止这些走私者进入王国领地，军事指挥官们需要更多地了解他们在边界另一侧的活动。因此，蒙特佩鲁男爵需要收集关于"所有这些走私者的行动，每个匪帮的活动时间、地点和货物类型，指挥他们的匪首的名字和基本情况，偕行的武装人员数量——不管是徒步的还是骑马的，他们在王国内所接触的人员，他们存放武器的地点，以及任何有助于封锁他们行进道路，甚至确定毁灭他们的方法的情报"。这种珍贵的情报一旦收集到，就应被立即传递给邻近地区的军队指挥官。①

---

① AAE CP Genève 66, fols. 189-190, Mémoire pour M. Rouillé. 关于日内瓦"居民"的有趣立场，见Fabrice Brandli, *Le nain et le géant: La République de Genève et la France au XVIIIe siècle* (Rennes, 2012).

被这项新任务吓到的蒙特佩鲁男爵解释称他的工作面临着多种限制。虽然日内瓦的商人们以从事印花棉布的非法贸易而闻名，但这座城市几乎称不上是其上司所认为的烟草走私天堂。"依据近期所收集到的所有情报，我能够向您担保日内瓦没有胆敢出售相当数量烟草的商人；他们也遭到了严密的监视。"① 正如近期检举非法贸易者的行动所表明的，这座城市正在用尽其共和"政府体制所能允许"的所有手段来打击走私活动。② 这名外交官坚称问题并不在日内瓦，而在其以南和以北的地区。在萨伏伊，走私者的行动完全肆无忌惮。在10月冒险旅程之后，马德林及其副官在卡鲁日停留了8天时间，然而却没有人试图去逮捕他。"然而，如果萨伏伊总督下令的话，事情就再简单不过了。"③ 对南部地区事态颇为反感的蒙特佩鲁男爵给出了两条具体建议。他敦促逮捕和审问将乔治引介给马德林的萨伏伊人；这名绅士曾经吹嘘称杀死过一名包税公司的警卫，并且经常与马德林接触。他还建议法国发动一场宣传攻势，承诺赦免自首并作证指控其同伙的走私者。其目的并非是引诱叛逃者——其中很少有人会变节——而是在匪徒之间传播不信任感，从而侵蚀他们的团队精神。然而没有一项建议得到其上司的认可。

蒙特佩鲁男爵认为北部地区同样也存在问题。在瑞士的沃州和伯尔尼州，走私者能够毫无限制地从批发商人手中买到烟草，并运至法国。由于伯尔尼政府无意阻止此类贸易，所以法国不得不追踪那些在此地购入货物的匪帮，确定他们计划穿越边界的地点，然后派遣军队前往这一地区。然而在这些团伙当中安插密探几乎是不可能的。蒙特佩鲁男爵抱怨道："我曾经徒劳无功地尝试为这项工作招徕人员，提供与其工作相匹配的报酬，

---

① AAE CP Genève 66, fols. 204-207, Montperoux to Rouillé, 13 November 1754.

② AAE CP Genève, fols. 107-110, 129, 262, and 267.

③ AAE CP Genève, f. 204-207, Montperoux to Rouillé, 13 November 1754.

但我发现没人愿意从事如此危险的情报刺探工作。"那些怀疑他们之中混入密探的冷酷无情的走私者会毫不犹豫地"砍下他们的脑袋"。即便密探们赢得了他们的信任，也难以获得可靠的情报，因为匪首们会根据他们自己所派出密探提供的关于敌军位置的情报，不断改变行进路线。而行进路线一旦最终确定，匪首们也从不会向普通匪帮成员泄露相关情况。①

意识到存在这些困难的蒙特佩鲁男爵认定阻止马德林的唯一方法便是与伯尔尼当地的官员合作。他最大的希望就是说服他们封闭日内瓦湖沿岸的瑞士边境，从而在事实上封锁住萨伏伊的走私者。在多菲内和瑞士的边界均被关闭的情况下，非法贸易的利润源泉将会枯竭，走私者们会举刀向内，最终迫使都灵方面肃清这一地区。虽然这一计划被证明太过于雄心勃勃，但蒙特佩鲁男爵的确招募到了两名守卫，让他们在走私者从萨伏伊出发，通过尼永和莫尔戈时通知他，这一早期预警系统对于法国而言具备着重大的价值。

在瑞士官员的帮助下，随着来自告密者的情报持续流入，蒙特佩鲁男爵已经能够在马德林冬季行动之前数周追踪到他在法国边界以东地区的行踪。他首先知会了外交事务大臣，这名匪首已被发现在横渡湖泊前往卡鲁日之前带着200人现身于瑞士的科佩、尼永和罗勒。在勒皮的战斗中受伤的马德林在卡鲁日延请了一名来自日内瓦的外科医师。（马德林威胁称，如若日内瓦当局阻扰他寻找医师，他将绑架一名行政官，并把这座城市周边地区烧成平地。当其手臂在治疗之后仍然肿胀时，他便怀疑蒙特佩鲁男爵收买了这名外科医师在他的伤口上下毒。）在离开卡鲁日之后，这名四处游荡的走私者又在数个地方被发现了：他被看到在弗里堡寻找另一名医师；而后又返回日内瓦市郊，他与其同伙在此"花费从法国带回来的

---

① 　AAE CP Genève 66, fols. 204-207 and 224-225, Montperoux to Rouillé, 13 and 22 November 1754.

钱财尽情作乐"；[①] 他还在耶讷参加了一名犯罪同伙的婚礼；最终，在最后一次冒险旅程开始前一周，马德林带着一支双管霰弹枪离开卡鲁日，前往湖区北岸与一伙骑马走私者碰面。谣言风传这支匪帮将选择一条南部路线进入奥弗涅，但蒙特佩鲁男爵怀疑这些风言风语只是欺骗法国政府削弱在弗朗什-孔泰地区守卫力量的把戏。12月18日，蒙特佩鲁男爵报道称马德林极有可能"通过防守最薄弱的地区"进入法国的这一行省。[②] 他的判断是完全正确的，但为时已晚：马德林已经在3日之前进入了弗朗什-孔泰地区。紧随马德林身后的蒙特佩鲁男爵永远无法及时发现他潜入法国的地点，从而为法国军队提供预警。

马德林的最后一役

除了蒙特佩鲁男爵，很少有人预料到马德林会在这个冬季发动一场走私行动。事实上，一个关于攻势迅猛的10月走私行动的解释便是这些走私者们急于在寒冬降临之前获得尽可能多的财富。里昂的指挥官罗什巴隆在1754年10月写道："人们认定他们想要结束走私行动，在通常会封闭山道、只留下主干道可以通行的大雪落下之前带走所有他们能带走的东西。"[③] 如果说需要任何证据证明马德林不打算在冬季出击，那么在卡鲁日混入马德林团伙的轻信的包税公司密探格里芬便适时地登场了，他报告

---

① AAE CP Genève 66, f. 202, Montperoux to Rouillé, 9 November 1754.

② AAE CP Genève 66, f. 260-261, Montperoux to Rouillé, 18 December 1754.

③ ADPD 1C 1639, Rochebaron to Michodière, 5 October 1754. 战争大臣和奥弗涅总督也怀疑这场对抗总包税人的"战争"是否会持续到冬季。René-Louis de Voyer, Marquis d'Argenson, *Journal et mémoires du marquis d'Argenson* (Paris, 1866), 8:405; and ADPD 1C 1641, Michodière to Imbert, 14 December 1754; and 1C 1645, Daurelle to Michodière, 21 December 1754.

称该团伙在春季来临之前都将停止行动。① 虽然如蒙特佩鲁男爵所准确汇报的，谣言仍在继续风传—— 一场经过弗朗什-孔泰的突袭行动已迫在眉睫，但该行省自视甚高的总督却向战争大臣保证此类谣言毫不可信。"近期我们群山之上覆盖的皑皑白雪将让这些走私者无法跨越边界。"②

然而这位总督刚刚写下这些话，"一支由80到100名走私者组成的队伍"未发一枪，于12月14日在名为勒吕塞的村庄跨越边界进入该行省消息便传来了。③ 两日之后，情报确认这支匪帮的人数达到了"115人，他们都骑着马，装备有剑、步枪和许多手枪"。④ 马德林并没有蹲守于萨伏伊，而是勇敢地战胜了堵塞道路的大雪，在12月中旬发动了攻势。他深知在严冬之际调动王室军队是何等不易——战争通常都是在晴好的时节发动——因此可能认为他这支灵活机动的匪帮将会掌握优势。情况对于格里芬而言再糟糕不过了，被怀疑是双重间谍的他被扔进了监狱，与之相伴的是马德林在法国的头几个晚上所留驻市镇的市长们。

这些走私者骑马向西来到了毗邻弗朗什-孔泰首府贝桑松的比齐——该行省的指挥官将他们的这一行动视作了是对他个人的羞辱——然后向西南方向突进至拉伏尔泰，他们在此地入眠时并没有意识到这场战役将会在次日进入一个全新的阶段。他们将会首次遭遇到法国军队。12月16日，该团伙在邻近蒙苏沃德雷的地区侦查到一支正在前往多尔的阿尔库尔团骑兵队。看到这些身着制服者，走私者们继续展开攻势，他们进行了40多次射击，在剩余骑兵逃走之前分别杀死和击伤了一名士兵。虽然这只是一次遭遇战，但该匪帮已经跨越了门槛，进入一个新的战斗领域。

① 达尔让松伯爵承认他曾被格里芬的报告所"愚弄"。SHAT 1A 3386, no. 407, to Boynes, 26 December 1754.

② ADD 1C 1310, Boynes to d'Argenson, 16 December 1754.

③ 同上。

④ ADD 1C 1310, Boynes to d'Argenson, 18 December 1754.

无暇节约子弹的走私者们继续向西进入了勃艮第。在小镇瑟尔，马德林开始了冬季冒险旅程中的第一次强制交易。他因循旧例地将走私品加塞到了包税公司的供应链当中。但在军队如今已经知道其去向的情况下，马德林再次即兴发明了一种用于加快交易进程的新的经济手段。他不仅卸下了强迫瑟尔仓库负责人购买的那批烟草包裹，还带来了另外一大批货物，这些货物都是在今后几日内强制要求邻近市镇的包税公司官员购买的。也就是说马德林不再像过去那样从一个市镇到另一个市镇地来回运输烟草，而只在瑟尔卸下全部的货物，然后强迫邻近市镇的包税公司官员购买可从库存中领取一定数量烟叶的凭证。这种对过去收条制度的更改将在很大程度上减轻这支队伍的负担，让它更为迅速、更为机敏、准备更为充分地躲避王室军队。[1]

马德林及其同伙将其大部分的存货——约146包烟草运到了瑟尔。他们以适当的价格向仓库负责人（2000利弗尔）和盐税征税官（4000利弗尔，其中3000利弗尔是借来的）出售烟草；然后又袭击了不见踪影的包税公司警卫队长的宅邸；接着他们又经过了监狱，盘问了其中所关押囚犯的罪名，一个接一个地释放了他们，直至清空监狱。[2]看起来10月的胜利场景又会再次出现。

在瑟尔卸下货物之后，马德林及其同伙又将目光投向了博讷这个大约拥有8000人口的城市，它是马德林在冬季冒险旅程中所突袭的规模最大的市镇。他所投下的赌注是高昂的。这座城市的烟草仓库负责为分散于城市及其周边的大约60个教区中超过4000个家庭提供烟草，其年营业额超过了2万利弗尔。[3]这原本应该是一次简单的行动：占据市镇，强制展开交

---

[1]　BMG Chenavas (hereafter Ch.) 142, copy of letter from Bertrand de Chalon, 23 December 1754.

[2]　BMG Ch. 142, copy of letter from Raudas, 18 December 1754.

[3]　AN 129 AP 29, procès verbal by Helvétius, 1738-1739.

易，发放凭证，以及打开监狱大门。但市政官们已经获知了该团伙前来的消息，他们试图展开反抗。如果说勒皮是包税公司警卫组织起针对马德林的有效防御的第一座城市，那么博讷便是动用民兵保卫其居民的第一个市镇。此前国务大臣、军队指挥官和总督们招募民兵的所有指令都开始收到回报。

12月18日是博讷的市集日。一群妇女从邻近的柯尔伯龙来到这座城市做买卖，她们警告市政官们称一大批全副武装的走私者前一夜曾在她们的村庄寄宿。博讷的市长和议会很快就让这座建有城墙的城市做好了战斗准备，他们敲响了钟楼上的警钟，召集起了民兵，派遣若干支由30人组成的小分队驻守城市的4个大门。即便对于一支经验丰富、武器精良的匪帮而言，这座入口得到严密防卫的城市也将是极难攻入的。然而对马德林而言幸运的是，这座城市的防御存在着薄弱环节。负责马德莱娜门的军官"认为塔瓦纳先生（勃艮第指挥官）的恐惧只是惊慌失措的表现而已，他无法想象为数不多的走私者能够攻占各座城市并从中榨取钱财"。他并未将柯尔伯龙的妇女当回事，也未命令哨兵关闭大门，而是前去吃午饭，"同他的朋友们大肆嘲笑民众对马德林的恐惧"。[1]

上午11时30分，该匪帮全速抵达。在发现马德莱娜大门洞开但有人防守时，"骑士马德林"发动了一次猛攻。[2] 此时守卫城门的塞巴斯蒂安·邦乌——一名在民兵队伍中服役的裁缝急忙向这些走私者开火，他被步枪子弹打中，倒在了冰冷的泥地上。[3] 被拿走武器、剑、帽子、衣

---

① ADCO G 2550, Délibérations de Chapitre de Notre-Dame de Beaune, 1753-1760, fols. 49-51. 本书关于博讷的描述基于ADCO 2550; BN MS 8689, fols.284-285, "Mémoire du passage de mandrin en Bourgogne"; BMG Ch. 142 (letter from M. de la Rue, 19 December 1754; and Tavaux, 20 December 1754); and BMD fonds Baudot, Ms. 939, Abbé Boullemier, "Notes sur la Bourgogne et sur Dijon," 419-423.

② BN MS 8698, fols 284-285, Mémoire.

③ ADCO G 2550, Délibérations, fols. 49-51.

服、鞋和钱物之后，在这一天剩余的时间里，他的裸尸都被摆在大门前。当另一名警卫——一个名为弗朗索瓦的盐吏急忙前去关闭城门时，他的胸部被打中了两枪，因此殒命。当警钟不停地被敲响时，这些走私者正在涌入城门：一名休假的士兵被杀死了——好奇心促使他从城墙上前来围观这次袭击；一名熟练玻璃工的腿肚子受伤；两名面包师遭到了粗暴的殴打。一个目睹走私者入城的人说道："连最无畏的人都动摇了，看到他们抵达的场景，我的声音中都带着恐惧；他们高举着步枪，全副武装，所有人都呼喊着'杀人，杀人，让全城都烧起来'，急速地穿越马德莱娜地区。"[①] 正如在勒皮一样，这个团伙用全力攻击来回应激烈的抵抗。《阿维尼翁通讯》报道称："当钟声传遍这座市镇时，每个人都紧锁家门，没有谁敢将头伸出窗户。"[②]

占据城门之后，马德林便在一家名为"小圣母"的客栈中建立了临时指挥部，并派遣了3支分队进入市镇，各支分队以相互间隔100步的方式行进，他们"秩序良好，从始至终都拿着滑膛枪准备战斗"。[③] 很快，喧闹的钟声沉寂了下来，所有通往市政厅的街道都处于监视之下。随着市镇的陷落，马德林抵达所引发的最初的兴奋便让位于恐惧：

> 长久以来，马德林都被描绘为一个有礼貌的商人和战士，是一支纪律严明且仅以包税公司为目标的队伍的头目。被这一形象所吸引的居民们急切地在各自家门口露面，以满足好奇心，但是当他们发现马德林是动真格的——他正在不加区别地进行射击——便感觉到了危险，认为紧锁家门是更为审慎的选择，于是此时马德林便成了这座城

---

①   BN MS 8698, fols. 284-285, Mémoire.

②   CA, 31 December 1754.

③   ADCO G 2550, Délibérations, fols. 49-51.

市绝对的主宰。①

在控制了这座市镇之后，走私者们拜访了监狱，但发现其中并没有走私者或逃兵，便没有释放囚犯。部分走私者洗劫了一个烟草和食盐小零售商的商店，打碎了他的招牌，从其保险柜中拿走了现金，卷走了商品；与此同时，其他走私者则在维护他们的步枪，向任何敢离开家门的人射击，或者前去饮酒。两名走私者发现了市长，将他带至指挥部听候马德林的吩咐。这名恼怒于该城市所组织抵抗的匪首要求获得25000利弗尔的钱财，其中额外的5000利弗尔显然是作为对其抵抗的惩罚，但他最终同意将总额降低至20000利弗尔，支付者是这座城市的烟草仓库负责人和盐税征税官。

在等待这笔财富的过程中，马德林还"升堂"召见了所有希望觐见者。这个房间"像一枚鸡蛋一样被挤得满满当当"，其中充斥着仰慕者、心怀不满者和好奇者。"他的周围围着5到6名保护他的走私者；但如果任何人想要攻击他也是相当容易的，因为房间内十分拥挤，以至于（这些走私者）无法使用他们的步枪；没有人想为总包税人牺牲自己，因为（这些走私者）宣称他们所仇恨的只是包税公司，无意伤害市镇居民。"②在马德林处理完占领期间事务，正在为这一过程中过火行为的受害者提供赔偿之际，仓库负责人和征税官携带着2万利弗尔的钱款抵达了。当有人挖苦称马德林会使用小面值的硬币"来进行赔偿"时，据传马德林回击称："听着，先生，我赚得比你多多了。"在将金币收入钱包和裤带，并将其他若干袋的钱币递给他的军官们后，马德林宣称："不需要计数或称量（钱币），你们都是品德高尚且正直的体面人，你们不会欺骗我。"随后他起草了一份短信，讲明了"总包税人将负责支付"用于购买"我存放于

---

① 　BN MS 8698, fols. 284-285, Mémoire.

② 　ADCO G 2550, Délibérations, fols. 49-51.

瑟尔仓库中的若干包烟草"的2万利弗尔钱款。[1] 正如达尔让松侯爵在对博讷突袭事件的观察中所说的："这是一场分毫不差地针对总包税人发起的战争。"[2]

在向酒馆店主支付了食品酒水费用之后，马德林发出了撤离信号，他翻转帽子，宣告称："嘉年华再见。"[3] 对大斋节前这一节日的这种诡秘暗示表明了马德林从颠覆世界的行动中获得了多少乐趣，而这种颠覆正是通过强行运输走私品进入专卖区而得以实现的。如果说马德林最早的强制交易是未经过夸张与戏剧化的即兴创造，那么如今他已经深谙这种强制交易的行动层面及其对那些观察或听闻其故事之人的影响。这种恶意颠覆的场景被博讷街头的歌手所保留，他们在匪帮撤离之后抓住机会嘲弄着那些缺乏面对走私者的勇气的市镇"绅士们"。[4] 然而对于某些人而言，伴随着这一出政治戏剧而出现的暴力却不是玩笑：在马德林来到这座城市两周之后，财政大臣向博讷城内在占领期间丈夫被杀的寡妇们发放了援助金。[5]

匆匆离开博讷的马德林佯装向南潜入索恩河畔的沙隆，但事实上却突然向西奔袭欧坦，这座市镇的规模虽然小于博讷，但却是一座同样令人印象深刻的烟草行署的所在地。这种伪装的线索意味着他们摆脱了政府当局，但欧坦本身也已经为迎接一场袭击做好了准备。总督加奈侯爵已经花费了数周时间为最坏的情况做准备：600名精壮的民兵严阵以待，哨兵们在城门开放时搜查进城的每一个人，旅馆老板们交出了住店记录。在周边

---

[1]　AD Haute-Saône C 208, 引自E. Gondolff, *Le Tabac sous l'ancienne monarchie: La ferme royale*, 1629-1791 (Vesoul, 1914), 237.

[2]　D'Argenson, *Journal*, 8:397, 25 December 1754.

[3]　BMG Ch. 142, letter from de la Rue, 19 December 1754.

[4]　BN MS 8698, fols. 286-287, "Pot Pourri sur les gentils hommes de Beaune."

[5]　ADCO C2, Saint-Florentin to Joly de Fleury, 1 January 1755; SHAT, 1A 3397, nos. 7 and 9, d'Argenson to Tavannes, 1 January 1755.

的乡村地区，村民们警惕着武装人员，骑警们开始巡查道路。12月19日清晨，由博讷市长派出的一名信使抵达欧坦，他警告这里的官员们称马德林的团伙已经进入了该地区。所有的城门都被立即关闭。①

曾在博讷遭遇激烈抵抗的马德林想必已经清楚地了解了他在欧坦所将面临的阻碍。如果这座建有围墙的城市的所有大门全都牢牢地关上了，还派驻人员守卫，那么他要如何击败它？机会在这座市镇之外数英里的地方出现了，当时该匪帮偶然遇到了37名正前往沙隆领取勋章的神学院学生，其中许多人来自欧坦受人尊敬的家族。马德林立即意识到这群身着黑衣者正是他进入这座防御坚固的市镇的门票。在向这群学生的领导者阿玛尔神父做了自我介绍之后，他绑架了这些人，命令其同伙挟持这些神职人员来到欧坦外的圣-让-勒-格朗修道院。阿玛尔神父受命前去劝说市镇官员们立即打开城门，否则这座修道院——"本行省最美丽的建筑之一"——将会被付之一炬。② 这名神父还适时地告知了官员们其学生所处的"极端危险境地"。

在获知那些出身名门的男孩们落入了一个全副武装的匪帮手中之后，这座城市别无他法，只能停止抵抗。马德林携8人进入该市镇会见市长，要求后者从烟草仓库负责人和盐税征税官那里筹措2.5万利弗尔的钱款。从前一次冒险旅程的标准来看，马德林似乎再次对那些胆敢抵抗的市镇开出了巨额罚单。知道王室军队正在接近的包税公司官员们试图拖延时间，他们在经过漫长的讨价还价之后将交易总额削减为9100利弗尔，以此交换储藏于瑟尔的相应数量的烟草。为了达成这项交易，仓库负责人为这名声名卓著的走私者提供了一撮鼻烟，后者并没有拒绝这一热情的举动。在用

---

① Harold de Fontenay, "Mandrin et les contrebandiers à Autun," *Mémoire de la société Eduenne* (1875), 133-172.

② BMD fonds Baudot, Ms. 939, Boullemier, "Notes," 419-423.

票据交换了钱款之后，马德林又从监狱中释放了6名债务人，还为匪帮招募了7名商贩。

盖南

钱财在手的走私者们大约于12月19日下午6时离开欧坦。菲舍尔的骑兵紧随其后，在该匪帮离开5小时之后抵达了欧坦。（这些士兵与遭劫持的学生不期而遇，后者在这支武装更为精良的队伍靠近时显得惊慌失措。）菲舍尔让他的队伍休整了数个小时，然后在天亮之前继续展开追击，他们在雪地里凭借火炬的光亮追踪该匪帮马匹的蹄印。他报告称："这些踪迹首先引导我来到了蒙蒂尼路上，然后我们抄近道循着踪迹进入了附近一座人迹罕至的树林，从树林出发，我们又来到了一座山前，在山脊的尾端坐落着一座名为盖南的村庄。"[1] 在爬至半山腰的时候，菲舍尔发现了这支匪帮。在猎物消失在其视野之外时，他能够看到马德林已经选定了一个有利于防守的地点。被群山环绕的盖南仅有一条道路与外界连通，而走私者们已经使用树干和树枝将其封锁。他们还架起了4门小炮，加固了2座宅邸，在围墙和屋顶制造缝隙以安放滑膛枪。

破晓时分，一名走私者走出了农舍，他在发现远处菲舍尔的人马后跑回去告知指挥官。这支匪帮的成员就如遭扰动的蚂蚁一般竞相逃离。菲舍尔此时必须立即做出决定：他是否应该压制住这支匪帮，等待增援力量抵达，以期给其全力一击，抑或抓住机会立即展开攻击？作为一名行动家，他选择了攻击，并开始部署自己的队伍和从其他团抽调的重骑兵、掷弹兵，以及少量来自骑警部队的骑兵。伯夫雷蒙团的指挥官后来回忆称：在

---

[1] *Motifs et conduitde M. Fischer dans l'attaque des contrebandiers a Gunan*, 引自Frantz Funck-Brentano, *Mandrin: Capitaine générale des contrebandiers de France* (Paris, 1908), 305.

出其不意地进入村庄后，"号手行进在了整支部队之前，用尽全力吹响冲锋号，因为我们的计划就是用战争的喧嚣吓唬他们。我的鼓手紧随其后，竭尽全力地按照冲锋的节奏擂响战鼓"[1]。

看到菲舍尔的手下向他发动攻击的马德林也必须在转瞬即逝间作出决定：撤退还是据守抵抗？在发现王室军队的士兵人数超过他的匪帮之后，马德林命令大部分成员从村庄后方撤退至森林中。为了掩护他们，他和另外18名走私者殿后，尽可能地延缓菲舍尔的进攻。他们无情的射击造成了大量进攻士兵的伤亡，从而让以下传闻变得更加可信——那些一旦被捕就将遭处决的走私者的抵抗远比其对手激烈得多。[2] 菲舍尔的队伍无畏地迫近到了一座建筑物前，而马德林在这里布置了9人。这些士兵冒着强大的火力点燃了建筑物，将其中的走私者悉数烧死。这支匪帮剩余的成员目睹了同伙的壮烈牺牲，他们试图在士兵们占领村庄时完成撤退。"马德林扔下了武器、马匹，甚至是他的帽子"——那顶从已死去的包税公司警卫身上拿走的著名的镶金边帽——他爬上了在外面碰到的第一匹马，逃离了这座村庄。一个名为阿尔瑟维尔的下级军官试图前去追捕，但菲舍尔指示他原地待命。这名指挥官解释称："让他们全都按照自己的心意见鬼去吧。"阿尔瑟维尔后向上司报告称，如果他获准前去追捕，可能就可以杀死马德林，而"这就是一名军人在其军旅生涯中必须恪守的绝对服从原则的结果，对于他们而言，在服从指挥官命令的情况下为恶也比违抗他们的命令为善要好"。这名军官用马德林十之八九将很快落网并接受"正义"的裁决的预测来安慰自己。

战斗逐渐平息，士兵们开始了长期以来已经成为惯例的劫掠行动，他

---

① 阿尔瑟维尔的报告《关于马德林战役历史的备忘录》（"Mémoires pour server à l'histoire de la champagne de Mandrin,"）收录于Frantz Funck-Brentano, *Mandrin et les contrebandiers* (Paris, 1910), 127-145.

② *Reflexions sur les contrebandiers en France* (Leipsic, 1755).

们在搜索走私者的战利品时也洗劫了整座村庄。阿尔瑟维尔不以为然地报道称：在马德林所睡床垫之下发现了不到2000利弗尔的钱财后，这些人又"抢占了属于村民的合法财产"。"在法国的心脏地带以及和平的庇佑之下，由于战争不可避免导致的恶行再次出现。"①

这场堪称"屠杀"的战斗造成了双方的重大伤亡。② 菲舍尔损失了7名掷弹兵、5名轻骑兵和3名军官，10名步兵受伤，2匹马——包括了菲舍尔本人的马匹——毙命。③ 对于马德林而言，他有9名同伙被困大火之中，可能另有12人丧生（阿尔瑟维尔声称有30名走私者丧生的说法似乎有所夸张）。④ 5名走私者遭逮捕，其中2人受伤（1人为致命伤）。4名幸存者被临时关押在了欧坦，后来又被转移至瓦朗斯接受特别法庭的审判，其中至少有3人被处死。此外，令菲舍尔的军官们洋洋自得的是，许多撤退的走私者——包括马德林本人——均已受伤，"血迹"在雪上形成了他们逃窜的轨迹。⑤ 这名匪首还被迫丢弃了24匹马（包括了他自己的马匹，马上还留有他的武器和鞍座）、40支手枪和双管滑膛枪。总而言之，这次战斗大大削弱了马德林匪帮的规模，他们现在完全处于守势。根据一份在被捕走私者身上发现的名单，菲舍尔后来吹嘘称他通过这次战斗拯救了至少60名烟草官员。

然而菲舍尔的骑兵无法完成致命一击。马德林及其众多同伙仍然逍遥

---

① 引自Frantz Funck-Brentano, *Mandrin: Capitaine générale des contrebandiers de France* (Paris, 1908), 127-145.

② D'Argenson, *Journal*, 8:398.

③ Funck-Brentano, *Mandrin et les contrebandiers*, 141. *L'Intermédiaire des chercheurs et curieux* 20 (10 June 1887), 351.

④ 战斗结束之时，走私者告知军官他们已经损失了20人、30匹马以及他们的钱财。ADPD 1C 1643, Gros to Michodière, 26 December 1754.

⑤ ADH 1979, Relation du combat, 20 December 1754. 我们之所以知道马德林负伤，是因为根据伏尔泰的描述，在这次冒险旅程之后，这名走私者来到了日内瓦湖北岸的一个小镇上，让"乡下最著名的外科医师"包扎了他的伤口。Theodore Besterman, ed., *Voltaire's Correspondence* (Geneva, 1953-1965), no. 5438, Voltaire to Cideville, 23 January 1755.

法外，他们肯定受到了打击，但还可以择日再战。菲舍尔未能在盖南摧毁这支匪帮引发了同僚的猛烈抨击。阿尔瑟维尔指责他未能切断走私者的退路，虽然菲舍尔声称他曾经派遣了一只小分队迂回到村庄后侧执行这项任务。[①] 更为猛烈的批评是针对这位中校不等待增援的决定而出现的。在致菲舍尔的一封信的第一份手稿中，战争大臣责备称，相比于向走私者发动一次仓促的进攻，"陛下"更倾向于"让你困住他们，延缓他们的行动，借此给予埃斯平沙尔先生奔赴此处的时间"。[②] 如果说这封信件中"批评的腔调"在菲舍尔看来过于严厉——他毕竟是一名勇敢的王室官员——那么达尔让松伯爵还曾向埃斯平沙尔发送了伊冯未经删节的信件："如果（菲舍尔）能够牵制这些走私者足够长的时间，你就来得及给予其增援了。"[③] 不管公平与否，大家普遍认为菲舍尔浪费了一次消灭马德林的机会。甚至连战争大臣的兄弟达尔让松侯爵都夸张地声称："菲舍尔一败涂地。"[④]

逃离盖南之后，剩余的匪帮成员疯狂地向南逃窜到了他们熟悉的地

① Funck-Brentano, *Mandrin et les contrebandiers*, 127-145. 菲舍尔、阿尔瑟维尔和另外两名军官的联合报告收录于ADD 1C 1310. 另一名名为若利的军官确认菲舍尔并没有完全切断退路，但他将这一情况归咎于菲舍尔所掌握力量的规模过小。如果他的步兵没有停留在博讷休整，那么"就没有多少（走私者）能够逃离，因为我们可以守住村庄的后侧"。ADD 1310, Joly to Tavannes, 20 December 1754. 菲舍尔后来声称，"如果不是地形对于他们的撤退如此有利"，并且如果不是他的手下"行进了17里格，渡过了3条河流"，那么就没有走私者能够逃脱。"除此之外，如果我不曾攻击他们，我将会令自己的名誉在法庭和公众面前受损。"菲舍尔的陈述收录于Ribaucourt, *Vie militaire*, 62-65.

② SHAT 1A 3397, no. 90, d'Argenson to Fisher, 10 January 1755.

③ SHAT 1A 3397, no. 5, d'Argenson to Espinchal, 1 January 1755. 其他人也像战争大臣一样认为国王政府摧毁马德林的首次真正意义上的机会已经被浪费了。一名烟草仓库负责人叱责道："如果（菲舍尔）完全没有意识到增援正在路上，那么是情有可原的，但他过分的野心却成了我们不幸的源头。" *L'Intermédiaire des chercheurs et curieux* 20 (10 June 1887), 351, letter of 26 December 175 [4]. 布勒米耶神父也认为菲舍尔不等待增援的决定是他想要"独占所有荣耀或马德林的所有财富"的私欲所导致的。BMD Ms. 939, fonds Baudot, Boullemier, "Notes," 421.

④ D'Argenson, *Journal*, 8:435-436.

界。他们抛下了在交易时展现出的所有自命不凡，专注于活着逃出法国，并在恰当时机为他们殒命的同伙复仇。军队仍然在紧紧追捕他们，走私者们深知各个市镇现在已经做好了对抗他们的准备，这也是为何该匪帮并没有如他们往常习惯的那般在奥弗涅停留的原因。[①] 于12月21日在圣奥邦横渡卢瓦尔河之后，马德林将这支剩余70人的匪帮分成了两伙：他和副官约瑟夫·贝尔捷将带领第一伙人；绰号为"狮子鼻"的雅克·米沙尔带领第二伙人。当第二伙人似乎已经沿着卢瓦尔河向南行进时，第一伙人来到了西南方向的东皮耶尔，他们在此处稍作停留，抢夺了4名骑警的武器和马匹。当他们穿越勒布勒伊时，一名妇女从当地一家酒馆唤来了包税公司的警卫队，但这支匪帮却没有周旋的心情。他们对警卫队发起了致命一击，击毙了酒馆中的2人和附近的2人，击伤了警卫队队长——按照他们的想法，是要让他"留下等死"。[②] 在圣克雷芒，这些人夺走了1名补鞋匠的性命，仅仅因为后者拒绝告诉他们该市镇包税公司官员的居住地址。

在这趟南部地区的疯狂逃窜中，该匪帮的道德经济学发生了显著的改变，他们全然抛弃了贩卖烟草的托词。12月22日夜，他们从塞尔维埃一名盐税征税官的妻子手中抢夺走了46路易，"没有留下任何商品，仅仅同意出具一张从总包税人欠他们的钱款中抽取资金的收条"[③]。次日，他们又从努瓦雷塔布尔的人头税征税官手中抢走了12路易，甚至没有如在塞尔维埃那样留下一份交易收条。以往的此类收条都适当地考虑到了互惠和经济上的公平正义。在这个距离瑟尔其远的市镇中，总包税人仍然负有相应的义务，但商品和签发烟草存货的凭证不见了踪迹。当贸易形式不复存在时，这支匪帮施行的暴力便不再那么具有针对性。在离开努瓦雷塔布尔

---

① ADPD 1C 1644, d'Argenson to Michodière, 4 January 1755.

② ADPD 1C 1643, Marlet to Michodière, 23 December 1754; ADPD 1C 1642, Brinsat to Veytard, 24 October 1754.

③ ADPD 1C 1643, Gros to Michodière, 26 December 1754.

时，这些人射杀了一名包税公司警卫的妻子——当时她仅仅只是来到窗户前看看发生了什么事。

虽然这些走私者——如果我们还可以这么称呼他们的话——仍然迅猛，但他们不得不小心地选择作战的时机。他们疲病交加，并且仍在躲避王室军队的追击。当他们抵达昂贝尔时，这个曾是他们上次冒险旅程最后一站的市镇如今已经做好了自我防卫的准备，走私者们丧失了进攻的勇气，他们在前往马尔萨克的路途中避开了这座市镇（这里的目击者注意到他们破旧的衣物和伤者固定手臂的悬带）。当马德林及其2名同伙在马尔萨克逗留时，剩余的匪帮成员奔向了谢斯德约，他们在此的所作所为让上次冒险旅程所进行的有控制的交易活动变得荒谬异常。这些走私者在控制了这座市镇的警钟并于当地的旅馆落脚之后，便开始追捕3名烟草零售商。第一名零售商约瑟夫·里夏尔已经锁闭家门，潜逃在外。匪帮成员打破了他的窗户，却发现宅邸中空空如也，他们发誓下次一定要抓住他。第二名零售商格雷瓜尔·里夏尔同样也携妻潜逃。但他们用枪托毒打这对夫妇留下的仆人，并威胁称如果她不带他们前去见其主人，就会被处死。这名仆人答应了他们的要求，但中途成功逃离，从而促使受挫的走私者们前去抢掠邻近的一座商店。只有在碰到第三名零售商让·米肖时，他们的运气才稍有好转——他们要求这名零售商拿出10000利弗尔的钱款。当米肖解释称他手头没有这么多的钱财时，他们便开始殴打他，彻底搜查他的家具，最后仅仅发现了微不足道的60利弗尔。这些走私者将他作为人质带至旅馆，威胁他的妻子称如果她无法拿出这笔钱，他们会将她的丈夫置于马后拖拽。她从当地一位伯爵的生意代理人手中借到钱之后，向这些走私者支付了另外50利弗尔。他们接受了这笔赎金，释放了其丈夫，开具了一份签名潦草的收条。我们无法了解这份收条的具体内容，但当地官员们却视其等同于一批将会送达的烟草，不过这一承诺永远也没有兑现。[①]

　　马德林在午夜时分现身谢斯德约，他的身后是穷追不舍的王室军队。这伙人之后再次逃离这座市镇，并向南前往菲克斯圣热内——他们在此处的一座小教堂中参加了圣诞节弥撒。人们不禁想知道，这晚坐在教堂长椅上的马德林脑中在想什么。他知道王室军队距离自己仅数小时路程之遥，他们从博讷开始就已经这样紧追不舍了。他是否想到了死亡？他是否思及他的生平或者救赎的希望？他可能祈求了上帝助其逃亡。但不管如何反思，他都无法过久地沉浸于其中，因为他马上就要撤离至索维塔，那里是他与王室军队最后摊牌的地方。

　　从这些走私者的前任向导那里获得情报的法兰德斯和多菲内"志愿军"一路向南追击马德林，直至索维塔。事实上，他们抄了近路，领先于走私者在12月26日破晓之前抵达了索维塔。还未意识到已经在夜幕中赶超了猎物的指挥官认为马德林及其同伙已经抵达此处并且离开了。但上午5时左右，也就是这支军队抵达该市镇一小时前后，36名走私者出现在了黎明前的黑暗中。其中3人策马来到市镇上的一座马厩前，他们听到了一声呼喊："谁在那儿？"一名走私者向发出声音的方向开火。子弹失的。士兵以步枪射击予以回应，子弹射穿了绰号为"诺曼人"的走私者路易・勒瓦瑟尔的左股，他坠落马下并挣扎到了安全处。当枪声警醒了拉莫里哀军队的其他士兵时，两方已经开始交火，导致了2名士兵和4名走私者死亡。匪帮成员纷纷撤离到了附近的森林中，从这里四处逃窜。

　　被抛弃的伤者拉瓦瑟尔欺骗了王室军队的指挥官迪迪尔比・德・拉尔，让他误以为马德林已经潜逃到了昂贝尔附近的一座城堡中，从而让马德林得以开始一趟长达月余的艰辛旅程，以远离他在奥弗涅和多菲内经常活动的地区——这里现已充斥着士兵和受命逮捕"所有身处交通要道上的

---

① 　ADPD 1C 1644, procès verbal of 25 December 1754.

冒险者以及其他可疑流民"的骑警。① 这名走私者和仍留在他身边的所有部众从维瓦赖南下进入普罗旺斯，然后前往萨丁尼亚王国，他们从这里开始便能够安全无虞地沿着都灵的道路抵达萨伏伊。1月25日，在拉瓦瑟尔被瓦朗斯特别法庭处决前一天，马德林在卡鲁日他经常出没的银狮客栈被发现了。②

报纸上的英雄与恶棍

从商业角度而言，12月的冒险旅程是一场彻底的失败：它以在瑟尔的金融革新开头，最后却演变成了以边境为目的地的绝望逃亡。但如今马德林已经经过了与法国军队交战的考验，并且活了下来，这一转折性事件突出了他作为一名无畏战士的形象。12月的暴力事件急剧加速了他在报纸上从英勇的冒险家到军事指挥官的转型过程，而这一转型过程始于勒皮交战之后的11月份。为国际和平所困扰的编辑们迫不及待地抓住了从博讷、欧坦和盖南传来的最新消息，将这些冲突描绘成敌对军队之间的战斗，利用英雄与恶棍的鲜明角色对比来传播他们的故事。但他们争议不休的问题是谁来扮演相应的角色。《阿维尼翁通讯》（或至少是它发自索恩河畔沙隆的报道）将盖南的战斗视作菲舍尔取得的决定性胜利，他们称这名英勇的军官击溃了"匪徒"。这份报纸也承认军队损失了部分优秀的士兵，"但马德林的军队几乎十不存一"。少量侥幸逃脱死亡或被捕命运的"匪徒"被迫躲入了可怕的森林中，他们将无法从这里逃出生天。在如此多的

---

① ADPD 1C 1644, d'Argenson to Michodière, 7 January 1755. 另见ADHC 1979, letter by Poujol, 30 December 1754; and ADPD 1C 1646, St. Priest to Michodière, 24 January 1755.

② 关于马德林在索维塔之后的旅行路线，我们所知道的为数不多的资料来自于热克斯的审议文件和一份从尚贝里发出、刊载于1755年2月14日的《阿姆斯特丹公报》（*GA*）上的报道。此类原始资料虽然可以作为证据，但并不权威。

士兵包围了他们的情况下，"马德林及其队伍将不可避免地遭到彻底毁灭"。①

《乌特勒支公报》对走私者所采取的态度更为严厉。它不但在勒皮事件之后不断揶揄马德林，还加倍努力地丑化这名匪首，将他形容为一名罪行累累的恶棍。这份报纸承认发生于盖南的是一场"惨烈的血战"，但仍试图贬损马德林作为一名强大战斗者的公共形象。"人们关于马德林堡垒与大炮的传言荒谬到了好像他已经建造了城堡的地步。"事实却是"自最近一次（在盖南）败绩以来，这些走私者的勇气——更确切地说是他们胆大妄为的作风——似乎已经大为削弱"。两名遭俘虏并被送交审判的匪帮成员的命运更是进一步打击了他们的士气。一名走私者在被打断四肢之后示众于车轮之上，这一酷刑"将有助于在匪徒当中散播恐惧"，而相同的命运也在等待着"诺曼人"，他将被"以公共处决的方式抵偿其罪孽"。此类杀鸡儆狗的惩罚刺破了在马德林周边建立起来的神话，至少对于报纸而言是这样的。那些"因为该匪帮传闻中的事迹而欢兴雀跃，得意扬扬地讲述这个应与卡图什同一下场的恶棍所经历战斗故事的人"要遭殃了。正如那些针对马德林性格的唐突抨击一样，比照那个声名狼藉并且命丧断头台的巴黎盗贼意在破坏这名从事走私活动的匪首的道德声誉。"人们已经知道他是通过何种方式获得这么多的非法商品，但他们从中所获知的东西并不十分具有启发性。"②

当《阿维尼翁通讯》和《乌特勒支公报》大肆贬低马德林与军队的交锋时，其他报纸却通过极力称赞这名走私者的军事才能的方式来报道12月的战斗。《阿姆斯特丹公报》刊发了一份所谓关于盖南战斗遭泄露军事报告的"可信片段"，但这份过度美化的材料事实上将马德林描绘成了对抗

① *CA*, 31 December 1754.

② *GU*, 7 and 24 January and 18 and 21 February 1755.

法国军队这个歌利亚的英雄大卫。这份报纸并没有贬低军队：法国军官们因其英勇的行为而获得了足够的赞扬。但这些走私者却被浓墨重彩地描绘成了勇敢者和忠诚者。面对一支由800人组成的军队（显然过于夸大），这些走私者"分外英勇地与之交锋"。他们不仅采用了明智的策略，在村庄中"谨慎地"构建了一条不可逾越的防线，"带着英勇与暴怒之气进行战斗……就像雄性野猪那样获得了追捕它们的猎人（骑兵）的尊敬"。在罗列了许多战殁于这次行动中的法国军官和步兵之后，这份报纸总结道："这场战斗将被视为真正的军事奇迹。人们很难相信90个人能够逃脱一支800人军队的包围。然而事实却是确定无疑的。"①

《历史与政治信使报》也发表出了同样立场的言论，厚颜无耻地榨取战争主题的价值。"自从法国国内立宪教士发动的针对患病濒死者的战争之后，就没有什么事件比这些走私者发动的对抗总包税人的战争更能吸引公众的好奇心了。"虽然这份报纸在介绍盖南战斗时曾哀叹犯罪的猖獗——"这个恶棍（马德林）及其同伙"无疑卷入了这一波可悲的大潮当中——但它同时还刊载了对马德林大为称赞的《阿姆斯特丹公报》所发表的同一篇关于盖南的文章，向读者展示了一个能够获得他们支持的孤胆英雄形象。《历史与政治信使报》在报道结尾处暧昧地称颂道：马德林所发起的战斗将作为一场"军事奇迹"而被永远铭记。②

报纸所刊载的倾向于马德林的报道只是公众意见——或者至少是能被体察到的一部分公众意见——的回响而已（即便这也是他们所塑造的）。那些密切关注这名走私者所作所为的人似乎在盖南战斗之后对他更为仰慕。根据报纸的报道，在此之后照猫画虎的犯罪行为开始出现。在巴黎，

---

① 　*GA*, 17 January 1755.

② 　*MHP*, January and February 1755.唯恐读者怀疑这些"包税人的不共戴天之敌"所具备的活力，这份报纸在下一期中声称随着追寻荣耀和战利品的逃兵不断加入其中，该团伙的规模正与日俱增。

一名武装走私者通过哨声召集未被人发现的同伙并宣称，"我是马德林；你们将会看到大事发生；我的人马即将抵达"，借此吓跑了戈贝兰海关检查站的5名官员。另一名恶作剧者假借这名匪首的名号向南锡的包税公司总监发出了一封恐吓信。① 一些男男女女甚至在报纸报道之外对马德林产生了新的兴趣。勃艮第的布勒米耶神父在日记中描述了菲舍尔的战略失误与马德林无可争辩的军事才能之间的对比。"马德林进行了积极有力的自卫，他利用屋顶的步枪火力对抗占据巨大优势的菲舍尔的人马，共有20名骑兵阵亡，其中包括了1名上尉和1名中尉。利用不断向骑兵射击所制造的混乱局面，马德林及其队伍快速穿越一面位于屋后并且已被凿穿的墙体，成功逃离。他的逃离速度如此之快，以至于骑兵们无从追踪。"② 在日内瓦，妇女们兴奋地议论着马德林及其对菲舍尔所取得的"胜利"，在谈及这名走私者时无不"充斥着仰慕之情"，就仿佛他是这个共和国的公民一般。③ 即便是在宫廷中，像达尔让松伯爵这样的贵族也不得不承认"所谓的马德林……英勇地与我军战斗"④。而最高的赞誉可能来自该匪帮的主要对手之一：迪迪尔比·德·拉尔，他称这名匪首为"失意的将军"——一个入错行的天生战士。

在1754年12月的冒险旅程中，马德林面对着这样一个国家，其维持治安的力量正随着工人、流浪者、乞丐、盗贼和走私者等流动人口增加所带来的显著挑战而不断得到加强。当然，就像19世纪和20世纪一样，制度机制被用于控制人员和货物的流动，但就近代早期的标准而言，它们的确令

---

① 两起案件均见诸报端，见the *CA*, 17 and 24 January 1755, and the *MHP* of February 1755.

② BMD Ms, 939, fonds Baudot, Boullemier, "Notes," 421.

③ ADD 1C 1310, letter of 24 January 1755.

④ D'Argenson, *Journal* 8:396-398, entry of 24-30 December 1754.

人印象深刻。在18世纪中期，马德林的冒险旅程触发了一系列非同寻常的安全举措：市镇加强了自身的防御力量，骑警开始认真地巡逻道路，包税公司官员展开了带有军事色彩的情报刺探活动，设置了空前数量的岗哨，王室军队的特种军队也开始在东南部地区追捕匪帮。这些力量能够被部署用于打击走私者表明了这一时期国王政府维持治安的力量增长的程度。然而尽管进行了协同攻击，但追捕和消灭马德林行动的失败却让他的事迹更增英雄色彩。事实上，如果说10月的冒险旅程已经为他塑造了一个复仇商人的形象，那么马德林的12月战役则稳固了他作为出色军事指挥官的声誉，他在战场上的勇敢与才能都能与这一时代最伟大的军官相媲美。

报纸的读者想知道：在他轻松取胜的时代已经过去之后，这位"走私者的指挥官"将要怎么办？他是否会在知道国王的军队于边境另一侧枕戈以待后慎重地选择隐退，还是通过英勇的战斗返回法国？就目前而言，这名匪首暂停了他的行动，在萨伏伊避难，而在此处，他是否能够再一次地仰赖于国际法的慷慨庇护——这大概就是他所考虑的。

第八章 被捕

自1754年12月伤亡惨重的冒险旅程之后，法国与萨伏伊之间的边界陷入了僵局。在1755年的冬季和春季里，法国当局和萨伏伊的走私者们都在监视对方跨越基尔河，追踪其活动，偶尔还会爆发小规模冲突。每一次口角、斗殴或枪击都会激起凡尔赛与都灵之间的外交争吵。这种紧张的僵局一直持续到了8月份，当时针对一名包税公司高级官员的暗杀行动引发了法国官员们的恐惧，他们害怕叛逆的走私者、叛乱的新教徒和好斗的布列塔尼人将会组成一个军事联盟，从而对这个王国的安全构成迫在眉睫的威胁。作为回应，路易十五将通过一次在外国领土上抓捕马德林的史无前例的秘密行动来打破这一僵局，而这也将直接违反国际法。国王希望凭借一次大胆的袭击一举抓获马德林，一劳永逸地终结东南部地区的武装走私活动。

边境上的僵局

在这几个动荡的月份里，法国采取了一系列的行动，让马德林在萨伏伊陷入了困境，而其中部分行动正是以往策略的拓展。战争大臣再次调遣部队沿东南边境一线驻扎，要求他们处于高度警戒状态。包税公司增加对存有大笔现金的机构的防卫力量。外交官、军事指挥官和总包税人都派遣了密探进入萨伏伊和瑞士，希望借此确定下一次突袭将会在何时何地展开。为了达成此目的，蒙特佩鲁男爵经常与被派驻到日内瓦湖北岸的瑞士守卫以及前密探乔治——他曾被控犯有叛国罪，但最终得以无罪释放——联络。驻日内瓦的外交官搜集到了许多线索，但他仍然怀疑所有这些线索的真实性。他向外交事务大臣解释称："马德林会散播虚假谣言来掩盖他的计划。"① 其中一个谣言称这名匪首正寻求潜逃至英国，另一个谣言称他正计划通过尼斯进入法国，还有一个谣言认为他已经因为餐桌上的争吵而被密友圣皮埃尔杀死了。唯一确定的便是这名匪首仍在不断地转移。在5月初，他被发现在瑞士小镇罗芒购买了40匹马，他要将这批马运送到湖对岸的萨伏伊，这条线索表明他的下一次冒险旅程的入境地点将会在南部地区，也就是多菲内或普罗旺斯的边境地带。②

在收集情报方面成效最显著的是菲舍尔麾下一个名为马尔桑的密探。与之前那些很快就混入该团伙，但只能获取错误情报或被驱逐的密探不同，马尔桑成功地在1755年1月获得了马德林的信任，并且在与该团伙同行数周之后（在此期间他负责从瑞士向萨伏伊运输烟草），提供了关于该团伙主要成员、供货商以及负责看守枪械和钱财的客栈老板与绅士的情报。也正是马尔桑报告称马德林经常落脚于罗什富尔城堡，这一重要情报最终导致了后者的被捕。事实上，这名密探曾经计划亲自抓获马德林，但是他却因为身份暴露而不得不逃离这个团伙，期间他通过卧室的一扇窗户离开并骑马逃窜，在抵达安全的法国边境之前还杀死了两名追踪者。③

① AAE CP Genève 66, fol. 291, Montperoux to Rouillé, 9 February 1755.

② SHAT 1A 3406, no. 162, Georgy to d'Argenson, 28 April 1755; no. 186, Saulx Tavannes to d'Argenson, 3 May 1755; AAE CP Genève 66, fol. 321, Montperoux to Rouillé, 12 May 1755; and ADD, 1C 1310, Séchelles to Boynes, 25 January 1755.

③ SHAT 1A 3406, no. 147, Journal de la conduitte du Sr. Marsin. 马尔桑在埃斯帕尼亚克男爵的保护之下于布尔格完成此报告，该报告后被呈送给了战争大臣。另见AAE CP Genève, fol. 314, Montperoux to Rouillé, 23 April 1755.

除了增派部队和调度密探，战争大臣还采取了另外两项不同寻常的举措，集法国全国之力解决武装走私的问题。首先，他收紧了边境的护照管控，指示军队协助骑警逮捕未携带身份文件的流民。边境地区的搜捕网在10月份开始得到加强。其次，他采用了控制枪支的新方法。过去，法国农村地区的枪支管控法律意在阻止农民进入贵族领地偷捕猎物。但在1716年，其理论根据突然发生了变化。由于西班牙王位继承战争所引发的混乱既推动了走私，又令士兵、逃兵和老兵们掌握了无数的武器，因此摄政王呼吁解除法国平民的武装，"特别是那些在边境地区"参与走私的人。[1]然而1716年的法令从未得到严格的执行：偷猎者继续在捕猎，农村大众继续在集市上携带武器，走私者继续配备滑膛枪以保护他们的货物。在1755年的冬季和春季，武器的泛滥仍是一个问题，当时成为继菲舍尔失败之后抓捕马德林行动最重要战略家的拉莫里哀就此提出了两种新的方案。他敦促战争大臣命令部队逮捕所有边境行省的携枪平民，从而在事实上解除边境地区劳动阶层的武装，并允许士兵向手无寸铁的走私商贩射击。这位大臣立即否决了后一条建议，但他的确在多菲内和周边行省颁布了新的控枪法令。此后，平民要将他们的武器上交给一名指定的社区领导者，后者将在进一步的通知下达之前负责保管它们。[2]

法国当局所采取的管控边境和将马德林封锁在萨伏伊的行动并非全无效果。数月以来，这支规模庞大的匪帮仍被困在了萨伏伊和瑞士，其领导者不愿涉险跨越边境。马德林所能做的便是向北逃窜至瑞士或向南逃窜至萨伏伊，"拖垮"那些始终处于警戒状态并在边境另一侧监视其行动的法国军队。[3]然而即便法国军队能够牵制住马德林，他们也无法令地下世界

---

[1]　AN AD XI 49, no. 37, ordinance of 14 July 1716.

[2]　SHAT 1A 3406, nos. 51, 72, and 86; and SHAT 1A 3397-3399.

[3]　SHAT 1A 3406, nos. 80, 127, and 145, letters from d'Espagnac to d'Argenson, 4 and 20 April 1755, and Saulx Tavannes to d'Argenson, 24 April 1755.

停止运作。当这名匪首及其副官躲藏在萨伏伊伺机出击时，单独行动或组成小规模团伙行动的走私者们继续悄悄跨越边界，机敏地躲开了包税公司和军队。蒙特佩鲁男爵怀疑马德林组织了此类的徒步走私活动，以在这几个月艰难的时间里支持其蛰伏不动的队伍。[①] 除了这些不断跨越边境的小股力量，偶尔也会有中等规模的匪帮冲入法国——比如一个穿越多菲内进入维奈桑伯爵领的团伙，他们的出现也吸引了一部分的骑兵力量。[②]

由于加强了王室军队的部署，边境地区充斥着交火和恶斗。早在1754年11月24日，身处像勒蓬德博瓦桑一样被基尔河分割的边境小镇圣克里斯托弗的走私者们就对沿河监视他们的一支法国军队发动了“上千次”的袭击。口角很快升级为交火，这种情况测试着法国战争大臣的耐心。达尔让松伯爵从一开始就已经指示拉莫里哀避免“采取任何可能导致国王军队入侵萨丁尼亚国王领地口实的行动”，但“由于这种克制的做法只能徒增走私者的嚣张气焰”，如今他准备允许军队在走私者顽抗时予以回击。他敦促外交事务大臣在下次与驻都灵大使会见时提醒后者注意这一情况。[③]

在12月的冒险旅程之后，此类冲突以惊人的频率在基尔河和罗纳河沿线爆发。1755年2月15日，拉莫里哀的军队向一个横渡基尔河的萨伏伊团

---

① AAE CP Genève 66, fol. 313, Montperoux to Rouillé, 9 April 1755.

② 法国市镇托利尼昂允许这支匪帮通过，却对骑兵关闭了城门，愤怒的骑兵队长占领了这座市镇并将其官员投入了监狱。SHAT 1A 3406, nos. 191 and 220, Marcieu to d’Argenson, 4 and 12 May 1755.

③ SHAT 1A 3386, no. 325, d’Argenson to Rouillé, 9 December 1754. 随着法国军官开始侵略性的行动，边境冲突也朝着另一个方向发展。1754年7月22日，5名包税公司的警卫“手持手枪和剑”进入了勒蓬特博瓦桑萨伏伊一侧，逮捕了皮埃尔·福什，并将他带至法国一侧的市镇中。随身携带印花棉布的福什未违反任何法律，因为这一交易在萨伏伊完全是合法的。他唯一的错误——或是挑衅？——便是在如此靠近边界线的地方走动，以至于包税公司的警卫们能够抓住他。愤怒的圣塞韦兰侯爵——根据马尔桑的说法，他是一名曾对马德林多加照拂的市镇显贵——怒斥道：“我们在这个国家不再安全。”这样的侵略行径构成了“对陛下（也就是萨丁尼亚国王）的权利的公然攻击”。3月，在萨伏伊境内的蓬特德贝尔格雷德集市购买家畜的法国士兵与当地居民发生了冲突。SHAT 1A 3406, no. 61, Saulx Tavannes to d’Argenson, 27 March 1755.

伙开火，迫使他们丢弃了所携带的一个包裹。当士兵们从水里打捞起这个包裹时，对岸的萨伏伊人向他们投掷石块，大喊"挨千刀的"。士兵们没收了这个装满羊皮——一种需要征收关税的进口商品——的包裹，呈交给了拉莫特。[①] 这起冲突再一次迅速升级到了外交层面：都灵方面声称这些萨伏伊人只是在河中清洗羊皮，而这正是当地鞣皮者一直以来的做法；凡尔赛方面反击称这些走私者在走私携带之物渡河时被逮了个正着。这一事件的最终结果有利于萨伏伊人，羊皮也被归还给了所有者。[②]

4月是最残酷的时节。在吕塞地区，萨伏伊的"无赖们"横渡罗纳河向军事岗哨发动了袭击，还从客栈中绑架了一名法国包税公司的官员。[③] 虽然这名遭绑架的法国人拉图尔是为与海关执法无甚关系的一个名不见经传的包税公司部门工作，但这些走私者们仍然要求他支付150利弗尔的赎金。凡尔赛方面对这起绑架案感到十分恼怒，但萨伏伊的最高政治机构尚贝里议事会反驳称拉图尔涉嫌与这些走私者合谋。我们永远都无法知道哪方政府是正确的：在6月，这名法国人并没有出现在议事会中为自己辩护，这或是因为他并不希望冒着生命危险进入萨伏伊（法国方面的说法），或是因为他并不想被证明有罪（萨伏伊方面的说法）。在同一个月，冲突再次在边境的圣克里斯托弗教区爆发，5名法国士兵袭击了在法国一侧的市镇参加星期日晚祷后返家的萨伏伊人。面对伤者身上断裂的肋骨、脱臼的肩膀和严重的瘀伤，无法予以否认的法国当局将这些士兵投入了监狱，并对受害者进行了赔偿。[④]

---

① AAE Turin 224, fol. 186-189, interrogations by La Motte, 24 March 1755.

② SHAT 1A 3406, no. 110, Rouillé to d'Argenson, 14 April 1755.

③ SHAT 1A 3406, no. 130 bis, d'Espagnac to Rochebaron, 23 April 1755, and nos. 312 and 330, Saulx Tavannes to d'Argenson, 10 and 17 June 1755. 大约同一时间，一伙来自圣热尼克斯的走私者袭击了一支跨越边境进入萨伏伊境内的包税公司警卫队。SHAT 1A 3406, nos. 75 and 98, letter to d'Espagnac, 2 April 1755, and from Saulx Tavannes to d'Argenson, 10 April 1755.

④ ADS C 2, Chanal to Sinsan, 29 April 1755.

刺杀拉莫特

1755年影响最为深远的暴力事件无疑是针对皮埃尔·罗贝尔·勒鲁·德·拉莫特的冷血谋杀。作为包税公司驻勒蓬德博瓦桑的主计长，拉莫特这些年来受到了过多的辱骂诋毁。就像老西部片中被不法之徒环伺的经典治安官形象一样，他也因为不遗余力地追捕走私者而遭人憎恨，多年来成为他人蔑视和嘲讽的对象。在1752年夏的一个晚上，在他宅邸下方的河中洗澡的萨伏伊人唱起了下流的歌曲，他们叫嚷着，把"所有的羞辱都指向他和包税公司的所有人，他们威胁要杀了他，夺走他们的枪，怒骂他为'挨千刀的'"。[①] 翌年夏天，贝里萨尔和他的团伙闯入了法国一侧的勒蓬德博瓦桑，杀死了他手下的两名警卫。而在该团伙跨越大桥返回时，他们不仅对伤者进行了羞辱，还从位于萨伏伊的安身之处大肆嘲弄法国海关官员。

这种挑衅似乎只能增强拉莫特收集情报的决心，他希望借此击垮马德林。在接收包税公司提供的专项资金之后，这名主计长已经花费了数月时间搜集有关该团伙的情报，而在1755年3月25日，他面前出现了一个可以给调查带来重大突破的机会。一个来自勒蓬德博瓦桑的法国中年制革匠奥古斯丁·佩兰在因为生意而旅行至萨伏伊圣热尼克斯的过程中偶然遇见了绰号为"皮埃蒙特人"的路易·雅里耶，这名22岁的男子是马德林匪帮的成员之一。佩兰和"皮埃蒙特人"相互认识。这名走私者在这天早上入城的途中遇见了佩兰，便于礼拜之后邀其共饮。这日之后，他又逮到了佩兰，并坚持拉他出去饮酒："你知道我曾经送给你一些烟草，大约6烟斗左右。我知道你会抽烟。我想给你提供更多的东西，比（包税公司）商店里出售的货色更好，但我们先去喝一杯。"两人在一家酒馆中落座，享用

---

① ADS C 661, Mémoire and procès verbal, 6 July 1752.

起了食物、葡萄酒和烟草，"皮埃蒙特人"接着开始吐露心声，他谈及了自己过往的犯罪生涯，急切地希望能够洗心革面。他已经领取了这天早上的圣餐，希望能够重新做人：

> 我想皈依主，而不欲再冒犯祂；我视你为我的朋友，你必须帮我摆脱被监禁的命运。你认识勒鲁（德·拉莫特）先生，让我们祝他健康，告诉他，如果他能够在法国给予我赦免……我将有所行动：我会帮助他抓获整个团伙，除开我的四个伙伴。①

佩兰直接找到了拉莫特，后者立即予以了回应。他答应在事成之后给予佩兰丰厚的奖赏，指使这名制革匠给那名走私者捎去一份临时护照，后者可借此安全通过边界，然后在佩兰的宅邸中与拉莫特见面。佩兰夫人代其丈夫在圣热尼克斯的一个酒吧中与这名走私者见面，向这个不法之徒宣读了护照的条款，安排了会见事宜。"皮埃蒙特人"向她保证，"我会让所有他所想要的人落网，不管是马德林还是其他人"，但他坚持不在其宅邸中见面，而是选择了勒蓬德博瓦桑郊外法国河岸边圣马尔坦草场的开阔地。② 他答应在横渡基尔河时不穿短上衣，以此显示他未带武器，并建议这位主计长带上一瓶葡萄酒，这样两人就能在达成协议之后喝上一杯。拉莫特的同僚们意欲予以阻止。拉莫里哀在得知这个家伙是匪帮中"最冷酷之人"，长期以来都威胁称要杀死主计长后，便恳求拉莫特如果不带上一支警卫队自卫，就不要在开阔地与之见面。③ 一名经验丰富的包税公司办事员也警告称：如果主计长想要与这名"无耻之徒"对话，他就应该对这

---

① SHAT 1A 3406, no. 95, deposition of Augustin Perrin, 12 April 1755. 另见SHAT 1A 3406, no. 101.

② SHAT 1A 3406, no. 95, deposition of Madame Perrin, 12 April 1755.

③ SHAT 1A 3406, no. 95, de la Tour to Marcieu, 10 April 1755; AAE Turin 224, fols. 259-260, La Morlière to d'Argenson, 9 April 1755.

名罪犯进行彻底搜身之后在一处安全的房子里见面。然而如果说拉莫特对于自己的安全曾有任何疑虑的话，他现在也将它们丢在了一旁。他决意不要将这名叛变者吓跑，于是继续按照计划于4月8日在草场上见面，随行人员仅包括了佩兰夫妇和拉莫里哀麾下一位名为迪韦尔热的骑兵队长。

当春天的夜色在黄昏之后降临时，"皮埃蒙特人"的两名助手身着灰色衣服，携带着步枪横渡了基尔河。这名走私者从萨伏伊境内可以看到他们爬上了河岸，飞快地穿过预定的会面场所圣马尔坦草场，然后藏在了树丛中等待这名海关官员的来临。很快，佩兰夫妇出现在了草场尽头的一座仓房附近，佩兰夫人坐在一堆木材上，手上拿着两个玻璃杯和一瓶葡萄酒——这成了一场结局糟糕透顶的谈判中怪异的希望象征。此时迪韦尔热藏于一堵墙之后，拉莫特和佩兰夫人穿过这片草场走向河岸。佩兰先生最先抵达河岸，他向对岸的"皮埃蒙特人"喊话："快点过来。这就是我的妻子和拉莫特先生。路易·皮埃蒙特，跟上来，我们走吧。""只有你们几个吗？"河对岸的萨伏伊一侧传来了询问声。"我想我听到了有人在说话。""是的，只有我们几个，"佩兰先生回答道，"只有我妻子和他。""过来吧！"佩兰夫人向拉莫特招呼道。①

3支步枪在很短的时间内相继击发。一颗铅弹击中了拉莫特的右前臂，但没有导致骨折。第二颗铅弹擦伤了他的右上股。但第三颗铅弹却撕碎了他的腹部。迪韦尔热冲入了草场，使用手枪射击了多次，他大声地发号施令，装出他正带领一支大规模队伍的样子。枪手跳入了河中，争先恐后地游过了边界。在暗淡的光线中，他们发现拉莫特坐在一棵大橡树之下，他的胃部正在大出血。夫妇两人帮助他站了起来，并让他喝了一口酒，但这不起什么作用。他没有办法行走。他说道："我要死了。"已经

---

① 这段和下一段的描述来自SHAT 1A 3406, no. 101. 这一事件的另一个可疑版本见 ADS C 2, Orsini to Sinsan, 9 April 1755.

听到枪声的士兵赶到了草场上，他们将主计长送至了拉莫里哀的营房，他在次日上午5时在这里死于失血。

主计长将他所获悉的所有关于走私者的秘密带至了坟墓。没有人像拉莫特这样熟知马德林的意图和偏爱的路线。马尔西厄解释称，失去了这个行动中的关键性人物，"驻守在与萨伏伊接壤边境地区的军队突然间将难以及时获知（这些匪徒的）计划和行动，从而挫败他们"。[①] 在马尔西厄麾下任职的洛皮塔尔伯爵雅克-雷蒙也在一份记录中愤怒地认为这一事件带来了重大的战略损失。"这些恶棍将会抓住这次机会发动一次突袭，因为我们只有通过这名主计长——他所掌握的关于当地及其居民确定而清楚的知识堪与其才智与热忱匹敌——才能洞悉他们的行动。"[②]

当"皮埃蒙特人"正在萨伏伊"庆祝"这次刺杀时，边界两侧都对马德林是否卷入这一事件产生了诸多揣测。[③] 在布雷斯任职的埃斯帕尼亚克男爵让-巴普蒂斯特-约瑟夫·达马奇·德·萨于盖获悉马德林是整个事件的幕后主导者，他给予了出色完成任务的同伙45路易的奖赏。已经混入马德林匪帮的马尔桑也给出了同样的报告，但多份报纸却辩称这名匪首是无辜的，面对上述指控为他进行了辩护。《历史与政治信使报》谴责了"皮埃蒙特人"所实施的"卑劣的暗杀"，但它报道称"马德林本人否认参与了这项行动，他曾公开表示了反对，因为天性和教育为他带来的荣誉准则不允许其做出这种无耻的行径"。[④] 人们难以相信报纸上那个在冒险旅程中展现出如此高尚道德情操的英雄会犯下如此凶残的罪行。马尔桑的报告远比报纸可信得多，但我们在这一问题上缺乏令人信服的证据。

---

① SHAT 1A 3406, no. 93, Marcieu to d'Argenson, 10 April 1755.

② SHAT 1A 3406, no. 96, L'Hôpital to d'Argenson, 10 April 1755.

③ SHAT 1A 3406, no. 95, de la Tour to Marcieu, 10 April 1755.

④ 《阿姆斯特丹公报》（*GA*）（1755年5月16日）和《巴塞尔信使报》（*Le Véritable messager boiteux de Basle*）（Basle, 1756）刊载了同样的报道，存档于萨伏伊甘布雷西。

不论马德林是否参与了这一事件，法国外交事务部都要求都灵引渡"皮埃蒙特人"及其同伙接受审判，这一要求如遭拒绝，"将会违背国际法……和人性的法则"。[1] 然而萨丁尼亚政府似乎对追捕谋杀拉莫特的凶手毫无兴趣。虽然许多萨伏伊当地官员都为这位主计长的"悲剧性结局"所困扰，害怕包税公司的警卫现在就进入萨伏伊报复杀手，但都灵方面认为并无必要展开任何逮捕行动。[2] 粗暴拒绝法国提出的引渡审判要求之后，都灵宫廷的大使肆无忌惮地宣称：不仅拉莫里哀的士兵需要为拉莫特的死负责，而且拉莫特遭枪击的那块土地事实上都属于萨丁尼亚国王。法国外交事务大臣向这位大使展示了相反的证据，但都灵方面不为所动。[3]

绑架马德林

拉莫特遇刺案惊动了法国当局，它立即将它与王国安全所面临的两种极端威胁联系在了一起。糟糕的是，曾经击败菲舍尔的马德林如今似乎成为了谋杀包税公司高级官员的幕后黑手。更令人惊恐的是这名匪首与这个国家的国内和国外敌人结盟的前景。就国内而言，法国官员们担心马德林与胡格诺派沆瀣一气，这些法国新教徒有着长期武装反抗天主教国王政府的历史。就国外而言，他们担心他与英国相勾结，这个崛起中的国家似乎有意将法国拉入另一场战争。法国最高层级的官员信众充满了对走私者、胡格诺派和英国三方联盟的恐惧。

胡格诺派教徒的叛乱历史在法国南部并不遥远。1685年，路易十四废除了《南特敕令》这份给予新教徒一定程度宗教宽容的法令，试图通过处

---

① AAE CP Sardaigne 224, fols. 277-278, mémoire of 17 April 1755.

② ADS C2, Bonne to Sinsan, 9 April 1755, and Balbian to Sinsan, 16 May 1755.

③ SHAT 1A 3398, no. 329, d'Argenson to La Morlière, 19 April 1755; and 1A 3399, no. 25, d'Argenson to Rouillé, 8 May 1755.

决或驱逐牧师和其他宗教领袖来摧毁法国的新教教会。1702年至1704年，在南部的塞文山脉中，新教徒卷土重来，他们攻击天主教堂，杀戮教士，通过激烈的游击战争打击法国军队。受挫于胡格诺派不因循惯例的策略的王室军队继续到处进行破坏活动，他们烧毁了数以百计的村庄，屠杀了整个地区中被认为是新教徒的居民。在邻近的维瓦赖地区——我们知道马德林曾经拜访过此地——胡格诺派教徒重整旗鼓，在1709年至1710年继续着武装抵抗，这进一步引发了持续到18世纪50年代政府的镇压行动，当时的宗教叛乱问题便与走私问题联系在了一起。[1]

每次当东南部地区的走私者们诉诸极端的暴力时，王室军官们便害怕他们与新教徒联盟，令王国陷入动乱之中。当走私团伙在18世纪30年代初期肆虐时，多菲内总督曾担心走私者们可能很快会"与塞文山脉的法国新教徒沆瀣一气"。毕竟，那些经常经过维瓦赖地区胡格诺派村庄的走私者们都"得到了兄弟般的款待"[2]。他们是否可能向这些宗教叛乱分子提供滑膛枪和弹药？20年之后，马德林的冒险旅程引发了新的担忧。烦恼不已的朗格多克总督认为，如果走私者团伙能够四处煽风点火，那么就难以想象他们会在他的行省中制造怎样的灾难——这里的胡格诺派教徒可能会加入他们，教徒们"希望借此重建他们的教堂"[3]。当马德林于12月在盖南成功地抵挡住了攻击之后，这位总督相信他最为担忧的情况即将成真。这些走私者似乎不仅在向胡格诺派教徒提供武器，他们可能还正在招募这些教徒加入其队伍，"他们擅长战斗，因为我们已经知道他们是如何对抗国

---

① AAE Mémoire et Documents, France 1347, fols. 251-262, Saint-Priest to St. Florentin, 17 January 1755.

② BN MS 8476.朗格多克包税公司的一名巡查员表达了类似的关切，他认为胡格诺派教徒将聚集起来"效仿曾经经过他们居住地的走私匪帮的事迹"。ADH C 1696, letter of 15 October 1729. 1747年，这位总督认为另一名"著名的走私者"德罗盖·拉诺布勒斯便是胡格诺派教徒的密使。AN H-1 1459.

③ ADH C 1979, St. Priest to St. Florentin, d'Argenson, Richelieu, and Séchelles, 28 October 1754.

王的军队，保卫自己的"。[1] 有谣言风传，久经战阵的走私者们正在武装共同起事叛乱的胡格诺派教徒，他们正飞快地穿越东南部地区，向北直抵巴黎和凡尔赛。[2]

认为马德林同时还与外国势力相互勾结的想法也给这种针对上述结盟的恐慌火上浇油。众说纷纭之中，许多王室官员开始相信这名走私者受雇于英国，此时英国与法国之间在北美的紧张关系达到了顶点，并且很快就将因此爆发七年战争（1756年至1763年）。多疑的朗格多克总督始终相信马德林是一名英国代理人。正如他所了解的，出身社会较高等级的走私头目们都十分了解国际外交局势，他们往往会向外国势力索取援助，以期获得为团伙成员提供装备所需的资金。[3] 埃斯帕尼亚克男爵于1755年4月进一步煽动了这种恐慌情绪，当时他报告称马德林已经从法国的死敌那里获得了30000利弗尔的汇票（这一猜测没有任何证据）。他猜测英国正在为这名匪首的冒险旅程提供资金支持，以维系后者对抗包税公司的战争，而这场战争能够反过来削弱国王的财力，拖垮法国的军队。"当战火重新燃起时，这个强盗团伙将会深入塞文山脉，引发内战"，这将分散法国军队，从而令王国无力防御英国的攻击。[4]

凡尔赛方面对此耿耿于怀。一份在外交事务部内流传的报告指出，如果英国准备对法国宣战，那么"从罗纳河至（地中海）海边"的东南部行省将极有可能遭到入侵。这一地区不仅居住着"众多长期以来受到严刑峻法压迫的新教徒"，还栖息着一批建立了"这些行省与外国之间隐秘联系

① AAE Mémoires et Documents, France 1347, fols. 251-262, Saint-Priest to St. Florentin, 17 January 1755.

② René-Louis de Voyer, Marquis d'Argenson, *Journal et mémoires du marquis d'Argenson* (Paris, 1866), 8:399-400, entry of 31 December 1754, 他在书中声称是从一封来自里昂的信中获悉这个消息的。

③ ADH C 1979, St. Priest to Séchelles, 28 October 1754; and d'Argenson to St. Priest, 4 November 1754.

④ SHAT 1A 3406, no. 80, d'Espagnac to d'Argenson, 4 April 1755. 另见nos. 49 and 52.

纽带"的商人和走私者。① 如果萨丁尼亚的国王查尔斯-伊曼纽尔准备与英国和奥地利结盟，那么遍布走私者的东南部地区将极易遭到占领。正如一名匿名宣传册作者所警告的，没有任何事情能够阻止这些走私者与英国人结盟。如果说"他们对抗总包税人的宣言"有着任何象征意味的话，那就是他们将会毫不犹豫地背叛自己的国家。② 如果说爱国的近代观念正在得到法国精英分子的认可，那么国际走私者所具备的模糊忠诚观念似乎已经在法国国王政府的四处敲响了警钟。③

英国人、走私者和胡格诺派教徒之间的三方联盟威胁就此成形。并非每个人都相信这种威胁的真实性——比如军事指挥官朗普就曾质疑走私者是否在武装胡格诺派教徒，因为武器走私活动基本上是无利可图的——但政府中枢仍然普遍存在着深深的担忧：战争大臣收到报告称新教徒正在塞文山脉的地下仓库中储存武器，而王室官员们清楚地看到了英国在美洲殖民地上发动战争的决心，此时又从诸行省传来了马德林雇佣的恶棍残忍杀害一名包税公司的高等级官员的消息。此时必须有所行动。④

在这种紧张的氛围中，一项从萨伏伊绑架路易·马德林的计划应运而生。当然，这一惊人之举将是完全非法的。数个世纪以来，"国际法"——这一国家间法律和惯例的松散体系已经禁止了在未经外国政府

---

① AAE CP Angleterre 439, fols. 291-298, Mémoire politique et militaire sur la situation présente de la France.

② *Reflexions sur les contrebandiers en France* (Leipsic, 1755).

③ 关于这一时期的爱国主义，见Edmond Dziembowski, *Un Nouveau patriotisme français*, 1750-1770: *la France face à la puissance anglaise à l'époque de la guerre de Sept Ans* (Oxford, 1998); David A. Bell, *The Cult of the Nation in France: Inventing Nationalism*, 1680-1800 (Cambridge, MA, 2001), chapter 3; and Jay M. Smith, *Nobility Reimagined: The Patriotic Nation in Eighteenth-Century France* (Ithaca, NY, 2005). 关于英吉利海峡走私者松散的国家认同感，见Renaud Morieux, *Une mer pour deux royaumes: La Manche, frontière franco-anglaise* (XVIIe-XVIIIe siècles), chapter 8.

④ 关于朗普的怀疑，见ADH C 6877, letter of 17 January 1754. 关于储存武器的情况，见ADH C 440, d'Argenson to St. Priest, 3 December 1754; ADH C 441, d'Argenson to St. Priest, 19 April 1755, and Tavannes to d'Argenson, 12 April 1755.

完全同意的情况下从外国领土上抓捕犯罪嫌疑人。[①] 因为害怕出现国际争端，便出现了司法遣返的详细条款和军事指挥官们对东南部军队的严厉警告——"永远不要在基尔河之外或国王领地之外追捕这些走私者"[②]。但是边界之外所产生的威胁已经严重到了让包税公司和战争大臣愿意违反国际法和承担疏远一个邻近主权国家的风险的程度——如果他们的行动能够终结叛乱的话。除此之外，外交事务大臣也宣称萨丁尼亚在拒绝追捕刺杀拉莫特的凶手时已经触犯了国际法。

这不是绑架拉莫特的想法首次被提出来。在新年之前，达尔让松伯爵已经敦促菲舍尔"引诱马德林和其他匪首落入能够抓住他们的陷阱中"[③]。此时这位大臣无意在法国境外抓捕这名走私者，但是到了1755年4月，加奈侯爵提出了一个在外国领土上抓捕马德林的详尽计划。[④] 作为一名名不见经传的陆军上校，曾经在马德林于12月攻占欧坦时不幸担任此地总督的加奈侯爵"自从他勒索我的政府"以来便满怀"对这个强盗的个人仇恨"。为了复仇，加奈侯爵制订了一项在萨伏伊绑架马德林的计划，他祈求达尔让松伯爵认真予以考虑。这位总督强调称，不但在法国境内抓捕马德林是不可能的，而且萨丁尼亚国王可耻的"表面功夫"也消弭了任何通过司法引渡方式拘捕马德林的可能性。都灵方面显然是在庇护马德

① Dan Edelstein, *The Terror of Natural Right: Republicanism, the Cult of Nature, and the French Revolution* (Chicago, 2009), 36-40.

② ADH C 1655, Ordre générale, 13 September 1754.

③ SHAT 1A 3386, d'Argenson to Fischer, 16 December 1754, and d'Argenson to d'Espagnac, 16 December 1754. 这一诡计就是寻找"一处合适的地点"并吸引这名匪首前往。进一步而言，蒙特佩鲁男爵报告称，如果都灵方面同意"在晚上于卡鲁日绑架马德林"，那么日内瓦方面可以提供监狱空间。AAE CP Genève, fols. 216-217, Montperoux to Rouillé, 17 and 29 November 1754.

④ SHAT 1A 3406, no. 178, "Projet pour enlever Mandrin et ses contrebandiers," April 1755. 埃斯帕尼亚克男爵也制订了一个在萨伏伊抓捕马德林的计划；其想法是绑架一名萨伏伊的走私者，迫使他引导菲舍尔军队中"经过伪装的小分队"前去寻找马德林。但达尔让松伯爵禁止他在萨丁尼亚的领土上抓捕任何的走私匪首。SHAT 1A 3406, no. 141, d'Espagnac to d'Argenson, 23 April 1755; and 1A 3399, no. 11, d'Argenson to d'Espagnac, 4 May 1755.

林，因为不到一个月之前，这名"恶棍"还被发现与一名萨伏伊行政长官在共进晚餐。因此唯一的解决之道便是"将这名强盗从其庇护所中绑架走"。这项行动所费不多，只要求出动已布置于该区域内的不到200人手。而且它也将是"完全机密"的行动。如有必要，法国国王将会否认参与其中，并让总督作为替罪羔羊（这种看似正确的否认策略在20世纪的隐蔽战争中有着光明的前途）。加奈侯爵只要求让自己负责这一行动。虽然他有着大好的前程，在30岁的年纪当了上校，但在过去十年里他却在这一军衔上踟蹰不前，没有任何晋升的希望。抓获马德林将会让他的职业生涯焕发新生。

加奈侯爵始终未能等到战争大臣的回复，但他的想法并没有被忽视。在拉莫特被刺杀后的一段时间里，达尔让松伯爵、洛皮塔尔伯爵、拉莫里哀和总包税人布雷·德·埃里吉便开始筹备他们自己的计划。通过使用特别信使相互沟通，他们制订了一项"极其机密的"计划，甚至连负责追捕马德林的军事指挥官都被故意蒙在鼓里，包括洛皮塔尔伯爵的上司马尔西厄——拉莫里哀怀疑后者可能与地下世界的人员串通一气。[1] 根据这项计划，曾经成功地在索维塔附近抓获走私者勒瓦瑟尔的迪迪尔比·德·拉尔上尉将指挥一支500人的队伍——其中包括了拉莫里哀的军队和90多名包税公司警卫。拉莫里哀知道马德林正待在距离边界仅5英里外罗什福尔村庄内的一座城堡中。坠马摔伤腿部的马德林自5月9日起便在这座庄园内疗养，陪同在他身边的是其密友"少校"的弟弟让·弗朗索瓦·迪埃-圣皮埃尔。这座城堡属于格勒诺贝尔高等法院的法帽法官主席奥诺雷·皮奥朗克·德·图里，他向马德林及其同伙们开放了这座城堡。这名高等法院法官与走私活动有多少牵连并不为人所知，但我们知道格勒诺贝尔的部分法

---

[1]　SHAT 1A 3406, no. 135, L'Hôpital to d'Argenson, 22 April 1755, and no. 261, La Morlière to d'Argenson, 23 May 1755.

官曾借钱给商人们从事非法印花棉布交易，而皮奥朗克的父亲——高等法院的第一主席也曾经动用他的影响力从这座城市的监狱中释放了一名走私嫌疑犯。[1]无论如何，在一名了解马德林的冒险生涯且高筑债台的贵族眼中，马德林显得极为出众。拉莫特的细致报告称马德林、"水壶"和"少校"经常在此落脚，并前往邻近的村庄圣热尼克斯消磨时间，他们还在此与另一支走私团伙的成员取得了联系。[2]获悉马德林就在罗什福尔的战争大臣命令迪迪尔比·德·拉尔在夜幕掩护下悄悄跨越边界进入萨伏伊，从这座城堡中绑架走马德林，将他活着带回，这样他就能够接受这片土地上的最高走私法庭——瓦朗斯特别法庭的审判了。

1755年5月10日午夜前，士兵们在密布的阴云之下聚集于勒蓬德博瓦桑以北基尔河法国一侧的土地上。就如同过去抓捕勒瓦瑟尔的行动一般，迪迪尔比·德·拉尔命令其手下脱下制服，伪装成农民、渔夫和走私者，这样他们就不会被识破身份。[3]将脸部涂黑之后，这些士兵和警卫们将刺刀举到水面之上，悄无声息地蹚过河去，爬上了萨伏伊一侧的河岸，然后躲开道路，穿过麦地向罗什福尔进发。他们大约在凌晨3时抵达了这座城堡。

走私者们在萨伏伊的巢穴中过得无忧无虑，甚至都懒得设置岗哨。在黎明前的黑暗中，上尉和他的手下们在未被发现的情况下穿过了一个长满胡桃树的山谷，来到了外部庭院的铁门前。在包围了门房之后，他们突破进入内部庭院，开始寻找一幢两侧建有方形塔楼的建筑，而士兵所不知道的是马德林便住在其中的一座塔楼中。围攻的嘈杂声惊醒了管理员，他冒

---

①　Edgard Depitre, *La toile peinte en France au XVIIe et au XVIIIe siècles: industrie, commerce, prohibitions* (Paris, 1912), 141; BN MS 8376, fol. 316, Orry to Fontanieu, 15 July 1737.

②　SHAT 1A 3406, no. 69, L'Hôpital to d'Argenson, 29 March 1755.

③　Olivier Cogne, ed., *Rendre la justice en Dauphiné* (Grenoble, 2004), 388.

险来到外面查看发生了什么，却像其他仆人一样被一剑击倒，并遭到了审问。拉莫里哀报告称，"我们不得不认真地去抚慰他们"（应当看作"敲打他们"），审讯者由此得以获知马德林的居所位于左侧的塔楼中。[①] 一群士兵爬上了石质台阶，他们破门之后发现马德林和迪埃·圣皮埃尔正在各自的房间中睡觉。这名匪首拿起了他的手枪（根据吕内公爵的描述），但两人都没有时间进行自卫。他们穿着睡衣被士兵们擒获，后者将他们捆好之后拽下了楼梯，扔入了一辆等候已久的马车中。历经曲折之后，马德林最终落到了法国当局的手中。

紧随其后的便是一番劫掠。士兵和警卫们殴打了这座城堡的佃农，将其妻子的珠宝和衣物剥了个干净，还取下了围在她脖子上的印花棉布围巾。他们偷走了这对夫妇的租金和马德林放在他们房间中的一些钱币，迪迪尔比将这些财物发放给了手下。随后他们彻底搜查了这座城堡，破开锁住的房间、橱柜、抽屉和桌子，拿走了一切有价值的东西：衣物、亚麻制品、装潢材料、挂毯、画作、陶器、银器、镜子、枝形吊灯、武器、工具、食物以及皮奥朗克从格勒诺贝尔带回来的"质量最好、年份最久的葡萄酒"——这将令皮奥朗克痛心不已。"我将想念这些葡萄酒，因为它原本应该供优雅而诚实的人享用。"[②] 那些无法堆放在马车上或塞进包裹中运回国内的东西都被打碎或摧毁。他们还发现了皮奥朗克藏于衣柜中、使用家族纹章封印的文件，这些文件被撕成了碎屑，撒满了一地。只有在外国领土上执行任务时，打击走私的战争才能突破传统的社会边界，去摧毁一名高等法院贵族的财产。

法国的士兵和警卫们随后又将怒火发泄在了萨伏伊民众身上。在返

① SHAT 1A 3406, no. 261, La Morlière to d'Argenson, 23 May 1755; 另见尚贝里议事会所撰写的报告，收录于René Fonvieille, *Mandrin: d'après de nombreux documents inédits* (Grenoble, 1975), 313-319.

② 引自Fonvieille, *Mandrin*, 313. 关于这座城堡损失的完全清单，见ADS 2B 12148.

回法国途中，这些人在毫无戒备的村庄阿弗雷西厄稍作停留，他们强行闯入本地学校校长的家中，在发现了一捆烟草之后洗劫了这座宅邸，还用刺刀刺伤了这名男子。在圣科隆布，这支四处劫掠的军队在一座仓房前向3个农民开枪，重伤了其中1人。最后，他们"像雄狮一样"冲入了边境市镇圣热尼克斯，此时这里的教区居民在参加完该日的首场弥撒之后正步出教堂。[①] 他们追捕着居住于该市镇中的走私者，毫不在乎击伤无辜的围观者。绰号为"所罗门"的安托万·萨勒——佩兰夫人正是在他的酒吧中与"皮埃蒙特人"碰面的——在街上碰到了一群由安德烈·勒加尔率领的包税公司警卫。对他而言，勒加尔不是陌生人。萨勒曾经作为一名走私者在圣热尼克斯工作了数年时间，晚至1752年，他还曾参与了一场伏击包税公司官员的行动。他可能曾被法国当局逮捕，并成为告密者，如今他正尽其所能地求得赦免。"瞧瞧我们碰到谁了！"勒加尔或他的一名同僚喊道。萨勒立即转身逃跑，当他回头观察自己是否遭到追击时，胸口被子弹命中。"啊！我的上帝，我要死了！"他跌落在地，同时大声呼喊着。这名受伤的客栈老板无法阻止勒加尔的弟弟向他射出第二颗致命的子弹。而因为杀戮而兴奋不已的勒加尔与另外一名包税公司官员围绕着这具尸体载歌载舞，他们唱道："睡吧！睡吧！睡吧，老男人！"[②]

萨勒被杀并非这天早晨这座村庄中所发生的众多暴力事件中最为残忍的一项。身为客栈老板和走私嫌疑犯的皮埃尔·图兰及其连襟弗朗索瓦·古桑——两人也被称为"尼姆兄弟"——被捆了起来，然后扔入装着马德林的马车中，士兵们洗劫了村民的宅邸和商店，抢走了他们所能找到的一切东西（帽子、镜子、书籍、剃刀、火腿和布料）。在法国军队离开

① ADPD 1C 1647, Desgranges to Malard, 11 May 1755.

② ADS 2B 12148, depositions on the pillage of Saint-Genix. 另见Corinne Townley, *La veritable histoire de Mandrin* (Montmélian, 2005), 67-71, 318-319, and 340; and Frantz Funck-Brentano, *Mandrin: Capitaine générale des contrebandiers de France* (Paris, 1908), 415-418.

之后，当地官员们统计了损失，并向他们的上级通报了这场军队和包税公司对他们市镇展开的"穷凶极恶的大屠杀"。[①] 这与马德林的道德经济学形成了鲜明的对比。考虑到这名匪首的团伙在法国喜欢交易胜过偷窃，并尽可能准确地使用暴力（虽然对于上述两种惯例而言，的确也存在着例外情况），法国军队在萨伏伊的行动就像是占领军所为，远远超出了打击马德林的任务界限，覆盖到了整个市镇。这种行为上的差别不可避免地落到了圣热尼克斯愤怒民众的眼中。

这些士兵拖着马德林离开了这个市镇，向一片突入基尔河的半岛状地形进发，抵达此处后，他们便用船运送俘虏和装满赃物的包裹渡河进入法国境内。返回本国领土之后，这支部队受到了拉莫里哀的接见，他在对这次行动进行简单指示之后便动身前往巴黎，亲自向战争大臣报告这次胜利。数日之后，达尔让松伯爵命令上校小心谨慎地从多菲内撤兵，并授予他圣路易王室军事骑士团的红色绶带荣誉。[②]

害怕引发外交上的强烈反应的战争大臣立即着手编造故事来掩盖这支军队参与绑架的事实。在18世纪，违反国际法不是一件可以轻易应付的事情，但如果都灵方面相信法国军队未曾参与这起攻击，那么路易十五的宫廷至少能够撇清与这一事件的干系，尽可能减少外交上的损失。达尔让松伯爵所编造的第一个故事声称发生于萨伏伊的暴力事件是当地匪帮之间的激烈竞争所导致的。谣言风传一伙身份未明的人于5月10日进入了该地区，杀死了许多走私者，拉莫里哀也欺骗马尔西厄："先生，那些熟悉那伙走私者的人都认为这一消息后面的真相是这些走私者之间已经发生了多

---

① 总计有2人被杀，至少9人受伤，但统计数据各有出入。见 ADPD 1C 1647, Desgranges to Malard, 11 May 1755; ADS C 127, letter from intendant of Savoie to Saint-Laurent, 14 May 1755; SHAT 1A 3406, no. 216, report by officers of Saint-Genix, 11 May 1755; and the Chambéry senate report published in Fonvieille, Mandrin, 313-319.

② SHAT 1A 3406, no. 238, La Morlière to d'Argenson, 12 May 1755.

次争吵，他们显然仍在为从国王钱箱中偷得的赃物以及在法国出售禁售商品所获得的利润而大动干戈。他们在喝醉之后便开始自相残杀……"[1] 迪迪尔比·德·拉尔进一步欺骗这位伯爵："关于这件事我所知道的便是一伙平常住在圣热尼克斯的走私者因为在旅途中所收集赃物的分配问题而失和，势大一方将势弱一方驱赶到了法国境内，此事发生之时，我与部分军队正在边境上，于是我抓住了马德林和他的4名同伙，射杀了逃跑的5至6人……这真是个奇迹，上天让我撞见了这些逃跑的人。"[2] 这便是马尔西厄告诉其萨伏伊同行桑尚以及蒙特佩鲁男爵在瑞士传播的故事版本。

有鉴于许多萨伏伊人目睹了这一事件，这个故事难以维系太久时间。因此战争大臣编造了第二个故事，承认法国的确发动了袭击，但却将这件事归咎于不受管束的包税公司警卫。达尔让松伯爵再次误导了马尔西厄："看起来有些包税公司的官员被走私者日复一日的罪行所激怒，他们想要以牙还牙，尤其是要为他们的主计长遇刺复仇。"[3] 根据这则编造的故事，拉莫特遇刺激怒了4名包税公司的警卫队长，他们亲自采取了行动。在未得到上级授权的情况下，他们非法越境进入萨伏伊，犯下了一系列罪行。着实令人遗憾的是，这次袭击不是一次由法国国王及其军队发动的蓄意违反国际法的行动。为了让这则故事听起来真有其事，财政大臣命令逮捕4名据称要为此次行动负责的包税公司官员。他向马尔西厄解释道：他们"为其同僚之死复仇"的动机是可敬的，但国王不能公然偏袒他们的行为。与此相反，路易十五不得不清楚地表明他本人不赞同这一绑架行动，未来也不会容忍包税公司警卫队的此类行径。为此，这些包税公司的官员

---

① SHAT 1A 3406, no. 212, La Morlière to Marcieu, 11 May 1755.

② SHAT 1A 3406, no. 225, Diturbi de Larre to Marcieu, 13 May 1755, and no. 217, La Morlière to Marcieu, 12 May 1755. 达尔让松伯爵后来密告知了马尔西厄抓捕马德林的真相。SHAT 1A 3406, no. 237, Marcieu to d'Argenson, 19 May 1755.

③ SHAT 1A 3399, no. 136, d'Argenson to Marcieu, 17 May 1755.

将被关入里昂的监狱，"从而让民众清楚地了解国王的真实意图"[①]。于是一队20人的骑兵押送着这些所谓的马德林绑架案作案者前往里昂，并于1755年5月25日在众目睽睽之下将他们投入了监狱。[②]

当拉莫里哀北上巴黎向战争大臣介绍情况时，马德林和其他4名俘虏——年轻的圣皮埃尔、尼姆兄弟和来自罗什福尔的仆人克劳德·普朗什——被向西押送至这个王国的最高走私法庭所在地瓦朗斯。被牢牢锁在一辆带篷马车内的马德林和圣皮埃尔在20名从拉莫里哀的部队中抽调来的骑兵军官的押送下穿过了多菲内。当两天的行程结束之时，许多好奇的农民、市民和贵族争相涌上前来一睹这名著名走私者的模样。5月12日清晨，一名马耳他骑士团的骑士在瓦龙惊讶地看到马德林坐于一辆车内，"神态沉着得好似准备去参加一场婚礼，他正抽着烟斗，带着自嘲式的微笑；但他的同伴——那个年轻人却完全不是这副模样"[③]。逮捕马德林行动参与者之一的洛皮塔尔伯爵此时也身处瓦龙，根据一份报纸的描述：

> 他想要看看马德林，并在靠近时对后者说道：现在好了，马德林！这就是你那了不起的冒险和轻率言行的下场。（洛皮塔尔）阁下还责难了他几句，但他们似乎并没有令马德林陷于不安之中。相反，他愉悦且诙谐地回复称自己始终是在最令人恐惧的时刻现身。多名军官曾向他询问了过去各场战斗的问题，他的回答总是显得睿智且准确。[④]

此类新闻报道并不完全可靠，但关于马德林泰然自若形象的类似描

---

① SHAT 1A 3406, no. 231 bis, Séchelles to Marcieu, 17 May 1755.

② SHAT 1A 3406, no. 266, Bory to d'Argenson, 25 May 1755. 为了掩饰这个故事，战争大臣公然命令洛皮塔尔伯爵向他通报所有参与这次袭击的士兵，因为"任何事情都不得与陛下的意志相抵触"。SHAT 1A 3399, no. 138, d'Argenson to L'Hôpital, 17 May 1755.

③ 引自Funck-Brentano, *Mandrin*, 423.

④ *GU* (3 June 1755).

绘也出现在了私人书信中。在距离马德林出生地圣埃蒂安不远的圣马尔瑟兰，莫雷尔神父发现了在"小巴黎"餐馆进餐的马德林和圣皮埃尔："我当时在场。我目睹了他们的整个进餐过程。他（马德林）的许多朋友都在跟他说话。他使用着一种坚定的语调进行回复。"[①] 这就是马德林在被押送至瓦朗斯监狱途中所展现出的性格。

当这名走私者被向西押解时，关于他被捕的消息如野火般迅速传开。第一批消息以勒蓬德博瓦桑为起点，通过政府、军队和外交渠道向外传播。马尔西厄在收到马德林被抓获的消息后便赏给了他的门房6法郎："这是我听到这条好消息后能做的最起码的事情。"[②] 埃斯帕尼亚克男爵"衷心"希望这条消息是真的，他高呼一个新的时代即将来临，那些走私头目们将不敢再挑战军队的权威。[③] 蒙特佩鲁男爵报告称日内瓦所有的"体面人"在听到马德林被抓获的消息后都欢欣鼓舞，而那些印花棉布商人自然是垂头丧气了。[④] 在巴黎，勤勉的编年史家达尔让松侯爵在听闻这一消息后也十分高兴——这无疑是一项足以令其兄弟引以为豪的成就——但他并不赞同使用非法的"战争诈术"抓捕马德林；萨丁尼亚国王有理由对此感到不安。[⑤]

更多的民众是通过外国的报纸得知马德林被捕的消息，这些报纸中充斥着来自边境的报道。虽然媒体如实地报道了涉嫌非法抓捕马德林的包税公司官员被关入监狱的消息，但它们并不相信法国当局所传播的任何故事。相反，这些报纸都在它们的显著位置充满同情地描述了"著名的马德林"被四处劫掠的法国士兵绑架的经过。如果说这些事实有时候稍显混

---

① BMG Chenavas 140 (7), notes of Morel, curé de Montrigand.

② SHAT 1A 3406, no. 206, Marcieu to de la Tour, 11 May 1755.

③ SHAT 1A 3406, no. 224 bis, d'Espagnac to d'Argenson, 14 May 1755.

④ AAE CP Genève 66, f. 322, Montperoux to Rouillé, 14 May 1755.

⑤ D'Argenson, *Journal*, 9:8-15, entries for 17, 22, and 27 May 1755.

乱，但基本的情节却是清楚的：军队和包税公司在罗什福尔绑架了马德林，并将他交给了法国司法系统。编辑们还对这个故事进行了自由发挥，他们用情节复杂的英雄主义抵抗桥段取代了在卧室中熟睡的马德林突然被逮捕的事实。《乌特勒支公报》（1755年5月27日）写道："尽管攻击者的人数占据了优势"，但走私者们"竭尽全力"地进行了自卫。"在杀死或击伤20多人之后"，他们弹药告罄，最终只能投降。（同一份报纸用挑逗的语气报道称这座城堡中装满了走私品和一笔由黄金和期票构成的钱财。）《阿姆斯特丹公报》（1755年5月30日）和《科隆公报》（1755年5月27日）不仅报道了拉莫里哀的"爪牙们"在圣热尼克斯犯下的"暴行"，还为读者提供了马德林在罗什福尔回击攻击者的惊心动魄过程的描述："大吃一惊的马德林在被袭击者的噪音惊醒后立即发动了反击；他拿起手枪朝敌人射击。他的3名同伙也同时展开回击，杀死了8个'阿尔古勒'（对拉莫里哀手下的蔑称）。"然而当士兵们从四面八方朝走私者们展开攻击，向他们倾泻着弹药时，这种抵抗却是无用的。"他遭到了生擒，并被绑了起来押送至格勒诺贝尔"，但在此之前，这支军队已"将城堡洗劫一空"。①

官方故事与报纸报道之间的差异有助于解释公众对于马德林被捕一事的不同看法。有些人选择相信官方的故事，其他人则并不如此。②一首以马德林被捕为主题的流行歌曲便完全忽略了官方的故事，但它仍然将"拉

---

① 由于报纸依靠的是派驻不同地区的记者发回的报道，关于马德林被抓捕一事，他们有时会发回不同版本的信息。《历史与政治信使报》（1755年6月4日）提及了马德林的反抗，但并未报道洗劫城堡和圣热尼克斯一事。通常都对马德林报以同情的《阿维尼翁通讯》（1755年5月23日）也刊发了一封据称由"皮埃蒙特人"所写的信件，信中称这名匪首并没有抵抗，而是怯懦地躲在了阁楼上。这封信的真实性遭到了质疑，因为它声称圣热尼克斯的民众对法国军队的勇气印象深刻。

② 布勒米耶神父相信官方的故事是真实的（BMD ms. 939, abbé Boullemier, "Notes sur la Bourgogne et sur Dijon"），但一封发自瓦朗斯的匿名信对此却并不赞同（Cogne, ed., Rendre, 388）。

莫里哀的士兵"塑造了英雄，他们"比雄狮还要勇敢地"抓获了"恶棍般的"马德林。[1] 更为睿智的廷臣吕内公爵不相信抓获这名走私者的人员是"由擅命的包税公司员工组成"的传言，但他也认为"由于马德林是从萨丁尼亚国王的领土上被绑架走的，所以使用这套说辞是可取的"[2]。

随着马德林被绑架的消息快速传播开来，凡尔赛与都灵方面的外交关系也开始恶化。在他遭绑架当天，萨伏伊总督斥责道："有人胆大妄为到了一定地步，他们不仅侵犯了主权国家的权利，还粗暴地绑架了其人民……他们拥有着另一个主权国家授予的豁免权，因此引渡他们的提议不会获得对方的赞同。"[3] 这位总督立即派遣一名信使告知萨丁尼亚国王这一侵犯行为，还派出一名参议员前往格勒诺贝尔索要马德林和其他人等。当发现马德林显然不会被释放时，都灵方面展现出了一个二等国家的勇气，向边境地区调集军队，促使法国方面调动了增援力量并关闭了国际贸易。当战争的幽灵隐隐出现之时，萨伏伊方面驻勒蓬德博瓦桑的指挥官开始担心他可能无法仅凭1200名士兵阻止法国人，但他发誓"要为了自己的荣誉和吾主国王陛下的荣誉恪尽职守"[4]。法国与萨丁尼亚之间的军事紧张态势持续了数月之久——期间外国的法语报纸详细报道了外交上的每一次转折与发展——直至路易十五最终于1755年8月派遣著名的菲利浦·德·诺瓦耶伯爵作为特使，郑重"否认"国王与此事件有关涉，并向法国的这个邻居保证参与犯罪者将会得到应有的惩处。[5]

---

[1]　BMG, *Complainte nouvelle sur la prise de Louis Mandrin*.

[2]　Charles-Philippe d'Albert, Duc de Luynes, *Mémoires du duc de Luynes sur la cour de Louis XV* (1735-1758) (Paris, 1864), 14:154.

[3]　SHAT 1A 3406, no. 216, Sinsan to Marcieu, 11 May 1755. 报纸很快就报道了萨丁尼亚王国的"领土遭法国侵犯"一事。*GC* (27 May 1755).

[4]　ADS C 2, St. Juille to Sinsan, 12 May 1755.

[5]　*GA* (September 1755).关于马德林被捕所引发的外交余波，见Fonvieille, *Mandrin*, 147-175. 虽然部分法国廷臣相信派遣如此高级别的人士前往都灵对路易十五方面而言是毫无必要的羞辱性投降，但诺瓦耶取悦了都灵的主人，一劳永逸地解决了这一争议性事件。

然而在这一外交斡旋取得成果之前，马德林的被捕捅破了萨伏伊匪徒的马蜂窝。一些走私者北上逃往日内瓦，他们担心萨丁尼亚国王曾协助绑架马德林，并且会马上着手抓捕其他人。更多的人留下不走，他们急于向法国军队和包税公司发动报复行动。佩尔格兰、"少校"勒加缪立即奔向了边界，向法国发动了一次反击，迫使迪迪尔比·德·拉尔四处躲藏。被夹在法国与地下犯罪集团之间的萨伏伊官员争相阻止本地匪帮发动报复行动，因为这可能促使法国方面再次发动入侵行动。雷埃歇尔的指挥官采取了一系列紧急措施。他禁止所有"得到宽恕的走私者"离开市镇，并公开惩罚了一名违反命令的走私者，甚至飞速赶往附近的一个山洞中劝阻一伙走私者发动报复。他还招募了一批走私者在边境地区充当警戒人员。①

动荡的外交紧张局势和萨伏伊彻底的混乱局面引发了麻烦的问题。瓦朗斯的审判是否能按计划进行，或者都灵方面是否会进行干涉以确保这名匪首被释放？如果都灵方面中止审判的努力失败了，两个国家之间是否会遭遇长期的关系破裂？这种不和是否会在战争即将爆发之际改变欧洲的力量平衡？当此类问题纠缠着法国、萨丁尼亚和西欧的报纸读者时，所有的目光都投向了小镇瓦朗斯，在这里，一场臭名昭著的审判将会降临在这个时代最著名的走私者头上。

---

① ADS C 2, Balbian to Sinsan, 13 May 1755. 关于马德林被捕之后萨伏伊地区所出现的混乱局面，见ADS C 2 AND 127; AAE CP Genève 66, fol. 337; and SHAT 1A 3406.

第九章 处死路易·马德林

　　瓦朗斯特别法庭是全法国最可怕的法庭，而马德林正是遭到了该法庭的拘押。走私者们咒骂瓦朗斯特别法庭的名字。更高等级法庭的法官称之为残酷的"血腥法庭"。伏尔泰甚至把它与黑死病以及宗教裁判所并称为最摧残人性的灾祸。这个堪称是一系列新设立的打击走私法庭中的佼佼者即将开始审判全欧洲最为著名的走私者。

　　18世纪非法贸易的发展促使法国这个君主制国家进行了重大的机构改革。正如我们所了解的，国王政府增加了包税公司的治安权力，使之成为欧洲大陆上规模最大且最强大的准军事力量。但它也通过强化刑法典和创制由包税公司资助的新的特别法庭——这些特别法庭被用于起诉史无前例地大规模出现的走私者——彻底重组了刑事司法系统。众多的暴力走私者被判处了死刑，数以百计攻击性稍弱的走私者被判在苦役船上或苦役营中服苦役。事实上，近代监狱的出现多归功于对走私活动的打击，而哲学家米歇尔·福柯在他关于西方监禁体系的著名论著中忽略了这一问题。①

---

　　① Michel Foucault, *Discipline and Punish: The Birth of the Prison*, trans. Alan Sheridan (New York, 1979) 撰写于苦役船的主要研究成果发布之前，因此未曾论及走私活动在近代法国监狱系统起源中所扮演的角色。

改良的司法体系

正如一些官员所强调的，面对日趋全球化的地下经济，国王政府可以通过降低国营烟草的价格和撤销印花棉布禁令的措施，或者加强国家的打击行动，来减少走私活动的规模。而国王政府断然地选择了后一种方式，从而引入了一系列的措施，这些措施史无前例地严苛，在很大程度上重塑了刑事司法系统。首先，国王政府在1680年至1730年制定了一部打击走私活动的刑法典，这部刑法典即便是按照旧制度的标准而言都是十分严厉的。通过颁布一系列的敕令，国王威胁使用法庭武库中最不名誉的惩罚手段：针对重犯的车轮刑、绞刑和苦役；针对罪名较轻者的鞭刑、驱逐和巨额罚款。①

刑法立法首先将目标瞄准了食盐走私者，他们要遭受层级分明的罚款和苦役船判决，而死刑则留给了罪行累累的匪帮成员。②似乎尤嫌这样的惩罚不够严厉，在烟草专卖制度中所引入的刑罚得到了加强。"烟草走私比食盐走私更加罪不可恕"，包税人们如此说道——他们在立法过程中所展现的影响力完美地诠释了金融对司法事务的渗透。③那些走私穷人生存必需品的农民是可以被宽恕的，但这种仁慈不能施予那些交易并非不

---

① 在英国，走私活动也导致了严刑峻法的出台，并最终招致了1749年大批罪犯被处死。见Niklas Frykman, "Pirates and Smugglers: Political Economy in the Red Atlantic," in *Mercantilism Reimagined: Political Economy in Early Modern Britain and Its Empire*, ed. Philip Stern and Carl Wennerlind (Oxford, 2013); and Cal Winslow, "Sussex Smugglers," in *Albion's Fatal Tree: Crime and Society in Eighteenth-Century England*, ed. Douglas Hay, Peter Linebaugh, and E. P. Thompson (New York, 1975), 119-166.

② 1680年5月的法令要求身为初犯的食盐商贩缴纳200利弗尔的罚款，如果未缴纳罚款便处以鞭刑。惯犯需缴纳300利弗尔的罚款，并在苦役船上服6年苦役（女子处以驱逐之刑）。使用马匹或马车运输非法食盐将会被处以300利弗尔的罚款，如若未能缴纳罚款，需在苦役船上服3年苦役，惯犯需服9年苦役。参与武装团伙走私食盐者需缴纳500利弗尔罚款，并在苦役船上服9年苦役，惯犯处以死刑。1704年7月5日的声明将身为初犯的匪帮成员的刑罚提升为死刑。

③ AN G-7 1290, "Reglement contre les fraudeurs de tabac, 19 sept 1717."

可或缺的国营商品的人。这种刑罚伦理塑造了1707年12月6日的划时代宣言，这份宣言声称此前的法律并不"足够强大，无法控制走私者"，它为那些因购买、出售或拥有任何数量走私烟草而被捕者设置了1000利弗尔的罚款数额——这一数目要比食盐走私者的罚款额高5倍，同时也比大部分农民和工匠的年收入高3至4倍。① 如果罪犯无法在定罪后一个月内缴纳罚款或300利弗尔的首付款，他们的经济处罚将自动转换为在苦役船上服苦役（对女子而言是鞭刑和驱逐，她们被认为过于虚弱而无法承受在苦役船上服苦役的强度）。在包税人看来，经济处罚转换为苦役刑罚的举措有着惩处那些无法支付罚款的"境遇不佳者"的优势。② 过去那些无法支付罚款的罪犯往往都被判处带上足枷接受大众的羞辱，而许多贫穷的走私者事实上更愿意足枷的惩罚，而不是罚款。同样如此的还包括在苦役船上服苦役，罪犯们要在皮鞭之下划桨驱动地中海上的战船，他们经常在服刑期满之前死去。

1707年宣言的法律含义是深远的。大部分走私者从事的非暴力走私活动始终都是简单的民事违法行为。他们需要向原告——包税公司支付罚款，作为侵害其专卖权利的补偿。但通过将罚款转化为苦役刑罚，这项法律便开始使用原本为重罪犯准备的"痛苦的"肉体刑罚惩罚那些民事违法者。苦役、鞭刑和驱逐都是严厉且有训诫作用的刑罚，它们牵涉到了公众羞辱、剥夺自由和对人体的痛苦侵犯。这就是基础性的1670年刑罚法令规定任何判决结果为肉体刑罚的低等级法庭案件将被自动发至上诉法庭重审的原因。然而意在打击走私活动的王室敕令却授权将罚款自行转换为痛苦

---

① AN AD XI 48, declaration of 6 December 1707. 关于此前的反走私法令，见the declaration of 27 September 1674 and the ordinance of 21 August 1681.

② AN G-7 1290, reglement of 19 September 1717. 这种转化在1680年的食盐法令和1681年8月21日的烟草宣言中已有先例。1689年1月25日的宣言声称设置保证金的规定只是为了尽可能减少上诉数量来削减包税公司的法律开支，但显然它也被用于增强针对走私暴力所设置的刑罚的严厉程度。

刑罚，从而破坏了这一上诉进程。微不足道的走私者们既没有拒捕或携带武器，也没有经常加入危险的匪帮，他们如果无法筹集足够的钱款支付罚款，案件就无法得到进一步的审理，从而只能在苦役船上度过余生。民事罚款制度向严厉的刑事处罚演变反映了对走私活动的打击在何种程度上改变了刑事司法系统。[1]

如果说1707年宣言确定了民事走私犯罪行为的惩罚措施，那么1729年8月和1733年1月的宣言则为威胁到"国家安宁和朕之臣民安全"的更严重犯罪行为设置了惩罚措施。[2] 在1730年从印度公司处接收烟草专卖权的总包税人们将报复走私团伙的意图暴露无遗。1733年的法令以确凿无疑的措辞宣布3人以上的武装烟草走私团伙的成员或那些袭击包税公司岗哨和警卫之人"将被判处死刑"。同样要被处以极刑的是暴力拒捕的成年男性，这一规定急剧增加了在没有警察介入的情况下实施民事违法行为的风险。国王政府通过这一方式将死刑强加到了走私者头上，从而让这种过去只是为犯下政治违逆罪者（叛徒、间谍、逃兵和武装暴动的领导者）与犯社会性罪行者（谋杀犯、弑父者、异端和偷窃主人财物的仆人）准备的刑罚也适用于走私者。在这种刑罚范围内，所有的地下贸易行为——其中部分是暴力的，其他的仅仅只是存在实施暴力的可能性——都被当作了最为荒唐的犯罪行为。

这些新的宣言也让较为轻微的犯罪行为变得罪无可赦。那些没有携带走私品但却三五成群经过走私重灾区的被捕者将被判服终身苦役（这一

---

[1]　这种从罚款到刑罚的变化恰好与中世纪从刑罚到罚款的变化趋势相反。见 Dominique Gonnard, "La peine et son evolution," in *Rendre la justice en Dauphiné*, ed. Olivier Cogne (Grenoble, 2003), 159-166; and Paul Freidland, *Seeing Justice Done: The Age of Spectacular Capital Punishment in France* (Oxford, 2012), 29-32.

[2]　AN AD XI 50, no. 31, Declaration of 2 August 1729, and no. 85, Declaration of 27 January 1733. 这些法令的基础是1720年10月17日宣言，它首次规定予以3人以上的武装烟草走私团伙的成员死刑的惩罚。

刑罚被视为是"民事死刑")、没收所有财产(在罪犯死前受到托管,在其死后归属国王)并丧失所有民事权利。这些被判服终身苦役的人就如同不再具备社会存在意义的行尸走肉。在这些违法者之下,那些教唆走私者但身为初犯的客栈老板和其他人形同走私者,要缴纳1000利弗尔的罚款。未能在武装匪帮经过市镇时敲响警钟的居民要缴纳500利弗尔的罚款。最后,被发现藏匿走私品的包税公司雇员要被判服5年苦役,而那些积极与走私者勾结的人会被处死。

针对印花棉布走私者的刑罚略为不同,这是因为它的起草者为御前商务委员会(而非与包税人沆瀣一气的财政大臣)。最初,走私热销纺织品的人要被课以3000利弗尔的巨额罚款,这一数目差不多等于印花棉布走私者所赚取的利润总额。从1706年开始,纺织品消费者也可能会被课以罚款,而这一举措在18世纪30年代得到了迅速推广。① 就违法犯罪行为而言,最初加入武装团伙的印花棉布商人所遭受的处罚要轻于他们从事烟草生意的同行,但1733年宣言却让这两种走私活动的刑罚变得几无差别。⑤

对于国王政府而言,颁布一部严苛的新刑法典是一回事,但它的实施

---

①　与法属东印度公司关系密切且倾向于支持制造业调控的菲力贝尔·奥利在其财政大臣的漫长任期内(1730年至1745年)曾鼓励总督们对消费者课以罚款。见AN F-12 54, 65, 58, 73, 74-75, 77, 82; BN MS 8375-8379 AND 8392; ADPD 1C 1627; ADH C 1663, 1678-1679; AMN HH 252-256, 266; and V.-L. Bourilly, "La Contrebande des toiles peintes en Provence au XVIIIe siècle," *AM* 26 (1914), 52-75. 除了这一打击手段,法国政府针对的目标一般都是走私者,而非消费者,两者间有着显著的区别。在20世纪30年代美国禁酒时期,只有生产、销售和出售酒精饮料的行为是被禁止的,而在当代的毒品战争中,持有管制药物也会招致监禁的刑罚。见John Paul Stevens, "Our 'Broken System' of Criminal Justice," *New York Review of Books* (10 November 2011), 59.

②　Edgard Depitre, *La Toile peinte en France au XVIIe et au XVIIIe siècles* (Paris, 1912), chapters 1-3. 在众多意图推行印花棉布禁售的法令中,较为关键的是1686年10月26日法令(设置了针对走私者的3000利弗尔罚款)、1706年8月24日法令(设置了针对消费者的刑罚措施)、1717年7月敕令(增加了针对武装匪帮的肉体刑罚)、1721年7月8日法令(针对跨越边境进入法国的走私者引入了死刑)和1726年10月敕令(将死刑适用范围扩展至3人以上的武装匪帮)。1729年8月2日宣言和1733年1月27日宣言为武装或参与匪帮的印花棉布和烟草走私者设置了同样的刑罚。

生效却完全是另外一回事。最初，一批七拼八凑的低级法庭和法官负责审判走私嫌疑犯。地区食盐法庭负责审判食盐走私者，被称为"财政分区法庭"的财政法庭负责审判烟草走私嫌疑犯，总督负责审判未经财政分区的行省中的烟草走私者和印花棉布走私者。有时这一系统会痛下杀手，比如加普财政分区曾严格遵循法律的规定，判处迪斯迪耶·德·比萨尔——这名惯犯被抓住时正牵着一头背着两小包烟草的母驴——1000利弗尔的罚款和终身苦役，对于一个没有武装、不属于任何匪帮且对包税公司警卫毫无威胁的人而言，这是一项严厉的处罚。[1] 但是国王政府很快就将发现，尽管打击走私活动的立法紧迫且严谨，但那些并不情愿对此类在道义上界限含糊的犯罪行为施予严厉惩罚措施的法官们却宁可使用罗马法中的自由裁量原则来挫败王室法律的实施。

事实上，一些地方司法官员被证明是十足的蓄意阻挠者，他们干涉包税公司的调查行动，延宕司法程序，使用技术性手段释放嫌疑犯。鲁昂财政分区法庭曾宣告马里·勒诺尔芒走私烟草的罪名不成立，原因是此案所依据的警方报告中出现了日期错误（1767年中的第一个数字"7"被错误地遗漏了）。[2] 即便低级法庭宣布了判决，它们往往也只课以较轻的罚款，甚至还会阻止将未支付的罚款转换为苦役刑罚。拉瓦尔食盐法庭所判决的案件中大约仅有四分之一如包税公司所希望的那般刑罚严厉。[3] 至于烟草，拉罗歇尔财政分区法庭曾就警卫队长安德烈-雅克·普雷沃斯特向

---

[1]　Baptiste Bressière, "Le Tribunal de l'élection des trois bailliages des montagnes au XVIIIe siècle," in *Rendre la Justice en Dauphiné*, ed. Olivier Cogne (Grenoble, 2003), 27-33. 关于其他相互合作的财政分区法庭的案例，见ADDR C 728 and 974.

[2]　AN AD XI, no. 140, *arrêts* of 31 May 1768 and 13 June 1769.

[3]　Yves Durand, "La contrebande du sel au XVIIIe siècle aux frontières de Bretagne, du Maine et de l'Anjou," *Histoire Sociale* 7 (1974), 227-269.

法国境内走私17磅加勒比烟叶的行为开出了区区100利弗尔的罚款。[①] 尽管财政大臣奥利始终致力于支持这一处罚措施的实施，但总督们几乎从来没有向印花棉布走私者课以全额罚款。

当包税公司在低级法庭中输了案子后，它便向王国的最高财政法庭——间接税法庭提起上诉。在一个名为皮埃尔·罗邦的熟练制革匠——他因持有10.5盎司的烟草而被捕——被当地财政分区法庭宣判无罪之后，包税公司便将该案上诉至巴黎间接税法庭，后者驳回了此前的判决，并开出了1000利弗尔的罚款。[②] 而在客栈老板让·贝努瓦持有38磅烟草的案件因为技术原因遭低级法庭拒绝受理后，这一高级法庭对他开出了1000利弗尔的罚款。[③] 但间接税法庭并非始终可靠。鲁昂间接税法庭在一名女子持有若干烟草而被抓了现行的案件中维持了原判，因为它不愿意训诫一个为了个人消费而持有烟草的寡妇。[④] 波尔多间接税法庭也维持了低级法庭宣判向一名水手出售1盎司走私烟草而被捕的吕克·拉昂无罪的判决。[⑤] 出于对包税公司普遍的不信任，许多上诉法庭法官也像低级法庭的同僚一样对是否施行王室法令所规定的严厉刑罚感到犹豫不决。

当高级法庭和低等法庭都对检举走私者加以阻止时该怎么办？在包税人的推动下，路易十五通过一系列大胆的措施绕过了不听话的法庭，而这些措施正标志着一种将改变法国司法制度的非常规司法机构的出现。[⑥]

---

①　AN AD XI 51, *arrêt du conseil* of 31 May 1768 and 13 June 1769; and AN AD XI 51b, *arrêt* of 11 March 1727. 阻碍司法与宽大仁慈的例子屡次见于AN AD XI 49-51c. 另见André Ferrer, *Tabac, sel, indiennes: douane et contrebande en Franche-Comté* (Besançon, 2002), 277-278.

②　AN AD XI 51, no. 55, *arrest de la cour des aydes*, 16 March 1745.

③　AN AD 51c, *arrest de la cour des aydes*, 19 June 1736.

④　AN AD XI 50, no. 63, *arrêts du conseil* of 19 February and 22 April 1732.

⑤　AN AD XI 51, no. 82, *arrêt du conseil* of 11 June 1748.

⑥　这是路易十五统治时期更大规模的非常规司法系统扩张进程的一部分。见Bernard Barbiche, "Les attributions judiciaires du Conseil du roi," *Histoire, Economie et Société* 29 (Septembre 2010), 9-19.

国王可以通过援引古老的"保留司法权"原则——也就是为国王所保留的司法权，除此之外的其他部分被他和他的先辈授予了法官——规避这些法庭。国王能够通过御前会议或设置特别法庭自行分配这种司法权力。[①] 在民事走私案件中，御前会议越来越多地使用保留司法权原则来推翻法庭的判决。当位于皮卡第的杜朗财政分区法庭以每名被告所持烟草数量均少于1磅为由宣判5名持有"假烟草"的农民无罪时，御前会议推翻了这项判决，并开出了标准的1000利弗尔罚款。[②] 自1661年起就已经在使用高等法院判决否决权的御前会议还以类似的手法废除了间接税法庭维持低级法庭宽松判决的裁定。由上诉法庭宣判无罪的吕克·拉昂和其他许多人最终都被御前会议课以了1000利弗尔的罚款。

御前会议并未到此为止。为了审判涉及武装和暴力走私者和走私团伙的犯罪案件，它使用保留司法权的理论来规避传统的法庭，创制出了新的走私特别法庭。正如它们所效仿的令人命丧九泉的普雷沃斯特法庭（起诉穷苦游民的准军事法庭），这些特别法庭获得授权，可以不经上诉实施肉体刑罚和死刑——这一举措就此剥夺了间接税法庭的司法管辖权。这是一项重大的革新，因为在此之前所有由低级法庭做出的肉体刑罚和死刑判决都被自动转至上诉法庭，而后者往往会实施减刑。[③] 而今，新的特别法庭能够维持低级法庭的严厉判决，或者亲自审理案件并做出审判。

特别法庭最初的主管是行省总督（在巴黎是警察总长），不同于拥有职位的普通法官，他们可以被立即撤职，从而也就更加顺从于御前会议的

---

① 关于保留司法权的原则，见Jacques Richou, *Histoire des commissions extraordinaires sous l'ancien régime* (Paris, 1905).

② AN AD XI 51, *arrêt* of 14 August 1745.

③ 关于高等法院削减上诉案件判刑量的情况，见Marie-France Brun-Jansen, "Criminalité et repression pénale au siècle des Lumières: L'exemple du Parlement de Grenoble," *Revue d'histoire du droit* 76 (July-September 1998), 358-359; and Nicole Castan, *Justice et repression en Languedoc à l'époque des lumières* (Paris, 1980), 247.

意志。自17世纪侵入司法体系以来，总督如今又被授予了审判与武装和潜在的暴力走私者相关案件的权力。[1] 包税人们认为，诉诸这种非常规法庭是必要的，因为"常规"司法机构既不愿意也无能力遏制烟草走私活动的发展。[2] 打击大型匪帮的唯一方法便是将司法管辖权从传统法庭转移至由愿意充分发挥法律效力惩处走私者的总督牵头的特别法庭。

总督法庭最初是建立在专案审理的基础上。例如在蒂勒市的一伙人袭击烟草专卖官员以释放2名遭拘押的走私者后，财政大臣便将这起案件交至蒙托邦总督手中，后者在1名前检察官和若干名当地律师的协助下审判了被告人。在这种总督的强力领导下，结果很快水落石出：主要袭击者被判处绞刑，其他人或是被发送至苦役船上服苦役，或是被课以罚款。[3] 奥弗涅总督也曾受命接手一起正由当地财政分区法庭审理的案件，"因为这起案件不仅事关走私货物，还牵涉到了匪帮和公然的叛乱"。当克莱蒙间接税法庭的主席和总检察官表示反对时，财政大臣解释称"一项及时且快速的纠正措施"对于打击武装团伙而言是必要的。[4]

御前会议并没有为每一起特别案件分别签发新的命令，而是立即指示总督们组建常设法庭。在18世纪20年代至30年代，这种法庭在许多边境行省——甚至是走私活动猖獗的内陆行省中迅速发展了起来。[5] 每一个法庭均由1名总督、数名学士法官（像普雷沃斯特法庭一样）以及在高等法院进行辩护或在市政府和法庭中任职或作为代理人为总督工作的执业律师构成。总督为国王政府从这些招之即来的人员中遴选出以"热忱和忠诚"而

---

[1] 　没有财政分区的朗格多克和布列塔尼两个行省的总督始终都在审判烟草走私者。

[2] 　ADPD 1C 1627, Orry to Trudaine, 29 March 1729.

[3] 　AN AD XI 49, judgment of 4 December 1723. 另见AN G-7 1292 and 1294.

[4] 　ADPD 1C 1626, Le Peletier to Grandville, 6 and 24 July 1729. 另见AN AD XI 50, no. 154; and Charles Godard, *Les pouvoirs des intendants sous Louis XIV* (Paris, 1901), 276.

[5] 　布列塔尼总督早在1713年就被授权审理与烟草专卖相关的案件。弗朗什-孔泰、欧什、勃艮第和穆兰等地的总督分别于1721年、1723年、1734年和1738年建立了他们的特别法庭。巴黎警察总长从1729年开始审理案件。

著称的律师，并使用包税公司的资金向他们支付报酬。①

常设法庭在许多地方十分有效，但在多菲内与一名臭名昭著的匪帮头目让·巴雷的争执中，常设法庭却暴露出了最大的弱点。事实上，正是格勒诺贝尔总督法庭的失败导致了一种全新法庭的出现，这是一种可以检举走私者而不引发任何麻烦的超级特别法庭。因此总督在格勒诺贝尔遭遇失败的故事就显得十分重要，因为它推动了瓦朗斯特别法庭的设立，这个法庭与其所派生出的姐妹法庭一同改变了法国刑事司法系统的面貌。

当马德林还是一个男孩时，"最为著名的（走私）匪首"是让·巴雷。② 他的匪帮以布雷斯和热克斯为基地，向普罗旺斯走私印花棉布，向朗格多克和奥弗涅走私烟草，并在返程中从奥弗涅向里昂内走私食盐。在1732年春，骑警在多菲内的韦尔维尔与突然冒出来的巴雷匪帮交火，杀死了2名走私者，击伤2人以上。虽然这名匪首得以逃脱，但骑警俘虏了5人，获得了大量的物证，包括藏匿在附近一个仓房中的走私烟草。在接手这起案件之后，总督丰塔尼厄和他的同僚们遵照国王的法律宣判了重刑：3人被判处死刑，2人被判处服终身苦役。③ 总督法庭履行了职责，但据称巴雷对这一判决大为恼怒，并试图予以报复。审判之后一个月，在从萨伏伊前往普罗旺斯走私的途中，这名匪首及其手下打破了位于距离格勒诺贝尔不远的圣洛朗迪蓬的一间酒馆的大门，从中掳走了2名包税公司警卫，并厉声"对负责国王财政事务的人进行了恶毒的侮辱和威胁"。他们在光天化日之下捆住了这两名警卫，给他们戴上口罩，将绳子另一端系在马上，然后模仿王室实施肉体刑罚的仪式，拖拽着他们穿过这个市镇的大街小巷。接着这个匪帮将警卫带入了树林，剥光了他们的衣服，朝他们射

---

① BN MS 8372, Orry to Fontanieu, 10 August 1732. 另见Ferrer, *Tabac, sel, indiennes*, 251-256.

② BN MS 8476, first memoir.

③ AN E 2126, arrêt of 4 March 1732; BN MS 8390, Fontanieu to Orry, 3 July 1732.

击，并用刺刀再三地刺入他们的尸体。在将尸体弄得残破不堪——这一污辱行为贬辱了受害者的名声——之后，该匪帮主持了一次模拟审判，总督和该行省包税公司总管都在这次审判中被宣判有罪，他们的模拟像代其遭到了处决。①

复仇的车轮仍在转动，王权最终找到了巴雷。在圣洛朗迪蓬屠杀数日之后，一队包税公司的骑警对一个由17人组成、被怀疑与这名凶残匪首合作的匪帮进行了追捕。在一个农村客栈里进行了一场血腥对战后，警卫们逮捕了3名走私者，缴获了走私者的步枪、马匹和15包烟草，这些东西连同一份署名的招供书都被仔细地记录于呈递给总督的官方报告中。对丰塔尼厄而言，这看起来就像是另一起简单的案件：拒捕的走私者向包税公司的警卫开枪，然后连同武器和走私品一起落入警卫之手。事实上，他们的罪行是如此昭著，以至于总督决心利用这起案件迫使高等法院加入打击地下组织的战斗。他没有亲自审判被告，反而允许通过正常的司法渠道提起诉讼——最初是由财政分区法庭，而后转至格勒诺贝尔高等法院（该法院同时也是间接税法庭）。丰塔尼厄打赌认为财政分区法庭将会判以重刑，而高等法院也将被迫维持这一判决。如果高等法院如他所愿地支持财政分区法庭的判决，那么传统的司法系统就能够完全按照他的设想帮助多菲内摆脱危险的走私者的困扰。这位总督解释称："我认为在一起事实如此清楚的案件中，高等法院将不可避免地给出与我一致的裁决。其宣判将向走私者们宣告一个事实，即他们不应妄想从司法体系中获得比我更多的仁慈。"② 这是一个恫吓行省内走私者的绝妙方法。

---

① BN MS 8390, Fontanieu to Orry, 6 July 1732; ADH C 1697, Fontanieu to Maurice, 8 July 1732. 保罗·弗里曼认为，就惩罚性暴力"在下层社会的反叛者和上层社会的国家权力实施者之间循环往复"的情况而言，它是具备"相互参考性"的，见Paul Freedman, "Atrocities and the Executions of Peasant Rebel Leaders in Late Medieval and Early Modern Europe," *Medievalia et Humanistica* 31 (2005), 101-113.

② BN MS 8390, Fontanieu to Orry, 3 August 1732.

　　一开始，丰塔尼厄的赌博似乎获得了回报。财政分区法庭严格遵照王室法律判处3名走私者死刑。但是当这起案件被送往高等法院之后，法官们修改了判决。高等法院的部分法官将巴雷的屠杀归咎于总督对匪帮成员过分严厉的刑罚：他们认为如果高等法院取代总督主持此前的审判，那么刑罚就不至于如此严厉，巴雷也不会被迫进行报复，这起案件也就不存在了。这些法官未曾理会包税公司警卫的宣誓证词，他们在违反1729年宣言第一条款的情况下推翻了低级法庭的判决，让这些囚犯免于被处死的命运，转而判处他们服5年苦役。因为包税公司将触手伸入行省而感到难堪的高等法院法官们还利用这场审判宣布了一项史无前例的裁决，禁止包税公司官员向走私者开枪，从而破坏了该公司实施打击走私活动的法律的能力。而今警卫们在掏出枪之前将会三思而行；丰塔尼厄哀叹道："因为这份毫不可信的文件，边境上将没有任何警卫敢于扣动步枪的扳机或起草报告。"这位总督严重地错估了形势。该行省的这些高等法院法官非但没有展示他们抗击地下组织的决心，反而公然地站在了走私者一边对抗包税公司。①

　　高等法院的裁决煽动起了对抗总督的公共舆论，后者在韦尔维尔案件中的严厉判决如今让他看起来像是一个"残忍而嗜血的人"。"我发现自己突然从民众极度热爱的对象变成了他们极度痛恨的人。"那些被判处有罪的人在被囚车押解经过他的宅邸时便大声痛骂，而人群中也传出了关于他的"污言秽语"。在意识到不佳的声誉正在损害作为多菲内国王代理人有效施政的能力后，他便考虑提交辞呈，离开这个充斥着"对抗王权的叛乱活动"的行省。②

　　在得到财政大臣的安抚之后，这位总督继续留任，还主持了另外两

---

① BN MS 8467, 8390, 8372.

② BN MS 8390, Fontanieu to Orry, 3 and 13 August 1732.

起走私案件的审判。第一场审判的对象正是让・巴雷，他于1732年12月被捕，承认残忍杀害了两名包税公司的警卫。丰塔尼厄及其法官同僚判处他接受车轮刑。[1] 然而牵涉到巴雷的谋杀从犯——克劳德・德・米尔的第二场审判却引发了更大的争议。虽然总督及其同僚一致认定米尔有罪，但他们却在刑罚事宜上出现了分歧。作为少数派的丰塔尼厄和法庭书记（负责准备裁决所依据文件的法官）力主按照王室法律规定判处死刑。其他法官声称王室法律"过于严厉而不可轻易适用"，他们支持判处其终身苦役。虽然丰塔尼厄对多数意见做出了妥协，但他仍为同僚们心意的转变而感到震惊——在此之前他们仍然毫不犹豫地支持处以极刑。突然之间，甚至连"最好的律师"都无法在判处死刑一事上加以信任。[2]

这些律师无疑是在高等法院的压力和公众舆论的恶化趋势下作出回应的。他们不可避免地要给巴雷定罪——这个人在市镇所有居民面前杀死了两名包税公司警卫——但这起针对米尔的案件却显得不那么明确，量刑应当更为宽大。律师们还担心一旦判处重刑，那么走私者们可能将会对他们采取报复行动；一名学士法官在获悉近期发生了针对普雷沃斯特法庭官员的报复事件之后，便给自己配备了武器，退避到了乡间的宅邸中。[3] 在任何情况下，这些律师们都不再谋求判处暴力走私者死刑。总督立即暂停了所有应判处死刑案件的审理，开始游说建立一种全新的法庭。[4]

正如丰塔尼厄在给财政大臣的建议中所强调的，"一个比我的法庭更为广泛的特别法庭"将拥有巨大的优势。首先，它将被授予更广泛地理范

---

[1]　BN MS 8390, Fontanieu to Orry, 15 February 1733.

[2]　这位总督并非没有受到任何针对走私活动审判的质疑的影响。他担忧1729年宣言的实施过程——这一宣言与基本的法律原则相违背，允许在没有任何走私物证的情况下给被逮捕的走私者定罪。相比于此类物证，丰塔尼厄更愿意接受目击证人的证词，但学士法官们并不愿意在未缴获商品物证的情况下提起诉讼。BN MS 8476, memoir 9, and 8390, Fontanieu to Orry, 10 December 1732.

[3]　BN MS 8476.

[4]　BN MS 8372, Orry to Fontanieu, 23 February 1733.

围内的司法权，不仅能够审理来自多菲内的案件，还覆盖了周边的南部行省。如果行省边界无法限制走私者，那么为何要限制法庭呢？将特别法庭的司法辖区扩展至多菲内之外可能还会削弱高等法院的反抗力量，因为不同于和高等法院的地理辖区完全一致的总督法庭，新的超级特别法庭将没有直接的对手。将该法庭的地址设在"除格勒诺贝尔之外的任何地区"将有着类似的效果，这可以让它远离高等法院的审查和影响。其次，该特别法庭的成员将不包括总督和当地律师，而是选用了"那些未曾植根于该地区的外省法官，他们将只关注法律的规定以及国王和公众的利益"[1]。不同于那些拒绝给米尔判处死刑的懦弱的当地律师，外来法官将会遵循御前会议所起草的法律。

奥利热心地支持丰塔尼厄的建议，他在1733年3月31日创立了瓦朗斯特别法庭。这个特别法庭被授予了南部的普罗旺斯和朗格多克行省、中部的奥弗涅省以及东部的多菲内、里昂内和勃艮第行省的司法管辖权。鲁尔格和凯尔希也在1737年被并入其中，利穆赞和鲁西荣于1766年步其后尘。这个特别法庭的管辖范围囊括了近乎一半的王国领土，从阿尔卑斯山一直延伸到比利牛斯山，就地理辖区而言唯有巴黎高等法院能与之匹敌。御前会议任命了让·皮埃尔·科洛来领导这个新的特别法庭，身为莫伦刑事法庭法官的科洛曾经讯问过被告，撤换过目击证人，公布过审判结果，主持过死刑仪式。他还曾成功地主持过一系列敏感走私案件的审理活动，从而为这个新的特别法庭的可怕工作做好了充分准备。[2]

该特别法庭的司法权也像其地理管辖范围一样处于稳步扩张之中。这个以审判武装和团伙作案走私者为创设目的的特别法庭很快就被授权起诉

---

① BN MS 8390 AND 8391, Fontanieu to Orry, 26 March and 10 May 1733.

② *Encyclopédie Méthodique: Finances* (Paris, 1784), 1:344-338, "Commission." 科洛在莫伦刑事法庭的官衔是刑事副官。

单独行动的武装走私者、走私活动的帮凶、暴力攻击包税公司警卫者、腐化的烟草零售商和涉嫌走私的包税公司雇员。为了处理数量众多的案件，科洛需要依靠6名法官（即从一批在巴黎、第戎和格勒诺贝尔高等法院工作的律师中挑选出来的陪审员）、1名王室检察官和1名书记的协助。此外还有少量身处行省首府的总督代理人可供这个法庭差遣，他们从包税公司那里获取官方报告，发起对走私嫌疑犯的调查，并将他们收集的文件送至瓦朗斯。包税公司为他们的工作支付了丰厚的报酬。法庭主席的津贴工资达到了12000利弗尔，这一数字堪与富裕的行省贵族和高等法院法官媲美；陪审员、检察官和书记的薪金在2400利弗尔至6000利弗尔，这一数字要高于其身处常规法庭的同僚的薪金。在一个国家并不愿意向刑事司法体系投入资源的时代，包税公司仅投入到瓦朗斯特别法庭的资金就超过了每年4万利弗尔。[1]

1733年，奥利认为这个位于瓦朗斯的新法庭所拥有的强大力量能够在法国东南部地区吓住走私者并阻止走私活动的想法是无可厚非的。[2] 走私活动一旦出现，就无法被轻易剪除，而传闻中只是暂时存在的特别法庭所拥有的权力却得到了再三的扩张，直至成为旧制度中的一个常设的机构。事实上，它取得了巨大的成功，以至于1740年在兰斯、1742年在索米尔、1766年在卡昂和1771年在巴黎分别成了其姐妹法庭。[3] 兰斯特别法庭覆盖了东北部地区。索米尔特别法庭负责处理西部地区的非法食盐贸易案件。卡昂特别法庭专注于打击海上走私活动，巴黎特别法庭将精力集中于欲壑难填的消费中心——巴黎。虽然在过去，非常规的特别法庭始终都是临时设置的，但这五个权力强大的法庭却成了司法系统中的永久性机

---

① 每年花在五个主要特别法庭上的资金大约为25万利弗尔。AN G-1 56-60.

② ADH C 1698, Orry to St. Maurice, 24 August 1734.

③ 贝桑松的特别法庭介于总督特别法庭和五大超级特别法庭之间。见Ferrer, *Tabac, sel, indiennes*, 245-298.

构，负责起诉法国绝大部分行省的走私者。当马德林于1755年身陷囹圄之时，瓦朗斯特别法庭正在成为一系列负责打击走私活动的强力法庭中的佼佼者。[1]

增强包税公司警卫力量、从严修改刑法典和创设受御前会议控制的新法庭等一系列举措的共同影响是惊人的。随着包税公司的这支准军事化力量抓获了越来越多的走私者，以及新成立的特别法庭和低级法庭开始适用王室法律所规定的刑罚，打击走私行动所涵盖的范围得到了极大拓展，很快就让王国内打击其他犯罪的行动相形见绌。除此之外，能够引发同等关注的违法行为只剩下偷窃了，而针对偷窃的检举行动也在不断增加。但走私——就食盐和烟草走私而言，它事实上就是针对国家的偷窃行动——却受到了独一无二的关注，因为大批走私者出现在了专门为起诉他们而设置的法庭中。一名刑罚史专家总结称："在近代（早期）法国大量出现的所有违法行为中，走私无疑是遭到最严厉打击的'犯罪'。"[2]

有鉴于近代早期刑事司法系统普遍未能深入全休居民当中，所以被送至法庭受审的走私者的真正数量是十分惊人的。在这个世纪里，常规法庭和高级特别法庭审判了数以万计的走私嫌疑犯，给予了这种特别的犯罪形式史无前例的打击。从18世纪30年代至1789年，这些特别法庭大约审判了3万名走私者，与此同时，数以百计的低级法庭也让无数的小走私者坐在

---

[1] 就人事组成、资金和存在时间而言，打击走私活动的特别法庭与此前出现的1665年大巡回法庭这样的刑事特别法庭有着显著的差别，后者得到了巴黎高等法院的支持。

[2] André Zysberg, *Les Galériens: vies et destins de 60,000 forçats sur les galères de France*, 1680-1748 (Paris, 1987), 102.

了审判席上。[1] 位于非法食盐贸易中心地区的拉瓦尔低级法庭在1759年至1793年审判了多达4788名走私者，大约每年处理200起案件。根据备审案件目录表的显示，财政分区法庭、关税法官和盐税法庭在1748年之前将大约1.3万名走私者遣送到苦役船上，而在这个世纪的后半叶，这一数字甚至远超以往。[2] 这甚至还没有算上无数被课以罚款或遭驱逐的人。在1680年至1789年，数以万计的走私者都受到了司法体系的处理。与之相比较，普雷沃斯特法庭在1758年至1790年总共受理了1.25万起案件。[3] 大约有12个负责审判严重刑事案件的高等法院的备审案件目录表堪与这5个特别法庭的相比拟，但前者审理的刑事案件种类繁多，而后者所起诉的对象仅仅包括了走私者。[4] 走私者们发现他们被这个王国司法网络逮住的数量要比其他任何一类罪犯都多。

然而不仅是走私法庭所处理的案件数量让它们显得如此可怕。这种可怕还展现在了审判的严厉程度上。由于瓦朗斯特别法庭的记录不完整，我们永远都无法了解其审判裁决的全部影响。但在它审理的数千起案件中，1733年至1771年宣判的877起案件的样本仍保存于世，这一数字足以说明

---

[1] 兰斯特别法庭在1740年至1788年审理了大约6000例个人案件[Nils Liander, *Smuggling Bands in Eighteenth-Century France* (PhD diss., Harvard University, 1981)]。索米尔特别法庭在1765年至1789年做出了6878次的判决；见Micheline Huvet-Martinet, "La repression du faux-saunage dans la France de l'Ouest et du Centre à la fin de l'Ancien Régime (1764-1789)", *AB 84* (1977), 423-443. 如果我们使用相同的审判率计算从1742年至1765年早年的审判数量，那么还会多出6500起案件。弗朗什-孔泰的低级特别法庭在1735年至1789年审理了超过1.2万起案件（Ferrer, *Tabac, sel, indiennes*, 251-298）。我们对其他特别法庭的审理量所知甚少。瓦朗斯特别法庭的审理量可能至少与兰斯特别法庭持平。巴黎特别法庭虽不完整的记录中却充斥着针对小走私者的审判。卡昂特别法庭处理了数量众多的海上走私案件。

[2] Zysberg, *Les Galériens*, 100-101. 至旧制度终结时，每年平均有3437名男女老少因为走私食盐而被捕，该数字来自Guillaume-François de Mahy, *Baron de Corméré, Recherches et considerations nouvelles sur les finances*, 2 vols. (London, 1789), 2:187.

[3] Nicole Castan, "La justice expéditive au XVIIIe siècle," *AESC* (1976), 335.

[4] Castan, "Justice expéditive," 347; Benoît Garnot, "Les peines corporelles en Bourgogne au XVIIIe siècle," in *Beccaria et la culture juridique des lumières*, ed. Michel Porret (Geneva, 1997), 215-222.

该法庭的检举热情。在这份样本中，有162人——大约占被审判者的五分之一——被判处了死刑，其中65人遭车轮刑处死，97人遭绞刑处死。19%的死刑率是巴黎高等法院在18世纪60年代审判最严厉时期的2倍。[①] 而高达40%的死刑犯被处以车轮刑也是前所未闻的。巴黎高等法院和第戎高等法院——甚至连臭名昭著的普雷沃斯特法庭判处死刑犯接受这种痛苦刑罚的数量均不及它的四分之一。[②] 尽管该特别法庭对于死刑情有独钟，但大部分（71%）的被判刑者，包括烟草走私团伙的普通成员、少量的食盐走私者、烟草商人以及一批腐化的包税公司官员——被遣送到了苦役船上服终身苦役，或者——在更多情况下被判处了3年、6年或9年固定刑期的监禁。剩余的被告——妇女、从犯、从事不正当交易的烟草零售商——遭到驱逐（出该地区）、鞭刑、临时监禁或（对于较少出现的商人案件）剥夺经商权利的处罚。大部分的被告均被课以了大额罚款。[③]

出自瓦朗斯特别法庭的数据可能更偏向于较为严厉的刑罚，因为它们已经被编入了该特别法庭为了向民众灌输恐惧而散播的一系列印刷判决文件。关于特别法庭判决的更可靠描述来自瓦朗斯特别法庭在兰斯的姐妹法庭的记录。这座最初由瓦朗斯特别法庭建立初期的主席法官之子尼古拉-皮埃尔·科洛领导的特别法庭坐落于香槟行省的首府，管辖着法国东北部地区，包括香槟、三主教区、苏瓦松、皮卡第等行省，以及1771年至1774年的洛林、巴尔和诺曼底大部地区的所有重大走私案件。该法庭像瓦朗斯特别法庭一样主要负责起诉烟草走私者，虽然食盐和印花棉布走私者也会

---

① Dominique Müller, "Magistrats français et la peine de mort au XVIIIe siècle," *Dix-huitième siècle* 4 (1972), 90.

② Garnot, "Peines corporelles"; Pascal Bastien, *L'exécution publique à Paris au XVIIIe siècle* (Paris, 2006), 107; Castan, "Justice expéditive," 347.

③ Bernard Balsan, "La Commission du Conseil de Valence et la repression de la contrebande au XVIIIe siècle," *Revue drômoise* 85 (1988), 473-478, 该论文基于ADDR B 1304. 我们确定该文献来源是不完整的，因为另有案件记录于ADI 7 B 59.

出现在该法庭上。

　　兰斯特别法庭在追诉走私者上毫不留情。1740年至1788年，大约有5809人因为与走私相关的犯罪行为而被送交该法庭，其中4134人遭到了审判。那些最为恶名昭著的案件——往往牵涉到针对包税公司官员的谋杀——会获致死刑宣判：159人（4%）被判处绞刑，或在城市公共广场上接受车轮刑。大部分的囚犯，即为匪帮工作的走私者逃过一死，但其中1404人（34%）被判处除死刑之外最严厉的刑罚：苦役。其中一些人被遣送至苦役船上服终身苦役，但大部分人的苦役刑期为3年至12年。该特别法庭的量刑的确更轻，会出现诸如罚款一类的"非身受刑"，但由于未支付罚款者将自动转化为接受苦役刑罚，所以在787名被课以罚款的走私者（占总数的19%）中，很大一部分可能仍面临着上苦役船的命运。另外7%的被告被判处驱逐出境，剩余的36%被宣告无罪，获得赦免，或者在被拘禁一段时间后得到释放。就总体而言，除开小部分囚犯被判处死刑外，该特别法庭——特别是在其后期——更倾向于适用监禁和大额罚款。[1]

　　这些数据反映了特别法庭所扮演的强力镇压的角色。被称为"迫害法庭"的普雷沃斯特法庭有着所有法庭中最低的开释率（仅为6%至7%）和最高的死刑率（17%），长期以来它都被视为18世纪司法镇压行动的先锋。[2]但正如一位著名历史学家所指出的，它并非"在法国大革命之前的

① AN 603Mi 1; Liander, "Smuggling Bands," Appendix A; and Nicolas Schapira, *Contrebande et contrebandiers dans le nord et de l'est de la France* 1740-1789 (mémoire, Université de Paris I, 1991), tables Ⅳ.1-Ⅳ.8.2.

② Castan "Justice expéditive," 348.

18世纪时期所出现的镇压行动的主要革新"①。在这一时期，走私法庭为刑事司法增添了一种全新的维度。从绝对意义上而言，五大特别法庭和数以百计分散于王国各地的低级法庭所适用的苦役刑罚数量是普雷沃斯特法庭的2倍。② 由于给任何已受理走私案件定罪所需的仅是1份书面报告和2名包税公司警卫的口头证词——1670年的法令规定了双目击证人的原则，所以走私法庭能够实现相对高比例的定罪率——虽然不及普雷沃斯特法庭，但远高于巴黎、雷恩、图卢兹和格勒诺贝尔的高等法院。最终，当这些高等法院释放更多囚犯并使用更多种类的刑罚时，特别法庭和低级走私法庭却专注于判处苦役刑罚或课以经常转化为苦役刑罚的罚款。③ 当然，走私法庭也会判处走私者绞刑或车轮刑，但引人注目的还是他们不断被发配至苦役船上的人流。④

因此，打击走私的行动导致了刑罚体系的急剧扩张。不仅如我们所关注到的，死刑扩张成为一种新的刑罚等级，连苦役刑罚的大量使用都导致了刑罚体系的历史性转型。在一个监狱还未在惩处罪犯过程中得到充分利用的时代里，苦役刑罚的扩展及其在这个世纪中叶向苦役营形式的转变都

---

① Howard G. Brown, "Domestic State Violence: Repression from the Croquants to the Commune," *Historical Journal* 42 (1999), 608. 关于旧制度司法体系所进行镇压的程度仍存在一些争议。在强调其镇压特性时，相比于Howard G. Brown, *Ending the French Revolution: Violence, Justice, and Repression* (Charlottesville, VA, 2006), 66-70所主张的一个"有机的"旧制度社会和Richard M. Andrews, *Law, Magistracy, and Crime in Old Regime Paris*, 1735-1789 (Cambridge, 1994)中试图恢复1670年刑罚秩序声誉的主张，我更赞同尼古拉·卡斯坦（"Justice expéditive"）的观点。

② Zysberg, *Les Galériens*, 78-79 and 100-101.

③ 关于高等法院，见Andrews, *Law*, 491-492; Brun-Jansen, "Criminalité"; Garnot, "Peines corporelles," 251-222; idem, "L'historiographie de la criminalité en histoire modern," in *Histoire et criminalité de l'antiquité au XXe siècle: nouvelles approches*, ed. Yann Le Bohec, Jean-Claude Farcy, Françoise Gasparri, and Xavier Rousseaux (Dijon, 1992), 25-30; and Castan, *Justice et repression*.

④ 这一趋势在弗朗什-孔泰的低级特别法庭中甚至更为明显，它在1735年至1769年期间审判了897人，绝大部分是烟草走私犯。其中多达一半的人被遣送到了苦役船上。Ferrer, *Tabac, sel, indiennes*, 280-284.

预示着一个新的监狱制度的出现。当福柯将目光投向工厂、奴隶船、种植园和军队，以此来确定近代监狱的起源时，法国监狱的诞生却能被更准确地追溯至苦役船和苦役营，在1685年至1791年，这两处地方关押了多达10万名囚犯。[1] 由于走私者是此类场所中所关押的最大单一群体，所以更近距离地考察这一影响巨大的机构是有价值的。

在太阳王治下最为繁荣的时期，停泊于马赛南部港口的苦役船舰队是西地中海战略舞台上的一个强大玩家。这支以海上封锁、沿海突袭和抓捕轻武装商船为目标，由40艘军舰组成的舰队仰赖于它们闪电般的速度和对数以千计划桨手的管理。每艘船需要配备260人，而旗舰则多达450人，这些人全都必须经历严格的训练，以掌握如何协调一致地推动长达39英尺的笨重船桨（图9.1）。一名曾经的划桨手写道："试想6个人被锁在一起，光着膀子，坐在长凳上，每个人都手握船桨……身体伸展开来，胳膊吃力地推动他们的船桨向前，直至抵达位于他们前方之人的身体下方——后者也正在以相同方式忙碌着。当船桨已被推出之后，他们便将其拍入海中；与此同时，自己猛然向后运动，回坐到凳子上。"[2] 虽然极度的疲惫、营养不良和警卫们的虐待逐渐消耗了这些强制劳动力的活力，但最终导致他们死亡的仍然是恶劣的生存环境。疾病如野火一般在苦役船、工场和马赛兵工厂的医院中蔓延。苦役船上的整个环境构成了"世间所能发现的最为鲜活的地狱场景"。[3]

在之前数个世纪里，在这支舰队里划桨的不幸者主要由地中海奴隶

---

[1] André Zysberg, "La Société des galériens au milieu du XVIIIe siècle," *AESC* 30 (1975), 43-67.

[2] André Zysberg, "From the Galleys to Hard Labor Camps: Essay on a Long Lasting Penal Institution," in *The Emergence of Carceral Institutions: Prisons, Galleys and Lunatic Asylums* 1550-1900, ed. Pieter Spierenburg (Rotterdam, 1984), 99-100.

[3] Roger Daon, *Conduite des âmes dans la voie du salut* (Paris, 1753), 320, 引自Bastien, *L'exécution publique*, 167.

和因贫穷而被迫入役的"志愿者"构成，但在热衷于四处挑衅的路易十四统治时期，各类罪犯——军队逃兵、新教徒、杀人犯、袭击他人者和盗贼——越来越多地受到了刑罚的束缚，被遣送来为这些狭小的船只提供动力。直到不久之前，一群特别的罪犯——走私者——的数量才超过了其他类型的罪犯。当烟草走私者与食盐走私者在18世纪上半叶困处于苦役船上时，被监禁于马赛的走私者比例已经超过了44%。在18世纪40年代，由于经瓦朗斯、兰斯和索米尔特别法庭以及低级法庭审判的囚犯数量急剧增加，每年都有200名食盐走私犯和400名烟草走私犯被遣送到苦役船上。[①]而对烟草走私犯构成无情讽刺的是，这个国家正在将强制劳动的惩罚应用于他们这些走私美洲奴隶劳动力所生产商品的罪犯身上。这种遍布大西洋贸易的暴力和压迫形成了完整的循环，从而令"海洋空间的出现让人类行径比此前更为野蛮"的观念变得更为可信。[②]

然而自相矛盾的是，随着越来越多的囚犯被送至苦役船上，这支舰队自身却变得愈发过时。由于法国海军将资源集中投入到了更为强大的远洋战列舰上，苦役船很快就变成了漂浮的监禁中心。1748年，路易十五放弃了它们，命令王家海军抛弃残存的船只，在土伦、布雷斯特和罗什福尔的海军基地中建立被称为"苦役犯监狱"的苦役营取而代之。自此以后，被遣送至苦役船上的囚犯们事实上将会在海滨的海军兵工厂里工作。从舰队向苦役营的转变没有减缓收押走私者的急促步伐。1752年，在所有新设立的苦役营中规模最大的布雷斯特苦役营中，多达整整58%的囚犯是走私

---

① Zysberg, *Les Galériens*, 100-101; Nicole Castan and André Zysberg, *Histoire de galères, bagnes et prisons en France de l'Ancien Régime* (Toulouse, 2002), 112. 苦役船上最初所出现的压倒性多数的走私犯来自于低级法庭，而随着该世纪中期特别法庭的崛起，这一状况才发生变化。

② Jean-Frédéric Schaub, "Violence in the Atlantic," in The *Oxford Handbook of the Atlantic World* 1450-1850, ed. Nicholas Canny and Philip Morgan (Oxford, 2011), 114. 当然，对种植园奴隶的强制——这是基于将人类物化的所有权——不同于根据刑法中苦役刑罚规定而发展出来的基本方式。

者；30年之后，这一比例仍然维持在50%。^①因此，近代法国监狱系统的起源能够被追溯至18世纪打击非法贸易的活动中。

苦役船和苦役营的出现并未终结旧制度刑罚体系引人关注的惩戒性质。^②在接受审判之后，走私者们非但没有被国家秘密带走，反而是在大庭广众之下被行刑者打上了烙印。在全法国法庭的庭院和大门中，行刑者们都使用炙热的烙铁在走私者的左肩上烙出"GAL"的字样。这一字样的真正目的在于方便确认惯犯和潜逃犯的身份，但却被公众视作是苦役犯们无法抹除的卑贱地位的标志。（1744年，因无法支付罚款而被遣送至苦役船上的走私者要被打上烙印的规定遭到了废除，但这一仪式仍适用于其他罪犯。）相比于烙印，更为引人注目的处置措施是将运往远方苦役船或苦役营的走私者用镣铐成群地连在一起。如果路人错过了围观行刑者挥动烙铁给囚犯打上标记的机会，那么他们就不禁会关注这些控制着一长队囚犯的大锁链，当他们穿过市镇和农村前往海边时，每名囚犯的脖子上和脚踝上都戴着重达30磅的铁链。在附近田地上劳作的农民怎么会不驻足观看这一场景，猜测这些被迫踏上痛苦行程之人的命运？

而继苦役船后出现的苦役营也标志着一种全然不同的刑罚体系的形成，这种刑罚体系并没有将精心准备的示众活动作为基础，而是立足于监禁、监视和国家劳役。^③白天，这些囚犯被囚禁在了他们的工作场所中，夜里则被带上脚镣。一名曾经被监禁于布雷斯特的囚犯坦言："即便是最大胆的罪犯都承认，不管他有多不在乎，这个悲惨之地的第一印象就令

---

① Frédérique Joannic-Seta, *La bagne de Brest: L'émergence d'une institution carcérale au siècle des Lumières* (Rennes, 2000), 181-183.

② 米歇尔·福柯在《规训与惩罚》（*Discipline and Punish*）中假设了从基于惩戒的刑罚系统向基于监禁和监视的刑罚系统的无缝转型，但事实上，这两种制度却并存于18世纪。

③ 当然，苦役犯监狱缺乏福柯所研究的18世纪90年代监狱、收容院和医院的改造功能，但苦役营的惩戒制度的确率先发展了当时监禁的某种形式。

图9.1 苦役船。摘自 *Recueil des planches sur les sciences, les arts libéraux, et les arts méchaniques*, ed. Denis Diderot, vol. 7 (Paris, 1769), "Marine," planche 2.

他深为震惊。每个大厅中配备了28个被称为'长凳'的工作台，其中锁着600名囚犯；这一长队身着红色制服的囚犯，这些剃光的头，这些凹陷下去的眼睛，这些无助的面部表情，还有不断发出的锁链声，都让囚犯心中充满了恐惧。"[1] 不同于如今的监狱，很少有犯人能够逃离这种可怕的囚禁环境。部分人在服完刑后得以释放，但许多人在刑期结束之前就死于疾病。对于后者而言，苦役就是死刑。[2]

处决马德林

1755年5月13日，当路易·马德林在50名枕戈以待的骑兵的押送之下进入瓦朗斯时，他便成了刑事司法系统的瓮中之物。在这座城市里，走私犯被送入囚室的场景已经毫不新鲜。居民们已经习惯于看到囚犯们被拖进城内，被扔入监狱，被押送至法庭上，然后被遣送至苦役船上或步入经常处死走私犯的克莱尔克广场。然而马德林的名声如此之盛，以至于宣告他抵达的号角声引来了大部分已经对此感到厌倦的市民，"人们的好奇心驱使着他们挤作一团，围观他通过"[3]。

在马德林被关入囚室之后，他们还成群结队地前往参观，这些人排成长队，然后分小组进入监狱，只为了看一眼"这个著名的走私者头目"，或者更进一步，和他攀谈一句。[4] 那些没法进入监狱的人则在庭院中等候，以求在马德林被送至特别法庭的路上认出他。《阿维尼翁通讯》报道称，马德林的仰慕者们给他送来了钱财、游戏器具和葡萄酒，但最为重要

---

① 引自Andrews, *Law*, 336.

② Zysberg, *Les Galériens*, chapter 12.

③ Michel Forest, *Chroniques d'un bourgeois de Valence au temps de Mandrin* (Grenoble, 1980), 41.

④ *CA*, 19 May 1755.

的是，他们表现得十分好奇，向马德林提出了一连串的问题，而后者也泰然自若地予以回答。"他详细回答了向他提出的所有问题。他对某些人礼貌有加，但对另一些人却大发脾气，这并不奇怪，因为他遭到了数以千计关于其境况和监禁后果的想法的持续轰炸。他的尊严展现在了答案之中。"① 其最狂热的崇拜者之一——当地的杂货商米歇尔·福雷记录道："他镇定自若，回答自信而快速，看起来像一名大胆的勇士。无论出身哪个社会等级的陌生人都会停下来注视他，而在进行观察并与之交谈之后，人们就不会再为他的命运感到遗憾。"② 当马德林吃饭、饮酒和抽烟时，他都高兴地满足了人们的好奇心，甚至告诉瓦朗斯的女士们，"如果他的钱财未被全部拿走的话，他将为她们举办一场宴会"③。

然而马德林身处瓦朗斯却不是为了取悦公众。他将在此接受审判，而审判将尽可能在都灵方面施压将他遣返回萨伏伊之前结束。匆忙之下，瓦朗斯特别法庭着手根据在欧洲大陆占据主导地位的刑事司法审判体系审理这一案件。法官们搜集了警方的报告，选取了目击证人，审问了被告，将由此产生的文件汇编成裁决和审判将要依据的档案。在讯问式审判中，程序设置极其不利于被告：法官秘密展开裁决，拥有评估证据的独断权利，可以进行严刑逼供，并且在审判中拥有巨大的自由裁量空间。在未招供的情况下，嫌疑犯被判处严厉刑罚所需要的只是两份证明他有罪的目击者证词——在走私案件中，此类证词由两名包税公司的警卫提供，这不是一个很高的门槛。另一方面，被告却处于无力辩护的境地。他在面对目击证人之前并不知道自己所被指控的罪名，也不被允许借由律师提起抗议，更无法优先获得针对他的诉讼证据。此外，走私审判案件中的被告唯有通过声

---

① CA, 20 May 1755.

② Forest, *Chroniques*, 43.

③ Antole de Gallier, ed., *La vie de province au XVIIIe siècle* (Paris, 1877), 115; Franquières to Bressac, 19 May 1755.

明对方文件系属伪造来挑战包税公司所提供的最为重要的报告——这一手段只能为他争取到两天时间来证明文件是伪造的，对于无法获得多少帮助的被告而言，这是一项几乎不可能的任务。并且值得再三强调的是，在瓦朗斯特别法庭内受审的被告没有上诉的权利。

将出身良好、受过高等教育的法官与穷人——通常是不识字的农村被告——区分开的社会和文化鸿沟更是让这种不合理的权力失衡状况变本加厉。曾经夸大这种鸿沟的改革家约瑟夫·塞尔旺如此描述法官们看向被告的第一眼："他们看到了一个不认识的人，形容枯槁，外表丑陋，脸色因为饥饿和恐惧而显得苍白，头发盖住了他的脸，就像一头野兽……这个人是谁？没有一位法官知道。他是一个影子、一个幽灵，从监狱的深处来到了法官们面前，而法官的权势令他感到恐惧。谁能知道他的兴趣、性格和道德品行？谁曾经去问过？"[1] 马德林是否就是以这种方式出现在瓦朗斯特别法庭中？可能不是。我们永远都无法详细知晓马德林与法官之间发生了什么，因为这次审判的记录已经遗失，但报纸记者和市镇居民所观察和获知的关于审判的零星消息表明他给审判法官留下了良好的印象。马德林不是乡巴佬。他受到过良好的教育，并且是受人尊敬的商人之子，因此知道如何在文明社会中行事。曾经在布尔格赢得若利·德·弗勒里好感的礼貌、尊重和自信似乎也博得了特别法庭主席的同情。虽然这位法官以无情追诉被告而闻名，但他似乎知道这绝非一个普通的走私者。

特别法庭创建初期，加斯帕尔·列维曾经在科洛麾下工作，他于1738年就任主席。如今他正努力表现得礼貌，称呼被告为"马德林先生"。这名匪首在回答这位法官的问题时同样显得"愉悦而自信"。[2] 福雷写道：

---

①　引自Sarah Maza, *Private Lives and Public Affairs: The Causes Célèbres of Prerevolutionary France* (Berkeley, CA, 1993), 239-240.

②　*CA*, 25 May 1755.

"他无比大胆且镇定自若地回答了所有的讯问。"③ 马德林同时还不乏幽默。有一次他甚至与列维开起了玩笑："你真的应该给我8天时间，这样我就可以取回遗失在欧坦附近盖南地区超过8万利弗尔的钱财了。" 虽然马德林拒绝接受被指控的谋杀罪名，但他坦率地承认曾经加入了一系列的武装团伙，参与了这些匪帮所犯下的杀人罪行。② 在知悉了此项供述之后，特别法庭便能够毫无困难地搜集对他不利的证据，因为他对包税公司的攻击行为已经被记录于其所签发的收条和签署的监狱记录上。该特别法庭拥有了充足的定罪证据。

马德林在法庭上花费时间与充满敌意的目击证人争辩，宣称那些被无意卷入这一项调查的人员无须对此负责。在回击关于一名曾经负责照顾其马匹的男子的确凿证据时，马德林怀疑目击证人—— 一名地位卑微的仆人——的可信度。法官们会相信这名地位卑微之人的证词吗？他的疑问引发了法官的社会偏见。而这名匪首同时也证实了那些他曾经抱以同情的目击证人的证词。在仁慈地为一名拒绝承认曾经提供有偿服务的向导开脱时，马德林宣称："你坚持不接受4路易的酬金；但我在被拒绝而20次之后将它们放在了桌上，强迫你收下它。我雇用你为我提供向导服务，尽管你抗议称自己并不熟悉此地，但我仍然坚持己见。"③

这名走私者所表现出的镇定自若可能部分源于这次审判不会以其死亡告终的想法。他可能抱着萨丁尼亚国王将会及时且成功地拯救他的希望，但也谋划了一个后备计划，即如若解救行动失败，那么他将试图与法国国王政府达成一笔交易，通过宣誓在军队中服役来换取他的自由，若

---

① Forest, *Chroniques*, 43.

② 1755年5月27日发自瓦朗斯的匿名信，见*Rendre la justice*, 389.

③ SHAT 1A 3406, no. 287, de la Porte to d'Argenson, 1 June 1755.

④ *CA*, 28 May 1755. 这名匪首还为一名被他强迫提供服务的理发师开脱罪责。*Abrégé de la vie de Mandrin* ([1755]; Paris, 1991), 38.

利·德·弗勒里在数月之前已经提出了这一方案。如今马德林通过抓获者——迪迪尔比·德·拉尔的好意协助，提出了一个类似的建议。在一封发自囚室的信中，马德林祈求这名上尉询问他的上级长官拉莫里哀是否可以将他招募为士兵。马德林清楚地知道自己所享有的军事声誉：他不是曾经击退过法国最著名的指挥官发动的攻击吗？可能国王会抓住机会将这名匪首纳入麾下。[①] 这封信被送到了战争大臣的桌上，距离国王仅一步之遥，而这里也成为这封信的终点站，从而粉碎了这名走私者自救的最后希望。

在被监禁两周之后，马德林重获自由的前景已经变得黯淡。萨丁尼亚国王无法说服凡尔赛方面将他引渡至萨伏伊。马德林请求服兵役的信件也从未获得任何回应。他的两名仆人已经被处死，其中一名被处以绞刑，一名被处以车轮刑。他们所受的刑罚"令马德林有所触动，特别是当他看到这两人被交到行刑者手中时"[②]。5月26日早晨，马德林正式获知了他的命运。被带至法庭听取审判时，他安静地坐在被告席上——这是一个刻意用来贬损被告地位的低矮木椅——而当听到法庭宣判他犯有叛乱罪和武装走私罪时，"他的沉着冷静令所有在场的人都惊讶不已"[③]。在关于其罪行的冗长陈述之后，判决书罗列出了他所要遭受的多重刑罚：他被要求向包税公司缴纳1000利弗尔的罚款，然后将剩余财富上交给国王，为了迫使其招供出同伙，他被施以酷刑，并在大教堂前下跪以祈求罪行得到宽恕，最后，他还要被送上断头台，"在这里面朝天结束他的一生"。他的尸体将被送至城门处，暴露在来往旅人的目光之下。马德林接受了这一判决结

---

① SHAT 1A 3406, no. 227 bis, Diturbi de Larre to La Morlère, 16 May 1755; and no. 228 bis, Mandrin to Diturbi de Larre, no date. 迪迪尔比·德·拉尔已经在为圣皮埃尔的交易在奔忙，通过这项交易，如果这名罪犯的父母交出他的哥哥，那么他将被赦免死罪。

② *CA*, 25 May 1755.

③ *GU*, 17 June 1755; *CA*, 28 May 1755; and SHAT 1A 3406, no. 287.

果，并"尽可能平静地"签署了判决书。④ 如今，他是一名死刑囚犯，而根据法律规定，他的死刑刑罚将即日实施。

在18世纪，经过精心安排的死刑仪式被用于传递多重的意义。它的主要功能是将犯罪分子从社会去清除出去。由上帝授权国王然后由国王授权法官的正义之剑并不仅仅只是因为罪犯的恶行而对他们施以惩罚。它标识这些犯罪分子并驱逐他们。借用一名法学家的说法，法官的目标是"净化社会，保护它免受恶人的污染"。① 刑事司法系统以此方式实施死刑，来昭示罪犯的恶名，让他们沦落至被公众羞辱的境地，将他们驱逐出社会，这样破损的道德结构就能得以修复。

刑罚还被用于修复受损的国王权威。警戒性的刑罚令人敬畏地发出了服从的呼吁，它意欲在那些准备犯罪的人脑中灌输对违法行为的深切恐惧。由于不可能抓捕和起诉大部分的违法者，国王政府便将注意力集中于已经抓住的罪犯身上，以此树立骇人的典型。法学家们声称：大众接触到越多的刑罚，他们就越适应服从的价值观。因此在1738年，瓦朗斯特别法庭的主席推迟了针对数名走私者的刑罚，直至两支民兵队伍抵达此地。这一时期的民兵因为走私活动而声名狼藉，因此这位主席希望在这支潜藏最多罪犯或潜在罪犯的队伍面前行刑。洛皮塔尔在谏言中也描述了同样的"恐惧教育"，他指出特别法庭通过在走私者所居住的边境市镇行刑的方式增强了刑罚在"共和色彩浓重"地区的警戒性。"这些地区充斥着走私者和叛乱思想。刑罚能够给人留下印象……相比于那些在瓦朗斯行刑的——虽然数量不断增加但却寂寂无闻的案例，若干此类案件能够更为有

---

① SHAT 1A 3406, no. 287, de la Porte to d'Argenson, 1 June 1755.
② P. F. Muyart de Vouglans, *Les Lois criminelles de France dans ordre naturel* (Paris, 1780), 54, 引自Müller, "Magistrats français," 86.

效地引发罪犯的恐惧，让人们更加敬畏国王的权威。"② 在一个国家当局对大部分公共集会保持警惕的时代，他们却积极地吸引民众充当行刑的目击者。

最后，死刑还具备重要的宗教方面的意义。刑罚仪式为死刑囚犯提供了在死前赎罪的充分机会。在生命的最后一刻，他不断被劝诫去忏悔，从永世的责罚中拯救自己。虽然这种仪式中的政治和宗教元素是截然不同的，但它们却起到了相互支持的作用。死刑审判不但将众多罪犯赶到了教会的怀抱之中，而且那些在断头台上忏悔的罪犯们也展现了刑罚的警戒作用。谁在目睹遭到惩处的犯人在临刑前祈求宽恕的场景后还会毫不犹豫地投身于犯罪生涯？实施死刑的场景巩固了受到犯罪威胁的政治与道德秩序，即使它也鼓励罪犯为其灵魂迎接死后的生活做准备。就观念而言，忏悔、神圣恩典和国王的权威将会在这一令人触动的行刑仪式中保持一致。

但死刑仪式并非始终依照计划进行。虽然已经被高度仪式化，但其脚本仍然留有较大的改善空间。如何彻底地贬斥罪犯，如何令他虔诚地忏悔，如何让围观者深受触动，这些都取决于行刑者、告解神父、死刑囚犯和民众自身的表现。事实上，萦绕于死刑处决周围的不确定氛围正是不同寻常的紧张情绪的源泉。在马德林这名因藐视法律而闻名的叛乱者的案件中，焦虑是显而易见的。他的匪帮同伙或民众是否可能试图展开营救行动，从而让这个已经躲过一次死刑判决并释放了众多囚徒的人再次愚弄司法？这种冒险行动并非闻所未闻，而当局也做好了应对最坏情况的准备。有鉴于这一时代的大部分死刑处决均由大批的市镇警卫和骑警负责维持治安，处决马德林之日的瓦朗斯出现了大批的警方力量。在马德林被捕之前

---

①　SHAT 1A 3406, nos. 86 and 187, L'Hôpital to d'Argenson, 8 April and 4 May 1755. "恐惧教育" 出自Robert Muchembled, *Les temps des supplices: de l'obéissance sous les rois absolus, XVe-XVIIIe siècle* (Paris, 1992), 82.

的那个冬季，由于害怕他可能试图解救市镇监狱中的囚犯——正如他在蒙布里松和布尔格所做的，一支军队已经驻扎在了瓦朗斯。行刑当日，士兵们全副武装出动，得到了多支包税公司警卫队、两支骑警队和市镇警卫队的增援。当局拥有着充足的人手前去把守城门（在必要时候关闭城门）、巡视街道，还在断头台周围组成一道三层的人墙。[1] 这样的防线遭到突破是难以想象的，但马德林却拥有在绝望境地下挫败军队行动的历史。如果正如数量异乎寻常的刺刀所表明的——王室官员认为营救行动可能将会发生，那么必然有许多围观者成群地出现。

如果未能获得解救，这个"走私者的总指挥官"在面对死亡时会说些什么、做些什么？习惯于观看行刑的围观者们知道死刑囚犯在面对命运时所有的反应方式。迫近的死亡是否会让他无所顾忌地说话，鼓励他抓住最后的反抗机会大肆抨击包税公司或特别法庭？死亡的临近与预想的永世责罚是否会吓坏他，正如其他人一样？他是否会听从教士的劝诫，忏悔自己的罪行，还是会抛弃教会，不带任何悔意地迎接来世？所有人都在关注着马德林。

在踏上从监狱到断头台的最后一段旅程之前，这名走私者本要接受最后一次严刑逼供，当局希望迫使他供出同伙。然而在这一案件中，预审似乎"只是走过场"，而不具备实质意义，因为马德林"之前声明他已经交代了所有事情"[2]。完成审问之后，马德林"神色未变，冷静地"在供述书上签字。他转向列维，说道："先生，如果我在审问期间或（与目击证人）对质期间口出不敬之词，我敢向您保证那并非我的本意，我祈求您的原谅。"[3] 可能是出于对法庭放弃严刑逼供之举的感激，这种祈求宽恕的

---

① *CA*, 28 May 1755.

② Gallier, ed., *Vie de province*, 115, Franquières to Bressac, 19 May 1755. *CA*, 28 May 1755.

③ *GA*, 17 June 1755; *CA*, 28 May 1755.

行为显得决然而虔诚，它预示着马德林在之后数个小时内的表现。

当马德林从囚室步入瓦朗斯的街道时，他碰到了成群想要目睹处决过程的围观者。自从他抵达这座城市后，这里已经充斥着许多访问者，而在行刑当日，更是有6000名男女老少从数英里之外的周边地区赶来，从而让这个市镇此时的实际人数成倍增加。如果不是审判速度过快且死刑判决突然宣判导致里昂的居民来不及赶到，那么人群规模将更为庞大。"公共广场上挤满了人，屋顶上、房子周围都站着人，甚至还有人架设起了看台，每人收费12索尔。"[1]一名小册子作者叙述称："一条来自马耳他岛的无毒之蛇、一条来自莱茵河畔的鳄鱼或者一只来自英国的狼都不会吸引更多民众和上流阶层的关注。"[2]

马德林并不是单独面对大群的民众。另有两人陪同他登上了断头台：他的告解神父和行刑者。出生于意大利并居住于邻近图尔农的学院中的耶稣会士加斯帕里尼神父负责照管他的灵魂。当马德林被送入瓦朗斯监狱时，他拒绝了若干名教士提供灵魂引导的建议。最初，马德林对此不屑一顾。他曾对一名圣方济各会修士吼道："如果我获得自由和剑，我将会把你碎尸万段……从这里滚出去，你这个无耻之徒。"[3]一名提出类似要求的多明我会修士也被他用葡萄酒杯击中了面部。但在行刑前一日，当马德林私下里获悉审判结果后，瓦朗斯主教要求加斯帕里尼前往囚室探视这名走私者。为了消除这名疑虑重重的囚犯的戒心，加斯帕里尼从图尔农带来了一名男子的问候，这名男子曾经被走私者们误认为是警卫而遭到了死亡威胁，当时正是马德林救了他一命。加斯帕里尼在向马德林提起了这一善举之后，便赢得了马德林的信任："我被7名法官判处死刑，我看不到自

---

[1]　Forest, *Chroniques*, 43.

[2]　*Abrégé*, 37.

[3]　"Lettre," in *Rendre la justice*, 388.

已有任何出路，我希望向您忏悔。"④ 加斯帕里尼待了足足一个小时，然后于次日早晨返回聆听剩余的忏悔内容，并赦免了他的罪。教士被禁止为死刑囚犯提供圣餐或主持临终仪式——教会与国家在此类事务上的合作存在着诸多局限——但他们能够进行赦罪和补赎圣事，从而为拯救打开了一扇窗户。

马德林的另一名陪同者便是行刑者，他从格勒诺贝尔前来完成特别法庭指定的脏活。行刑者被限制于生与死的临界中，置身于稳定的名誉世界与反常的非名誉地下世界之间，他的触碰就足以给人增添恶名。① 在抵达马德林的囚室后，他的第一项任务就是给犯人穿上"令人羞耻的制服"。② 行刑者剥下走私者的鞋子、衣服和作为纪念之用的帽子，然后给他穿上宽松的衬衣。他的头和脚不体面地裸露在外，双手被捆住，脖子上系了一条绳子，背上贴了一张告示，写着"走私犯的首领、欺君犯上的罪犯、谋杀犯、盗贼和公共和平的搅扰者"的字样。③

马德林穿着象征屈服的衣服，在数以千计的民众——他们正在仔细关注他的每一个手势、面部表情以及能够反映其思想与精神状态的言辞——面前步入街道。一名围观者观察称："他无比坚定和决绝地离开了监狱"，展现出了这一时期男子的两大美德。④ 马德林无疑希望展现他借以成名的男子气概和勇气，在向正义与上帝屈服的同时维护他在芸芸众生中的声誉。他从监狱走到圣阿波利奈尔大教堂的门前，一路上同时表现出了赴死的勇气和悔罪的虔诚，在大教堂的门前，他又进行了公开的谢罪，特别法庭将这种通常适用于"凶残"罪犯的刑罚仪式施予触犯叛逆罪的走

---

① *CA*, 28 May 1755.

② Freidland, *Seeing Justice Done*, chapter 3.

③ Bastien, *L'exécution publique*, 193.

④ BMV D 13020, *Jugement souverain qui a condamnéà la roue Louis Mandrin*, 26 May 1755.

⑤ "Lettre," in *Rendre la justice*.

私者身上（图9.2）。在告解神甫的陪同下，马德林跪在了教堂大门前，手中拿着还愿蜡烛，祈求"上帝、国王和正义"的宽恕。马德林再三请求这三种所有道德和政治秩序的源泉宽恕他。他的言辞也再三通过加斯帕里尼、列维和那些在警戒线内环绕着他们的警卫传到了围观者的耳中。对于一名曾经吹嘘与其落入司法部门之手，还不如尽快自杀的不法之徒而言，这场仪式是对其错误道路的承认，是对罪责的承担，也是一名良善基督徒生命终结的关键部分。[①] 与此同时，通过在仪式过程中保持沉着的仪态，他也让声誉免于受损。他在赔罪时"秉持着自尊且勇武的态度——这正是他在过去的战斗中所展现出来的——从而让所有人都感到意外"[②]。

在从大教堂穿过拥挤的克莱尔克广场，抵达断头台的路途中，"他跣足而行，但却依然充满自信"[③]。当抵达行刑现场时，马德林注意到了加斯帕里尼眼中的泪水。"天啊！我的神父，您竟然在哭泣？我并未哭泣！那么为我们两个哭泣吧。死亡没有让我感觉悲伤，即将开始但又很快结束的处决也没有；但我必须经受上帝的审判，他将决定我永远的命运。"[④] 这名走私者坚定地走上了断头台，准备接受死亡的命运。当死亡临近时，人群认真地聆听了他的忏悔词，而马德林也没有让人们感到失望。他在向包税公司的全体官员致歉之前说道："年轻人，请以我为戒。"[⑤] 他坐在

---

① 这种对于死刑处决的阐释见 "Notes de M. Morel, curé de Montrigrand," *Bulletin de la société départementale d'archéologie et de statistique de la Drôme* 15 (1881), 111 and 115-117; and *CA*, 19 May 1755, 168.

② Forest, *Chroniques*, 43.

③ *CA*, 28 May 1755. "Lettre," in *Rendre la justice*, 也记录称他以"沉稳的步伐快速"行进。

④ Forest, *Chroniques*, 43.

⑤ "Lettre," in *Rendre la justice*. 大部分目击者都见证了这一演讲，虽然弗兰齐耶尔夫人告诉她的女儿马德林是在自己无法说话的情况下请加斯帕里尼发表了这份忏悔。Gallier, ed., *Vie de province*, 139, Franquières to Bressac, 19 May 1755. 根据*Précis de la vie de Louis Mandrin* [1755], 3, 他的演讲主线是："年轻人，请以我为戒；而对于你们这些官员，我祈求你们的原谅。"

X形的圣安德鲁十字架上，并向加斯帕里尼索要了一份酒水。这名神父友善地递给他一小瓶白兰地，这将减缓即将到来的疼痛。马德林用鼻子闻了一下，然后大口喝完，将酒瓶放在木制十字架上。每个记录这次行刑的围观者都注意到他其后的举动：他亲自解开了袖子上的纽扣，卷起了袖子，为接踵而至的杖击做准备，这不仅标志着他自愿接受刑罚，还展现了他面对即将来临的死亡时非同寻常的冷静。他卷起袖子时"表现得十分坚定，仿佛是在做某件远没有如此危险的事情"[①]。就像那些在被斩首之前拥有亲自脱下衣服特权的贵族囚犯，马德林也以这样的方式准备接受最后的刑罚。他身旁的耶稣会士鼓舞道："这个男人将作为良善的基督徒死去。"（图9.3）[②]

马德林沿着X形十字架展开他的手臂和腿之后，行刑者便将他的手脚绑了起来。两到三名来自该市镇平信徒修士团的贵族登上断头台，与加斯帕里尼一同规劝马德林忍受国王施予的一项最痛苦考验。在行刑时阻止死刑犯人亵渎神明并引导他心向神明正是加斯帕里尼及其助手的职责。马德林被处死之时的劝诫内容未得到记录，但它可能与土伦一名无赖被处决时的劝诫内容类似："我衷心地接受死刑和我的死亡所带来的耻辱……我祈求上帝认可我的赎罪，满意于我的灵魂在炼狱中所遭受的惩罚。"[③]

9次残酷的重击如雨点般落在了马德林身上。行刑者用一根铁棍在他的胳膊和腿上击打了8次，令骨头碎裂。第9次重击正中他的胃部。除开声称这名匪首"用无与伦比而令人震惊的坚忍与毅力"承受着痛苦的福雷，没有其他记录者详细描述这名走私者在面对这种击打时是何反应。而对一名德意志囚犯施行的同样刑罚却让这位囚犯"变成了大声尖叫、在血流中

---

① Forest, *Chroniques*, 43. 另见" Lettre," in *Rendre la justice*.
② "Lettre," in *Rendre la justice*.
③ Régis Bertrand, "L'exécution et l'inhumation des condamnés en Provence," in *Histoire et criminalité au XXe siècle: nouvelles approches*, ed. Benoît Garnot (Dijon, 1992), 82.

图9.2　16世纪绘画中的克莱尔克广场，马德林即在此处被处死。该广场长期以来都是实施警戒性刑罚的场所，可以看到图中广场中央标记着一个被处死的人。此外还需注意的是马德林进行谢罪的圣阿波利奈尔大教堂（位于断头台的左侧）。详情见 Sebastien Münster, *La Cosmographie universelle de tout le monde* (Paris, 1575).

翻滚的木偶……有着四条触手，仿佛一只黏糊糊且奇形怪状的血肉与粉碎的骨头混杂在一起的海中怪物"④。

　　一个被杖击骨折的人在气绝之前能够在极其痛苦的状态中苟延残喘数个小时；这种死法被特别地称为"自然死亡"。然而在杖击致使囚犯骨折之后，法官能够进行干预，签发"减刑令"，允许仁慈地绞死这名囚犯。这可能是一种令囚犯解脱的不成熟方法，但"减刑令"还是为法官们提供了一种调节行刑者杖击给囚犯所带来痛苦的机制。绞刑令可以在不同时机签发：在囚犯被杖击骨折之前（赦免其所有的苦痛）、紧随杖击骨折之后（限制苦痛的持续时间），或在杖击骨折很久之后（使其蒙受更多苦痛，但仍然减少了"自然死亡"的苦痛）。以上做法完全取决于法官的意愿。一些法官用"减刑令"来回报囚犯的耐心和良好表现。普鲁士的腓特烈二

　　① 引自Mitchell B. Merback, *The Thief, the Cross, and the Wheel: Pain and the Spectacle of Punishment in Medieval and Renaissance Europe* (Chicago, 1999), 160-161.

世是一位重要的刑罚改革家，他在1749年宣布王国内的所有罪犯都将在杖击骨折之前被绞死。这位开明君主指出：让囚犯蒙受过分的苦痛不仅是非人道的，而且还会有激发民众对死刑囚犯同情心的风险，而这种情绪反馈将会削弱死刑行刑的警戒作用。过分的苦痛会惹怒民众，激起他们对行刑的敌视。

诸如此类的考量促使瓦朗斯的主教和其他贵族要求列维在马德林被杖击骨折之后立即予以处死。他们的请求得到了重视。在杖击8分钟之后，列维指示行刑者绞死了马德林。一名目击者（又是福雷）不嫌麻烦地计算了杖击发生至实施绞刑所花费的时间，这恰好表明了围观者强烈地意识到了马德林在此期间要忍受多少苦痛。

在马德林死后，他的尸体被抬到一辆大型马车上，水平地放置于车顶，然后运至该市镇的各大城门，尸体将被留在此地任其腐烂或被腐食鸟类啄食，继续充当"惩一儆百的范例"。① 将尸体送至城外的绞架上传递出了两条截然不同的讯息。首先，它表明这名罪犯是被遗弃者，不值得在教堂墓地的神圣土地上举行基督教葬礼。拒绝给予体面的葬礼仅仅只是整个死刑处决仪式排他性力量在囚犯死后的延伸而已。没有其他刑罚会"同时以彻底毁灭罪犯社会地位为目的对人的身体进行如此残忍的侮辱"②。其次，马德林暴尸于绞架上也表明瓦朗斯是一个受法律管辖之地，其腐烂尸体的可怖景象和恶臭提醒着人们国王政府强力禁止非法贸易的决心。从一具残破且未得到埋葬的尸体中流出的恶名意在向那些关注它的人们传递一个强有力的信号。

目睹此类刑罚的围观者是否接受了司法和宗教当局希望赋予他们的所有讯息仍尚待讨论。部分历史学家认为民众远没有被动地接受死刑处决的

---

① *CA*, 28 May 1755.

② Merback, *Thief*, 215.

图9.3 囚室中与断头台上的马德林。这份雕版印刷品修改自早期卡图什的画像。除此之外现存的唯一一份描绘处决马德林场景的作品收录于 *Le Veritable messager boiteux* (Basle, 1756). Bibliothèque Nationale de France, N2 Mandrin.

教育，他们反而用狂欢式的骚乱来抗议司法机构的压迫。[3] 其他历史学家则坚持认为展现在断头台上的类似基督的殉道行为启发了民众，促进了集体赎罪的情感的产生。[1] 最近的研究令人信服地主张围观者赞同施行严酷的刑罚，并对以维护公共秩序和铲除破坏性罪犯为目标的司法体系感到满

---

① Thomas W. Laqueur, "Crowds, Carnival and the State in English Executions, 1604-1868," in *The First Modern Society*, ed. A. L. Beier, David Cannadine, and James M. Rosenheim (Cambridge, 1989), 305-356.

② Michel Bée, "Le Spectacle de l'exécution dans la France d'ancien régime," *AESC* 38 (1983), 843-862. Freidland, *Seeing Justice Done*, chapters 4-7对贝关于前近代时期的命题表示了赞同，但也认为从16世纪至18世纪，孤立的观察已经日益超越了集体的救赎。

意。② 那么那些目睹马德林被处死的围观者有何反应呢？

如今可以确定的是许多人都对马德林面对死亡时的勇气印象深刻。像坚忍、无畏和坚强等词汇充斥于关于其死亡的记载中。并非所有的罪犯都会以这样的决心参与死刑处决仪式，即便是偷窃大师卡图什据称都在巴黎行刑者面前奔溃。与此相反，马德林在行刑期间所表现出的坚定似乎只会让他英勇声誉更加炽盛。然而，同样清楚的是他在监狱中、在谢罪仪式中和在断头台上所做的忏悔令人印象深刻。马德林可能已经展示了他的勇气，但他绝非不敬奉上帝的叛逆者，到死都决意藐视所有的政治和宗教权威。这种偏差的确罕见。① 最初，马德林拒绝了教士的提议，从而在这条道路上不断堕落，但当死亡逐渐迫近时，他开始关心救赎，这种内心的变化满足了许多围观者的希望。曾经"渴求"一个深受良心责备的马德林的《阿维尼翁通讯》记者便为这种内心的明显变化感到高兴。这份报纸报道称，这名走私者备受推崇的勇气并未减损，但它"改变了其目标，信仰最终占据了优势"。报纸引用了马德林对其同伙圣皮埃尔所说的话："想想看，那里存在着一位无罪不罚的神明。"② 这位叛逆者如此显而易见的忏悔似乎引发了强烈的情感反应，甚至连"心如铁石的列维先生都哭了"③。

尽管围观者和其他人流露出了对马德林的同情，但不应就此推断这些男人和女人们对于其刑罚持统一的看法。许多对其抱有遗憾或对其勇气印象深刻的人也相信他被处死是完全应当的。这是一名教区教士的观点，关

---

① Bastien, *L'exécution publique*; and Robert A. Schneider, *The Ceremonial City: Toulouse Observed*, 1738-1780 (Princeton, NJ, 1995), chapter 3. 另见Peter Spierenburg, *The Spectacle of Suffering: Executions and the Evolution of Repression* (Cambridge, 1984); Richard J. Evans, *Rituals of Retribution: Capital Punishment in Germany*, 1600-1987 (Oxford, 1996); and V. A. C. Gatrell, *The Hanging Tree: Execution and the English People*, 1770-1868 (Oxford, 1994).

② 例证见Bastien, *L'exécution publique*, 238.

③ *CA*, 25 and 28 May 1755.

④ Gallier, ed., *Vie de province*, 139, Franquières to Bressac, 19 May 1755.

于马德林，他写道："许多偏向于他的人将他视为一个善良和勇敢的人；但他所犯下的走私罪和谋杀罪却是不可宽恕的。"[④] 对于这名教士而言，谋杀和走私——尽管马德林从未因为后一项罪行被定罪，但这项罪行仍然与他紧紧联系在一起——是社会所不容的。与此类似的是，当地的贵妇弗兰齐耶尔夫人断然地宣称尽管这名伟大走私者颇具天赋，但"他完全应当被处死"[①]。她对处死马德林的事并未感到任何不妥。

但一名教士和一名贵族的观点并不一定就反映了那些目睹、阅读或听闻这次处决的普通民众的想法。一名来自旺多姆的农民皮埃尔·博蒂耶曾在其日记中记述了处决弗朗索瓦·达米安——此人妄图杀害他所憎恨的路易十五——的可怕细节。而这个农民也简明扼要且十分认真地记载了他所仰慕的马德林的刑罚。[②] 更重要的是，目睹马德林被杖击骨折的杂货商福雷明确谴责了对走私者实施的死刑。在马德林被捕之前的那个冬季里，他已经目睹了一系列可怕的死刑处决：走私者们"每天都会被送入我们的监狱，而特别法庭的法官列维先生几乎没有让他们在里面待多久；因为在1755年2月24日、25日、26日、27日、28日和3月1日，共有3人被处死，另有6人遭到杖击骨折。在前去受刑时，所有人背上都贴着写有'走私犯、盗贼、谋杀犯、欺君犯上的罪犯和公共和平的搅扰者'字样的告示。我一生中从未见过这样的屠杀"[③]。

将死刑处决描述为"屠杀"则表明：尽管国王政府希望广为传播标准

---

① "Notes de M. Morel," 116.

② Gallier, ed., *Vie de province*, 139, Franquières to Bressac, 19 May 1755.

③ Jean Vassort, *Les papiers d'un laboureur au siècle des lumières. Pierre Bordier: Une culture paysanne* (Seyssel, 1999), chapter 5. 抄写员皮埃尔·普里昂对此消息也有类似的反应，他写道："著名的陆上海盗马德林先生"已经被处死了。见Sylvie Mouysset, "Mandrin au miroir des écrits de son temps: intrépide contrebandier ou brigand scélérat?" in *Les Brigands: Criminalité et protestation politique* (1750-1850), ed. Valérie Sottocasa (Rennes, 2013), 25-26.

④ Forest, *Chroniques*, 40.

的训诫，但此类刑罚却不能始终赋予罪犯恶名。普通民众对于强盗、弑父者、造假者和其他罪犯并无多少同情，这些罪犯都可能被成功地污名化，但福雷的日记说明，至少有部分民众反对特别法庭将走私者污名化的努力。在这名杂货商对发生于克莱尔克广场的"屠杀"进行评价数周之后，马德林即在他眼前被杖击骨折，这一事件似乎只能增强他对特别法庭所作所为的反感。在行刑者完成杖击之后，福雷借以自慰的便是死刑处决非但没有成功诋毁这名匪首，反而提高了他的声望：

> 人们从来没有见到一个强盗在他生前死后引发这样的骚乱。在德意志和西班牙等各地的民众谈论的对象只有他；外国报纸里满是关于其事迹的报道。在他死后，许多人迫不及待地开始记述他的冒险旅程，创作歌谣在各处传唱。我们的主教阁下特意请来了里昂的画师特雷亚先生为他画像。著名的路易·马德林就是以这样的方式结束他的一生。[1]

长期以来，历史学家们已经注意到，自1670年之后，法兰西王国就像其他近代早期的欧洲国家一样加强了针对穷人和社会边缘人群的镇压。似乎要将贫困本身非法化的当局颁布了严苛的法律打击盗窃、迁徙和乞讨行为，同时建立新的机构拘押违法者。打击走私活动在某种程度上仅仅只是更大范围的社会镇压的一部分。引入严苛的反走私法律和建立新的用于处置走私犯的法庭造成了一波席卷劳动阶层的刑罚镇压浪潮。当大部分从事走私活动的贵族和商人们都免于被起诉时，大批贫穷的走私者却被判处了死刑，可能有4万人被遣送到了苦役船上，无数人更是被驱逐出境，带上镣铐，蒙受鞭刑和被课以罚款。使用酷刑、车轮刑、绞刑和苦役刑罚来恐吓贫穷走私者之举可能会让人想起中世纪的野蛮刑罚，但实施此类镇压措

---

[1] Forest, *Chroniques*, 44.

施的却是一系列非常近代化的财政、司法和刑罚机构。[2] 更有可能的是，
被监禁于18世纪法国苦役营中、数目日益增加的走私者不仅让人想起中世
纪欧洲的黑暗地牢，还可能联想到当代美国采光良好的监狱。自1971年
起，在美国另一次打击非法贸易的战斗——"毒品战争"——已经让监狱
里塞满了贫穷和种族歧视的受害者。[1] 对地下贸易的大规模打击非但不是
未开化的历史遗迹，反而是近代国家的一项发明，如今它仍然通过诸多方
式与我们如影随形。

　　然而正如我们在提及打击盗窃时所说到的，刑罚领域的扩大不只是
更广范围内贫富对抗的阶级战争的反映。[2] 社会分裂为有产者和无产者、
资本家和劳动阶级的景象才刚刚开始成为总包税人和地下经济之间斗争的
注脚。这种不仅源于商业资本主义，还出于宫廷资本主义的斗争产生了
一系列特定的对立利益、立场和惯例。站在包税人一方的势力中包含了一
群人数虽少、但却具备政治影响力且日益发展的有产集团，即国王、王室
官员、金融家、商人、贵族和中产阶级债权人，他们大多都从国家专卖制
度与禁令中获益颇丰。而与走私者同处一个阵营的势力则囊括了正在参与
无序扩张的非法贸易的土地精英、商人、走私者和消费者所组成的广大网
络。许多从包税公司支付的利息中获益的国家债权人可能也会对走私者报
以同情，正如现今的某些投资者抱怨他们所投资公司的环境和劳工政策。

　　① Jean Tarrade, *Le commerce colonial de la France à la fin de l'ancien régime* (Paris, 1972), 1:332, 震惊地在"启蒙世纪"的反走私法律中找到了多处"具备中世纪特征"的遗迹。

　　② Michelle Alexander, *The New Jim Crow: Mass Incarceration in the Age of Colorblindness* (New York, 2010).

　　③ Arlette Farge, *Le vol d'aliments à Paris au XVIIIe siècle* (Paris, 1974). 关于英国的情况，见Douglas Hay, "Property, Authority and the Criminal Law," in *Albion's Fatal Tree: Crime and Society in Eighteenth-Century England* (New York, 1975), 17-63; and Peter Linebaugh, *The London Hanged: Crime and Civil Society in the Eighteenth Century* (London, 2006), xxii.

因此，相比于单纯的"富人"或"有产者"，打击走私活动的支持者范围更为狭窄，而它似乎还有在比单纯的"穷人"范围更广的区域内引发不满情绪的可能性。针对走私活动的打击不仅是阶级对立造成的，还源于拥有全球野心的财政国家，它深刻地影响了整个法国社会。

就文化而言，相比于打击盗窃和流浪，打击走私活动存在着更大的问题，因为走私"犯罪"充满着道德上的含糊性。在大部分的刑事司法领域中，国王政府都会界定与当时的大众道德秩序大致相符的刑罚秩序。当高等法院对数个世纪以来都被认为违反法律的犯罪行为——如预谋杀人、大型盗窃活动和叛国行为——处以严酷刑罚时，民众普遍表示赞同或表现得漠不关心。即便是判处流民盗贼死刑的可怕的普雷沃斯特法庭也并未超出道德期望之外，因为流民的边缘地位、其非基督徒的惰性以及给居民带来的恐惧合法化了，甚至是鼓励了简易审判。用合乎涂尔干社会学理论的方法来看，在这样的案例中，刑罚直接反映了集体的社会规范。但在大众的想象中，走私者并未被降至与在社会上无所寄托的流民一样的卑贱地位。走私者当然是贫穷的和流动的，但其中许多人稳固地植根于他们的社区之中，从而无法如此轻易地被法官们当作替罪羊。走私犯罪也没有如此强烈地沾染上罪恶与违法的污点。携带一包走私品跨越边界，加入一个走私团伙，或者在拒捕时杀死一名包税公司警卫不会和偷窃、加入拦路抢劫团伙或实施预谋杀人一样承受沉重的道德负担。尽管针对前一类犯罪行为的刑罚十分严厉，但仍然无法与后一类犯罪行为的刑罚严厉程度相提并论。打击走私活动的可疑的道德支撑让它显得格外残酷，而对于许多人而言，也格外不公正。

最后，包税公司与走私者之间的法律斗争得到了两种相互竞争的范式结构的推动。王国正如将非法贸易归为犯罪那般试图污名化走私活动，用审判的恶名来玷污走私者。但走私非法化与谋杀、盗窃或流浪非法化不一样。走私者以及那些顽固支持他们的社区拒绝承认国家强加在他们头上的不名誉的罪犯身份。迪图尔爵士在关于走私的回忆录中写道："对于（多菲内和萨伏伊的）居民而言，被遣送至苦役船上或死于断头台上是一件光荣的事情"。[1] 蒂耶里堡的贵族观察称："这种最臭名昭著、最痛苦的刑罚不仅没有令被定罪的走私者们羞愧，反而成了一种荣誉的源泉。"[2] 国家能够处死路易·马德林，但它无法重塑大众文化。

---

[1] ADS C 431, memoir of 15 September 1780.这解释了为何被判有罪的走私者们将苦役标记视作荣誉的徽章，并且相比于巨额罚款，更倾向于在苦役船上服刑。AN G-7 1290.

[2] *AP*, vol. 662. 一名萨丁尼亚官员也注意到了类似情况，那些"落入行刑者之手的"走私者们未曾感受到耻辱，因为人们普遍相信"他们并未伤害任何人"。引自Jean Nicolas, *La Rébellion française: Mouvements populaires et conscience sociale* 1661-1789 (Paris, 2002), 91.

第十章　印刷品中的马德林

在马德林生前，与其相关的文字作品十分稀少。作曲家们在纸片上匆匆写就小调，文人们在日记中记录想法，王室官员们兴奋地回复信件，但除了一批外国报纸的编辑之外，没有人曾经出版过与马德林相关的文字作品。所有这一切都随着马德林被处死而发生了改变。马德林之死引发了印刷业的一场大爆炸，传记作家和剧作家开始讲述他的生平故事，雕刻师开始制作图画展现他最为著名的事迹，作曲家和诗人开始创作诗歌颂扬他的过往。在一个名人概念已经出现的时代，得益于城市的发展、媒体的扩张和敏感的自我观念的发展，这些文字与形象在西欧飞速传播，从而让马德林真正变得出名。[①] 由于没有律师们在后来的著名案例中所使用的宣传手段，在18世纪的法国，任何刑事案件都不会如此迅速地催生出这么多的大众文化作品。[②] 当包税公司与民众之间的战争转战至印刷物上时，马德林就如同凤凰涅槃一般获得了重生。

一个传奇无疑正在形成，但竞逐公众注意力（以及他们口袋中的钱）的论战者们并未就这个传奇应该是什么达成一致的观点。瓦朗斯特别法庭

---

① Fred Inglis, *A Short History of Celebrity* (Princeton, NJ, 2010), chapter 3; and Leo Braudy, *The Frenzy of Renown: Fame and Its History* (New York, 1997), chapter 5.

② Hans-Jürgen Lüsebrink, "Images et representations sociales de la criminalité au XVIIIe siècle: l'exemple de Mandrin," *RHMC* 26 (1979), 345. 与萨拉·马扎（Sarah Maza）在《私人生活与公共事务：大革命前法国的著名诉讼案件》[*Private Lives and Public Affairs: The Causes Célèbres of Prerevolutionary France* (Berkeley, CA, 1993)]中所研究的民事案件不同，在刑事案件中，律师们不得在法庭上发言或刊发与审判相关的文章。

的最高裁定书——它罗列了马德林的罪行，宣判了他要接受的刑罚——构建了一个基本的叙事模板。这是今日任何一个好莱坞编剧都能认出的道德说教式的故事，拥有着开篇、发展和结尾，但在马德林被处死之后不久，国王政府发布的故事版本就不得不与通过无穷无尽的传播而得以讲述和复述的其他版本所发出的刺耳声音竞争。虽然这样的故事往往以这名匪首在断头台上殒命而告终，但在那个令人印象深刻的春天之前所发生的事件显然赋予了这些故事不同的意义。每一次讲述都通过半演义化的画面在故事中留下了它自己的意识烙印，从而推进情节发展。一些讲述者凭借妖魔化走私者来增强国王政府版本的故事的可信度；另一些人以截然相反的故事来严厉指责包税公司；还有一些人塑造了一个具备矛盾形象的人，他的暴力既令人害怕，也受到了推崇。这些形象塑造被输入到了大众文化中——马德林被视为英勇的战士、聪明的骗子、可敬的绅士、嗜血的恶棍、堕落的无神论者、深刻的哲学家、危险的法外之徒和有原则的叛乱者——其中的每种形象都会暗中引发关于他与包税公司之间暴力斗争政治意义的更大规模争论。

就如何更好地描述18世纪的大众文化而言，历史学家们存在着不同的意见。虽然彼得·伯克认为在宗教改革时期至法国大革命的那段时期里，它变得更具政治色彩，但罗歇·沙尔捷反击称从路易十四统治时期（1661年至1715年）开始，法国便经历了一场渐进的"民俗去政治化"进程，充满反叛和狂欢色彩的社会情绪爆发开始衰退。[①] 沙尔捷的分析严重依赖于诺尔贝尔·埃利亚斯的作品，后者认为太阳王及其继承者通过建立税收和

---

① 　Peter Burke, *Popular Culture in Early Modern Europe* (New York, 1978), 259-270; Roger Chartier, *The Cultural Origins of the French Revolution*, trans. Lydia G. Cochrane (Durham, NC, 1991), 136-141 (引用内容在140页).

合法暴力的双重垄断稳定了国家。[1] 当国王建立起近代的财政国家，通过宫廷文化向一度难以控制的贵族灌输克己自制的观念时，作为一个整体的社会变得日益顺服。然而按照近期研究的结果，埃利亚斯关于税收和暴力的观点并不正确。正如我们现在所知道的，即便当大规模的叛乱趋于平息时，小规模的赋税叛乱仍在旧制度的最后一个世纪里呈现出愈演愈烈之势。有鉴于这个国家在税收和暴力垄断上的失败，再次对沙尔捷关于18世纪大众文化的论文加以讨论是值得的。如果普通民众的社会生活比过去认为的更具反叛性，那么他们的文化生活也是如此吗？紧随马德林被处死之后迸发出的短暂文学作品潮为探讨这一问题提供了一个绝佳的机会。

王室的故事版本

马德林被处决之后，国王政府也加入了记录马德林的战争。当然，死刑处决本身充分证明了他曾经犯下的罪行，但它仅仅只是在一个午后展现在了一群人面前。为了将影响力扩展至那群于1755年5月26日聚集在克莱尔克广场上的围观者之外，特别法庭命令在所提及的"所有城市和地区印刷、宣读、公布和张贴最高裁定书"（图10.1）。[2] 这份判决书使用大号字体印刷成大幅告示，不仅张贴于马德林的出生地圣埃蒂安，还出现在了留下他犯罪踪迹的每一个地方——包括整个法国东南部地区的50多个市镇。在每个市镇中，这份判决书都会在公共广场上被大声宣读，然后张贴于市场、法院和教堂中，以供所有人浏览。而那些居住于马德林现身之地以外地区的人们能够在外国的报纸上或年鉴中看到这份判决书。甚至连几

[1] Norbert Elias, *The Civilizing Process*, trans. Edmund Jephcott (Oxford, 2000); and idem, *The Court Society*, trans. Edmund Jephcott (New York, 1983).

[2] ADDR B 1304. 关于法庭的出版发行意愿，见Thierry Rigogne, *Between State and Market: Printing and Bookselling in Eighteenth-Century France* (Oxford, 2007), 199-200.

乎从未对马德林的冒险旅程加以报道的巴黎报刊《通告与意见》（1755年6月11日）都使用了整版篇幅刊载这份判决书。好奇者还可以购买包税公司——这家机构深知印刷品的威力所在——资助出版的判决书宣传册。[①]在几天之内，国王政府所提供的马德林犯罪生平故事版本已经传播至瓦朗斯之外很远的地方，为许多人所知。

这份判决书——包含了多种传播形式，如裁定书、新闻公报、简短的故事和警告——的开头是简单的生平概述。它将马德林描述成一个自幼年起就卷入走私活动和杀人行当的罪犯，犯罪行为迫使他"逃离家乡圣茹尔瓦"。在逃脱之后，他开始实施残忍的谋杀、袭击、劫狱和以包税公司警卫与王室军队士兵为对象的攻击活动。这个故事版本将马德林描绘成了无情的强盗。为了强调马德林的残忍，裁定书还详细罗列了他的暴行——这些行径虽然只是对他指控的补充，但却玷污了他的声誉。这名强盗不仅杀害了包税公司的警卫，还欺骗了他们，出其不意地袭击了他们，从他们身上偷取了财物，杀死了那些"跪下求饶"的人。这份判决书让我们得以知道他那顶饰以花彩的帽子是从一名受害者的尸体上偷得的，他还杀害了向警方举报其兄弟制造伪币行为的莫雷及"其（莫雷）怀中18个月大的婴儿"。最为重要的是，这份判决书忽略了所有体现马德林匪帮强制交易道德经济学的内容，将他们的交易形容为劫掠和普通的拦路抢劫。读者根本不知道这名匪首曾经将烟草交予仓库负责人的行为，或者他签发给当地代理商的收条内容。这种收条只能作为自证有罪的证据——马德林放肆的签字证明了自己的罪行——而非总包税人需要承担责任的商业交易证明。这份判决书还罗列了博讷无辜市民的丧生以及士兵在盖南惨遭杀戮的事实，

<hr>

① 　BMV D 13020. 关于包税公司对印刷物的应用，见Marcel Juillard, "La Brigandage et la contrebande en Haute-Auvergne au XVIIIe siècle," *Revue de la Haute-Auvergne* (1936), 458; and David Adams, *Book Illustration, Taxes and Propaganda: The Fermiers Généraux Edition of La Fontaine's Contes et Nouvelles en Vers of* 1762 (Oxford, 2006).

但没有提及马德林与官员们的礼貌对话、他在战场上的军事才能，或在当地民众中所获得的支持。在最后的一个段落中，这份裁定书突然提及了判罚，仿佛死刑判决的合法性是完全不言而喻的。犯下这些罪行之人将穿上死刑囚犯的衣服，活生生地在车轮上忍受粉身碎骨之痛。

在放出自己的故事版本的同时，国王政府还试图限制其他故事版本的传播。3本作品立即遭到了审查：戏剧《马德林之死》和2本宣传册《以牺牲剥削者为代价的致富方法，路易·马德林所著》《路易·马德林的政治遗嘱》。①但我们不应太过在意这种试图阻击对立观点的尝试。举例而言，王室的书籍检查员更善于审查还未出版的手稿，而非没收已经进入流通领域的书籍，特别是在监管不足的行省当中。②但国王政府未曾积极地监管与马德林相关的文学作品却另有原因。1755年，国王政府的中央监管机构——王室出版署的总监正是受到自由主义思想影响、对推动启蒙运动的改革家们心怀同情的官员克雷蒂安-纪尧姆·拉穆瓦尼翁·德·马勒泽布。作为王室监察员的领导者，马勒泽布似乎并不十分热衷于中止马德林被处死所引发的讨论。事实上，在马德林于车轮上被处死一个月后的1755年6月，里昂总督亨利·贝尔坦报告称600份反包税公司的宣传册《路易·马德林的政治遗嘱》已从阿维尼翁一名出版商那里被送至里昂的书商手中，其他的印刷本被送至博凯尔，准备在集市上进行售卖。贝尔坦害怕这本书的传播"可能会对民众的思想产生不良影响"，便没收和销毁了里昂地区的印刷物。但这位总督行事过于操切。马勒泽布曾希望将这本书的印刷本送至巴黎——而且所需数量远不止记录在册的一两本，据猜测，他

①　Hans-Jürgen Lüsebrink, ed., *Histoires curieuses et véritables de Cartouche et de Mandrin* (Paris, 1984), 38. Frantz Funck-Brentano, *Mandrin: Capitaine générale des contrebandiers de France* (Paris, 1908), 531, 错误地认为*Abrégé de la vie de Louis Mandrin* [（Dole），1755]一书遭到了查禁，这是基于对Ange Goudar, *Analyse du testament politique de Mandrin* (1789), 3, 的误读。

②　Rigogne, *Between State and Market*, 38-48.

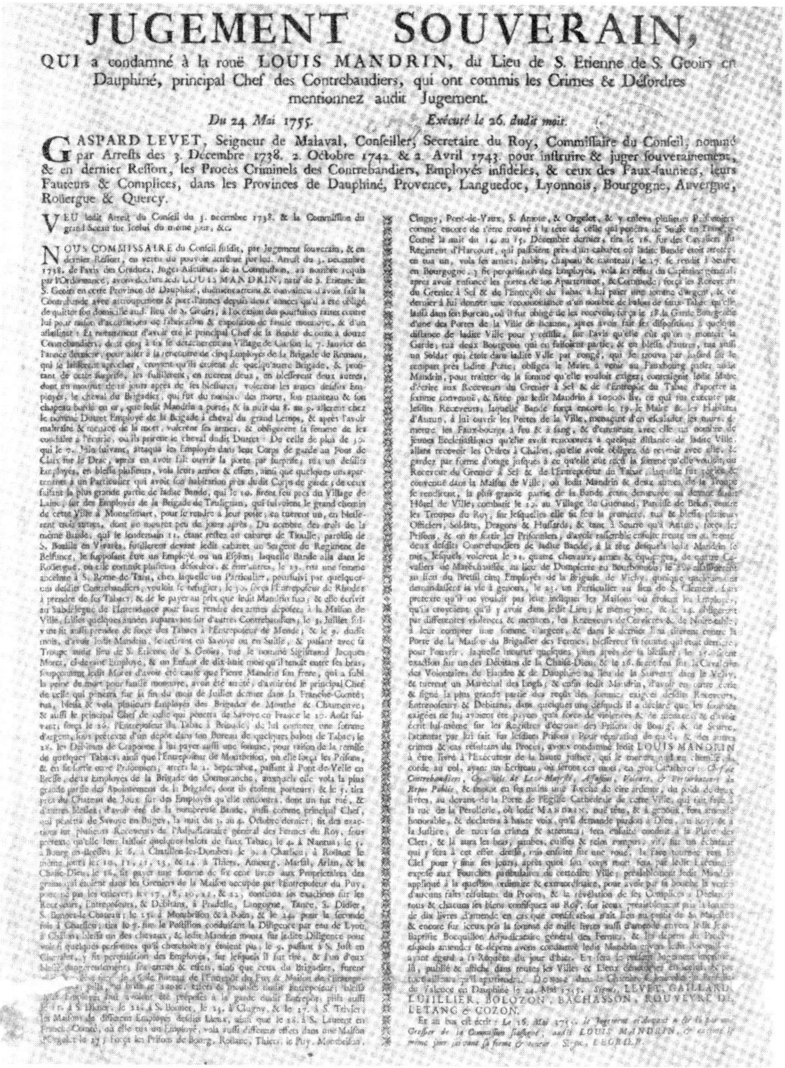

JUGEMENT SOUVERAIN,

QUI a condamné à la roüe LOUIS MANDRIN, du Lieu de S. Etienne de S. Geoirs en Dauphiné, principal Chef des Contrebandiers, qui ont commis les Crimes & Désordres mentionnez audit Jugement.

Du 24. Mai 1755.   *Exécuté le 26. dudit mois.*

图10.1　马德林的裁定书。Archives Départementales de la Drôme, cliché P. Rio, B 1304.

希望将这些印刷本送给朋友和同僚，其中许多人都曾对包税公司表达了公然的敌意。毫无疑问，此后他将有其他机会接触到这本在此后数年中再版多次的书籍。[①]

有鉴于王室监察员无法也无意愿控制马德林故事的传播，与这名走私者相关的文学作品在相对自由的市场上繁荣发展起来。这类文学作品囊括了口述、手稿、印刷物和视觉媒体等多种形式，并结合了一系列的作品类型（传记、悼词、死刑赞美诗、诗歌和论文），创作出了千变万化的人物形象。此类作品是如此多样，以至于历史学家首先想到的是根据媒介和类型（大众歌谣和学术论文等）对其内容进行分类。但保持这类作品混合形态的完整性，将其视为18世纪民众的体验之物可能更有意义。虽然部分学者认为博学的精英阶层文化在这一时期正从被广泛共享的大众文化中脱离出来，但这两个世界之间仍然存在着令人惊异的一致性。精英们可能已经清楚地意识到众多此类作品所面向的是普通大众。因此，相比于根据类型和受众归类，检视与这种包含不同成分的作品背道而驰的意识形态立场显得更有意义。

恶魔马德林

政府并不需要担心在马德林死后出现的与他相关的众多文学作品。正如大部分的行刑围观者似乎都自愿参与了将罪犯象征性驱逐出他们所在社群的行为一样，大部分旧制度断头台文学的作者也都欣然协助国王政府传播死刑囚犯的恶名。事实上，由于未受到法律惯例的束缚，相比于裁定

---

① BN MS 22151, nos. 173-176, Bertin to Malesherbes, 27 June and 11 July 1755. 被没收的书籍往往出现在了王室官员及其朋友的书架上。Robert L. Dawson, *Confiscations and Customs: Banned Books and the French Book Trade during the Last Years of the Ancien Régime* (Oxford, 2006), 17 and 121.

书，他们能够更好地将罪犯的堕落生平及其所受惩罚的道德规训夸张化。这点在《悲歌》中就显得尤为正确，这是一部关于近期被绞死或被车轮刑处死的罪犯的押韵诗合集。这些诗凭借易于记忆和传颂的熟悉旋律让识字者和文盲都知晓了死刑处决的消息。这些死亡诗歌将口口相传的文化与书面文化联系在了一起，而它们也是为大众消费而创作或印制的。正如巴黎日常生活的记录者梅西耶所写到的："此日之后——我指的是什么？就是从一名弑父者、投毒者、杀人犯被处决的那日起，由新桥的歌手创作的《悲歌》便在各条街道上传唱。这些忧郁的诗句通过更为可怕的声音四处传播。巨盗也能荣享这种悼词。平民百姓聆听那些四处游荡的悲观主义者的话语，后者将关于邪恶与荒淫之危险的道德规训注入了最后的诗句，步伐缓慢地要求人们忏悔。"这就是这个首善之地纪念被处死者的方式，或者就此而言，也是任何一座足够大型的市镇为拥有高级刑事法庭和断头台而自豪的方式。这种传播的范围十分广大，以至于梅西耶认为"德吕（一名罪犯）在巴黎的街头巷尾比伏尔泰更加出名"[1]。

　　在马德林被处死数周之后，首份与他相关的《悲歌》就付印出版了。为何歌颂"被绞死者"的《路易·马德林生平之歌》（*Chanson sur la vie de Louis Mandrin*）得以在里昂出版是很容易理解的，因为这份作品紧随判决书之后，通过渲染基本的事实增强了道德上的主张。[2] 它发出了如下呼求："年轻人和老者们，你们听听这个名人的"故事，他打破了由来已久的社会等级惯例，"从一个农民跻身绅士之列"[3]。他生于多菲内，父

---

　　[1]　Louis-Sébastien Mercier, *Tableau de Paris*, vol. 1 (Paris, 1994), chapter 463, and vol. 2 (Paris, 1994), chapter 828.

　　[2]　*Chanson sur la vie de Mandrin augmentée de sa mort sur l'air des pendus* (Lyon, 1755).

　　[3]　Déborah Cohen, *La nature du peuple: Les forms de l'imaginaire social (XVIII-XXIe siècles)* (Seyssel, 2010), 285-288, 强调了马德林的形象如何表现一个摆脱生来的低下地位的社会幻想。

亲是个一无所长之人。这名狡诈的年轻人在违反法律之后成功逃脱，"成为了走私者的头目"。作为匪帮的领导者，他残忍地"屠杀"和"劫掠"各地，从包税公司手中偷盗烟草，只向包税人支付远少于货物价值的期票（这些收条再次证明了这是偷窃行为，而非交易）。他"不畏上帝或国王，/作为奸邪者毫无信仰"。而"至高的上帝，迟早/都会惩罚不信神者"，所以马德林遭到了逮捕，并被送往瓦朗斯，而在瓦朗斯；他继续在法官面前肆无忌惮—— 一朝为农，世代为农——最后却在严刑拷打之下招供了自己的罪行。面对永远的惩罚，这名邪恶的强盗在瓦朗斯大教堂前跪下忏悔。在行刑者打断他的手臂和腿之前，他的告解神父安慰道："汝将升入天堂。"

仿佛这首诗歌的道德立场需要得到进一步阐明一般，最后两节明确地指出：

> 让我们虔诚地祈祷
>
> 向上帝和诸位圣徒
>
> 以求令吾等远离奸邪的行为
>
> 只要吾等仍留于尘世
>
> 远离坠入地狱的恐惧
>
> 勿要与犹大和路西法同在。
>
>
> 基督的子民，那些聆听我说话的人啊
>
> 请以此为戒
>
>
> 勿要再行走私之事
>
> 为汝等的深重罪行哭泣吧
>
> 汝等将能像马德林一般光荣死去。

另一首名为《反马德林的四首圣歌》（*La Mandrinade, poème en quatre chants*）（n.p.,1755年）也充满了同样的警戒意味，在这首诗歌中，马德林与"走私的恶魔"签订了契约，通过交易和谋杀走上了赢取名利之路。但他却受到了不可避免的惩罚："高唱吧，伟大者与渺小者/入汝等子女之耳；/因其世系之所出，/得其愉悦之气性，/惊惧之，塑形之，/以奸邪者之恶事。"

反马德林著作的所有主要特征都表现在了这些诗歌中：他的卑贱出身和早年的犯罪记录，他对暴力的滥用、宗教信仰的缺失和必然招致的惩罚，以及他最后时刻的忏悔。当然，歌手在这些诗歌的核心部分刻意渲染了这种暴力——这对他们而言毕竟只算是一桩生意——但他们却将马德林的违法行为置于沉重的道德框架之内。不管离经叛道的暴力能对听众产生何种刺激，都会很快遭到压制，这就是为何圣歌可以声称"惊惧之（子女），塑形之"，抑制潜藏在他们内心中的危险冲动。

违反规则的暴力与严厉的道德体系的共存在一本名为《反马德林论，路易·马德林一生奇妙、真实和卓著的历史》（*La Mandrinade, ou L'Histoire curieuse, veritable et remarquable de la vie de Louis Mandrin*）（圣茹尔瓦，1755年）的书中表现得最为明显。小开本印刷、被划分为21个易于阅读的章节并沿街售卖的《反马德林论》显然意在赢得日益增加的大众读者群。[1] 这不仅意味着识字率在18世纪的提升，还标志着罪犯传记在历史上首次成为畅销读物。此类犯罪文学是三种互有重叠的文学类型的产物：文艺复兴时期的恶棍文学——它描绘了被社会遗弃的乞丐、盗贼和流

---

[1] 虽然并非"蓝色丛书"（*biliothèque bleue*）的正式组成部分，但《反马德林论》面世所引发的轰动却在1755年7月15日被弗里德里克·梅尔基奥尔记录于他的《文学书信》（*Correspondance littéraire*）中。作为一种言语上的贬义词，"反马德林著作"所影射的是在1648年至1653年攻击红衣主教马扎然的宣传册——"反马扎然著作"，以及在18世纪40年代这一更为晚近时期攻击蓬巴杜夫人的"反蓬巴杜著作"。

民的形象；西班牙恶棍冒险小说——它讲述了聪明的无赖和骗子的冒险经历；以及一种新的大众传记体裁——它通过透露名人（国王、廷臣和知识分子）的私生活来塑造公共意见。基于这些文学体裁而出现的吉耶里、卡图什、尼韦和如今的马德林等强盗的传记作品激发了广大读者的想象力，标志着一种将会成为西方大众文化主要内容的文学形式的出现。①

《反马德林论》为判决书骨架式的概述添加了血肉。在切入人们所熟悉的马德林冒险旅程和受刑故事之前，该文本提供了一个肮脏不堪的背景故事，解释了他当初在经营家族事业时为何变成一名罪犯。在近代早期的欧洲社会中，家族声誉是十分重要的，正如个人荣誉源于祖先被认可的价值。因此，这名不知名作者的羽笔开始轻率地杜撰谣言，称路易的父亲是一个殴打妻子并因制造伪币而被绞死的酒鬼，他的兄弟也因为同样的罪名遭处死。除了马德林的母亲——她因为最终的改宗而被视作善者——整个家族都散发着恶名。这样一个不名誉的世系的后裔似乎注定要度过罪恶的一生。这本书宣称，即便是在马德林出生之前，他那可怜的母亲便承受着怀孕期间的剧烈疼痛，梦到生出了一条将死于马车车轮之下的毒蛇。更为不祥的是，在马德林出生前数秒，一声震耳欲聋的惊雷打破了明亮蓝天的沉寂。

那天出生的这个小孩并不完全是个人样。他的头发"更像是雄山羊的，而非人的"，符合民俗中所提及的一种半人半兽的生物——"野

---

① 关于识字率和书籍贸易规模的扩大，见Chartier, *Cultural Origins*, 69-70. 关于犯罪文学，见idem, *The Cultural Uses of Print in Early Modern France*, trans. Lydia G. Cochrane (Princeton, NJ, 1987), chapter 8; Lise Andries, ed., *Cartouche, Mandrin et autres brigands du XVIIIe siècle* (Paris, 2010); Hans-Jürgen Lüsebrink, *Les Représentations sociales de criminalité en France au XVIII siècle* (Thèse de doctorat, EHESS, 1983); and Dominique Kalifa, *L'encre et le sang: récits de crimes et sociétéà la Belle époque* (Paris, 1995). 关于大众传记，见Olivier Ferret, *Anne-Marie Mercier-Faivre, and Chantal Thomas, Dictionnaire des vies privies* (1772-1842) (Oxford, 2011).

人"。[1] 可以预想，这样一头野兽不可能拥有正常的童年。出生时已经长齐牙齿的他无法吮吸母乳，因此只能求助于母牛，在成长到能够吃固体食物的年纪之前，他已经导致了3头牛的死亡。他所说的第一个词便是"诅咒"。他在玩游戏时使诈，强迫男孩们吸鼻烟，偷取铜纽扣并将它们改成硬币的样子——这似乎成了他走上伪币制造者道路的预兆。马德林的母亲知道如果要避免他走上犯罪之路，就需要严加管教，但她却一味地纵容他，害怕他所爆发的恶魔般的怒气。这名作家用道德说教的口气宣称："这就是父母宠溺他们的孩子，从而将他们变成有损名誉的无耻之徒的方式。""父辈比我们更具常识，他们总是在引用以下谚语并以此作为生活的准则：'爱之深，责之切。'"（230页）同样的观点还出现在了与马德林相关的诗歌中，比如《卓著的悲歌》（*Complainte remarquable*）便告诫称："父亲们和母亲们，/请严厉地责罚你们的孩子。"[2]

《反马德林论》继续写道：随着路易开始长大，他接触到了那些挑战"国王、政府、行政官和信仰"权威的地下书籍，从而扭曲了他的道德教育。通过向脑中灌输它们的"虚伪看法，……马德林自视为一名哲学家：他相信凭借阅读过的这些作品，自己已经独占了思考的方法。他说道，民众过着枯燥的生活，而我们却在思考"。（233页）马德林对启蒙运动哲学的支持完全是虚构出来的，但这却能表明该作者的意识形态立场。在《反马德林论》出版之前数年，狄德罗《百科全书》的第一卷就已经面世，它猛然将这些哲学家置于世人瞩目之处，引发了关于他们新的人类哲学隐喻的激烈争论。这些由《百科全书》所散播的激进观点是否改善了人

---

[1] *La Mandrinade, ou L'Histoire curieuse, veritable et remarquable de la vie de Louis Mandrin* (Saint-Geoirs, 1755), 被重新收录于*Histoires curieuses et véritables de Cartouche et de Mandrin*, ed. Hans-Jürgen Lüsebrink (Paris, 1984), 228. 涉及这一本文的页码将会在本章内容的括号中给出。

[2] 收录于Éloise Antzamidakis, "Les Complaintes de Mandrin," in *Louis Mandrin: malfaiteur ou bandit au grand cœur*, ed. Valérie Huss (Grenoble, 2005), 108-109.

类的生存条件，抑或加速了它的道德沦丧？《反马德林论》的作者站在了反对启蒙运动的保守派一边，后者于18世纪50年代严厉斥责了启蒙运动哲学家们在宗教和政治权威问题上所持的危险而不敬的立场。[①] 在他看来，这些哲学家诱使不信神者堕落，他们的颠覆性概念构成了损害所有可敬、体面而纯正之事物的威胁。将马德林描绘成一名哲学家就是为了通过将这种新生的智识运动与目无法纪且暴力的亚文化联系在一起，从而败坏该运动的声誉。这是一项有趣的诡计，因为马德林正是在哲学的影响下迷失了信仰，走上了犯罪的道路。

正如《反马德林论》中所说的，哲学家马德林就像许多他的同类一样被搬上了巴黎咖啡馆和剧院的舞台，他在这些地方被贴上了不信神者的"可恶教义"的标签，从而完成了扭曲其道德形态的工作。（234页）作为如今承担着最严重罪名的"人形魔鬼"，他返回了出生地所在的行省，领导一个秘密而暴力的非法团伙。这本书在此处利用了长久以来展现了盗贼和流民秘密团体———一个藏匿于地下洞穴中、罪犯操着他们独有的神秘语言的隐秘王国———的恶棍文学。[②] 作为这一文学体裁的衍生品，《反马德林论》描述了"恶魔般的"匪帮加入仪式，马德林正是通过该仪式受膏成为这一黑暗犯罪团伙的领导者。在仪式中，匪帮成员割开了一名孩童的喉咙，他的鲜血被匪帮成员们用于向新的头领宣誓效忠。

马德林获得匪帮的领导权之后，便悬赏买包税公司官员的人头，宣称他将以任何必要的方式继续展开走私活动。这个匪帮获得了巨大的成功，

[①] Darrin M. Mcmahon, *Enemies of the Enlightenment: The French Counter-Enlightenment and the Making of Modernity* (Oxford, 2001), chapter 1.

[②] Chartier, *Cultural Uses*, "The Literature of Roguery in the *Bibliothèque bleue*"; and Lise Andries, *La Bibliothèque bleue au dix-huitième siècle: une tradition éditoriale* (Oxford, 1989), 47-51. 另见Jacques Berchtold, "De la thésaurisation à la mise en circulation: les usages du 'trésor du brigand' ands la littérature narrative des XVIIe et XVIIIe siàcles," in *Être riche au siècle de Voltaire*, ed. Jacques Berchtold and Michel Porret (Geneva, 1996), 311-329.

而如果其头目不曾屈从于贪欲与野心——这两种性格缺陷在大众传记中一再出现——的话，它还将继续保持辉煌。

当财富激发了马德林的欲望时，他放弃了直接向消费者出售烟草——这种方式对于战争的一方包税公司而言是更为有利的，转而"对所有抵抗者采取了谋杀、偷窃和屠杀的手段"。（246页；250页）即便是一名拒绝交出藏匿于其宅邸中的官员的善良孕妇也无法逃脱他的怒火。然而法律与秩序的力量终归抓住了这名恶棍，他被押送至瓦朗斯，准备为其罪行接受惩罚。在加斯帕里尼拿出"不容辩驳的论据向他证明我们神圣信仰的纯正性之后"，马德林感悟了，承认了他的罪行，并在"发表了令所有人都有所启迪的言论后"被处死了。"没有罪人不会将他的希望寄予上帝的仁慈，不管罪孽令他的心肠变得如何刚硬，不管他曾经犯过何种过错。"（253页）

这本书以及其他诗歌等批判性作品的猛烈攻击给大众意识留下了深刻的印记，这点得到了"马德林"一词演化过程的印证。在他展开冒险旅程时，"马德林"这个最初指向匪首本人的专有名词变成了一个普通名词——它首先用于指称他所在匪帮的走私者，后来又成了所有匪帮走私者的代名词。[1] 伴随着这名走私者被处死后媒体的大规模报道，这个词的语义范围再次得到扩展，成为一个嘲弄任何暴君、强盗或堕落者的词汇。因此阿尔让塔伯爵就曾蔑称普鲁士的腓特烈二世为"马德林"。[2] 这个贬义词由此加入到了一个令人厌恶的名单之中，其中不乏"达密安"（试图暗杀路易十五者）、"詹森派教徒"（一派遭到教会挞伐的天主教支派成

---

[1]　René-Louis de Voyer, Marquis d'Argenson, *Journal et mémoires du marquis d'Argenson* (Paris, 1866), 8:386, entry of 16 December 1754; and *GC*, 21 January 1755.

[2]　Theodore Besterman, ed., *Voltaire's Correspondence*, vol. 23 (Geneva, 1958), nos. 6924, 6955, and 7029, letters to Comte d'Argental of 5 and 25 February and 8 May 1758.

员）和"鸡奸者"这样的名号。[1]1774年，一名宣传册作者蔑称曾经主导对抗行政长官的争议性行为的法国大臣莫普为"恶棍、马德林、吃人巨妖、食人者、热沃当野兽和吸血鬼"[2]。无拘无束的革命记者佩尔·迪歇纳后来也将使用"马德林"一词污蔑反革命的"贵族"。[3]在死刑处决之后媒体的轰炸中形成的"马德林"一词的负面含义植根于法国的大众文化，并一直延续到了19世纪。[4]

英雄马德林

如果说马德林的恶魔形象令他与包税公司斗争的声誉受损，那么这种描绘也被有利于这名走私者的形象塑造所抵消。许多雕刻师、歌手和作者选择强调他与包税公司之间的走私战争，而非将着重点放置在他残暴的犯罪生涯或颇具教化作用而又不可避免的死亡结局上。因此，在关于一个实施无差别杀戮并且一意孤行的恶魔的故事之外，又增加了关于一个无畏反抗压迫的勇士、一个机智敏锐且具备强烈正义感的侠盗和一个将罪犯与英雄之间的不同相对化的朴素哲学家的故事。此类叙事没有完全宣告马德林无罪——他仍被视为犯下罪行之人——但他们意味深长地复杂化了其传奇故事的道德隐喻。在这些论述中，就超越了针对王室法律日常批评的更高目标而言，这名走私者的暴力行为是正义的。将这名走私头目视为英雄的著作鼓励读者们纵情想象何为可宽恕的，甚至是令人钦佩的犯罪行为。马

---

① Nicole Castan, *Les criminels de Languedoc* (Toulouse, 1980), 255.

② *Journal historique de la Révolution* (London, 1774), 40.

③ Frédéric Braesch, ed., *Le Père Duchesne d'Hébert* (Paris, 1938), 242 and 585.

④ 比如可参见19世纪进行猛烈抨击的作品*Histoire du célèbre brigand Louis Mandrin*，收录于Madeleine Sorensen, "Le Thème des brigands à travers la peinture, le dessin et la gravure," in *Cartouche, Mandrin et autres brigands du XVIIIe siècle*, ed. Lise Andries (Paris, 2010), 90. 丰克-布伦塔诺在20世纪初所试图反击的正是马德林的这种负面形象。

德林的积极形象展现出了一个自由反抗的世界，令读者、观众和听众不禁想象到他对抗包税公司的英勇战斗，仿佛自己也要加入其中。

作者们在最为基本的层面上将马德林描绘成一个不断击败对手的战场英雄。一份以拙劣的拉丁语写就并置于他在瓦朗斯郊外坟墓上的祭文赞颂了这个无所畏惧的人，称他为伟大的"马德林"，他"渴望掠夺，但并非屠夫"，记叙他赶走了包税公司的警卫，"毁灭了关税检查站"。①另一名作者谈及马德林在夺取"包税人的钱箱"并与"国王的军队"战斗时所展现出的"勇气"。②《伟大马德林的颂歌》（*Song in Praise of the Great Mandrin*）同样也充满了对他军事行动的敬畏，该作品称他是一名战胜无耻窃取穷人财产的征税官的勇士。"英勇的马德林"无惧王室军队，他试图从包税公司手中解放法国，并将其变为"安乐乡"——一个不虞食物、酒水和钱财匮乏的尘世乐土。③对马德林勇士形象的最丰富描述来自《路易·马德林阁下的悼词》（*Oraison funèbre de Messire Louis Mandrin*），该作品于1755年6月3日获里昂当局批准出版。造诣高深且庄严的悼词通常是为那些曾经为王国英勇效力的身居高位者创作的。通过赞颂身份低微的叛乱者马德林，该作品的匿名作者将这名走私者的地位抬升至与历史上最伟大的胜利者亚历山大大帝齐平的地步，称他为近代早期不可或缺的战场英雄——而这正是路易十四给予自己的称谓。④如同亚历山大、皮拉斯和恺撒一样，"他想在死去之前不断征服，并最终死于征

① CA, 17 June 1755 (report from Valence, 14 June 1755).

② Michel Forest, *Chroniques d'un bourgeois de Valence au temps de Mandrin* (Grenoble, 1980), 44-45.

③ BMG Chenavas (hereafter Ch.), 139.

④ 人们还将他与当时带兵打仗的国王——如瑞典的查理二世和普鲁士的腓特烈大帝——进行了比较。*Dialogue entre Charles XII, roi de Suède, et Mandrin, contrebandier* (La Haye, 1760); and BN MS 12721, fol. 179, "Vers sur le Roy Prusse," December 1756. Cohen, *La nature*, 288-299, 分析了路易十四与马德林之间的其他相似之处，认为这种混同挑战了国王主体的神圣性。

服"。每次当敌人从四面八方逼近他时，"他都拿着手枪，嘴里咬着利剑逃脱，他以狮子般的高傲与无畏向前推进，所有一切都臣服于他，所有一切都陷入混乱，他的胜利之剑击倒了无数的士兵，任意地收割他们，吞噬他们，毁灭一切所见之物"。这篇悼词吟唱道：不要为失去这位伟大的英雄而绝望，"汝为之哭泣，但他将有效仿者。可能他们没有他那在同类英雄中显得卓尔不群的勇气；但他们将会效仿他追求公益的热忱、智慧以及勤奋"。

这首与马德林相关且最为流行的诗作口口相传，表达了一种类似的英雄崇拜情节，以及更加尖锐的政治批判性。在这首诗中，这位勇士在弥留之际讲述了他对抗包税公司的专横强盗的战斗：

> 正如往昔岁月所见到的赫拉克勒斯，
>
> 持棒在手，穿行于各处，
>
> 打倒了不止一个的贪婪怪物，
>
> 那些毁灭人类的怪物，
>
> 所以我穿行于法国，
>
> 为她清除暴虐的统治者；
>
> 但她却是怎么感激我的！
>
> 我因抢掠强盗之物而死，
>
> 如若我曾压迫无辜民众的话，
>
> 我将向他们一样得到不同的回报。[1]

---

[1] BMD Ms. 939, fonds Baudot, abbé Moullemier, "Notes sur la Bourgogne," 423. 以原始法语押韵并与该祷文略有不同的版本见BN MS 12721, fol. 35 and the registers of St.-Médard-en-Forez in 1755 (BMG Ch. 139). 见Sylvie Mouysset, "Mandrin au miroir des écrits de son temps: intrépide contrebandier ou brigand scélérat?" in *Les Brigands: Criminalité et protestation politique* (1750-1850), ed. Valérie Sottocasa (Rennes, 2013), 27, 此为另一篇由神职人员撰写的颂词。

从文艺复兴时期至路易十四统治时期，法国国王都在使用赫拉克勒斯的形象代表王权。林恩·亨特注意到法国的改革者们后来颠覆了宙斯之子的这种形象，使之成为法国人民力量与团结的象征，但在18世纪中叶，赫拉克勒斯从王权象征至人民象征的这种变化似乎已经出现，当时以路易·马德林形象出现的新的赫拉克勒斯击倒了压迫性的征税官。[①] 将马德林视同为赫拉克勒斯彻底地颠覆了国王的象征，并认可了这名走私者对抗包税公司的斗争行动。

这首诗作通过结合肖像画，传递出了特别令人信服的信息。围绕马德林的肖像画研究数量之多并不应让我们惊讶，因为作为一种艺术形式，肖像画在18世纪的法国开始大量出现。在巴黎和其他市镇中，普通宅邸的内部越来越多地使用绘画——特别是廉价的雕版印刷品进行装饰。[②] 大部分的绘画以描绘宗教人物（基督、圣母马利亚和各位圣徒）为主，但国王、贵族甚至个人家族成员的世俗肖像画也变得越来越流行。这一趋势的副产品之一便是反映罪犯传记文学发展状况的罪犯肖像画的出现。[③] 通过成百上千份的印刷以及城市书商和流动商贩的沿街叫卖，罪犯肖像画如同歌曲一般向识字者和文盲传递了大量的信息。实在难以想象一个年轻农民或学徒将马德林的肖像画钉在墙上，旁边就是基督的十字架受难图或圣母马利亚怀抱幼年基督的画作。当宗教人物肖像画允诺免除观画者的罪责，为他带来永久的救赎时，罪犯肖像画却给出了另一种拯救方式，即将他们从这个世界的诸多压迫——以贪婪的征税官为首——中解放出来。

[①] 关于国王对赫拉克勒斯形象的应用，见Peter Burke, *The Fabrication of Louis XIV* (New Haven, CT, 1992), passim. 关于其革命性的转变，见Lynn Hunt, *Politics, Culture, and Class in the French Revolution* (Berkeley, CA, 1984), chapter 3.

[②] Annik Pardailhé-Galabrun, *The Birth of Intimacy: Privacy and Domestic Life in Early Modern Paris*, trans. Jocelyn Phelps (Philadelphia, 1991), 153-164.

[③] David Kunzle, *The Early Comic Strip: Narrative Strips and Picture Stories in the European Broadsheet from c. 1450-1825* (Berkeley, CA, 1973), 187-196; and Bastien, *L'exécution publique*, 47-56.

马德林的肖像在他被处死之前就已经出现。在1755年春，巴黎和里昂的雕刻师们出售了一种画作，该作品毫无廉耻地将马德林塑造成在1754年10月攻占布尔格——这里是他获得首次胜利的地方——的战场英雄。[1]"通过将他置于最著名人物之列"，他们所售出的画作数量超过了于1745年率领法国军队在丰特努瓦战役中取得最近一次重大胜利的著名元帅萨克斯的肖像画。[2]马德林被处死数日之后，瓦朗斯的零售商们便开始销售"大量"以布尔格作为背景的肖像画（图10.2）。[3]

以布尔格为背景的肖像画描绘了处于若干次战役的荣誉巅峰的马德林。他以衣着华丽的反抗者指挥官形象出现，身上已经没有多少邪恶强盗的气息。如果说他的服饰不及当时肖像画中贵族的水准，但也足够整洁和体面。飘垂的头发从一顶大军帽中倾泻而下，落在了他的肩上。他在干净的大衣之下巧妙地将打结的围巾卷入了汗衫之内。他的姿态刚毅、勇武而放松，头部向右侧转过四分之三，目光自信地越过右肩——这一姿态常见于当时的贵族肖像画中。他注视着画作的中景，手持装有刺刀的步枪，还有两支手枪插在缠绕在腰上的布制腰带（是否是印花棉布材质？）中，一把入鞘的利剑挂在其腰部左侧。画作标题告知观者：这就是"路易·马德林，于布尔格绘制和雕刻，描绘的是1754年10月6日他带领军队现身此地的场景"。

虽然我们不知道这幅印刷品引发了何种反应，但它似乎为观者带来了在自家宅邸的安全环境中体验马德林冒险旅程紧张刺激的机会。人们通过

---

[1]　战争大臣对这一画作表达了反对意见，他声称唯一应该让这名"强盗"现身的场景便是"迟早都在等着他的处决"。SHAT 1A 3398, no. 415, d'Argenson to d'Espagnac, 24 April 1755. 另见SHAT 1A 3406, nos. 78 and 88, d'Espagnac and Saulx Tavannes to d'Argenson, 4 and 8 April 1755.

[2]　*MHP*, May 1755, 573-574.

[3]　*CA*, 30 May 1755.在我对于此类肖像画的探讨中，大部分的材料来源于Valérie Huss, "Les Portraits de Louis Mandrin au XVIIIe Siècle," in *Louis Mandrin: malfaiteur ou bandit au grand cœur*, ed. Valérie Huss (Grenoble, 2005), 83-90.

凝视身处战场硝烟当中的马德林，能够间接地参与抗击总包税人的冒险旅程。难怪它是迄今发行的所有关于这名匪首的印刷品中最受欢迎的一种，它的各类版本得以在巴黎出售，并在英国、德意志和意大利得到了国际性的传播。那些偏爱更暴力画面的巴黎人可以走进圣雅克大街，巴塞·勒热纳开设于此处的商店出售描绘马德林匪帮烧毁海关办公楼或攻占各个市镇场景的雕版作品。在一幅将地下反叛精神拟人化的动人作品中，马德林右手紧握利剑，左手持枪瞄准，而在遍布尸体的战场上，他的手下正在屠戮

图10.2　以布尔格为背景的马德林肖像画[收录于《路易·马德林的一生经历》（*Histoire de Louis Mandrin*）]。Bibliothèque Nationale de France, collection Hennin, no. 8771.

包税公司的官员（图10.3和图10.4）。"这位就是马德林，一支强盗队伍的头目，/他在布尔格，欧坦和博讷（原文如此）播撒恐惧/这个鲁莽之人在包税人及其助理和公司主管面前兜售他的走私品。"令人惊讶的是，这幅雕版作品获得了巴黎警长总长的出版许可。

而所有这些作品当中最令人印象深刻的便是以博讷为背景的马德林

雕版作品，其模板是受主教亚历山大·米隆·德·梅纳委托创作的一幅画作，正是这位著名的贵族邀请了加斯帕里尼与这名被囚禁的走私者谈话，并要求列维签发"减刑令"。[1] 看起来精英与平民都在收集有关马德林的画作。画家雅克-安德烈·特雷亚尔曾为米隆工作，为后者绘制了肖像画和大教堂的祭坛画；而在前往断头台的路上，马德林正是在这座大教堂前进行了"谢罪"。特雷亚尔如今被延请至里昂绘制这名著名走私者的肖像画。他是否创作了雕版作品所描绘的马德林身处囚室或其遗骸被吊在城外绞架上的原始画作——这些画作曾经出现在《马德林生平简史》和《阿维尼翁通讯》中——已经不得而知。这些原始画作和所有有关记录如今已佚失。然而，将这名走私者描绘成一名战无不胜的英雄的流行雕版作品却具备了十足的影射性。马德林身着体面的服饰，帽子下面披戴着卷曲的假发，手持和以布尔格为背景的那幅画作一样的武器，显得比真人更为高大，完全压过了右手拿着收条的博纳市长一头。这幅画作远远超出了那幅以布尔格为背景的过于简单的作品，它不仅强调了绘画主体的战斗姿态，还让人注意到了强制交易中复杂的道德经济学。画中可以看到打包好的烟草，题字则解释了"始终显得骄傲且冷静"的马德林——这个令包税人"畏惧者"和"反抗国家者"——如何"将其走私品装入他们的仓库"。在这幅画作中，马德林是一名打破烟草专卖制度的复仇商人和一名军事指挥官（图10.5）。虽然难以估计这幅画作的流传范围有多广，但我们从报纸上得知它使瓦朗斯一时洛阳纸贵，因为不同于布尔格系列的作品，该画作真实地描绘了马德林的脸部特征。[1]

当肖像画塑造了身处战场中的马德林的固定形象时，书籍则更加深入地挖掘他的生平故事，从截然不同的政治观点出发创造出一个更为丰满的

---

[1] Marianne Clerc, *Jacques-André Treillard* (1712-1794) (Grenoble, 1995), 32-37.

[2] *CA*, 28 and 30 May 1755.

图10.3　走私者的头目马德林。Bibliothèque Nationale de France, N2 Mandrin.

图10.4　马德林在布尔格、欧坦和博讷。Bibliothèque Nationale de France, collection Hennin, no. 8768.

角色。在众多于马德林被处死之后面世并且对他抱以同情的书籍中,《路易·马德林生平简史》(*Abrégé de la vie de Louis Mandrin*)[(多勒)],1755]——正如书名所指出的——是一部圣徒传记,其创作者被认为是克劳德-约瑟夫·泰里耶·德·克莱龙。[1]泰里耶是一名来自弗朗什-孔泰地区、出身穿袍贵族家庭的法官,在贝桑松高等法院担任了一段时间的律师之后,他于1729年获得了多勒财政法庭主席的职位。他在财政法庭的职位上与其视为国王政府显而易见的财政和行政滥权行为进行了斗争,起草司法抗议书对抗王室税收法令。1761年,他因出版了一份针对贝桑松高等法院的讽刺性辩词——其矛头直指急剧增加的赋税——而被投入巴士底狱。这样一名致力于曝光国王政府财政滥权行为的著名法官开始关注路易·马德林的生平——后者的事迹尤其颇为着迷——就显得顺理成章了。作为一本被读者们推荐给伏尔泰的妙语连珠的匿名著作,《路易·马德林生平简史》显然受到了与作者地位相同的读者的影响。

泰里耶没有创造追寻正义的侠盗的固定角色——在英国有关罗宾汉的第一批歌谣中就已经出现了这样的角色——但他却在法国对其做出了大幅的改进。与拦路强盗菲利浦·吉耶里和盗贼多米尼克·卡图什相关的早期作品已经塑造了这种劫富济贫的社会性强盗类型。[2]泰里耶便将马德林塑造为类似的角色。《路易·马德林生平简史》中的马德林形象的确与《反马德林论》中恶魔般的强盗完全相反。他显得文雅、英勇、机敏,这种高雅的绅士盗贼颇能令见多识广的读者一见倾心。

同其他传记作品一样,这本书也是以介绍马德林的家庭情况开场的。

---

① 见the "Notice," in *Abrégé de la vie de Louis Mandrin* (reprint: Paris, 1991), 139-145.

② Chartier, *Cultural Uses*, chapter 8; Patrice Peveri, "De Cartouche à Poulailler: l'héroïsation du bandit dans le Paris du XVIIIe siècle," in *Être parisien*, ed. Claude Gauvard and Jean-Louis Robert (Paris, 2004), 135-150; and Christian Biet, ed., *Cartouche ou les voleurs* (Vijon, 2003). 关于世界范围内的社会性强盗,见Eric Hobsbawm, *Bandits* (New York, 2000).

Louis Mandrin

Ce téméraire chef d'une troupe brigande | Réfractaire à l'état, toujours fier et tranquille,
De martriens, et d'assassins. | Suivi partout de ses brigands.
Fut l'effroy des Traitans et de sa Contrebande | A Baune il fait forcer le Maire de la ville
Remplit leurs magazins. | De lui porter vingt mille francs.

Gravé d'après un portrait fait dans la prison de Mane par M. Trivillard.

图10.5　马德林在博讷进行的强制交易。Bibliothèque Nationale de France, collection Hennin, no. 8772.

他的父亲被描述成一名多才的铁匠，经营着体面的家畜生意。他的兄弟是一名伪币制造者，但他并没有让这个家庭无可挽回地跌入犯罪的境地。推动马德林从事走私活动的不幸更多地与外力、社会歧视相关，而与不名誉的家人或堕落的本性无涉。作为一个年轻人，路易加入了军队，他在这一职业上颇有天赋，但却因为欠缺适当的社会出身而无法出人头地。在故事的主人公无法向更高等级爬升之后，泰里耶称他说了如下一句话："天杀的……我自认为拥有勇气和天赋，却缺少出生！"随着职业生涯陷入困境，马德林开小差离开了军队，走上了犯罪的道路。在加布里埃尔-弗朗索瓦·夸耶对过时的军事贵族阶级展开书面攻击之前不到一年，泰里耶就曾将马德林转向犯罪道路归咎于这名天才的士兵无法在社会固化的王室军队中获得晋升。作为18世纪玻璃天花板的受害者，马德林抛弃了军队，投入到了地下世界当中。

泰里耶使用了明确的政治词汇描绘了马德林的走私生涯。马德林自称为"法国包税人的包税人"，敦促他的匪帮为死于瓦朗斯的同伙报仇，"自由地卸下包税公司那难以忍受且血腥的枷锁"。这就是泰里耶所塑造的马德林超越侠盗的固定角色而成为名副其实的政治活动家的地方。《路易·马德林生平简史》中的马德林担负着将法国从包税公司暴虐统治中解救出来的使命。

当这本书转而讨论他的冒险旅程时，细节便跃然纸上。泰里耶必定曾利用身为法官的关系接触到了审判记录或包税公司的报告，从而才能如此详尽地描绘出故事主人公的行动。没有其他任何著作如此关注马德林的武装贸易。诸如杀害莫雷仅18个月大的孩子这种伴随走私发生的罪行在书中被一带而过，但与非法贸易相关的场景却经过了精雕细琢，塑造了一个充满锐气的年轻英雄形象。在战斗胶着之时，感性的马德林被一名包税公司官员妻子的眼泪感动，遂决定放这名官员一条生路。对于那些为其所伤的人，他会向他们提供一件衬衫，这样他们"至少有一些亚麻布可供包扎之用；这是因为我有一个高尚的灵魂"。这种怜悯之心再配以英勇的男子气概，能够在商业交易中吸引更多妇女的关注。那些渴望获得印花棉布的女士及其女仆并不害怕这名匪首，反而认为他是一个"充满魅力的人，就如同他的商品一般令人垂涎"。

但是这个令马德林光芒四射的场所正是他展开强制交易的地方。读者被明确告知这名匪首没有简单地劫掠包税公司。在强迫仓库负责人购买他的烟草时，马德林谨慎地在他们的门上标记了走私商品的正确数量，留下了旨在解除他们所有财务责任的收条；他的目标直指包税人，而不是那些受雇于他们的人。的确，相比于这一时期其他的传记作品，泰里耶更为敏锐地从档案中梳理出了马德林的道德经济学，并为他的发现添枝加叶。受到强烈正义感的驱使，这名走私者不仅向客栈老板"如实"支付了费用，还十分谨慎地释放了部分囚犯——他仅解救了其中的走私者。这名匪首向被囚禁的盗贼说道："我不是你们的拯救者，你们活该被绞死。"①

这个故事的剩余部分——盖南的战斗及其后抓获、审判和处决马德林的过程——相比较而言显得因循旧例，但即便是在这些地方，马德林仍然展现了他的英雄气概。泰里耶极力称赞了这名匪首在盖南表现出的杰出军事才能，戳穿了国王政府围绕他被捕所编造的故事：他指出正是王室军队——而不是一伙不听指挥的包税公司警卫——以非法的方式从萨伏伊逮捕了马德林。在接受审判时，马德林的轻松镇定引起了特别法庭主席的注意，但并没有让他免于走上断头台。在受刑前深表忏悔的马德林为自己所犯的罪行向上帝、国王甚至还有包税公司道歉。"有谁曾想到这就是那个屡次（给包税公司）制造了众多麻烦的人的声音？"泰里耶并没有否认

---

① 引自Forest, *Chroniques*, 45的悼词也强调了他的监狱解救行动："为了寻找法律的受害者，他独自打开了监狱大门，开始审判罪行。"

这一处决的警戒性，而是赋予了它悲剧性的意义，他提醒读者这名死刑囚犯拥有许多"优秀的精神品质"。这位作者就像杂货商米歇尔·福雷那样在其英雄沉着冷静的勇气以及死后被神话为当代"赫拉克勒斯"中寻得慰藉。

马德林在《路易·马德林生平简史》中的正面形象得到了两部戏剧的强化——《马德林：复仇之果，三幕喜剧》（*Mandrin ou les effets de la vengeance, comédie, en trois actes*）（海牙，1755年）和《马德林，五幕散文体新喜剧》（*Mandrin, comédie nouvelle en cinq actes en prose*）（伦敦，1755年）——两者都没有详细描述这名走私者遭受的刑罚。第一部戏剧由多产的作家弗朗索瓦·于盖创作，他完全清除了马德林农民出身背景，将他描绘成一个高雅而谦逊的富有贵族。他向一位美丽的女子求婚，但遭到了后者父亲——一名典型的"喜欢金钱胜于美德"的"暴君式的"金融家的拒绝。这部戏剧没有过于深入地探讨国家事务，以此来对比马德林与一名对世系、品德或父权一无所知的贪婪金融家的财富。最后，马德林必须为他拯救其兄弟而攻击包税公司的行为进行赎罪，尽管如此，观众们仍然将他视作一个礼貌、可敬而讨人喜爱的角色。马德林的高雅绅士角色引发了广泛的共鸣，因为这样的形象也出现在了两幅大众雕版肖像画中，在其中一幅画中，他立马挥舞着利剑，在另一幅七分身肖像画中，他身着华贵的贵族刺绣服装（图10.6和图10.7）。

在第二部戏剧中，马德林是一名勇敢的军事指挥官，他对所谓的罪名进行了充满复杂而冷静的抗辩。故事情节荒诞不经：马德林绑架了六名包税人的妻子，并让一名代理人的妻子——曾经遭到这些女人冷落的格里普-索尔夫人负责看管她们。格里普-索尔夫人让她们从事家仆的卑微工作，以此羞辱这些过去令她痛苦之人。这个女人拿走了她们的珠宝（不正当税收的成果），强迫她们处理烟草。当观众们认为这些竞攀高枝的势利

图10.6　绅士军官马德林。Bibliothèque Nationale de France, N2 Mandrin.

图10.7　绅士马德林。Bibliothèque Nationale de France, N2 Mandrin.

小人得到了应有的惩罚之后，这部戏剧突然且富有哲学性地转向讨论马德林对于犯罪本质的思考。他认为，过去的所有伟人——包括亚历山大和恺撒——最开始都是强盗，这一观点附和了当时那些竭力相对化征服者与强盗之间不同之处的哲学家。[1]那些碰巧成功的人被当作英雄加以纪念，而那些失败者成为了奸邪之徒。某些叛乱者被称为罪犯仅仅只是历史的意外结果而已。"人们加诸于我的罪名——我将因此而被处死——更多地存在于人们的观念中，而非事件本身。"在这部喜剧中，完全不知悔改的马德林驳斥了他的叛乱行为有违道德的说法。[2]

矛盾的形象

没有任何一部将马德林描绘成恶魔或英雄的著作是不存在模棱两可之处的。将这名强盗形容成一个不敬神的怪物的《反马德林论》中有一章曾写道：他"像一名绅士一样礼貌文雅地"在当地一座城堡中进餐，并赠予了贵族主人一件"不凡的印花布"礼物。与此相反，曾为这名走私者的强制买卖行为辩护的《路易·马德林生平简史》却让深表懊悔的马德林在被处死之前向包税公司的官员致歉。然而，一些重要文本不仅偶然表现出模棱两可，它们的内核也是相互矛盾的。它们将主角不可调和的形象相混合，鼓励读者们将他们自己对于这名走私者生死的理解拼凑在一起。[3]

---

① Jacques Berchtold, "Rousseau et Cartouche," in *Cartouche, Mandrin et autres brigands du XVIIIe siècle*, ed. Lise Andries (Paris, 2010), 338-357.

② *Dialogue entre Charles XII, roi de Suède, et Mandrin, contrebandier* (La Haye, 1760), 20,提出了一个类似的观点。在比较古代的伟大征服者和今日那些"低价提供必需品和舒适商品的"走私者时，书中的马德林一角问道："我认为前者……那些流芳百世者事实上是大盗，而我们这一类人只能遗臭万年，难道不对吗？"1759年，一位充满哲学思辨的耶稣会会士因为与同侪讨论为何抢劫犯罪在不同历史时期有着不同审判结果的问题而遭到了鲁昂高等法院的谴责。他是否想到了马德林呢？ BN MS 12721, fol. 353; BMG Ch. 139.

③ 关于合法文学作品中普遍存在的模棱两可现象，见Christian Biet, *Droit et littérature sous l'Ancien Régime: le jeu de la valeur et de la loi* (Paris, 2002), 167-171.

这个时代流传最广的与马德林相关的作品——恶棍冒险小说《路易·马德林的一生经历》（*Histoire de Louis Mandrin, depuis sa naissance jusqu'à sa mort*）（特鲁瓦，1755年)就是这样的一部著作。这部在18世纪至少有4个版本、而到了19世纪再版次数更多的作品是"蓝色丛书"的一部分，这一规模庞大的丛书囊括了宗教手稿、娱乐喜剧和经过再创作的骑士传奇，它们都经由城市书商和流动的农村商贩向外销售。① "蓝色丛书"拥有标志性的蓝色封面、低劣的印刷质量和有利于书商携带的小巧开本，它们的价格也十分低廉：1至2索尔的价格让除最贫穷者之外的所有人都有能力购买它们。这些高度商业化的作品在特鲁瓦和其他城市生产，拥有大量的印刷需求（订单量可达5000册），往往会以多个版本的形式存在。在18世纪的上半叶，每年都有近100万册的"蓝色丛书"涌入书籍市场，它们比这一时代的其他任何文学作品都拥有更庞大的读者群。②

就所讲述的盗贼、反叛国王和秘密宝藏的故事而言，这本流传广泛的《路易·马德林的一生经历》延续了恶棍小说更为古老的传统，但它的第二部分却偏离了这一传统，增加了承载读者真实体验过的世界图景的现实主义场景。③ 在这两部分中，该书的匿名作者都试图揭穿马德林的真正面目，展现他真正的恶棍形象。远在公开宣传马德林可耻的一生之前，这本经国王政府批准出版的传记作品的第一句话便宣称："强盗们在历史上一无是处。"④ 它在否认了这名走私者曾是一名获得过勋章的军官之后，便转向了另外一个世界—— 一个由残酷成性的国王马德林统治的黑暗地下

---

① 在Lüsebrink, ed., *Histoires*, 376-377, 所援引的3种18世纪版本之外，必须加上瓦朗斯市图书馆所收藏的阿姆斯特丹版本。

② Chartier, *Cultural Uses*, chapter 7; and Lise Andries, *Bibliothèque bleue au dix-huitième siècle: une tradition éditoriale* (Oxford, 1989).

③ Berchtold, "Thésaurisation."

④ Histoire de Louis Mandrin, *depuis sa naissance jusqu'à sa mort* [Troyes, [1755)], 重新收录于*Histoires curieuses et véritables de Cartouche et de Mandrin*, ed. Hans-Jürgen Lüsebrink (Paris, 1984), 159. 涉及这一本文的页码将会在本章正文的括号中给出。

王国，他的臣民们不分昼夜地制造伪币，通过走私贸易洗清他们制造的伪币。当一名无辜的年轻女子误入他的巢穴，并拒绝了他的求婚后——因为她在"真实的"世界中已经有了丈夫和孩子——这位国王的残暴便表露无遗。在没有人进行任何劝阻的情况下，马德林将这名女子投入了监狱，将她捆绑在柱子上，奸污了她。而在发现这名女子早前曾意外发现了属于该团伙的一笔宝藏之后，这位邪恶的国王便给她宣判了死刑。他指派最年轻的匪帮成员充当行刑者，递给了后者一把匕首，而当这名年轻人犹豫不决时，这位地下世界的统治者抓住了他的拳头，朝那名女子的胸口捅了致命的一刀。

从这里开始，这本书从构建一个反叛国王的空想世界转向了详细描绘马德林的战斗生涯。这位作者似乎掌握了特别法庭审判书的复本，对于该材料的使用突然让这本书充满了此前所缺乏的现实感。这种现实感在某种程度上只是突出了马德林作为一名残酷无情的杀手的形象。他决心发动对抗包税公司官员这一"可恶人群"的战争，匪帮开始攻击包税公司的岗哨，劫掠各处宅邸，谋杀无辜的旁观者。（199页）在一名怀孕妇女拒绝交出涉嫌充当密探之人后，马德林本人用刺刀捅死了她。另外还有一名孩童在他报复曾经抓捕其兄弟的官员莫雷时死于其剑下。马德林在为他杀死受害者的行为辩护时说道："消灭汝与汝之子，吾便能斩草除根，不加辨别地杀死父亲与孩子，直至目睹他们肢体残破，血流一地。"（208页）他的炽盛怒火最终令消费者对他的走私品避而远之，这种抵制活动迫使他开始直接袭击包税公司。

诚如这本书在开篇第一段信誓旦旦所说的，有罪者必偿其罪。"天意"预示着这个强盗终将接受正义的审判，为他的犯罪生涯忏悔，事实也正是如此，在遭到他的一名同伙背叛之后，马德林落入了法网，并被判处了死刑。作者还抨击了启蒙运动，他声称正像"所谓的哲学家们"在弥留之际抛弃了无神论，马德林也在被处死时"衷心地感到懊悔"。他站在断头台上，仰望天空，举起手臂，发表了一场颇具教化性的演说："这就是你们为我准备的结局，对富人而言这是不幸的受难。愚蠢的欲望，你引导我登上了不名誉的舞台。我生于不义，死于耻辱……请看清我的耻辱，如果你对我的不幸命运感到恐惧的话，就熄灭你心中的欲望之火吧。"这则故事的寓意再清楚不过了：贪婪的罪犯将死于耻辱。

《路易·马德林的一生经历》在许多方面如同《反马德林论》那般勾画出了一幅马德林的丑恶形象。但是在表面之下，它却有着一种截然不同的叙事，消减了这本书的负面人物塑造，吸引了部分支持马德林的读者。人们只需看向卷首的插图——这是一幅以布尔格为背景的马德林雕版肖像画椭圆形复制品——就知道马德林并不完全是邪恶的（见图10.2）。作为这本书中的唯一插图，对于读者——特别是对于那些相较于文字，更容易从图像中获取信息的读者的想象而言，它必然具有相当的影响力。这位作者对马德林的描述—— 一个拥有"智慧、娴熟技巧和旺盛精力"的男人——确证了卷首插图所传递的正面信息。他拥有"令人折服的与生俱来的口才、活跃的想象力、组织大规模行动的勇气和达成目标的胆量"。故事主人公甚至显得多愁善感。"谁会相信这个实施无人性和无所顾忌屠杀的野蛮人心中竟显露出了对爱的敏感？"（160页至162页）这本书在此完成了对一个在断头台上耻辱结束生命的悲剧性人物的塑造，尽管他有着非同一般的个性。

它的故事情节也与作为强盗的马德林的虚假形象相冲突。在故事的第一部分，当马德林在他的秘密巢穴中作威作福时，他不仅被描绘成了残忍的匪帮头目，还经过塑造，成了一名宽厚的骗子。这种骗子——最终转败为胜的弱者——长期以来都是大众小册子和童话中的常见角色。[①] 采用了这一伪装人格之后，《路易·马德林的一生经历》中的马德林被塑造成了一个聪明的恶棍——如果曾经存在这么一个恶棍的话——他通过不断的乔装打扮，骗过各色人等，勉强摆脱了危险的境地。接着他伪装成一位男爵，前去追求一名绅士的女儿，化身为一名骑士前去引诱整个村庄的妇女，佯作一名修士躲开了与当地人的争斗。他在潜入一座美丽的城堡之后，曾开设了酒肉宴席招待手下。有哪个平民在发现这样的言外之意后会不感到兴奋？作为一名逃逸高手，马德林所表现出的自然的勇气和能力当中蕴含着某种超自然的力量，这种描述在近代早期的犯罪文学当中并不罕见。[②] 这部传记作品告诉我们，尽管有些人料想他的出众能力源于所食用的一种草药，但另一些人相信他掌握着魔法。不管他的活力源于何处，《路易·马德林的一生经历》都将马德林描绘成了读者们所倾心的那种诡计多端的角色。

这本书的第二部分谈及了对抗包税公司的战争，同时刻画了富有同情心的马德林形象。马德林宽恕了一名包税公司官员的妻子，也未曾危及博讷市民的生命与财产安全，他曾向仓库负责人签发收条，拒绝懒惰的盗贼加入他的匪帮，从监狱中解救的对象也仅限于走私者。那些吸食烟草的读者想必十分享受这名走私者实施第一次强制交易的场景，他展示商品的行为令仓库负责人震惊得哑然失声。马德林向他保证道："这不是做梦，你所见到的是真实存在的烟草；你的烟草拥有最好的品质；我将以40索尔每磅的价格将它出售给你，并希望你成为唯一的买家。"（206页）泰里

[①]　Robert Darnton, *The Great Cat Massacre and Other Episodes in French Cultural History* (New York, 1984), chapter 1; Michel de Certeau, *The Practice of Everyday Life*, trans. Steven Rendall (Berkeley, CA, 1984), 23.

[②]　Burke, *Popular Culture*, 172; Peter Linebaugh, *The London Hanged: Crime and Society in the Eighteenth Century* (London, 2006), chapter 1.

耶曾经详细描述过的道德经济学也在此处——虽然是反向叙事——得到了
展现。

最令人印象深刻的是，我们的英雄在每一个转折点都承担了充当军事
指挥官击败包税公司的职责。即便是决心揭穿马德林真面目的传记作者都
不禁被他在最后一次战役中连续急速进行的强制交易所震惊。"在不同行
省的办事处进行强制交易的速度表明了马德林曾经的职业，如果他不曾是
一名强盗的话。"（211页）但他终究还是一名强盗，塑造其正面形象的
次要情节最终还是要屈从于令人恐惧的马德林接受正义裁决的叙事主线。

根深蒂固于《路易·马德林的一生经历》中的模棱两可特征也可在两
部戏剧中寻得踪迹：《被缚的马德林》（*Mandrin Pris*）（阿姆斯特丹，
1755年）和《马德林之死》（*La Mort de Mandrin*）（瓦朗斯，1756年）。
两者都展现了一个对国王政府展开尖锐批判而又存在道德缺陷的人。斯塔
尼斯拉斯·迪普莱西的《被缚的马德林》以廉价的未装订开本形式出售，
它通过匪首的男仆拉弗勒尔这一角色构建了马德林的道德对位，而这名男
仆关于走私的道德风险的独白正好拉开了这部戏剧的序幕。"像狼人一样
在乡间游荡，既打击有罪者也伤害无辜者"的做法是否正确？马德林"相
信他的罪行是显耀的并且让他不朽的奇迹"，但"他却是在自欺欺人"。
当这名男仆敢于如此怀疑他的头目，声称后者袭击包税公司的行为让他成
了一个"坏基督徒"时，马德林大为动怒，再次发誓要发动抗击包税公司
的"永久战争"。故事情节由此转向了道德辩论，因为正是拉弗勒尔在罗
什福尔背叛了他的主人。但在这名走私者被押往瓦朗斯之前，这部戏剧就
暴露了国王政府所捏造的、用以在绑架事件的外交余波中保护自己的故事
版本中所充斥着的十足错误。这部戏剧的最后一幕声称在萨伏伊抓捕马德
林的不是离群的包税公司警卫，而是由法国宫廷派出的王室士兵。当一名
法国军官在萨伏伊的土地上抓住这名匪首时，后者哭喊道："什么！你们

就这样不受惩罚地玷污了国际法，这种最神圣的权利？"在这部戏剧中，法国的劫掠行为已经取代了马德林的罪行。

我们所知的在马德林被处死之后真正搬上舞台的唯一一部戏剧便是由尼古拉·德·拉格朗热创作的《马德林之死》，这部戏剧表现了一个在审判和行刑过程中痛悔前非的人。"无论判决结果为何，我都不会抱怨，我理应被处死。"然而这种严厉的自我谴责只能增强一名角色的悲剧性的英雄气概——由于"美德"（即他的军事才能）的存在，他能够从开始的卑微境地擢升至追寻真正"荣耀"的层次。虽然这名匪首的野心最终获致了更好的自我，但这部戏剧却称赞了他的勇气，将矛头直指在瓦朗斯主持"罪恶的"法庭的"可憎暴君"。

马德林被处死之后突然涌现出的大量文字作品、图画和歌曲表明这一事件成了大众媒介政治化过程中的关键时刻。[①] 国王政府的故事版本——它为这名罪犯所遭受的惩罚以及间接地为更广大范围内打击走私的行动进行了辩护——得到了许多妖魔化这名走私者的规范化故事的支持。然而另有一些作品塑造的形象激烈地驳斥了这个故事版本，它们称赞马德林和他以击败包税公司专制统治为目的的斗争行动。我们最终必须提出的问题不是作者意图通过此类作品传递什么讯息，而是读者、听众和观众能从中获得什么讯息。可以肯定的是，马德林的负面形象拥有一定的市场，这也是由"马德林"一词的贬义用法所证明的。但有鉴于普遍存在的针对包税公司的敌意，突然涌现出来的将马德林描绘成杰出军事指挥官、侠盗、政治叛乱者和聪明的恶作剧者的肖像画可能在大众阶层中为他赢得了大量的仰慕者，激化了抗击包税公司的运动。总之，马德林的各种形象并没有在

---

① Cohen, *La nature*, 413-414, 也认为这是大众文化的一个决定性时刻，因为马德林的形象挑战了"国王不可替代的角色"。

一种意识形态的真空当中传播。不仅是文化制造者们在玩弄那些仰慕或恐惧这名法外之徒劫掠行为的观众的口味（并且从中获益），文化消费者们也通过此前形成的针对包税公司的态度——这无疑塑造了他们的阐释角度——来消化与马德林相关的文字和图像。

　　我们并不一定只能依赖于演绎法来评判这股文字风暴的影响。在马德林被处死之后，那些自称"小马德林""马德林之子"的走私者和其他人都在一股模仿犯罪的风潮中效仿他那得到了广泛宣传的事迹。[1] 1757年，一伙由士兵和走私者组成的匪帮在皮卡第攻击一个海关哨所时便曾提及了这名匪首的名号。20年之后，香槟的抗议者在法国大革命之前最大规模的一场赋税叛乱中也曾引吭高歌马德林的名字。当包税公司与走私者之间的冲突在东部边境地区延烧时，两名歌手曾经驻足于色当的主广场上卖唱诋毁包税公司的圣歌。其中一首歌——《海关职员的教义问答》（ *The Catechism of the Gabelous* ）蔑称包税公司的警卫为"残忍的野兽"，并哀叹马德林的失败：只要"我们还有马德林/发动战争对抗这些罪犯/以劫掠令他们屈服"。[2]

　　从这一时期保留至今的少数工人阶级自传文学作品之一——由雅克-路易·梅内特拉创作的《我一生的旅程》（ *Journal de ma vie* ）也展示了与马德林相关的印刷作品如何塑造公众立场。作为一名游历法国各行省寻找工作的巴黎上釉工人，梅内特拉自称曾于1762年在勃艮第遇见过马德林。而此时距离这名走私者被处死已有7年时间，梅内特拉这名无可救药的荒

---

[1]　关于"小马德林"，见SHAT 1A 3406, no. 54, Saulx Tavannes to d'Argenson, 25 March 1755; and AAE CP Genève 66, fol. 309, Montperoux to Rouillé, 21 March 1755. 关于"马德林之子"，见BMG Ch. 140 and 144; and ADS C2, Marcieu to Sinsan, 18 September 1755. 关于模仿马德林手段的其他匪帮，见SHAT 1A 3406, nos. 118, 126, and 154; ADCO C 322; ADS C 13, 127 and 662; and Antole de Gallier, *La vie de province au XVIIIe siècle* (Paris, 1877), 116.

[2]　Nils Liander, "Smuggling Bands in Eighteenth-Century France" (PhD diss., Harvard University, 1981), 529-530.

诞故事叙述者显然虚构了整个邂逅过程。但这次邂逅的虚构一面也让它更具吸引力，因为这名上釉工人——我们知道他曾经如饥似渴地阅读断头台文学和犯罪传记文学——利用了自己从谈话、书籍、歌曲和肖像画中挑选出来的材料。从这样的材料中，他对马德林形成了一种坚定的积极看法。

> 当我走在马孔前往第戎的路上时，我看到了马德林的20人先遣卫队，半个小时后，我又看到他率领着队伍经过。我向他致意，他也回过头来向我致意。这一地区的所有居民都交口称赞他。我投宿于被称为迈索纳沃的小镇上，后来我被告知我所睡的正是此前马德林曾经睡过的床榻……整个小镇都因为马德林的到访而变得喧嚣热闹起来，而他在此期间曾经索要过一杯饯行酒，或者在这些地方被称为荣誉之酒的东西——它曾由市长或议员们跪地用金杯进献给法国国王。这是他所遭遇到的最为严重的指控之一——欧坦当地一名穷苦而不幸的怀孕妇女，她被杀害时此地的居民都向马德林关闭了大门。而我所到之处的民众都在赞颂他，甚至提及了他的种种善行。[1]

这篇文章凸显出了若干主题。马德林被描绘成一名希望城市官员将他视为国王的军事指挥官。与此同时，他也与民众打成一片，乐于回过头来向一名熟练工人致意。虽然他犯下了重罪——《反马德林论》和《路易·马德林的一生经历》都曾提及他谋杀一名怀孕妇女的恶行——勃艮第的民众却仍然怀念他的"善行"。马德林行为道德原则的任何矛盾都自行转化为一个普遍的英雄式结论："我所到之处的民众都在赞颂他。"的确，马德林已经是声望如此卓著之人，甚至连擅长自吹自擂的梅内特拉都

---

① Jacques-Louis Ménétra, *Journal of My Life*, trans. Arthur Goldhammer (New York, 1986), 82-83. 在之后的文本中（104页），梅内特拉声称他遇见了马德林的姐妹和正率领一大帮走私者的布罗克。穆伊塞的《镜中的马德林》（*Mandrin au miroir*）也指出普通民众从他们所阅读、看见和听到的信息中汲取了有利于马德林的观点。

自称曾经躺在这名走私者睡过的床榻上，路易·马德林曾于此就寝。

梅内特拉对马德林的正面印象形成于这样一个时期，当时骑士小说中的贵族骑士形象正让位于刚刚出现的罪犯文学中的角色：其中最著名的便是吉耶里、卡图什、马德林、尼韦、勒孔巴和德吕等人。这些法外之徒被认为特别具备神话的色彩，因为"他们满足了被压迫者的愿望，令普通民众可以在想象中对那些他们在真实生活中往往要卑躬屈膝的权威实施报复"[1]。犯罪文学让读者们感同身受地获得了逃离法律束缚和宣泄反社会冲动而不用付出任何代价的情感刺激。[2] 这种精神分析式的阐释界定了犯罪小说的政治界限，因为这种幻想看起来完全是逃避现实，但是在18世纪中叶，阅读此类文学作品可能有着比精神分析式阐释更多的政治共鸣。首先，在一个国王试图实现绝对权力主张的时代，任何鼓动读者幻想法外生活的故事都可能涉嫌颠覆的罪名。[3] 它们所体现的不仅仅是逃避现实的想法，通过传播媒介将违法行为合法化的叛乱预演可能已经更加深入地吸引着听众、观众和读者沉浸到包税公司与走私者之间的冲突中。正如我们所了解的，一些走私者曾积极地从马德林被渲染过的形象中汲取养料，将他们自己及其非法勾当隐藏于这名已经陨落的英雄的荣光中。

其次，当马德林加入那些著名罪犯的行列时，他们的万神庙便获得了新的政治意义。与他的前辈吉耶里和卡图什不同的是，马德林象征着抗击一个作为国王政府核心组成部分的机构的积极叛乱行为。卡图什的确曾经肆无忌惮地嘲弄过巴黎的警察，他也因此赢得了巴黎民众永远的感激，但他同时也是一名偷窃王国其他子民财物的怯懦盗贼。与之相反，与包税公司相抗争的马德林是另一种截然不同的英雄——一个敢于挑战财政、

[1]　Burke, *Popular Culture*, 166.
[2]　Slavoj Zizek, *Looking Awry: An Introduction to Jacques Lacan through Popular Culture* (Cambridge, MA, 1992), 59.
[3]　De Certeau, *Practice of Everyday Life*, 23.

司法和军事权威的叛乱者。在"蓝色丛书"小册子《卡图什与马德林的对话》（*Dialogue entre Cartouche et Mandrin*）（特鲁瓦，1755年）中，这名遭处决的走私者坠入了地狱深处，并受到了卡图什的欢迎，后者试图将他当作同为恶棍的朋友来对待，但马德林轻蔑地拒绝了这名盗贼的示好："啊！可怜的小偷，你只能与几个盗贼和谋杀者交谈，竟胆敢与我相提并论。"[1] "只要烟斗仍然盛行，只要诸人的鼻子仍在享用烟草，包税公司的高管们都将成为我的记录者……我的名字将会用血字铭刻于（他们的）记忆中。"一首反马德林的歌谣也承认：卡图什是伟大的，"但仍远逊于马德林"。这名盗贼仅在夜晚出没于巴黎，而"勇敢的将军"却跨越边界，"在大庭广众之下"展开他的贸易活动。卡图什击败的是粗鲁之人；马德林战胜的却是士兵和警卫。凭借马德林的形象，政治叛乱以前所未有的规模融入大众文学当中，对国王政府财政体系的合法性构成了直接的挑战。

---

[1] Forest, *Chroniques*, 55,所记录的段落也体现了类似的区别："比卡图什还伟大的马德林并未被凶狠所支配……；他始终厌恶犯罪与杀戮。"

第十一章　启蒙运动中的走私活动

在1764年的一个晚上，著名法官克雷蒂安·纪尧姆·德·拉穆瓦尼翁·德·马勒泽布——他曾经担任王室出版署的总监，现为王国最高税务法庭的开庭主席——设宴招待了数位法国启蒙运动中的杰出人物。在宴会桌旁端坐着自由主义经济学家和哲学家安德烈·莫雷莱，重农主义者之友和日后的财政大臣利摩日总督雅克·杜尔哥，数学家、拥有崇高声望的法兰西学院的成员以及启蒙运动知识的伟大宝库《百科全书》的奠基者之一的让·勒龙·达朗贝尔。用餐期间，马勒泽布讲述了他如何获得由名为切萨雷·贝卡里的不知名作者创作的一本激动人心的著作。"试着去翻译这本书吧"，在谈及该著作艰深晦涩的开篇时，马勒泽布向莫雷莱提出了挑战。在返回这位法官的私人图书馆后不久，莫雷莱就给出了一个十分清楚的法语译句。在其他人的鼓动下，他将这本书带回家，并在6周之内完整了整部著作的翻译工作。《论犯罪与刑罚》（ *Dei delitti e delle pene* ）于1765年12月出版，立即获得了成功。这部近代刑罚哲学的奠基之作推动了法国刑事司法系统的改革，其中也包括了针对走私者的处置。[1]

如果说曾经昙花一现的称颂马德林的文学作品展现了对包税公司的广

---

① André Morellet, *Mémoires de l'abbé Morellet* (Paris, 1821), 157.

泛敌意，那么这些作品卷入启蒙运动的洪流当中则会将民众的愤怒转化为一场威力巨大的国家改革运动。在启蒙运动早期阶段，激烈抨击基督教的作者们在18世纪的后半期逐渐将注意力转向改善人类生存的条件。正如塞萨尔·谢诺·迪马赛在《百科全书》中所阐释的，对哲学家而言，"公民社会"是"尘世的神迹；他焚香于它，以其刚正不阿荣耀于它，借由对职责的专注和不欲成为其中无用或令人羞愧之成员的真诚愿望"[1]。那些赋予社会以完全为来世准备之价值的哲学家们声称男人和女人们能够使用理性的力量来重塑他们的世界，改善人们的生存条件。马勒泽布、莫雷莱、贝卡里和其他一众思想家们热切地相信他们能够通过改良世俗机构来治愈诸多的社会弊病——其中就包括了走私的问题。这绝非抽象的学院式训练：作家们以无尽的热情投身于改革运动当中，他们都对能否从数个世纪以来一度阻碍社会发展和抑制人类快乐的无理性的习俗与偏见丛林中诞生自由社会感到绝望。这是一项前所未有的赌注。[2]

但是改革应该如何展开？这些哲学家们无法像近代政党的成员那样立法实施变革，也无法寄希望于革命性的力量来实现他们的构想，因为他们当中很少有人支持洛克的反抗权利。[3] 相反，他们坚定地相信改革应该通过18世纪受教育阶层所谓的"公共意见"和平地推动，这种一致意见是在一个规模很小但日渐扩大的阅读群体中经过有理有据的辩论锤炼得出的。莫雷莱在《论撰写与出版与公共事务相关议题的自由》的小册子中描述了这一过程："当政治经济问题通过印刷的方式交由公众判断时，国务大臣

① *Encyclopédie, ou dictionnaire raisonné des sciences, des arts et des métiers*, ed. Denis Diderot and Jean le Rond d'Alembert, vol. 12 (Neufchastel, 1765), 510.

② 我对改革的强调与近期关于启蒙运动的比较著作是一致的，如John Robertson, *The Case for the Enlightenment: Scotland and Naples* 1680-1760 (Cambridge, 2005); and Gabriel Paquette, ed., *Enlightened Reform in Southern Europe and Its Atlantic Colonies, c.* 1750-1830 (Farnham, 2010).

③ Jean Goldzink, "Le droit de résistance dans les Lumières françaises," in *Le Droit de résistance XIIe-XXe siècle*, ed. Jean-Claude Zancarini (Fontenay, 1999), 227-245.

就能立即获得博学之士的见解；并非所有的博学之士都会创作，但他们可以评判这些作者和他们的主张，他们的意见很快就会形成公众意见。国务大臣能够从这样一种强大的协助中获得怎样的效果和启迪？"[1]在启蒙运动的理想化世界里，文人们出版著作，这些著作又被有教养者所讨论，有教养者创造公共意见，而公共意见则决定了政府政策，带来必要的改革。

当然，公共意见的真实状态——这是一个提出比商讨更简单的含糊概念——比理论混乱得多。文人们不是始终都能达成一致意见，而国王政府也不是始终都会热切地接纳他们的对策。但是在一点上，这种革新主义的幻想的确成为现实：作家们出版了越来越多与国家事务相关的著作，撕开了自中世纪以来掩盖在财政和经济政策之上的隐秘面纱。从1750年至1789年，当文字著作的整体发行量增加至原来的3倍时，政治经济领域的著作增加到了原来的7倍，成了启蒙运动高潮时期王冠上的珠宝。[2]法国历史上第一次出现每年出版数以百计关于贸易、农业和赋税的著作的情况，这些最受欢迎的论著将小说踢下了畅销书榜。而法院所出版的大量"谏书"、针对王室立法的严苛批评以及法官、律师和法律改革家们所创作的上百部有关刑事司法系统的论文起到了推波助澜的作用。[3]随着经济、财政和司法方面著作数量的激增，走私成了众多紧迫的公众议题之一，从而

---

[1]　André Morellet, *Réflexions sur les avantages de la liberté d'écrire et d'imprimer sur les matières de l'administration* (1764; published in London, 1775), 22.

[2]　Christine Théré, "Economic Publishing and Authors, 1566-1789," in *Studies in the History of French Political Economy: From Bodin to Walras*, ed. Gilbert Faccarello (New York, 1998), 21; Joël Félix, *Finances et politique au siècle des Lumières: Le ministère L'Averdy*, 1763-1768 (Paris, 1999), chapter 1; and Robin J. Ives, "Political Publicity and Political Economy in Eighteenth-Century France," *French History* 17 (2003), 1-18.

[3]　Bernard Schnapper, "La diffusion en France des nouvelles conceptions pénales dans la dernière décennie de l'ancien régime," in *Voies nouvelles en histoire du droit*, ed. Bernard Schnapper (Paris, 1991), 187-205; and David Jacobson, "The Politics of Criminal Law Reform in Pre-Revolutionary France" (PhD diss., Brown University, 1976), chapter 7. 关于司法"备忘录"的出版情况，见Sarah Maza, *Private Lives and Public Affaires: The Causes Célèbres of Prerevolutionary France* (Berkeley, CA, 1993).

赋予了马德林及其地下同伙远超过这名匪首在他短暂一生中所能想象到的重要政治意义。

政治经济学家

当马德林的遗骸被拖至瓦朗斯城外的绞架上时，关于他的回忆被纳入了启蒙运动关于改革的讨论当中。但这些伟大的哲学家们不是首先继承其事业的人。在这名走私者踏上冒险旅程时，居住于瑞士日内瓦湖畔、与"马德林们相邻而居"的伏尔泰曾希望见到这名显赫的"征服者"，但是当这名匪帮头目被捕并在瓦朗斯接受审判时，这位诗人并未为他的行为辩解。[1] 第一批引发公众对马德林以及走私议题关注的作家是政治经济学家，他们是一批开始着手研究国家政策与国家财富之间关系的文人。这种新"科学"——其实践者给予了它这样的称谓——的矢量指向了若干个方向，但其中一个影响特别深远的思想谱系指向了我们今日所谓的经济自由主义——在这一理论中，国家将从经济中抽身，以实现经济的最大化增长。虽然这一理论往往与在1776年出版《国富论》的亚当·斯密联系在了一起，但它却在18世纪的第三个25年中繁荣兴旺起来，此时的作家正与那些被他们视为高压的国家政策做斗争——自柯尔伯时期开始，这些国家政策据称已经摧毁了经济，并让王国的人口呈现出下降的趋势。[2]

自由主义的政治经济学家很少将走私活动视为与他们相关的议题，但他们在提出诸如贸易管制和税收等更高姿态的议题时却也会利用这个

---

[1]　Theodore Besterman, ed., *Voltaire's Correspondence*, vol. 25 (Geneva, 1957), no. 5372, Voltaire to Gauffecourt, 15 December 1754; and vol. 26 (Geneva, 1957), no. 5417, Voltaire to Duport, 7 January 1755, and no. 5427, Voltaire to Dorothea, 14 January 1755. 这是不可抗拒的宗教不宽容诱使伏尔泰介入司法政治活动的一个案例。

[2]　这种有关柯尔伯的回溯性观点显得十分夸张。见Philippe Minard, *La fortune du Colbertisme: État et industrie dans la France des Lumières* (Paris, 1998).

话题。的确，正如从18世纪50年代至80年代肆虐各个行省的包税公司与走私者之间的冲突，经济思想家们积极地将地下经济的问题纳入他们的改革日程，试图调解包税公司与走私者之间的冲突，终结可怕的暴力循环。来自底层的民众叛乱和来自上层的改革呼声共同推动着地下经济的完全政治化。

第一位为非法贸易进行强有力辩护的经济学家是一个名为昂热·古达尔的格拉勃街作家。古达尔将马德林从民众的英雄完全转化为启蒙式改革的典范。作为最终沦为法国外交部密探的顽劣赌徒，古达尔是一个中流文人，他的地位要高于那些在最广大的潜在受众面前批驳政府所赞同材料的"蓝色丛书"流行作者，又要低于那个受到贵族庇护、参与《百科全书》撰写工作并参加巴黎上流社会沙龙的排他性哲学家圈子的成员。1754年，巴黎的一场赌博丑闻迫使古达尔逃离这座城市，前往教皇领阿维尼翁，他在这个不受法国法律管制的城市中利用了路易·马德林被处死的事件，广为散播经济改革的主张。他的《路易·马德林的政治遗嘱》（*Testament politique de Louis Mandrin*）（图11.1）在这名走私者死后一个月内就得以出版，之后总共发行了5个版本和不止1版的德语译本。①

这本书的成功源于其设计——它模仿了法国小说的技法，使用了路易·马德林的第一人称叙述方式。臆想中的马德林解释称："被捕时"，"我正在为自己的政治遗嘱收集材料"。他在狱中完成的这份遗嘱以那些由"黎塞留、柯尔伯和卢福瓦"等人执笔撰写的计划都不敢尝试的方式面对控制着王国的"重大危机"。这名叛乱者在他的论著中以大篇幅讨论了一场灾难，在这场灾难中，民众暴力、经济萧条和政府腐败等威胁都会

---

① Gianfranco Dioguardi, *Ange Goudar contre l'Ancien Régime* (Castelnau-le-Lez, 1994); Jean-Claude Hauc, *Ange Goudar: un aventurier des Lumières* (Paris, 2004). 大加赞扬《路易·马德林的政治遗嘱》一书的评论见Élie-Catherine Fréron, *L'Année littéraire* (Amsterdam, 1756), 7:165-168.

将法国国王政府摧毁。"人们以宗教战争期间快速蔓延的那种狂热相互切开喉咙"，他如是说道，与一个文明人惊恐地回忆战争的时代进行了骇人的比较。然而这种狂热的混乱不能归咎于法国民众，因为"法国人是爱国者，他们热爱国王"。然而"一种邪恶已经潜入了法国政府当中，它激发起了民众的精神，迫使它失去其特性。这种邪恶就是包税公司体系"。

接着我们的英雄便以孟德斯鸠的《论法的精神》（1748年）作为部分蓝本，开始了激烈的讨论。作为该世纪中期的重要权威，孟德斯鸠曾经声称最适合于"实施宽政的"（与之相对的是"实施暴政的"）政府的税收方式便是通过商品征税。如果仅对非生存必需品征收轻微的赋税，那么这样的税收方式将微不可察，因为生产者们会把它们隐藏于商品价格当中，从而将税赋转嫁给消费者。① 正如征收烟草税的支持者们长期以来所主张的，这种征税方式最大程度地减少了在心理上诱发市民被压迫感觉的可能。然而与此同时，孟德斯鸠用一种不确定的语气描述称，此类税收不宜交由他人包租，因为包税在根本上对国王政府的正常运转是不利的。他提醒道："各个君主国的历史中都充斥着包税人所犯下的罪恶。"包税人以损害国王及其臣民的利益为代价，收获"大量的利润"，而国王只能得到所征收赋税的极小一部分，臣民们的生计成了包税人的剥削对象。更糟糕的是，包税人们所积聚的财富容许他们向王国施加"专横的"影响。为了打击其专卖制度不可避免引发的非法贸易，包税人们强迫国王交出司法权力，从而允许金融家们施予"这些重大犯罪行为的作案者过度的惩罚"。

① *De l'esprit des lois*, book 13, chapters 7 and 14. 孟德斯鸠通过消费品征税的观点在古尔奈圈子的成员中有着相当的市场，赞同该观点者包括了如梅隆和休谟这种支持奢侈品产业的作家、如若古这样的百科全书撰者以及亚当·斯密。而重农主义者则直接挑战了这一立场。见Catherine Larrère，"Impôts directs, impôts indirects: Économie, politique, droit," *Archives de philosophie du droit* 46 (2002), 117-130; and Arnaud Orain, "Progressive Indirect Taxation and Social Justice in Eighteenth-Century France: Forbonnais and Graslin's Fiscal System," *European Journal of the History of Economic Thought* 17:4 (October 2010), 659-685.

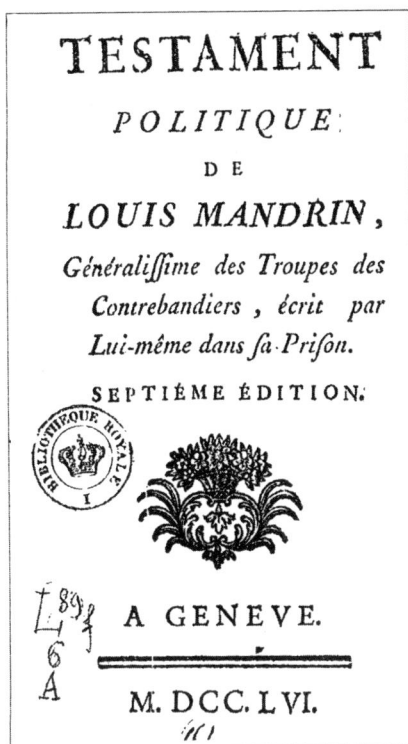

图11.1　《路易·马德林的政治遗嘱》。Bibliothèque Nationale de France.

虽然走私者们普遍"不被视为恶人"，但他们却"像恶棍一样"遭受惩罚，"这是世上最悖逆于宽政精神的事情"。罗马帝国曾经愚蠢地将司法权力交给了金融家们，导致了"美德、治安、法律、行政官与法官都不复存在"。^①在这部巨著中，孟德斯鸠将财政与司法腐败联系在了一起，这将成为此后所有关于走私活动讨论的基础。

　　古达尔忽略了孟德斯鸠对间接税的支持，却详细阐述了他反对包税人的立场，从而对包税公司展开了更为明确的经济学批判。问题并不仅仅在于包税公司的浪费与掠夺行为，还在于它将金钱抽离了一个健康的经济循

---

　　① *De l'esprit des lois*, book 11, chapter 18; and book 13, chapters 8, 19, and 20.

环，而财富正是通过这个循环在国王与民众之间自由地流动。贪婪的包税人利用了这一循环的财富输送渠道，将大部分的财富放入了他们自己的腰包，导致经济陷入衰退，整个王国陷入彻底崩溃的危险，[②] "仅包税人所拥有的金银就比法国所有个人加起来还要多"。当农业生产每况愈下、农民被迫抛弃土地时，总包税人们仿佛正在以平等的地位与国王商讨合同的条款，并释放了无数对付民众的代理人。

"马德林"声称，当包税公司的分量变得越来越具压迫性时，地下经济也变得更加暴力。那些无法再忍受税收掠夺的农民一同"推翻了被他们称为包税人暴政的重轭"。为了给这种叛乱增加个人的色彩，古达尔通过虚构的信件让普通走私者与马德林进行了对话，比如父亲在瓦朗斯被绞死的一个农民就在信中自夸："我亲手杀死了9名烟草警卫，抢劫了6名包税公司主管和18名办事员。"这名匪首警告称，王室的大臣们忽视了这种来自基层的暴力，从而将自己置于危险当中，因为"在某种情况下它能够推动国王政府的覆灭"。"那些令最强大的帝国陷于血与火的深渊的著名革命始终都是由一点火星引爆的。"特别法庭的确已经建立起来以扑灭这些火星，但违反宪法的法庭只能加剧冲突，进一步减少王国的人口。很难说暴力的循环将会在何处终结。被私利和对民众悲惨境况的彻底无视蒙住了双眼的总包税人"不为所动地目睹了半数的法国人被处死"。

这份遗嘱的结论是明确的。"如果（包税）体系阻止了人口的增长，如果它是财富经济的最大阻碍，如果它减损了国王的权力，如果它制造了大批残忍且叛逆的臣民，从而改变了这个国家的精神，总之如果这个体系颠覆了王国的宪法体制，就必须在它毁灭这个国家之前将其摧毁。"人民

---

① 当然，正如第二章所指出的，包税公司比批判者所认为的更为有效率。见James C. Riley, *The Seven Years War and the Old Regime in France* (Princetion, NJ, 1986), 62-67; and Eugene N. White, "From Privatized to Government-Administered Tax Collection: Tax Farming in Eighteenth-Century France," *HER* 57 (2004), 636-663.

的慈父路易十五必须废除包税公司，大赦走私者，帮助那些因为没有工作而丧失谋生手段的人们。

次年，在开始着手披露欧洲贵族肮脏的私生活之前，古达尔在他的著作《充满隔阂的法国的利益》（ *Les intérêts de la France malentendus* ）——一本广泛流传的批判金融家、奢侈生活和专卖制度的三卷本著作中发展了这一批评观点。至此，古达尔仍继续专注于粗俗污秽的文学作品，然而文字共和国内更多的著名政治经济学家已经开始提及非法经济。第一波的创作浪潮来自于一群围绕在雅克·克劳德·马利·樊尚·德·古尔奈周围的思想家，支持"放任自由、放任通行"口号的古尔奈曾在1751年至1759年担任贸易总监。虽然历代历史学家在研究重农学派时都忽略了古尔奈的圈子，但我们如今知道这个圈子对于18世纪政治经济学的发展是十分关键的。试图在法国培育将英国推上强权地位的那种商业社会的古尔奈及其伙伴支持一种"平等自由主义"的哲学，它所鼓吹的内容包括了放松制造业管制，开放竞争和交易，大力发展（在法律上仍是合法的）外国和殖民地贸易，这将刺激财富的流通，增加社会的流动性。[①] 为了将这种"贸易的科学"呈现在公众面前，这个圈子的成员不仅非法出版了他们的著作，正如古达尔曾经做过的那样，还与偏向自由主义的王室出版署总监——活动频繁的马勒泽布结成了有利的同盟。在仍然脆弱的文化气候下，这位总监提供了所谓的"默许"的出版特权——这种特权允许那些被认为颠覆王权

[①] "平等自由主义"一词来自于Simone Meyssonnier, *La balance et l'horloge: La genèse de la pensée libérale en France au XVIIIe siècle* (Paris, 1989). 关于古尔奈的圈子，最近的研究成果见Fréderic Lefebvre, Loïc Charles, and Christine Théré, eds., *Le cercle de Vincent de Gournay—Savoirs économiques et pratiques administratives en France au milieu du XVIIIe siècle* (Paris, 2011). 在海外贸易问题上，古尔奈的圈子抨击了国家特许贸易公司，但也支持将殖民地利益置于本土利益之下的法律。见Alain Clément, "L'Europe ouverte au monde colonial: Les "Premiers économistes" et l'utilité des colonies dans la France du XVIIIe siècle," in *La croissance en économie ouverte* (XVIIIe-XXIe siècles), ed. Bertrand Blancheton and Hubert Bonin (Brussels, 2009), 43-68.

的作品凭借出版署的非正式认可出版发行。借助马勒泽布的幕后工作，古尔奈的小圈子在该世纪中叶的经济著作与思想中引发了一场爆炸。[1]

古尔奈及其朋友通过印花棉布禁售问题的论战接触到了走私的议题。虽然自1686年起，印度布料的进口和生产已经遭到了禁止，但贸易局在18世纪50年代开始削弱这一法律，授予一批国内制造商生产违禁布料的特权。听到这一风声后，传统制造商便涌入了委员会，请愿抗议这一许可，并且令人震惊地直接煽动起了民众。这项禁令的反对者们也以类似的方式进行了回应，他们快速散播着针对禁令和作为其基础的贸易保护主义的批评。印花棉布的论战便以这样的方式出现了，随之而来的是近代首次关于走私以及打击走私活动的公众讨论。[2]

基于重商主义关于国家保护国内制造业和劳动力政策需求的假设，支持禁令的观点自1686年以来没有发生多少改变。制造商及其宣传代理人声称撤销禁令将会导致廉价的外国印花棉布在法国泛滥，从而摧毁羊毛和丝绸产业，造成无法控制的失业状况。因此禁令是必不可少的。他们承认走私已经成为一个问题，但禁令并不足以成为唯一的诱因。禁令的支持者们敦促包税公司不但要更好地完成抓捕走私者的工作，也要对需求的源头——消费者进行追踪。绝对主义的忠实捍卫者和支持禁令阵营的头号宣传者雅各-尼古拉·莫罗大声疾呼：是时候让"法律的帝国"击败"潮流

---

[1] Antoine Murphy, "Le développement des idées économiques en France, 1750-1756," *RHMC* 33 (1986), 521-541; Félix, *Finances et politique*, chapter 1; and Ives, "Political Publicity".

[2] 洛伊克·夏尔指出，通过诉诸公众和仅仅将经济批判的矛头指向司法争议，古尔奈的圈子参与印花棉布的论战标志着经济学在公共领域内的一种新地位。见Loïc Charles, "Le cercle de Gournay: usages culturels et pratiques savants," in *Le cercle de Vincent de Gournay*, ed. Fréderic Lefebvre, Loïc Charles, and Christine Théré (Paris, 2011), 84-86.

的权威"了。[①]一旦国家压制了消费者对流行布料的欲望，走私活动就会停止。总包税人在指示下属官员们没收印花棉布时也应用了同样的逻辑，他们相信这种场景能够迫使公众"忘记他们对于这种布料的偏好"[②]。

古尔奈的圈子用自由贸易和消费的大胆辩护反驳了这些观点。他们认为，只要印花棉布制造业获准在法国本土发展，它将能够成功地与国际对手竞争，抵消其他纺织制造业中出现的失业状况。这个圈子的主张立足于当今的经济学家所谓的"消费者至上"的基本观点上——这个观点认为消费者（而非国家或制造者）最终决定了应该生产什么商品和商品的质量——他们认为否定消费者的欲望是愚蠢透顶的。古尔奈在马德林被处死的同一年指出：任何将他们与其所想得到的商品割裂开的企图都将催生出非法的市场，而这个非法市场将反过来在走私者和国家之间制造一场可怕的战争。"印花棉布走私品造成了冲突两方的日常减员；这场在我们的边境上持续不断进行的战争导致许多人在战场上、在监狱中、在苦役船上和在断头台上丧命，与适应2000万人的习惯并从中获益正好相反，这只能迫使他们舍弃自己的习惯。"古尔奈总结道："对于任何生而具备人类情感的人而言"，对其他有用之人毫无必要地摧毁是"如此显而易见……冷静地考虑它的方方面面是不可能的"[③]。

---

① *Examen des effets que doivent produire dans le commerce de France l'usage et la fabrication des toiles peintes* (1759), chapter 4. 另见*Observations sommaires et dernières des marchands & fabriquans de Lyon, Rouen & Tours, & des six corps des marchands de la ville de Paris* (n.p, n.d.).

② AN F-12 88, 42.

③ Jacques Vincent de Gournay, "Observations sur l'examen des avantages et désavantages de la prohibition des toiles peintes," in *Examen des avantages et des désavantages de la prohibition des toiles peintes* (Marseille, 1755), 75-76. 启蒙运动时期的作家经常使用战争的隐喻来形容包税公司与走私者之间的冲突。雅克·内克尔指责"笨拙且野蛮的"财政法律支持了这场让社会撕裂对立的"战争"。De l'administration des finances (1784), 2:57-58. 科尔梅雷男爵纪尧姆-弗朗索瓦·德·马伊也曾提及"这场将社会中的一大部分公民剥离出去的沉默而绵长的战争"。*Recherches et considerations nouvelles sur les finances* (London, 1789), 1:100.

随着讨论规模的扩大，一名贸易局的老资格成员达尼埃尔·夏尔·特吕代纳要求古尔奈的门徒之一——莫雷莱将他导师的评论扩充为一部内容更丰富并且具备更强说服力的作品。其结果便是《关于法国自由生产与画布使用优势的反思》（ *Réflexions sur les avantages de la libre fabrication et de l'usage des toiles peintes en France* ），这部作品进一步发展了消费者至上的理论。莫雷莱采用了功利主义和基于权利的观点，坚持认为企业家寻求支持他们自身利益的政治阴谋正在阻碍消费者的利益，而后者正是构成国家的主要部分。国家应该支持"多数人，而非少数人，因为确定无疑的是：普遍的善即最多数人的善"。但赋予消费者这一优势的并不是他们的人数。在一个文明政府治下，每一名消费者都拥有"依照自己的心意和尽可能节省的方式"着装打扮的"自然权利"。印花棉布禁令侵犯了消费者的"公民自由"，他们应该能够自由地购买自己喜欢并且支付得起的商品。① 正如莫雷莱的拥护者们所指出的："我们不应规定（消费者的喜好），而应该为他们提供商品。"② "我们的制造业应为人民所用，而非人民为制造业所用。"③ 生产应顺从于消费者的需求，而非相反。④

即使一个人不赞同消费者至上的原则——比如这一时期的少数商人和政策制定者⑤ ——也不能否认禁令在操作层面上是一场彻头彻尾的灾难。莫雷莱观察称：包税公司无法阻止消费者响应消费者的需求，正如它无法阻止消费者找到他们所想要的东西。对于止住走私洪流而言，警察力量并不足够强大，边境并不足够安全，司法系统并不足够残酷。国家为了从这

---

① André Morellet, *Réflexions sur les avantages de la libre fabrication et de l'usage des toiles peintes en France* (Geneva, 1758), 51, 54, 168.

② *Refléxions sur différens objets du commerce, et en particulier sur la libre fabrication des toiles peintes* (Geneva, 1759), 102.

③ *Pierre Samuel Du Pont Ephémérides du citoyen* (1769), 2: xiii.

④ Minard, *Fortune*, 337-350, 描述了一种"新的需求经济"的类似概念转变。

⑤ 见Edgard Depitre, *La toile peinte en France au XVIIe et au XVIIIe siècles: industrie, commerce, prohibitions* (Paris, 1912), 195-231.

种贸易中获利而对贫民施加的无果暴力嘲弄了启蒙运动的进步概念：

> 另一个体面的市民等级（纺织品制造商）向法国人施以死刑和苦役这样的可怕刑罚，而这么做仅仅是为了商业利益，这难道不奇怪吗？当我们的后辈从书中看到在（18）世纪中期一个法国人因为在日内瓦用22索尔购买了可以在格勒诺贝尔以58索尔的价格出售的商品而被绞死时，他们是否能够相信我们的国家真的如我们现在所喜欢宣扬的那般开化和文明？他们是否能够相信一个经常陷于贫困的人面对着这么巨大的利益诱惑并屈从于它会遭受到如此严重的惩罚？[①]

当莫雷莱写下这些话时，他想必已经想到了马德林，因为后者是全文中唯一被提及的走私者。但这位作者想要强调的是整个镇压体系的残酷，而非单一的个例。莫雷莱忽视了走私者被处死往往不是因为走私，而是由于谋杀警卫或参与武装团伙的行为，他像之前孟德斯鸠和古达尔一样，将读者们的注意力从反叛的暴力转移到了国家镇压行为的非人性上。数以千计的人"因为从事走私活动而被绞死，被遣送到苦役船上，或战斗至死"。一名冷酷的知情者声称当地的特别法庭每年要将大约50人处死或遣送至苦役船上。这个人夸耀道："正义在此得到了很好的伸张！""在特别法庭建立之前，审判总是拖泥带水；现在一切都能够更好地运转了。"[②]

由于否认消费者具有求购他们自己喜欢商品的权利只能导致一场残酷、不对称且会有破坏力的战争，禁令必须加以废除。但这并不意味着传统的纺织制造业不应得到保护。莫雷莱建议用10%至12%的印花棉布进口关税取代禁令，这一税率高到足以缓解外国竞争对国内纺织制造业造成的

---

① Morellet, *Réflexions*, 37.
② Ibid., 174 (reference to "Mandrin and his troop" on 178).

冲击（并为国王提供了亟需的大量税收），但也低到了足以以最大程度地打击走私活动的水平。为了换取外国制造的走私商品而流出法国的金钱如今将会被投入到国内制造业当中。这是所有"开化"民众都会支持的解决方案。的确，在1759年，倾向于经济自由主义的财政大臣上任之后就废除了持续73年的禁令，用一项进口关税取而代之。正如莫罗和其他禁令支持者们所预测的，废除禁令给古老的纺织制造业带来了压力，但它也如古尔奈和莫雷莱所预测的那般催生了繁荣的国内棉花产业。从废除禁令到法国大革命爆发之间的30年时间里，法国本土建立了不少于170座印花棉布工场。[①] 走私活动没有消失——通过避税仍然能够赚取利润——但印花棉布走私却与曾经遭到禁止的合法布料贸易合流，暴力色彩变得越来越淡。

至1759年古尔奈去世，另一个经济思想流派——它被称为重农学派或其支持者所谓的"自然法"学派——正在赢得越来越大的影响力。重农主义者也是自由主义者，但他们的自由贸易主张显得激进得多，对于商人和消费者也较为缺乏同情。他们声称由于长期以来法国的政策偏离了"自然的"经济法则，以农业为代价发展工业，使得18世纪的法国经济正处于极度糟糕的衰退之中（如今我们知道这种观点是错误的）。控制着所有生产与交易机制的自然经济法则表明农业是经济发展的唯一引擎，商业与制造业仅仅只是"无产出的"部门，其价值最终还是源于土地。不过仍然存有一线希望。根据"经济学家们"——这是重农主义者的另一种称谓——的说法，如果王国遵循自然法的指导——它要求政府的手从经济领域中撤出——它就能够从贫困中得以恢复。通过废除制定法（人类制定的法律），让自然的经济秩序规则通行于王国这艘大船，法国能够改变航向，

---

① Serge Chassagne, *Le Coton et ses patrons: France*, 1760-1840 (Paris, 1991), 93.

发展大规模的农业，步入新的繁荣时期。[1]

然而遵循自然法必然导致主要政策的颠覆。首先，国家的整个管理机构，包括安排谷物贸易的行会和殖民地贸易的"商业体系"都将被废除，同样遭此命运的还将包括法属东印度公司和包税公司这样的准国家经济组织。甚至连美洲看起来十分古老的奴隶组织都必须被淘汰，让位于付酬劳动力。[2] 其次，自然法要求对财政体系进行彻底的检查：包税公司所收取的可恶的间接税将遭到废除，而所有的直接税都将被一种以土地"净产出"为对象的单一税收取代。所有其他形式的税收——如孟德斯鸠所重视的消费税和奢侈税——都会损及农民的利益，阻碍对农业的投资，迅速增加已经十分虚弱的政府的开支。[3]

重农学派的奠基者——一位名为弗朗索瓦·魁奈的医生在《经济图表》（*Tableau économique*）一书中阐明了他的理论，这本图表集被现今的经济学家们誉为第一部描绘经济中收入循环流动过程的作品，但真正让这位医生的思想广为人知的却是他的首位信徒——米拉波侯爵维克托·里克蒂。他在这一方面取得了巨大的成功。米拉波的著作《人类之友》（*L'ami des hommes*）（1756年）和《税收理论》（*Théorie de l'impôt*）（1760年）——这两本书分别令人震惊地发行了40版和18版——让他在当时的知名度超过了近代的其他任何经济学家，连亚当·斯密与卡尔·马克

---

① Catherine Larrère, *L'invention de l'économie au XVIIIe siècle: du droit naturel à la physiocratie* (Paris, 1992); Philippe Steiner, *La science nouvelle de l'économie politique* (Paris, 1998); and Paul Cheney, *Revolutionary Commerce: The Globalization of the Frenche Monarchy* (Cambridge, MA, 2010), chapter 5.

② Madeleine Dobie, *Trading Places: Colonization and Slavery in Eighteenth-Century French Culture* (Ithaca, NY, 2010), chapter 6. 关于帝国，重农学派的经济自由主义相比古尔奈的圈子讨论得更为深入。见Clément，"L'Europe ouverte."

③ Bernard Delmas，"Les Physiocrates, Turgot et 'le grand secret de la science fiscal,'" *RHMC* 56 (2009), 79-103.

思都无法与之匹敌。① 在法国正被英国接连羞辱性击败并丢失北美、加勒比海地区、非洲和印度宝贵领土的七年战争之际，他出版的这本书雄辩地阐述了帝国所深陷的危机。总包税人因为侯爵揭露了国家弊病的根本原因，将他投入了万塞讷的监狱，这又令《税收理论》更加吸引读者。

这本宣扬从古尔奈的圈子传承至重农学派的经济自由主义的著作将对走私活动的批评分析从印花棉布禁令——该禁令被认为违反了自由贸易和消费者至上的原则——转向了包税公司的财政垄断，他认为后者所违逆的对象更为宏大：即自然法本身。② 相较于魁奈的早期文章仅仅指出这种律法要求废除包税公司，米拉波更清楚地阐明了这一点，他慷慨激昂地呼吁摧毁包税公司，这种措辞吸引了大批对该机构抱有敌意者，有助于解释他的作品获得巨大成功的原因。的确，重农学派对包税公司的抨击似乎更多的与盛行的经济立场——而非它在谷物自由贸易问题上的固执坚持——保持了一致。③

根据《人类之友》的说法，包税公司在国王与臣民之间横插一脚，耗尽了国家的财富，让经济陷入无序的状态之中。没有什么能比包税公司发动的打击地下经济的野蛮战争更好地阐释它是如何深入地毁灭这个王国。米拉波宣称：包税公司"军队"的入侵预示着"奴隶制度的降临"。"监狱、苦役船、绞架和邪恶的法庭皆因金融家们残忍的念头而建立起

① Kenneth Carpenter, "The Economic Bestsellers before 1850," *Bulletin of the Kress Library* (May 1975), 18.

② 我无意于暗示这种转向是天衣无缝的或完全的。正如古尔奈的盟友福尔伯奈所声称的，食盐走私者就像重农主义者一样"绝对没有违反自然法"[*Recherches et considerations sur les finances de France*（Bastle, 1758），508]，重农主义者迪蓬事后称赞了莫雷莱于1758年发表的反对印花棉布禁令的消费主义论著[*Ephémérides du citoyen*（1769）3:180]。重农学派占据舞台之后，古尔奈圈子内的成员并没有消失；杜尔哥、特吕代纳·德·蒙蒂涅、莫雷莱、比泰尔-迪蒙和其他人都继续在出版有影响力的作品。

③ John Shovlin, *The Political Economy of Virtue: Luxury, Patriotism, and the Origins of the French Revolution* (Ithaca, NY, 2006), chapter 3, 也提出了类似的观点。

来，以此无人性地惩罚那些行使自然权利的不幸者。"虽然包税公司佯装是从毛细血管抽血，但它事实上却"咬在人民的喉咙上放血……由一个侮辱自然法的政权所引发的内战越炽烈，包税公司所赚取的利润就越丰厚、越重要，而公共秩序与体面也遭到了更大程度的毁灭"[1]。正如这篇如此戏剧化的文章所描绘的，行使"自然权利"的走私者不是总包税人——那些削弱国家并将疲弱且资源耗竭的国家送至敌人手中的"吸血鬼们"的对手。[2]

不是所有的重农主义者都显得如此夸张。纪尧姆·弗朗索瓦·勒特罗斯讷在他关于食盐与烟草税收所造成伤害的分析上使用了一种更为冷淡和科学的腔调：国王从专卖制度中获得了5700万利弗尔，但据估计，它们对国家造成的真正损耗是这一数字的2倍还多。经营与管制的支出——更不用说被专卖制度吞没的潜在财富——削弱了经济，仅为国王提供了为数不多的赋税收入。但是妖魔化包税人的做法毫无意义。编撰他们"可憎行为"的概要只会"让人们记住存在于包税人行动之中的税收的邪恶性质，难道民众所抱怨的税收本质当中的严苛还不够明显吗？"[3]间接税本身就是错误的。

基于同一理由，走私者的道德角色也是无意义的。勒特罗斯讷这位重农主义者作为奥尔良主席庭的律师，在刑法问题上有着一定的经验，他坚持走私者是根据规定了"在完全的竞争条件下购买或出售"之自由的神圣的"自然秩序的法则"行事的。强制实行财政垄断有着让此类合法商人转变为罪犯的错误效果。虽然"公众意见顽固地坚持赦免"走私这种虚假的

---

① Mirabeau, *Théorie de l'impôt* (1760), 141-144. 与此类似的是，迪蓬也写道，真正的罪犯不是走私者，而是那些将"有损于公民自然权利、财产和民事权利的财政或垄断裁判"强加于人的包税人。*Ephémérides du Citoyen* 3 (1769), 180-181.

② Mirabeau, *Théorie*, 151.

③ Guillaume-François Le Trosne, *Les effets de l'impôt indirect prouvés par les deux exemples de la gabelle et du tabac* (1770), 307-308.

罪名，但国王却"执意要予以判刑"。[①] 而一旦间接税被废除，包税公司被取缔，所有这些都将发生改变。在自然经济法则之下，曾一度被错误地归类为走私的贸易活动将被纳入合法贸易的范畴，所有对其的打击行动都将停止。征税活动"将不再损害民众利益，犯罪者将消失，每个臣民都将是顺服和忠实的，他们对于合法政府的服从将不会再被削弱"，法庭"将检举真正的罪行，其刑罚将受到所有人的称赞，因为这种打击行为只是为了确保整个社会的安全，并作为其报复措施"[②]。勒特罗斯讷总结称，在自然法看来，走私犯罪以及隐含于其中的走私叛乱事实上根本不是犯罪。它是一个有严重缺陷的政府——在这个政府中，制定法已经背离了自然法——的人造副产品。[③]

当我们意识到"经济学家们"几乎从来都不是普通人的朋友时，重农主义者为走私者所作的辩护就尤为令人震惊了。虽然声称涉及的是人类的行为，但他们赞同莫雷莱的观点，即"大部分的民众是极其无知的，他们因为贫困遭受着巨大的苦痛，丧失了任何有关公共秩序、财产和道德的真正概念"[④]。难怪作为谷物高价的支持者（他们相信这将促进农业生产），重农主义者们敦促国王政府无视民众控制价格的呼声，即便是在饥荒时期。与根据市场原则做出理性反应的走私叛乱者不同，抗议高物价的

---

① Guillaume-François Le Trosne, *De l'administration provincial, et de la réforme de l'impôt* (Basel, 1779), 81.

② Le Trosne, *Les effets*, 326-327.

③ 亚当·斯密也赞同重农主义者的观点，他形容走私者为"因为违反自己国家的法律而应该遭到强烈谴责，但却没有违反自然法，如果不是其国家的法律创造了一种自然永远不会承认的罪名，那么他在每一方面都是优秀的公民"。Adam Smith, *An Inquiry into the Nature and Causes of the Wealth of Nations*, ed. R. H. Campbell and A. S. Skinner (Indianapolis, IN, 1981), Ⅱ, 898.

④ 引自Colin Lucas, "Talking about Urban Popular Violence in 1789," in *Reshaping France: Town, Country and Region during the French Revolution*, ed. Alan Forrest and Peter Jones (Manchester, 1991), 123.

食品骚乱者被视为无理性且不顾及自然秩序。[1] 然而进一步而言，重农主义者虽然试图让走私者摆脱制定法所强加的虚构罪名，他们却毫不犹豫地使用这一法律打击其他的贫困罪名。虽然魁奈希望将制定法撤出经济领域，但却让它在刑罚上扮演了重要的角色，行使制定法可以打击那些背离自然秩序的盗贼。[2] 勒特罗斯讷甚至更进一步，他提议对流民、乞丐以及被他视为威胁到财产神圣性、拒绝工作和阻碍市场平稳运行的其他贱民施以重刑。只有通过"重刑的训诫"——即终身服苦役——方能阻止流民"这一最具传染性的疾病"。[3] 这位斥责流民和乞丐的重农主义者通过把走私者重新归类为本应在自由市场上买卖自然成果的合法贸易商，将他们从犯罪的污名中拯救了出来。

　　近期，一批学者被吸引前去研究启蒙运动中潜藏着的与解放和压制这两种相互矛盾趋势相联系的纽带。[4] 我们在此已经确定无疑地发现了这样的一个纽带。为了接纳立足于自然法基础之上的自由市场，重农主义者试图将走私合法化，同时又敦促采用最严厉的打击手段对付那些他们认为在这个临时的经济体系中从事不怎么正当的活动之人，即流民、乞丐和盗贼。重农主义者们使用经济自由主义的巨大压力制造了区分穷人用以维持生计的不同方法之间基本的法律界别。

---

[1]　重农主义者因此将食品骚乱者纳入了"民众"这一贬义范畴内。见Déborah Cohen, *La nature du peuple: Les forms de l'imaginaire social* (ⅩⅧ-ⅩⅩⅠe siècles)(Seyssel, 2010), 179-184.

[2]　米拉波阐述道："那些背离了（自然）法则的人是染病或受损从而必须得到治疗或被切除的肢体。" *Philosophie rurale* (Amsterdam, 1763), xviii-xix. 在20世纪，芝加哥学派的理查德·波斯纳以这一观念为基础，将诸如盗窃之类的犯罪定义为"市场规避行为"。Bernard Harcourt, *The Illusion of Free Markets: Punishment and the Myth of Natural Order* (Cambridge, 2011), chapters 4 and 6.

[3]　Le Trosne, *Mémoire sur les vagabonds* (Soissons, 1764), 50.

[4]　William Max Nelson, "Making Men: Enlightenment Ideas of Racial Engineering," *AHR* 115 (December 2010), 1392.

法官与律师

政治经济学家们并不是唯一让广大读者注意到走私战争的群体。如果说古尔奈的圈子将目标瞄准了侵犯消费者至上原则的印花棉布禁令，重农主义者们抨击了违犯自然法的包税公司间接税，那么法官和律师则回归了孟德斯鸠的观点，即包税本身制造了暴政。在七年战争期间及其结束之后，当路易十五试图提高税收以支付军事开支和偿还日益增多的公共债务时，他遭到了来自负责注册王室法令的高等法院的大规模反对。很多反对声都集中于间接税的增加上，法官们宣称，在未经同意的情况下强征间接税是在专制地侵犯国家的主权。但身处这一动荡时期的法官们也将暴政的指控安在了包税公司及其打击非法贸易的行动头上。在这种情况下，暴政更多地与包税公司警卫力量施予民众的"烦扰"和包税公司所资助的特别法庭宣判的严厉刑罚相联系——这两者催生出了国王庇护之下对其臣民实施野蛮暴行的公司幽灵，而非在宪政上对国家主权的侵犯。从常规的政治思想史来看，高等法院在国家主权上的言论无疑更具重要意义，但以包税公司为目标的司法讨论表明了财政专制与刑罚专制之间的联系，因为它将聚光灯投向了这个王国中最为"野蛮"的一些行为。

18世纪的法官在社会问题和意识形态问题上倾向于保守。作为曾经接受过传统法律教育并渴望维护其特权的有产贵族，他们十分敌视这种启蒙运动的新哲学。然而与此同时，他们并不信任王权，特别是在涉及税收问题时。在18世纪50年代晚期和60年代初期，当路易十五命令这些法院批准一系列的税收法令时，这些法官们进行了反抗。① 高等法院的法官们对国王的财政侵占行为发出如此响亮的抗议声并不是从投石党运动（1648年至1652年）的大规模叛乱开始的。在法国东南部地区，当1763年战争的结束并没有带来预期中的税收减负时，格勒诺贝尔高等法院撰写了一份格外激烈的抗议书，这份抗议书采纳了古达尔和重农学派的观点，对包税人进行了猛烈的抨击。"这些公众敌人的奢侈和浮华是对民众苦痛的羞辱。"在拒绝民众与国王接触之后，他们放任传播"绝望和恐惧"的"压迫者军队"在全国各地肆虐。"面色苍白的市民在饥饿、干渴和衣不蔽体的状况下挣扎求生，季节的转换只能增加他们的痛苦。庇护所的阴暗角落不足以隐藏他们的耻辱、需求和绝望。"唯有国王方能斩除包税公司这一"蛇怪"，恢复国家的繁荣。②

格勒诺贝尔的法官们所明确表达的批评中心点在于对走私特别法庭的猛烈抨击，"在邪恶的法庭上，自由之血因为包税人的念头与怒火而流淌"。单是这些特别法庭的存在本身就"侮辱了人类，传播了恐惧，让一个本可以变得繁荣和强大的国家背上沉重的负担"。当然，高等法院的部分怒气源于狭隘的司法竞争，因为瓦朗斯特别法庭篡夺了它审判走私者的权力。当时的法官们也有着一个根深蒂固的信念，即特别法庭的严厉不必要地扩大了走私问题上的冲突。格勒诺贝尔的检察官回忆称，当走私案件交到高等法院手中时，包税公司警卫和当地人都显得更加愉快。那些警卫将更加安全，因为"遭到突袭的走私者们会丢弃货物潜逃"，而居民

---

　　① 除了某些增加一倍和两倍的直接税，这些法令还要求增加盐税和烟草税。1758年，零售烟草的价格提高了20%，在1760年和1763年，盐税和其他税收增加了5%。这些行省的法官们带头进行了反对，这部分是因为相比于身处巴黎的同行，他们拥有的国家债券并不多，因此较少顾虑到公然反对可能导致破产的可能性。Michael Kwass, *Privilege and the Politics of Taxation in Eighteenth-Century France* (Cambridge, 2000), 182; David Stasavage, *Public Debt and the Birth of the Democratic State* (Cambridge, 2003), 132-138.

　　② ADI B 2325, remonstrances of 17 August 1763.

们也将"生活在安宁的环境中，无须害怕（包税公司）员工的羞辱或暴行"[1]。对于所有牵涉其中的人员而言，高压的特别法庭的出现提升了暴力的等级。

让这一时期的抗议书如此具有煽动性的并不仅仅只是其中的对抗性语言，还有它们借以向公众传播的方法。格勒诺贝尔高等法院长期以来将抗议书作为国家机密，只呈递给国王过目，以此表达了对国王的尊敬。但在1764年9月，该高等法院的法官们效仿近期一些大胆法庭的做法，不再私下向国王表达他们的反对意见，而是直接以印刷品的形式向公众传播谴责瓦朗斯特别法庭为非法的"血腥法庭"的抗议书。[2] 在高等法院的法官们通过私人投资以及家族关系同金融家们保持着紧密联系的巴黎，谴责王国税收制度的最大胆呼声来自恶作剧般的宣传册，而不是正式的抗议书。在1763年和1764年，两份这样的宣传册引起了公众格外的关注。皮埃尔-菲利浦·鲁塞尔·德·拉图创作的《国家财富》（*Richesse de l'État*）在这位法官劝说巴黎高等法院的同僚实施一项大胆的新税收计划无果之后，便将该计划曝光于公众面前。由于简明扼要并且最初免费发行，这份出版物在1763年春夏引发了一场轰动。一名记录者写道："所有的民众都人手一册，结果人们都在讨论它，并希望能进行补印出版。"[3]

鲁塞尔的改革计划包括了对税收系统的全面改造，几乎所有现存的税收将借此被一种直接税取代。这一计划的简易性以及它所提及的单一直接税都让人想到了重农主义，但鲁塞尔的征税对象将不只是土地所有者的净产出。相反，它将落在王国最富有的200万臣民头上，根据财富多少，他们被划入了20个税收等级。作者辩称这项计划的优势是多方面的。它不

---

① SHAT 1A 3406, no. 188, Moydieu to d'Argenson, 4 May 1755.

② Objets de remontrances du parlement du Dauphiné, du 7 Septembre 1764.

③ Edmond Barbier, *Chronique de la régence et du règne de Louis XV* (Paris, 1858), 8: 77.

仅能够为深陷债务泥淖的国王赢得预料之外的赋税收入，简化其复杂且浪费严重的财政系统，还将急剧减少消费税的比重——这位作者像卢梭一样称："穷人为购买生活必需品而囊中羞涩。"向消费征税是不公平的，因为它在用毁灭性的力量打击穷人。进一步而言，一旦包税公司缩小规模，国王政府将不再需要它那"卑微的税收官员队伍"，而走私案件的司法管辖权也将复归传统高等法院或间接税法庭中民众的"自然法官"所有。

　　鲁塞尔的宣传册引发了一场包含至少40篇讨论税收改革的文章的洪流。[①] 近来，一位历史学家注意到，由改革的反对者和支持者制造的观念杂音"在法国首次引发了一场真正意义上关于财政制度这一重要主题的公众讨论"，正如在数年之前，关于印花棉布的论战曾首次引发了一场关于保护主义的公众讨论。[②] 国王政府再一次求助于王室历史学家莫罗，他曾就印第安人的问题与莫雷莱展开论战，但莫罗无法再控制关于税收的舆论巨浪，也无法令这一事件转向。虽然许多于1763年至1764年的论战期间面世的宣传册都与鲁塞尔一样有着普遍的改革冲动，但其中的一部作品——由精力充沛的巴黎间接税法庭律师让·巴普蒂斯特·达里格朗撰写的《反金融家，总包税人日常所犯营私舞弊及其在诸行省中所行烦扰之事的摘录》（ *L'Anti-financier, ou relevé de quelques-unes des malversations don't se rendent journellement coupables les fermiers généraux, & des vexations qu'ils commettent dans les provinces* ）尤其受到了广泛的欢迎。达里格朗将像米拉波一样因为抨击包税公司的煽动性言论而被投入监狱，但他的入狱并不是在在著作面世之前。《反金融家》赞同鲁塞尔的税收计划，但其措辞却

　　① 　Louis Petit de Bachaumont, *Mémoires secrets pour server à l'histoire de la république des lettres en France* (Paris, 1777), 1: 254 and 1: 268; René Stourm, *Bibliographie historique des finances de la France au dix-huitième siècle* (Paris, 1896), 106.

　　② 　Arnaud Decroix, *Question fiscalet réforme financière en France* (1749-1789)(Aix-en-Provence, 2006), 275.

比鲁塞尔激烈得多。这名律师无所畏惧地辱骂总包税人——那些在夜晚积聚财富，过着"纸醉金迷"生活并将大量以损害纳税人利益为代价而积累的财产留给子嗣的"公众的吸血鬼"。它们所指挥的"警卫军队"有8万多人，这支队伍浪费了公共的财富，利用税收特权规避了自己的财政义务。包税公司是一头"怪兽"，一个必须在它击垮王国之前予以阻止的"灾星"。

《反金融家》的内容远不止于虚张声势的恫吓。作为包税公司的前雇员以及后来对其雇主反戈一击并且加入间接税法庭的达里格朗深知该公司错综复杂的关系——它如何收获赋税、预防走私品并检举涉嫌走私者，他使用内幕消息发动了比此前任何一次谴责都更为尖锐的攻击。达里格朗深知他正在刺穿秘密的面纱："所有那些加入了这一财政组织的人都以民众之血宣誓永不泄露它的秘密。"[1] 但现在是时候将包税公司施行的"烦扰之事"与该机构架构之间的隐秘联系公之于众了。出现在作品标题中的"烦扰之事"一词在18世纪后半叶引发了强烈的共鸣，它在那时候指向了由贪婪的小吏施于个人头上的任何不光彩的滥权现象。[2] 达里格朗解释称，这种烦扰之事普遍到令人愤怒的程度，因为包税公司提供大笔财政奖励，鼓励官员实施走访、搜身、搜查、没收和逮捕等行动。当"这些小暴君们"在乡间为了不断获得金钱而四处逡巡时，他们会诱捕嫌犯，诬陷无辜者，发布虚假报告。有多少读者在听闻这些"放肆的"海关官员——他们任意截停马车、拆开货物、对嫌疑者进行搜身，甚至性侵女乘客，而完

---

① Jean Baptiste Darigrand, *L'Anti-financier* (Amsterdam, 1764), 3.

② 见Emma Rothschild, *Economic Sentiments: Adam Smith, Condorcet, and the Enlightenment* (Cambridge, MA, 2001), 27-28, 110-111.

全不会受到惩罚——的想法后不会气愤得发抖？[1] 唯恐读者们怀疑此类对个人自由的可耻侵犯所能达到的程度，达里格朗请他们前去法国的监狱参观，在这里，无数的无辜者正因为走私遭到了错误的拘禁。[2]

然而相比于包税公司的法庭，警卫的暴力行为就相形见绌了。根据达里格朗的说法，每年有多达3万起案件走进法庭的迷宫，而在这个迷宫的中央便坐落着特别法庭——由受害者的"血凝固成的""火焰法庭"。这些法庭的办事程序体现了彻头彻尾的腐败。提供决定被告人命运的宣誓证词的人便是那些逮捕嫌疑犯并因为抓捕行动接受金钱奖励的包税公司警卫。而谁坐在法官席上呢？不是传统上审理走私案件的间接税法庭的"自然法官"，而是由包税公司任命并慷慨支付酬劳的特别仲裁员。"由包税人支付酬劳、手中满是黄金的法官们敢于判处那些欺骗包税公司的人有罪！"[3] 只有金融家们才能生造出一个司法系统，将穷人的罚款改为苦役刑罚，让走私者的家庭消失得无影无踪，令无辜者遭受死刑的厄运。为了引出读者对受压迫者的同情，达里格朗暂停了此前的论述，开始描绘监狱的场景，而不同于闹剧般的律师简报中所提及的场景，他站在了被定有罪的走私者一边：

> 审判结束了，他们带着锁链弯下了腰。我在囚室里帮助他们举起手臂，面向王座方向。我同他们一起呼喊："啊，吾王！我们崇敬的国王，请屈尊看看这些不幸者吧。他们是您的臣民，您的子女。我承

---

[1] Darigrand, *L'anti-financier*, 96. 关于性侵的指控十分常见。见AN G-7 1293; AN Zla 990; Reynald Abad, *Le Grand marché: L'approvisionnement alimentaire de Paris sous l'ancien régime* (Paris, 2002), 94; Jean Clinquart, *L'administration des douanes en France sous la revolution* (Neuilly, 1989), 40.

[2] *Projet pour la suppression des douanes dans l'intérieur du royaume* (Avignon, 1763) 也详细描述了包税公司警卫的不称职，他们无端的暴力行为受到了特别法庭的庇护。该书宣称，由此产生的公众对包税公司的仇恨推动了走私帮派——如马德林所领导的那个匪帮——的崛起。

[3] Darigrand, *L'Anti-financier*, 32.

认他们有罪。但是在审判他们时，请务必记住他们仅仅只是犯了走私之罪。"我们的呼喊并没有被听见。而鞭子、火热的烙铁、锁链和绞架都已经准备好了。①

这份关于打击走私战争的报告证实了读者们的最大恐惧。不久之后法国将只存在三个等级："国王及王室、金融家和奴隶"。唯一的解决办法便是消灭间接税并摧毁包税公司。

为了掩盖这部煽动性著作所曝光之事，总监拉韦尔迪开始应用著名的缄默法案处理那些涉及王室财政的作品。1764年3月28日宣言禁止所有国王的臣民"出版、销售或宣扬任何有关财政改革及其过去、现在或未来之管理的文章、作品或计划"②。虽然这份宣言从未成功地停止公众的讨论，但它在数年时间里的确抑制了曾经于1763年至1764年达到高潮的关于财政的激烈讨论。

刑法改革

当关于税收的怒火趋于缓和之时，改革思想之风正从米兰吹入法国。当马勒泽布在1764年发现《论犯罪与刑罚》一书时，这名法官能够一手数出呼吁进行法国刑事司法系统改革的著作数量。孟德斯鸠曾在《波斯人信札》（*Lettres persanes*）与《论法的精神》（*De l'esprit des lois*）中呼吁引入宽大仁慈的刑罚，卢梭曾在《社会契约论》（*Du contrat social*）中公开反对死刑，伏尔泰也曾执笔为被错误指控谋杀儿子的新教徒让·卡拉斯辩

---

① Ibid., 69.这让人想起《司法回忆录》（*Mémoires judiciaires*）仅被允许出版民事案件，所以达里格朗的著作不得不以宣传册的形式出版，并要承担所有牵涉到的风险。
② *Déclaration du Roi* (28 March 1764), 2-3.

护。[1] 但将这些只言片语整合为对欧洲刑罚进行系统性批判的却是一个名为切萨雷·贝卡里的意大利年轻人。稔熟法国启蒙运动作品的贝卡里继承了孟德斯鸠的悖论，即相比于实施暴政的政府，实施宽政的政府能进行更为有效的统治。他从爱尔维修和孔狄亚克那里继承了功利主义和人类心理学的基本世俗理论。贝卡里还从卢梭那里——他将用后者著作《新爱洛绮丝》（ *La Nouvelle Héloïse* ）中的女主人公名字为女儿命名——继承了强烈的道德信念。作为一个因为和地位卑微的女子相恋而与父母决裂的绅士，他抛弃了长辈充满特权与习俗的世界，转而支持一个基于人性、理性政府和法律平等原则而存在的社会。

《论犯罪与刑罚》提出了一个"情感主旋律"来增强它的情绪性吁求。[2] 如果说古尔奈、米拉波和达里格朗的文章中充斥着情绪性的措辞，那么贝卡里的整部著作可以说是浸淫于其中，希望引发对那些深陷过于残忍司法体系中的人的同情，鼓励人道主义者加入激进改革的事业当中。身为多愁善感之人，贝卡里仍然是一个将他的分析建立在两个基础原则之上的社会科学家和数学家。第一个基础原则是功利主义，它认为人类的行为不应用"善"与"恶"这样的神学词汇来理解。相反，男人和女人的行为仅仅是为了最大化快乐和最小化痛苦。从这个公理可以推出，政府应该让它们的司法体系与人的自然功利追求保持一致，以提高社会的普遍幸福水平。因此现在的所有司法行动应该"从它们是否能够获致最大多数人的最大幸福的视角"进行评判，这一原则后来被杰里米·边沁所铭记。[3] 贝卡

---

[1]　Montesquieu, *Lettres persanes* (Paris, 2006), letter 102; *De l'esprit des lois*, books 6 and 12; Rousseau, *Du contrat social* (Paris, 1996), book 2, chapter 5. 关于伏尔泰在卡拉斯事件中所扮演的角色，见Peter Gay, *Voltaire's Politics: The Poet as Realist* (New York, 1965), chapter 6.

[2]　德尼·狄德罗，引自Peter Gay,*The Enlightenment: An Interpretation, vol. 2: The Science of Freedom* (New York, 1969), 438.

[3]　Cesare Beccaria, *On Crimes and Punishments and Other Writings*, ed. Richard Bellamy (Cambridge, 2003), 7.

里的宣言得以成立的另一种理论便是社会契约，这一概念认为人通过缔结盟约的行动——他们借此交出了部分自然的自由，以交换更大程度的安全——从自然状态步入了政治社会。任何违反这一基本契约条款的司法行动都是非法的。在这两种强大观念的武装下，贝卡里包围了构成旧制度刑事司法体系的整个圈子：对无辜者进行的有罪推定、审判活动的秘密掩护、刑讯逼供、法官做出裁定所使用的秘密证据系统，尤其是犯罪与刑罚之间的残酷失衡。

对贝卡里而言，没有什么犯罪行为比走私更能说明犯罪与刑罚之间极端的失衡状况。民众对走私者的认知与强加于后者头上的刑罚之间的差异明显到了令人难以忍受的程度。由于民众未曾直接体验到非法贸易的任何负面效果——他们更有可能从中受益——他们更倾向于支持走私者，而非"盗贼、签名伪造者或那些犯了其他可能会对他们造成直接影响的罪行的人"[1]。然而走私者所遭受的刑罚却等同于或者严厉于那些被普遍视为恶棍的罪犯。民众伦理与刑罚之间的这种不同违反了下述原则："法律所给予的耻辱和源于特定体系的普世道德或特定伦理所给予的耻辱是一致的，而这种特定体系对于任何国家的公共意见而言都充当了立法者的角色。"[2] 由于恶名最终源于公共意见，而非刑罚本身，所以国王和法官在施加刑罚时都无法忽视公众的伦理。

为了恢复走私犯罪与刑罚之间的均衡态势，贝卡里提出了若干解决办法。其中之一便是一开始就承认走私是一项"因法律本身而产生的"罪名。在一篇使用不同方式描述关税与走私之间关系的早期论文的基础之上，他分析了关税越高（或禁令越严格），规避它的诱惑就越大的经济原

---

[1] Cesare Beccaria, *On Crimes and Punishments and Other Writings*, ed. Richard Bellamy (Cambridge, 2003), 88.

[2] Ibid., 54.

则。① 商业的第一要务便是维持低关税或——在国家实施专卖制度的情况下——维持适当的零售价格，这将急剧减少走私的发生率。与重农主义者相反，他相信那些仍在坚持进行非法贸易的走私者应予以逮捕和处罚。但他们的刑罚"不应涉及羞辱，因为（走私）在公众眼中似乎并不可耻"。虽然不可否认走私是真正的犯罪，但运送走私品并不应获致当下的审判试图给它扣上的恶名。因为任何犯罪的刑罚必须源于它对社会的损害，走私者应该被处以相对较轻的刑罚，没收其走私品和运输设备。在一系列的案件中，部分"苦役刑罚"的形式是妥当的，但不应使用那种针对杀人犯或盗贼的苦役刑罚。例如一名被定罪的烟草走私者的苦役刑罚"应被限制在与他想要欺诈获取的金额价值相当的辛苦劳作范围内"②。

　　虽然贝卡里不建议施予暴力走私者——如那些被发现犯有谋杀包税公司警卫的人——特定的刑罚，但却十分清楚地表明了他并不信任死刑。用车轮处死犯人是野蛮的："可怜人的哭泣是否能令一切恢复原来的状态，让时间倒转？""刑罚的目的既不在于折磨任何有感觉的人，也不在于撤销一项已经实施的罪行"，而在于"防止犯罪者对他人构成新的伤害，或令他人打消这么做的念头"。③ 像绞刑这种痛苦较少的处决方式也没有赢得功利主义或社会契约理论的辩护。从功利主义的角度看，苦役要远好于死刑。首先，它具备更为有效的威慑力。当众处决的场景的确能够震慑众人，但因为只持续了一瞬间，所以相比于苦役的持续场景——它将劝阻任何意欲作奸犯科者走上犯罪的道路——它们并不会在观察者的脑中留下同样深刻的印象。其次，苦役刑罚更具生产性，因为被判有罪的苦役犯能够在各种公共劳动计划中得到利用。一个遭处决罪犯的尸体有什么用处呢？

　　①　"Tentative analytique sur les contrebandes," in Cesare Beccaria, *Recherches concernant la nature du style*, trans. Bernard Pautrat (Paris, 2001), 179-183.
　　②　Beccaria, *Crimes*, 87-88.
　　③　Ibid., 31.

死刑不能产生足够的效益，从社会契约的角度看不再具备合法性。没有一个签订了这样一份契约的人愿意给予国家夺取去其生命的权力。

夸大贝卡里在法国法律改革运动中的影响是困难的。在旧制度的最后10年时间里，《论犯罪与刑罚》刺激了自由派的法官和律师，鼓励他们挑战以对走私的非人性镇压为范例、被视为毫无必要的残酷和无效的刑罚体系。[①]1767年，格勒诺贝尔高等法院的总检察官——被伏尔泰誉为"多菲内的西塞罗"的约瑟夫·米歇尔·安托万·塞尔万选用了走私战争的案例来说明犯罪与刑罚之间极端的失衡状况。"一个随身带着武器——可能是暴力的威胁迫使他这么做——的可怜人带入了一些违禁品，因为他从全国最富有的人身上拿走了一点微不足道的利润，有人便希望让他尝尝车轮刑的滋味。"令"自然"所宽恕的犯罪者接受与弑父者同样的刑罚是否合理？"如果死刑被用在最轻微的犯罪者身上，那么它将不足以惩罚最严重的罪行。"[②]身为巴黎律师和未来吉伦特派成员的布里索·德·瓦尔维尔对此完全表示赞同。在一篇应用了于18世纪80年代之前就已经成为诸多作家——如政治经济学家古达尔、米拉波和勒特罗斯讷，法官马勒泽布，哲学家孟德斯鸠和贝卡里所信奉原则的获奖文章中，他指出，根据犯罪与刑罚之间的"协调法则"，走私这种经济违法行为仅应接受罚款的处罚。[③]

贝卡里的决定性介入也为哲学家们开辟了一条道路，让他们可以加入关于走私及其所引发的司法打压的论战当中。1781年，启蒙运动晚期最为著名的哲学家之一 ——康道塞侯爵宣称反对将死刑适用于身为惯犯和团

[①] 虽然贝卡里关于死刑的立场仍不被接受，但他在其他所有刑法问题上的影响力事实上都是超凡的。见Schnapper, "Diffusion," 187-205; Jacobson, "Politics of Criminal Law Reform," chapter 7.

[②] Joseph Michel Antoine Servan, *Oeuvres choisies de Servan* (Paris, 1825), 2: 86-87. 见 Christiane Mervaud, "Voltaire et le Beccaria de Grenoble: Michel-Joseph-Antoine Servan," *SVEC* 10 (2008), 171-181.

[③] Brissot de Warville, *Les moyens d'adoucir la rigueur des loix pénales en France* (Châlons-sur-Marne, 1781), 59 (另见9-11, 57-58, 139-140).

伙作案的走私者。数年之前，他已经抨击了因为"立法权力的薄弱、腐败和无知"所导致的食盐和烟草专卖制度。[1] 如今他将目光聚焦于包税公司的司法滥权上："难以想象人们会设立或颁布这样的法律来对付他们的同胞；如果（总）包税人未将食盐走私者视为其同类，那么他们自己即不属于人类。"在关于走私战争的作品延伸而出的讽刺性讨论中，这位哲学家抨击了这个司法机构的各个方面：包税公司警卫射击和杀死拒捕走私者的权利、罚款到苦役的自动转化过程、死刑处决在震慑那些不将走私视为犯罪的公众方面的无效性，以及审判和目击证人都受到包税公司控制的特别法庭的审理程序。整个司法架构似乎都是根据"弱者和穷人必须为有钱有势者的安宁做出牺牲"的可憎箴言而设置的。[2]

狄德罗用他所习惯的叙事方式表达了愤慨之情。《波旁内的两位朋友》（ *Les deux amis de Bourbonne* ）（1770年）的主角是一名被捕时"持械在手"并被带至兰斯特别法庭审判的年轻走私者费利克斯，而兰斯特别法庭的主席正是"拥有可能是自然所产生的野蛮秉性"的"可怕的"科洛。在科洛判处费利克斯死刑之后，"就像在他之前的另外五百人一样"，费利克斯的朋友奥利维耶乞求主席许可他去见老友最后一面。科洛让奥利维耶坐在一把椅子上，冷静地掏出了怀表，在过去半小时之后方才提出，如果奥利维耶想要在他亲爱的朋友活着的时候与之相见，那么他最好抓紧时间，因为费利克斯"将在十分钟之后被绞死"。愤怒的奥利维耶

---

[1]　Marquis de Condorcet, "Monopole et monopoleur," in *Oeuvres de Condorcet*, ed. A. Condorcet O'Connor and M. F. Arago (Paris, 1847), 11: 38. 针对包税公司专卖制度的抨击是对普遍专卖制度更大规模批评的一部分，这被《百科全书》（ *Encyclopédie, ou dictionnaire raisonné des sciences, des arts et des métiers*, ed. Denis Diderot and Jean le Rond d'Alembert (Neufchastel, 1765), 10: 668 ）中的"专卖制度"词条所证明。关于对作为一种贸易形式的专卖制度的批评，见Anoush Fraser Terjanian, *Commerce and Its Discontents in Eighteenth-Century French Political Thought* (Cambridge, 2012), chapter 4.

[2]　Condorcet, "Réflexions sur la jurisprudence criminelle," in *Œuves complete de Condorcet* (Paris, 1804), 11: 8 and 11: 32.

无意之中撞倒了科洛，全速冲向行刑地点，他在这里又击倒了绞刑吏，并在"对近期大规模的处决倍感愤慨的"民众中煽动起了一场骚乱。[1] 一名骑警军官用刺刀给了奥利维耶致命的一击，但痛失挚友的费利克斯却成功逃脱了。作为文学自然主义的一次尝试，狄德罗的故事比较了科洛浅薄的冷酷无情和奥利维耶与费利克斯之间的深切情义，将人性的一面完全放在这名贫穷的走私者角色上。[2]

如果说狄德罗使用了叙事文体来抨击特别法庭，伏尔泰则在这一方面富有特色地使用了讽刺文学的形式。在他关于贝卡里评价的影响深远的《评论》（*Commentaire*）出版两年之后的1768年，伏尔泰开始关注走私的问题。在作品《康第德》（*Candide*）中，伏尔泰认为无论如何，诸如梅毒、瘟疫、腺病、宗教裁判所和"瓦朗斯法庭"此类的人性灾难成为宇宙的组成部分是不可能的。通过将瓦朗斯特别法庭与臭名昭著的宗教裁判所相联系，伏尔泰强调了前者隐秘与残酷的可怕之处。10年之后，在论及死刑时，伏尔泰又提出应将危险的罪犯转移至殖民地，而非处死。"所有走私者中最宽宏大量者——马德林应被送至加拿大内陆地区与野蛮人搏斗"，而非在瓦朗斯命丧车轮刑。[3]

在《论犯罪与刑罚》出版之后，针对特别法庭的最严厉抨击于1775年以标题为《论财政》（*Sur les finances*）的匿名著作形式出现。这部著作的作者表面上再次发出了用一种单一的土地税取代所有赋税的呼吁，轻松转变了贝卡里之后关于司法问题的舆论导向，他将大部分的精力都放在了

---

[1] Diderot, *The Two Friends form Bourbonne, in Rameau's Nephew and Other Works*, trans. Jacques Barzun and Ralph H. Bowen (Indianapolis, IN, 2001), 232-233.

[2] 狄德罗用前后一贯的方式在《百科全书》关于"自然法"的词条、《布干维尔游记补录》（*Supplément au voyage de Bougainville*）及其所撰写的《东西印度史》（*Histoire des deux Indes*）中强调了刑事制定法与自然法之间令人无法忍受的分歧。

[3] Voltaire, *L'Homme aux quarante écus* (Paris, 1768), 82; idem, *Prix de la justice et de l'humanité*, in *Oeuvres completes de Voltaire* (Garnier, 1880), 30: 545.

详细描述包税公司"血腥法庭"的腐败程序和刑罚残酷性上。这本书填充了孟德斯鸠在一代人之前略加描绘的框架结构，用耸人听闻的细节描述了曾经被金融家们控制的司法部门本身所固有的邪恶。如果警察、目击证人和法官"都从落入他们之手的不幸受害者身上分一杯羹"的话，定罪就成了玩忽职守的结果。"从来不会有越过这些法庭的上诉，因为在这里，所有的事情都是在沉默与如漆的黑暗中进行的，因为对于金钱的饥渴才是裁判者，这些邪恶的巢穴中还有什么可怕、可憎的事情没有发生过呢？"这位作者再次应用了伏尔泰关于宗教裁判所的类比，特别将目标对准了两名极端无情的法官："陶醉于被他处决者痛苦之中"的总包税人的"陶开马沙"列维和他的继任者——狄德罗和康道塞曾经专门因其暴行而大加抨击的科洛。科洛在处决了一名协助走私者逃跑之人后，获得了瓦朗斯特别法庭主席职位的奖励，他在新职位上没有浪费任何时间。"我曾8次经过瓦朗斯，每次我都能在路上见到7到8具被绞死者的尸体和2到3具被车轮刑处死者的尸体。"这位作者祈求道："看看你的同胞，你的市民，他们因为被文明国家称为走私的罪名而丧命于车轮之下。"人性要求建立新的司法体系，以恢复犯罪与刑罚之间的平衡。[1]

马勒泽布

马勒泽布在综合政治经济学家、保守主义法官和自由主义改革者观点的基础上，撰写了这个世纪关于走私的财政-司法战争的最深刻批评。身

---

[1]　*Sur les finances* (London, 1775), 27-32 and 66.被这种公然的抨击激怒的科洛出版了一份为自己辩护的宣传册，在其中他将《论财政》称为"迄今为止出现的针对包税公司最为激烈、最为恶毒和最具煽动性的诽谤作品"。*Pièce importante à joindre à l'ouvrage.... Sur les Finances* (n.p., n.d.), in ADH C 1650. 科洛的回应和见于*Encyclopédie Méthodique: Finances* (Paris, 1784), 1:334-338, "Commission,"有关这份宣传册的大量评论表明《论财政》拥有大量的读者。

为王室出版署的总监（1750年至1763年）和巴黎间接税法庭的主席（1750年至1771年和1774年至1775年），他曾经在18世纪50年代对古尔奈的圈子表示了支持；1758年至1759年，于书籍贸易方面发展了自己的消费者至上理论；在1760年帮助出版了米拉波的《关税理论》，并于1764年邀请莫雷莱将贝卡里的著作翻译成法文。[①] 在旧制度的最后20年时间里，马勒泽布充当了刑法改革运动中的政界元老。他将贝卡里的法律哲学——一种通过自行调查而得到的关于包税公司的认识——和基于孟德斯鸠的尖锐的暴政政治理论结合在了一起，用自己所担任的最高土地税务法庭主席的职位为专制敲响了警钟。

马勒泽布在包税公司问题上的立场经历了明显的演变。早在1756年，他就曾在政府内与突然发迹的走私特别法庭所实施的"大规模的血腥处决"做斗争。[②] 在18世纪60年代中期，在国王承认兰斯特别法庭和索米尔特别法庭侵犯了巴黎间接税法庭的司法管辖权，对这两个法庭进行重组之后，他便停止了在走私问题上的讨论。[③] 自此之后，来自该决庭的3名法官便坐镇这两个特别法庭，这一变化可能是造成死刑率降低的原因。虽然间接税法庭并未放弃告知国王只要过高的消费税仍然存在，就没有法律——不管它是多么"可怕"或"严苛"——能够阻止地下贸易进行这一事实，但在控制了这两个特别法庭之后它便不再出言反对了。[④] 然而，1770年，一次令人震惊的事件激化了他原本针对包税公司的批评观点，令

---

① 1788年至1789年，马勒泽布详细阐述了他在18世纪50年代已经明确指出过的观点，即消费者对于书籍的需求过于强烈，从而无法被王室审查所限制。他在这一问题上的观点最终出现在了1809年出版的《关于出版业和出版自由的论文》（*Mémoires sur la librairie et sur la liberté de la presse*）一书中。

② Claude Josse Auger, *Mémoires pour server à l'histoire du droit public de la France en matières d'impôts* (Bruxelles, 1779), 13, remonstrances of 14 September 1756.

③ 尽管巴黎、格勒诺贝尔、蒙彼利埃和第戎的间接税法庭多有反对之声，但瓦朗斯特别法庭从未遭到过重组。

④ Auger, *Mémoires*, 370-388.

他重新开始抨击该公司。引起他注意的是一个名为纪尧姆·莫内拉的商人，后者曾被错误地指控从事走私，并被投入了巴黎臭名昭著的比塞特监狱。在那里，莫内拉被用铁链拴住，监禁于一间老鼠肆虐的阴冷、漆黑的地下囚室中长达两个月，直到因为医疗原因而被转移至一个地上隔间中，他在此又被囚禁了至少一年。与此同时，包税公司的官员试图挖出足够的证据以启动审判，但却无果而终。作为一名身份遭误认的受害者，莫内拉在被释放到巴黎大街上之前已经在比塞特监狱中受够了折磨，并被夺走了两年的时光。他马上提起了诉讼。

身为间接税法庭主席的马勒泽布开始严厉质问这一案件，他就此寻得了一个调查走私战争有害影响的机会。通过深入的调查，该法庭决定支持原告的主张，下令包税公司向他支付5万利弗尔的赔偿金，这一判决对该公司发出了严厉的警告——自此之后，它将因为滥用警察权力而明白无误地付出代价。但是莫内拉永远都无法拿到这笔原属于他的钱。在判决生效之前，御前会议已经按照总包税人的吩咐介入阻止了赔偿金的支付，并且夺过了这一案件的司法管辖权。间接税法庭以同样的方式进行了回击，它自行颁布了一项法令，宣布御前会议的行动无效。马勒泽布试图打破与政府大臣的谈判僵局，但却无人顾及他的意见。这位受挫的主席在致大臣的信中写道："如果政府想要抓住机会展示自己的权力，先生，我敢说这将是非常错误的选择。"[1] 为了一劳永逸地解决这件事，路易十五在康白尼召集了法官代表，亲自严斥了他们违逆圣意的行为。

马勒泽布不会让事情就此过去，他了解了太多关于莫内拉事件的情况，如今已经无法停下来了。从国王行宫回来后不久，这些法官便呈交了一份谴责莫内拉遭包税公司残忍对待的抗议书。该法庭还特别将目标瞄准了"逮捕密令"——一种由国王签发、授权对个人实施监禁的蜡印命令

---

① Auger,*Mémoires*, 501; Malesherbes to Maupeou, 28 July 1770.

文书。此类文书一般为那些希望隔离犯有精神疾病或行为不端、可能有辱家族名誉的亲戚的家族成员所用，但在18世纪30年代，财政大臣奥利为了囚禁涉嫌走私者而开始签发这种文书。① 逮捕密令提供了一种临时（至多数月）监禁嫌疑犯的手段，在此期间官员们可以搜寻相关的法庭证据。如果寻获证据，嫌疑犯将被送至相应的法庭接受审判。如果没有寻获证据，已经为所谓的不法行为接受教训的他们将被释放。马勒泽布在调查与莫内拉遭囚禁的相关情况时偶然发现了基于这一特定目的所使用的逮捕密令。逮捕这名不幸者的包税公司主管使用逮捕密令将他送到了比塞特监狱的深处，他在此——正如抗议书向国王提出的——被关入了"为实施最残暴罪行的犯人所准备的囚室"。"陛下将难以相信一个涉嫌走私者会被如此野蛮地囚禁于这一可怕居所中长达一个多月。"马勒泽布（谨记贝卡里的主张）认为，即便这不是一个错认身份的案件，而莫内拉事实上是一名走私者，他也不应被关入"这些可怕的地牢之中；因为犯罪与刑罚之间最终必须存在着某种均衡状态"。至少，刑罚不应由为威力巨大的逮捕密令作为刑罚手段的低级别包税公司官员肆意施行。在这样的情况下，我们的生命和自由将"任由一名金融家摆布"②。

在法庭呈交抗议书后不久，路易十五的大臣们精心策划了一次将重塑剩余时间里旧制度面貌的政变。1771年，无意于继续忍受来自高级法庭反对意见的大臣雷内·尼古拉·夏尔·奥古斯丁·德·莫普推行了一场影响深远的法律改革，大胆地一次性废除了3个热衷于争吵的高等法院，并将经过挑选的法官人选安插到剩余的法庭中。巴黎间接税法庭遭解散，马勒泽布被逐出了他的统治地盘。随着法庭的立场变得中立，国王能够在未遇到数十年来对其形成困扰的司法部门反抗的情况下推行法律。而旧的司法

---

① BN MS 8476, 8379, 8376, 8392, 8372, 8390, 8391; ADH C 1697; AN Y 10929b.

② Auger, *Mémoires*, 504-517, remonstrances of 14 August 1770.

秩序也就此解体。

年轻的路易十六在3年之后的1774年登基，他重新恢复了古老的高等法院和间接税法庭。虽然许多遭到严惩的法官始终未能恢复元气，但不屈不挠的马勒泽布却高调回归了，他积极地向新任国王提出了反对包税公司的意见。更可能的是，莫普的政变进一步激化了马勒泽布关于旧制度政治的观点，他抓住其法庭回归的机会向新任国王展示了包税公司是如何在看似安宁的王国中积极地妨碍自由、公正与人性。为了强调包税公司系统性的滥用职权，1775年5月6日的抗议书使用了一个带有极其痛苦含义的词汇：暴政。据孟德斯鸠分析，从18世纪50年代和60年代的宗教与财政纷争开始，这个词就被用来形容国王政府，而有鉴于此时距离莫普的政变为时不远，它如今直接指向的目标便是包税公司。

作为这个世纪最为重要的政治思想表现形式之一，这些抗议书发展了孟德斯鸠通过区别国王绝对主义——国王据此合法地拥有无限的权力——与暴政，将暴政与包税联系在一起的做法，而凭借暴政，"其等级中的每一个执行者也都能够使用无限制的权力"。通过这一定义，马勒泽布认为法国没有其他组织像包税公司一样行使着专制的权力。正如达里格朗的论文所指出的，由"数不清的警卫大军"——他们为金钱奖励所驱策，毫不犹豫的展开搜查、没收、逮捕，以及马勒泽布在对莫内拉事件作出判断之后所强调的监禁行动——所施行的无数"破坏活动"展现了这种暴政。而当总包税人侵犯了被孟德斯鸠视为对自由至关重要的司法、立法与行政权力之间的藩篱时，他们已经更为深入地重塑了国王政府的结构。[①] 在过去的一个世纪里，运作这家公司的金融家们逃脱了监管，让自己成为"立法者"。通过将法庭、御前会议甚至是国王驱逐出立法领域，包税人们有效地制定了他们自己的法律，而这些法律又被财政大臣不假思索地批准了。他们并不满足于主导立法领域，还通过组建非常规法庭和仅由包税公司的木偶——财政大臣充当成员的虚构无稽的王室法庭来掌控司法领域。[②] 在这个允许包税人自行担任法官的司法当局的封闭圈子内，办事程序在急速腐化，案件记录是"早已确定好的，走私犯罪变得证据确凿"，与此同时，刑罚被大大加重，走私者被遣送至苦役船上，或挂尸于绞架之上，仿佛他们曾犯下了"重罪"。经此类刑罚加诸经济罪犯头上所展现出的不人道自然引起了国王的关注："我们毫不怀疑陛下被关于这次残忍暴行的描述所触动，他询问为何会基于经济利益宣判公民们死刑。"[③]

　　马勒泽布所描绘的图景是令人沮丧的，但并非无法补救。长期的解决方案便是召开三级会议，这一全国性的政治会议已经中断了超过一个半世纪。[④] 在三级会议中断期间，法官代而伸张了法国人"自由地向吾王

---

　　① 我在此处的分析与下述论著存在一致之处：Julian Swann, "Malesherbes et la critique parlementaire du despotism, de la bureaucratie et de la monarchie administrative," in *Le Cercle de Vincent de Gournay: Savoirs économiques et pratiques administratives en France au milieu du XVIIIe siècle*, ed. Loïc Charles, Frédéric Lefebvre, and Christine Théré (Paris, 2011), 111-129; and idem, "Les parlementaires, les lettres de cachet et la champagne contre l'arbitraire de la justice au XVIIIe siècle," in *Les parlements et les Lumières, ed. Olivier Chaline* (Paris, 2012), 179-196.

　　② 马勒泽布怀疑御前"会议"的许多裁定都只是财政大臣一人的决定，这一观点得到了 Michel Antoine, *Le Conseil du roi sous le règne de Louis XV* (Paris, 1970), 377-431 的证明。这是高级法庭认为派驻它们那里的司法代表等级要高于留驻御前会议的代表的一个原因。Olivier Chaline, "Cassations et évocations dans les remonstrances des parlements au XVIIIe siècle," *Histoire, Economie, et Société* 29 (Septembre 2010), 67.

　　③ Elisabeth Badinter, ed., *Les "remontrances" de Malesherbes* 1771-1775 (Paris, 1985), 174-202.

　　④ 马勒泽布在1763年和1770年的抗议书中已经提及了三级会议，但在莫普政变之后，他的呼吁变得更为急迫。

陈情和抗议法律和国家权利遭侵犯这一事实"的古老权利。[①] 但自莫普政变之后，法庭不具备击败暴政的权利已经极其显而易见。唯有三级会议能够迫使国王废除这一用来征税的可怕体系。在等待国王召开这一全国性会议的时候——谁知道这要花费多长时间——一项改革措施仍然能够限制财政、行政和司法领域的弊病：这就是全国性的宣传。那个推动经济学著作出版并鼓励莫雷莱翻译贝卡里论著的人再一次借助公众宣传来加速改革。那些抗议书宣称包括包税公司的规章、逮捕密令、司法诉状和法庭裁定在内的所有政府法令均应出版发行以供民众审查。与其说这是一项"革新"——这是旧制度政治中的贬义词——倒不如说是对阅读与书写之前的平静时代的回归，当时的政府事务都是通过口头形式推进的。在口头化公众宣传的黄金时代过去之后，书写的文字为国家行动提供了掩饰，从而让真正意义上的暴政革新得以出现。但正是印刷的力量预示着一个永远透明而自由的法国的全新时代即将到来。[②]

尽管国王试图阻止1755年抗议书的传播，但正如1771年2月反对莫普的抗议书那般，它正是凭借着这种精神在1778年、1779年和1789年不断得以出版发行，获得了自由世界的称颂。[3]文字共和国的记录者巴绍蒙认为："没有多少作品能够引发这么多的关注……这是一部充满着活力与逻辑的爱国杰作……人们越多地讨论间接税法庭的抗议书，就能越多地发现

---

①　Badinter, ed., *"Remontrances" de Malesherbes*, 172.

②　Keith Michael Baker, *Inventing the French Revolution* (Cambridge, 1990), 117-120.

③　*Très-humbles & très-respectueuses Remontrances que present au Roi, notre très-honoré& souverain Seigneur, les Gens tenants sa Cour des Aides de Paris*[1778]; 收录了此前30年未出版抗议书的Auger, *Mémoires; and Manuel pour les deputes aux États-généraux, relativement aux impôts* [1789]. 巴黎间接税法庭的王室检察官恰恰担心1778年所出版发行的抗议书将"在民众中引发一场骚动"。*Extrait des registres de la cour des aides du 29 Avril 1778* (Paris, 1778). 关于1775年抗议书的出版历史和影响，见Decroix, *Question fiscal*, 311-315; and Swann, "Malesherbes," 121-123.

其中的美丽与令人钦佩之处"。①

　　在18世纪下半叶，作家们通过探讨政治经济与刑法问题大大拓展了启蒙运动的范围。这一观念变化所导致的众多结果之一便是民众针对包税公司的批评日益增多。当然，法国的知识阶级长期以来都对包税人持批判态度。在16世纪和17世纪，卫道士们在严厉斥责追求飞黄腾达的金融家的过程中建立了一个传统，这个传统一直延续到18世纪，在阿兰-雷内·勒萨热1709年的戏剧《杜卡莱》（*Turcaret*）和孟德斯鸠1721年的著作《波斯人信札》中仍然能见到对粗俗金融家的嘲笑。但从18世纪50年代开始——此时正值启蒙运动高潮时期有关政治经济与法律改革的作品开始萌芽，以及总包税人跻身贵族等级的时期②——批评已经超出了个人品德的范畴，开始直面一个包税、销售禁令、财政垄断和司法打压紧密相连的系统。作家们没有基于反抗的权利支持走私叛乱，而是将包税公司与走私者之间的斗争置于引人注目的全新理论背景之下，要求立即对财政和司法系统进行全面的检查。的确，这种慷慨激昂的呼吁所具有的紧迫声势与进行直接税改革的吁求形成了对照，后者在召唤暴政的幽灵时所使用的措辞远不如前者深透内里。包税公司专卖制度与禁令的反对者们祈求出现一种更为残酷的暴政形态，如果未能立即实施改革的话，可怕的财政-司法复合体将有可能借此将国王政府完全吞没。

　　政治经济学家、律师和法律改革家们使用着重复的语言驳斥这个复合体中已被人察觉的暴政。古达尔在声援马德林时声称包税公司已经侵犯了国王与民众之间的经济互惠关系，削弱了王国的力量。古尔奈及其伙伴们强调了消费者至上的原则，这一原则能够对消费者需求和仰赖于前者

---

① 引自Badinter, ed., *"Remontrances" de Malesherbes*, 138.

② Yves Durand, *Les fermiers généraux au XVIIIe siècle* (Paris, 1971), book 2.

的非法贸易者实行稳定价格的措施。重农主义者清晰阐述了自然秩序的概念，它将为非法贸易者开脱罪名；即便走私者违反了制定法，他们也绝对没有触犯经济领域的自然法。虽然政治经济学家们往往将非法贸易视为若干更为基础问题的症状，但它们与地下世界的关系将其拖入了一个充斥着叛乱与镇压的令人震惊的暴力世界中，而占据这个世界中心的正是包税公司——一个肆意侵犯理性、自然和人性规则的国家的奇怪产物。更多地关注于王国"基本"法律——而非自然法——的法官和律师们抗议了包税公司警卫所施行的"破坏活动"以及走私特别法庭的严刑峻法，与此同时更受哲学思想影响的法律改革家们猛烈抨击了法国刑法的非人性一面。针对走私者的严酷刑罚成为展现刑法典残酷的最重要例证。

虽然我赞同18世纪将走私活动非罪化的努力，但我在此处的目标不是歌颂那些在参与有关贸易管制与国家财政议题的公众讨论时为走私者做免受压迫辩护的知识分子和法学家。可以肯定的是，启蒙运动高潮时期的改革运动意图改善人们在现世的生活境况，这是一个野心勃勃并且有价值的目标，但建设更好社会的计划并不始终是顺利的。谴责特别法庭的同一批法官会卷入了狭隘的职业抗争当中，他们可能也会对更大范围的改革计划表示反对。援引自然法恢复走私者名誉的同一批经济学家猛烈地谴责了无业游民，对于穷人也毫无同情心。谈及普遍人性的同一批法律改革家试图让刑罚更加快捷和确定，正如米歇尔·福柯所写下的名言："不是要惩罚得更少些，而是要惩罚得更有效些。"[1] 如果说我们曾经从启蒙运动过去一代人的学术中学到什么的话，那就是这场运动是破碎的，其中充满着矛盾，在践行崇高的普世原则的同时，基于性别、肤色和社会地位的原因将不同群体排斥于解放计划之外。因此，赋予众多思想家为被指控犯罪的走

---

[1] Michel Foucault, *Discipline and Punish: The Birth of the Prison*, trans. Alan Sheridan (New York, 1979), 82.

私者辩护的勇气的同一种自由主义经济学逻辑也鼓动着对无特权者的残忍漠视。通过这种方式，那些在18世纪再次将经济学与法律概念化的作家们将犯罪的污名转嫁到了其他社会底层群体头上，这些群体在他们眼中更好地代表了旧制度时期危险的下层社会世界。此外他们还将污名转嫁到了包税公司头上，认为后者所经营的是真正的犯罪事业。

挑战包税公司合法性的强大力量回避了正题：通过文字对该机构进行抨击是否损害了国王政府的声誉？当包税公司成为批评言论的避雷针时，国王是否也遭受到了附带伤害，还是因为这个将恶意抨击都吸引到自己身上的机构而免受其患呢？当然，由于一系列动荡的宗教、财政和生计危机，路易十五在民众心目中的形象不再如18世纪中叶那般毫无污点。[1] 在18世纪60年代和70年代初期，随着君主美德的观念在知识分子当中得到发展，国王完美形象与对国王政府实际情况的认知之间出现了巨大的隔阂。[2] 路易十六的处境似乎更好，他在旧制度行将结束之际仍然获得了大众的支持，尽管这种支持又在之后的大革命中被他挥霍一空。但不管臣民们如何看待某些君主，包税公司参与了系统性的滥用职权这一观念却得到了日渐广泛的传播，从而激发了人们对立即进行彻底机构改革的期待。虽然启蒙运动作为一个单一且前后连贯的解放运动的概念已经不再站得住脚，但它那非同寻常的改革推力仍然无法遭到否认。在旧制度的最后数十年里，许多受过教育的民众开始渴望全国性的彻底改革，而改革的第一个下手目标便是规模庞大的包税公司。

---

[1]　Steven L. Kaplan, *The Famin Plot Persuasion in Eighteenth-Century France* (Philadelphia, 1982); Dale K. Van Kley, *The Damiens Affair and the Unraveling of the Ancien Régime* (Princeton, NJ, 1984); Jeffrey Merrick, *The Desacralization of the French Monarchy in the Eighteenth Century* (Baton Rouge, LA, 1990); Arlette Farge, *Subversive Words: Public Opinion in Eighteenth-Century France*, trans. Rosemary Morris (University Park, PA, 1995); and Kwass, *Privilege*, chapter 4.

[2]　Marisa Linton, *The Politics of Virtue in Enlightenment France* (New York, 2001), 145.

实施改革的责任无疑要落在国王身上，而在这一点上，针对包税公司的批评可能已经影响到了国王的看法。面对大规模的走私叛乱和民众的喧嚣讨论，国王所能做的或是听取批评意见，将自己摘离出包税公司，或是冒险让对抗发展到危险的程度。正如记者梅西耶在论及路易十六与总包税人所签订的契约时所大声疾呼的：

> 这是一项多么具有破坏性的协议，国王签订了怎样一份糟糕和虚幻的契约！他对民众的痛苦和自己财富的减损表示了默许。我想要击倒这个庞大而可恶的机器，它扼住了每一位公民的喉咙，在他无法抵抗的情况下吸干他的血，再将它分配给那拥有着全部财富的两三百人。①

因为国王对包税公司的纵容而感到灰心丧气的梅西耶不得不梦想着以一己之力摧毁这个机构。这个梦想将在法国大革命期间成为现实。

---

① Louis-Sébastien Mercier, *Tableau de Paris* (Amsterdam, 1782), vol. 1, chapter 261.

第十二章　革命

　　2005年至2006年，坐落在悬崖边上、俯瞰着阿尔卑斯山区城市格勒诺贝尔的多菲内博物馆为此地出生、成长的路易·马德林举办了一次精彩的展览。虽然博物馆馆长通过历史的视角给予了马德林谨慎的定位，对他的生平与传奇进行了区分，但参观者对于马德林却有着自己的看法，他们在展览尽头的活页笔记本上留下了数以百计的评论、素描和口号，热情地将这些看法表达了出来。持极右政治立场的参观者或是将马德林视为另一类型的"毒贩"而不屑一顾，或是希望出现一个当代的马德林来清洗这个充斥着犯罪的国家。更多持中间或偏左政治立场的参观者——其中部分人曾经在小学或夏令营中唱过《卓著的悲歌》——则将马德林置于法国大革命的背景之下。虽然马德林被处死距离1789年已有足足34年之久，但他仍然被普遍地视为这一世界性历史事件的先行者。一名参观者写道："大革命的根源已经在路易·马德林的行动中得到了展现，自由、平等、博爱！"另有几名参观者自然而然地将这名走私者置于一种他们希望能够令法国再次浴火重生的革命传统当中，他们写道："革命万岁！"重生的马德林将通过消灭"我们时代的总包税人"——即国际货币基金组织的银行家、世界贸易组织的官员以及腐败的商人与政客——建立一种新的政治与社会秩序。[1]

---

　　[1]　感谢瓦莱丽·于斯允许我查看参观者的留言册。

然而马德林绝非革命先锋。他当然做过藐视法律和攻击包税公司警卫之事，但除开那扭转形式的著名手段，他并没有清楚地阐释全面的革命主张，没有引发夺取权力的运动，似乎也没有对国王心怀歹意——他曾两次请求在国王的军队中服役。但是在他被处死之后的数十年中，当他的事迹已经变成传奇时，他所象征的非法经济却变得更具政治色彩。文人们（包括曾在1789年重新出版《路易·马德林的政治遗嘱》的昂热·古达尔）猛烈地抨击包税公司及其专卖制度。[1] 赋税叛乱在农村地区爆发，国王的无数臣民——走私者和平民——开始拒捕，阻碍搜查，攻击警卫岗哨，洗劫包税公司官员的宅邸，救出遭抓捕的同伙。[2] 走私叛乱的大规模爆发反映了地下经济中日益增加的全球化因素———一种凭借自身力量所实现的意义深远的历史性发展，但这种动荡也引发了严重且规模庞大的民众叛乱。事实上叛乱范围如此之广，以至于一名历史学家建议我们将它们视作为1789年大革命铺路的一场"前大革命运动"："显然'前大革命运动'一词——它被广泛用于形容精英阶层的分歧和旧制度最后数年所爆发的危机——有着一个平民色彩的对应词，在当下对大革命起源的描述中，后者多半被忽略了。"[3] 平民的前大革命运动如何给法国大革命火上浇油便是这一章的主题。

就近年来针对大革命的阐释而言，强调财政叛乱的重要性可能显得有些奇怪。的确，如果我们厘清大革命从早年贯穿国民公会时期至第一帝国的整个脉络，这一非同寻常的历史事件的最终胜利方无疑是国家。废

---

[1] Ange Goudar, *Analyse du Testament politique de Mandrin* (1789).

[2] Jean Nicolas, *La Rébellion française: Mouvements populaires et conscience sociale 1661-1789* (Paris, 2002), 57, figure 3.

[3] John Markoff, *The Abolition of Feudalism: Peasants, Lords, and Legislators in the French Revolution* (University Park, PA, 1996), 265, 分析了让·尼古拉的初步数据。Nicolas Schapira, "Contrebande et contrebandiers dans le nord et de l'est de la France, 1740-1789" (mémoire, Université de Paris, 1991), 108, 发现与走私相关的犯罪数量在1786年至1789年经济危机期间达到顶峰。

除革命者们所谓的"封建制度"削弱了一度占据主导地位的教士等级和贵族等级，但却赋予了法国政府巨大的权力，它在19世纪伊始具备了发动战争、镇压社会异议和以超越旧制度"绝对主义"君主的规模征收赋税的权力。[①] 但我们不应因为大革命的结果而无视它对局势令人震惊的扭转和创造力。在这场允许进行民众主权的激进实验从而留下同样不朽遗产的游戏中，国家权力的强化姗姗来迟。

争取民众主权的初期行动之一便是财政叛乱。虽然赋税叛乱对于1789年至1792年的自由主义革命有着重要的影响，但它的结果多半已被遗忘。这是因为，首先，制宪议会在1791年针对税收体系进行的彻底改革通常被认为是受到了重农主义者的持续影响，正如我们所了解的，他们数十年以来都在寻求以单一的土地收入税取代间接税。其权威正如埃内斯特·拉布鲁斯在描述大革命早期的财政政策时所说的——"只是与重农主义的财政计划妥协的结果"[②]。然而要令新的财政秩序植根于重农主义者的学说当中是要冒以民众激进主义为代价来夸大经济学家影响的风险。因为如果说新的财政体系似乎屈从于重农主义，那么它也经过了激进的民众叛乱的锤炼。其次，研究大革命时期大规模叛乱的社会历史学家们强调了反领主、反征兵和具备宗教色彩的暴动，以及巴黎的暴动行动（攻占巴士底

---

① 当然，国家权力的连续性是托克维尔《旧制度与大革命》的一大主题。关于战争，见David A. Bell, *The First Total War: Napoleon's Europe and the Birth of Warfare as We Know It* (Boston, 2007). 关于镇压，见Howard G. Brown, *Ending the French Revolution: Violence, Justice, and Repression from the Terror to Napoleon* (Charlottesville, VA, 2006). 关于财政，见D. M. G. Sutherland, "Peasants, Lords, and Leviathan: Winners and Losers from the Abolition of Feudalism, 1780-1820," *JEH* 62 (2002), 1-24; Eugene White, "The French Revolution and the Politics of Government Finance, 1770-1815," *JEH* 55 (1995), 230 (Figure 1); and Michel Bruguière, *Gestionnaires et profiteers de la Révolution* (Paris, 1986).

② Ernest Labrousse, *Esquisse du mouvement des prix et des revenues en France au XVIIIe siècle* (Paris, 1993), 2: 631. 近年来的Nicolas Delalande, *Les Batailles de l'impôt: Consentement et résistances de 1789 à nos jours* (Paris, 2011), 38, 曾指出这个新的财政体系"先验地"排除了任何诉诸间接税的手段。

狱、十月游行、1792年8月10日事件等等），但他们几乎忽略了1789年至1790年的早期财政叛乱。[1]

两种方法都不是完全错误的。重农主义思想曾在自由主义革命期间有着重要影响力，而反领主、反征兵和具备宗教色彩的暴动一度取代了财政叛乱成为农村地区动荡的首要因素。然而很少有历史学家注意到，在大革命开始之时，国王的臣民最渴望的便是废除间接税。[2]而在大革命前夕，最令普通民众不堪其扰的是总包税人所征收的消费税——它是旧制度暴政的最重要象征。走私者、消费者和立法者摧毁这些税收将在一个革命国家的形成过程中起到决定性的作用。

革命的不满

在法国大革命的漫长过程中，国家财政始终显得规模庞大。这个经常被提及的关于国王政府财政崩溃的故事与全球性战争、高筑的债台和导致18世纪国家瘫痪的脆弱税收系统一样，都构成了最为严苛的机构限制。税收的不足导致了债务违约，债务违约导致在借贷时需要支付高额的违约保证金，而高额的违约保证金又令王室财政陷入了困境。[3]只要国王不愿意以某种君主立宪制的形式与精英阶层分享权力，真正的改革就不可能发生，而国王政府也难逃失败的命运。尽管这个关于制度脆弱性的长篇故事颇有道理，但我们需要谨记：法国仍然拥有欧洲最强大的财政力量，它所

① Anne Conchon, *La péage en France au XVIIIe siècle* (Paris, 2002), 440, 得出了相同的观察结果。
② 我们必须回顾19世纪共和派历史学家米什莱的著作以找到强调这一关键点的革命概述。米什莱在《法国大革命史》[*Historede la Révolution française* (Paris, 1979)](1: 86)中写道，包税公司对抗法国民众的"有组织战争"是引发大革命的"恶行"之一。
③ 关于近期论著所作的精彩综述，见Gail Bossenga, "Financial Origins of the French Revolution," in *From Deficit to Deluge: The Origins of the French Revolution*, ed. Thomas E. Kaiser and Dale K. Van Kley (Stanford, CA, 2011), 37-66.

征收的税收要比同时期的英国多三分之一。^①虽然18世纪的法国遭遇到了支付公共债务的利息支出以及所征收的与国内生产总值以及人口相关的税收总额方面的问题，这个国家显然正在被英国赶超，但它不大可能成为历史讽刺画中的僵化国家。事实上，法国大革命的财政诱因不仅存在于制度的脆弱性当中——这是国王无法改变也不愿去改变的——它还存在于制度的发展过程当中，而这正是国王一度推动的。立足于包税公司的宫廷资本主义的有力增长可能已经大大增加了国王、金融家和那些联系紧密的贵族的财富，但它似乎还大大加深了他们与社会大部分成员之间的分歧。正是这种针对宫廷资本主义的广泛敌视——再加上财政体系本身的结构脆弱性——削弱了财政机构的合法性，推动了有利于法国大革命爆发的社会条件的出现。^②

那场革命肇始于1789年春，当时其财政部正因美国独立战争而背负巨额债务的路易十六偏离了由来已久的绝对主义政策，召集了被长期中止的三级会议。当来自所有行业的法国人都翘首以待这一古老会议的历史性回归时，他们也获得了一个公开表达不满的罕见机会。路易十六要求臣民起草陈情书，以此来引导他们新近选举出来的代表的议程。而当法国人抵达1789年革命的开端时，这些陈情书比其他任何文件都令他们苦恼。

位列4万份陈情书之首的便是税收问题。陈情书赋予了税收以宪政的重要意义，它指示代表们从国王政府那里夺取征税权，利用它来确保新宪法的安全。如果国王希望三级会议在征税问题上保持合作，他将不得不把权力交给国家代表，接受君主立宪制度。但请愿书没有一视同仁地对待所有的税收。受到精英阶层豁免权严重影响的直接税必须彻底推倒重来。然

---

① 见若埃尔·费利克斯（Joël Félix）在"Retour sur les origines financières de la Révolution française," *AHRF* 356 (2009), 189中的评论。

② 类似的观点见John Shovlin, *The Political Economy of Virtue: Luxury, Patriotism, and the Origins of the French Revolution* (Ithaca, NY, 2006).

而一旦经过改革，它们将成为新的宪法秩序的支柱，而在这个新的宪法秩序中，身为纳税人的公民拥有投票和担任公职的权利。[1] 与之相反，间接税遭到了严厉得多的抨击。作为所有在旧制度中腐化事物的典型，它们压迫穷人，让国家为它配备了一支滥用职权的警察队伍，令寄生虫般的金融家们大发其财，将无辜者扔入非人道的司法体系。作为王国阴暗面的可怕象征，间接税是完全非法的。请愿书要求将它废除。[2]

在王国内被废除的间接税清单中，盐税和烟草专卖制度尤为引人关注。最为严厉的批评显然留给了盐税，这种税收无耻地利用了一种被认为是彻头彻尾的必需品的商品。[3] 阿瓦尔的神职人员认为，因为食盐是"最为必需的商品"，盐税"大大增加了穷苦阶层的负担"，因此它应被立即废除。[4] 然而令人吃惊的是，与财政大臣们长期以来所坚持的说法相反，法国人对烟草也持相同的观点。对财政大臣的说法表示赞同的部分请愿书将烟草归入了奢侈品的范畴，或至少是一种"不自然的必需品"，因此颇为认可专卖制度。[5] 但是在一个普通人经常吸食烟草的时代，许多人并不认为他们对于烟草的渴求是"不自然的"。相反，大部分的请愿书将烟草

---

[1] Michael Kwass, *Privilege and the Politics of Taxation in Eighteenth-Century France* (Cambridge, 2000), chapter 6.

[2] Gilbert Shapiro and John Markoff, *Revolutionary Demands: A Content Analysis of the Cahiers de Doléances of* 1789 (Stanford, CA, 1998), chapter 20. 部分请愿书促请设置新的奢侈税，但大部分请愿书完全回避了间接税的问题。

[3] Ibid.最为广泛的不满是针对包税公司征收的注册税，这可能反映了律师在起草各地请愿书中的调停作用，但就出现概率及其所引发的仇视程度而言，民众最大的不满仍然是盐税。

[4] *AP*, 2: 139, art. 58. 另见P. Grateau，"'Nécessité réelle et nécessité factice'：doléances et culture matérielle dans la sénéchaussée de Rennes en 1789," *AB* 100 (1993), 303.

[5] 博韦的第三等级代表引用了雅克·内克尔的权威论述，不得不"承认这项（烟草）税收是无伤害性的，因为它所针对的目标是试图满足非自然需求之物，而在所有的税收中，它是最柔和与轻微的；正如这名伟大的管理者——法国的希望所说的，它应跻身睿智的财政发明的行列"。*AP*, 2: 304. 圣米耶的贵族将烟草视为一种非必需的奢侈品，常常在玩纸牌的时候享用它。*AP*, 2: 240. 另见*AP*, 6: 238; and Grateau，"'Nécessité réelle,'" 305.

与食盐一同归入了必需品的范畴。蓬阿穆桑市曾使用颇为典型的手法轻描淡写地呼吁废除"所有加诸食盐和烟草之上的税收，它们的销售应该是不受控制的，就像其他的重要生活必需品一样"[1]。为了阐明烟草对于穷苦民众而言的确是一种必需品，普莱斯社区声称那些染上烟瘾的"不幸者"通过克扣自己的面包口粮来攒够钱购买包税公司的烟草。[2]一贫如洗者宁愿舍弃面包这种典型的法国必需品也无法离开烟草已经证明了后者作为一种绝对必需品的地位。

在将食盐和烟草归为两种通过过高价格压榨穷人的生活必需品之后，请愿书又对这两种商品的专卖制度提出了类似的批评。问题不在于专卖制度侵犯了自由贸易的神圣原则，而在于它们令民众遭受到了侵略性政策和不当滥权行为的侵害。选区选民效仿达里格朗、马勒泽布和其他人在大革命之前所做的批评，提及了与搜捕、检查和搜身联系在一起、令公民沦落为丧失权力的奴隶境地的"破坏活动"。普瓦蒂耶的第三等级声称："在盐税的压迫之下，有多少行省能够摆脱日常的审讯？""残酷的烟草税收连通制造它的财政怪物应该被一同消灭……愿这两种泯灭人性的税收的废除能够为不幸的受害者带来自由的希望！愿善法恢复他们的公民权利！"[3]来自马德林故乡多菲内的维埃纳市的一份声明称，只有当烟草专卖制度被打破，贸易不再受到限制，法国才可能"被从这一大批可怕的代理人和受贿的奸邪之徒——他们的财政无谬论已经违背了理性和公正原则——中解救出来"。[4]警卫们"就像一伙盗贼一样配备着军刀、猎刀、

---

[1]　*AP*, 2: 232.

[2]　*AP*, 5: 27. 埃尔贝维尔的村民也解释称如果没有烟草，他们将无法工作。E. Gondolff, *Le Tabac sous l'ancienne monarchie: La ferme royale*, 1629-1791 (Vesoul, 1914), 335.

[3]　*AP*, 5: 418.

[4]　*AP*, 3: 85.

滑膛枪或棍棒"进入他人的宅邸。[①] 达兰教区问道："在食盐和烟草方面，难道我们不是那些被公众舆论严厉抨击之人的奴隶吗？"[②] 这些请愿书将包税公司的警卫形容为"渣滓""害虫""瘟疫携带者"，使用了一种颇具人身攻击色彩的措辞，呼吁彻底根除上述现象。[③] 而更为变本加厉的是，这些"害虫"从纳税人那里榨取的钱财最终落入了身为财阀势力的金融家的腰包中。比克瑟伊教区要求："总包税人必须加以镇压，因为将他们所获得的大笔收入——或者说是他们榨取的钱财——转交给王室财政部，难道不是比落入这些贪婪的包税人手中更好吗？"[④]

而惨烈的走私战争尤其不利于食盐和烟草的专卖制度。请愿书中大量提及了这场"国内的"或"两败俱伤的"战争。事实上，其他部分言简意赅的请愿书中也曾偏离主题，提及了武装冲突的暴力事件和通过刑法系统加诸走私者头上的凶残行径。沙托鲁的司法行政官法庭曾大为不满于"8万武装人员兵戈相对，其中一批人涉嫌走私，另一批人试图阻止前者……在一个文明王国的中心，公民们以武力相互对抗；他们以一项财政法律的名义割开了对方的喉咙……向包税人自卫军所持的正义之剑……献祭走私者"[⑤]。奥尔良的公证人们观察道："大批军队的乌合之众将他们的生命花费在了追捕不幸者的行动当中，这些不幸者被利诱下水，或者在最急迫需求的推动下，毫不犹豫地冒任何危险——包括他们的性命——以获得对于他们而言是首要必需品的商品。"因为走私而被法律所审判的穷人遭到了"最严苛的起诉，被罚得倾家荡产，陷于绝望或行乞的境地，甚至经常

---

① 引自 Jean Clinquart, *L'administration des douanes en France sous la Révolution* (Neuilly, 1989), 40.

② Gondolff, *Tabac*, 341.

③ 引自 Shapiro and Markoff, *Revolutionary Demands*, 613, n. 48.

④ 引自 George T. Matthews, *The Royal General Farms in Eighteenth-Century France* (New York, 1958), 278. 另见 *AP*, 6: 22.

⑤ *AP*, 2: 326.

遭到不名誉的惩罚，导致他们为社会所不容"①。

苦役刑罚是严厉的。博蒙莱罗热的第三等级指示其代表们终结"苦役船上那些被财政官员称为走私者之人的悲惨遭遇"②。布洛奈的平民们宣称，将罚款转化为苦役的做法是残忍的，他们认为"因为携带走私烟草而被捕之人的罪名与苦役刑罚并不相当，后者仅仅是因为被捕者无法支付罚款而强加到他头上的。将单纯的走私与公共犯罪混淆在一起是极其不公正和不可饶恕的，正如行刑者不加区别地给两种不同类型的罪犯烙上同一种不名誉的铁烙"③。这一论述已经可以媲美于贝卡里。

紧随这些抗议呼声之后的往往是对大规模赦免地下贸易者和重建刑法系统的明确呼吁。在马德林的匪帮解放皮伊监狱35年之后，这座市镇的第三等级要求"释放那些被拘禁于监狱和苦役船上的走私者，赋予他们自由"④。在未来，针对走私者的刑罚应被限制于罚没商品（或者最多课以适当的民事罚款），以"实现走私犯罪与相关刑罚之间的匹配"⑤。可怕的走私特别法庭也必须予以撤销。对于它们所从事的勾当十分熟悉的兰斯第三等级便禁止政府在未来设立此类法庭。"因此，我们要求废除目前仍然存在的特别法庭，特别是针对走私者的特别法庭，因为作为国家的重负，它剥夺了公民应由自然法官审判的有利条件。"⑥维克的贵族等级和第三等级使用了更为激烈的措辞谴责兰斯和瓦朗斯的特别法庭：此类"倒向包税公司并得到后者资助的血腥法庭是不可信的和危险的"⑦。

在法国大革命前夕，请愿书证实了大规模爆发的走私叛乱和改革论著

---

① *AP*, 6: 683.

② *AP*, 3: 307. 关于走私活动的非道德解读，另见4: 750。

③ *AP*, 2: 441.

④ *AP*, 5: 469. 另见2: 326 and 6: 36.

⑤ *AP*, 3: 275. 另见1: 696, 2: 99, 2: 435, 3:27, and 5: 588.

⑥ *AP*, 5: 531. 另见2: 304, 3: 85, and 3:679.

⑦ *AP*, 6: 19 and 6: 22. 另见6:24, 6: 131, and 6: 719.

的措辞曾经表明过的一点：包税公司所征收的消费税是旧制度中最广受民众厌恶的制度。虽然像消费税一样，印花棉布的管制也由包税公司负责，并引发了警方和走私者之间的冲突，但在1789年，这一管制制度所引发的敌对情绪已经微乎其微了。印花棉布的进口关税已在1772年（通过御前会议的命令）和1786年（通过《伊登条约》）被大幅降低，以至于连少数大费周章提及印花棉布的请愿书都在要求提高——而非降低——贸易保护的门槛。[①] 尽管存在着自由主义经济学家的煽动性言论和印花棉布走私者的叛乱，但贸易保护主义本身却并未招致边境居民的愤恨。在保护主义和财政主义这两种曾经刺激法国地下经济发展的国家干预形式中，唯有后者在旧制度末期引发了大范围的政治反对声浪。

拆除城墙

1789年6月17日，当教士等级和贵族等级反对在三级会议中分享权力时，第三等级无所畏惧地宣称由它自己所组成的代表全法国的国民公会将"贯彻国家的普遍意志"，开始"全国性的恢复工作"。[②] 有鉴于请愿书所提出的要求，国民公会在其创建首日出台的首项法案便将目标瞄准了税收就毫不奇怪了。新生的国民公会大胆地宣称国家拥有同意征税和制定财政法律的主权权利，但同时也公布了一项野心勃勃到令人忧心的税收政策。一方面，它宣称所有现存的税收都是非法的，因为其创制都未经过国家的同意。这份公告写道："现今在王国内征收的"税收"全都是非法的，因此它们的创制、拓展和延期都是无效的"。另一方面，国民公会全体一致地宣布"虽然这些税收的创制和征收是不合法的"，但它们将"继

---

① 关于印花棉布进口关税的下降速率，见*Pierre Caspard*, La Fabrique-Neuve de Cortaillod (Paris, 1979), 108.

② 引自Laura Mason and Tracey Rizzo, eds., *The French Revolution* (Boston, 1999), 59.

续通过与此前相同的方式予以征收"，直至新的税收体系建立。① 代表们保持着人们所期待的针对财产所有者的谨慎态度，他们发誓将继续征收旧制度时期长期征收的赋税。虽然这些赋税收入显然是非法的，但它们对于支付这个国家的新代表们所全权承担的公共债务的利息而言是必要的。

6月17日所传递出的混杂的财政讯号，连同路易十六对于国民公会和大革命总体上极度矛盾的心态，在全法国引发了一波反映了请愿书对于包税公司消费税不满的赋税叛乱浪潮。虽然1789年至1790年的财政叛乱是一个世纪以来与走私相关的暴力斗争的高潮，但这种反抗行动所采用的形式却转而成了更大规模革命斗争的一部分。与其说如同一位历史学家曾经指出的，赋税叛乱从一种"前政治"形态转变成了一种"政治"形态——因为正如马德林的生平所充分证明的，它始终都具备着政治色彩② ——不如说随着走私者和消费者拓宽了集体行动的目标，令地区抗议活动与全国性的政治运动相联系，走私叛乱的意义也得到了扩展。

走私叛乱在紧随国民公会设立之后登场的这出政治戏剧中迅速延烧起来。虽然路易十六在国民公会创立之初尚持勉强容忍的态度，并且曾命令前两个等级与第三等级一同加入这一新的立法机构当中，但人们并不清楚他是否是真心诚意地支持国民公会，抑或只是在拖延时间。当路易十六调遣数以千计的军队进入首都，意图封锁这座城市，切断身处凡尔赛的国民公会与其巴黎支持者的联系，将大革命消灭于萌芽状态时，巴黎人很快就得出了国王在拖延时间的结论。7月12日，当国王已经免除了雅克·内克尔——这名广受欢迎的财政大臣曾经剥夺了包税公司的部分权利，他在首个任期内令面包价格保持低位，力主将三级会议中第三等级代表的数量增

---

① Camille Bloch, ed., *Les contributions directes* (Paris, 1915), 60.
② R. B. Rose, "Tax Revolt and Popular Organization in Picardy, 1789-1791," *PP* 43 (1969), 93.

加了一倍——的职务的消息传至巴黎时，这座城市爆发了叛乱。为旧制度所特有的赋税叛乱再度爆发，而这一次它的规模已经足以引发革命。

在获悉内克尔被解职的消息后，巴黎民众的首要目标不是一般认为的巴士底狱，而是新近在城市周边修建的关税城墙。旧有的城墙几乎不能称之为城墙，它已经成了支离破碎且摇摇欲坠的征收通行税关卡——它使用建有木制棚屋的栅栏保护警卫——矗立在这座城市的主要入口处。如果说它们是完全孤立的，那是因为它们最初便被设置于这座城市外围的交叉路口上，警卫们在这里可以一览无余地观察所有的方向。然而，当巴黎在18世纪不断扩张时，整个邻近地区将这些关卡包围了起来，让监察贸易活动和推行财政法律的行动变得格外困难。命令毗邻城市边缘的房主用围墙将他们的房产隔离起来的法律几乎无法阻止财税边境变得千疮百孔，以至于包税公司每年因为走私活动损失大约600万利弗尔，尽管无数其他物资也被走私者带入了巴黎，但大部分的走私货物仍然是葡萄酒和烟草。[①] 此外，被称为"露天咖啡馆"的一批小咖啡馆恰好坐落于城市范围之外，它们为城市里的劳工阶层提供了未交税的葡萄酒和食物，从而进一步减少了包税公司的收入。深知包税公司无法从巴黎这个膏腴之地获取收成的总包税人安托万·拉瓦锡建议环绕首都外围修建一堵新的城墙。内克尔搁置了这项计划，但他的继任者——与包税公司关系密切的卡洛纳却在1784年批准继续这项计划。在雇佣建筑师克劳德-尼古拉·勒杜设计关卡之后，这位总包税人立即着手修建这堵城墙，他首先动工的是塞纳河左岸的部分，接着建造了右岸部分。

在勒杜手中，新的城墙成了一座宏伟的建筑。高度超过10英尺、长达14英里的骇人隔离墙将整座城市囊括于其中，围住了位于财税边境内的整

---

① Victor de Clercq, "L'incendie des barriers de Paris en Juillet 1789," *BSHP* (1938), 31.

个市郊地区（和位于其中的露天咖啡馆）。这堵令人叹为观止的城墙设有45个入口，每个入口都建有模仿古代雅典宏伟回廊的新古典主义建筑。这些建筑不仅是关税哨所，它们还是精心建造的石块复合体，配备有厨房、办公室、葡萄酒酒窖、马厩和储存罚没货物的库房。这个财税边境关卡华而不实的设计只能引发巴黎市民的厌恶。

其至在新的城墙被修建起来之前，旧有的城门就已经引发了敌对的情绪。正如梅西耶所观察到的，长期以来人们都知道旅行者在"四处咒骂"那些对他们实行搜身、检查他们的马车、打开他们的私人包裹的海关官员。商人们往往要忍受各种羞辱："当消费者翘首以待商品之时，一批人出现在你面前，命令你，'取出所有的东西，这样我就能看到、检查和称量它们，最重要的是这样我就能对它们课税'……你可以大发牢骚，抱怨称这是疯子的行为，……但海关的办事员和守门人却会充耳不闻。好像所有的包裹都会被没收，收归他们所有，他们只有出于纯粹的慷慨才会归还这些东西。"[1]

新的"总包税人城墙"的建造导致酝酿已久的不满情绪开始爆发。早在1784年10月，当这堵城墙刚刚奠基之时，书商阿迪便记录称："今天，每个人都在大声疾呼反对总包税人推行修建一堵环绕首都的城墙的奇怪计划，这项计划旨在阻止那些凭借欺骗和诡计导致他们损失至少一半税收的走私者。"[2] 随着城墙高度的抬升，这座城市中开始充斥着一些诙谐而满怀恶意的歌曲。《包围巴黎的城墙让巴黎哭泣》（*Le mur murant Paris rend Paris mumurant*）是一首精巧的小调。另一首四行诗歌如此写道："为了增加赋税/并缩小我们的眼界/包税公司认为有必要/将我们都投入监

---

[1] Louis-Sébastien Mercier, *Tableau de Paris* (Amsterdam, 1782), vol. 1, chapter 123.

[2] 引自E. Frémy, "L'enceinte de Paris construite par les fermiers généraux," *BSHP* 39 (1912), 119.

狱。" ① 而其中最为尖刻的言辞是由将这堵城墙称为"暴君"的雅克-安托万·迪洛尔所撰写的。这堵墙不仅切断了公共步道,将新鲜的乡间空气隔绝于圈内空间之外,它的"奢华"建筑还"嘲讽着公众的疾苦"。这些使用"柱廊、无基柱、突起装饰和多利斯式雕带"装饰的建筑"堪与大多数宏伟的宫殿相媲美……(但)这些被战利品压弯的浮夸的方尖碑只是宣告了包税人的胜利,满载着窃取自法国人民的财富"。拱门代表的不是胜利,而是"奴役",它们令人想起了"民众不断遭到那些每天都在导致内战混乱与灾难的邪恶警卫大军追捕、掠夺的悲惨画面"。这堵城墙羞辱了巴黎的民众,他们如今被迫证明了"自己只是自取其祸"。②

当这堵隔离墙在1789年接近完工之时,紧张局势正在日益升级。发现越来越难以携带货物蒙混过关的烟草和葡萄酒走私者不得不发明更为复杂的欺诈技术,包括在地下挖掘地道或铺设管道。巴黎的城墙招致了针对城门断断续续的孤立攻击事件,但直到1789年7月12日——这一天,内克尔被解职的消息传至巴黎——大规模的叛乱才开始爆发。大批的男男女女手持斧头和锤子袭取了这一刚建成不久的建筑复合体,拆毁了铁栅栏,破坏了雕像,捣毁了天平和登记簿,点燃了海关建筑和马厩(图12.1、12.2、12.3)。最终,巴黎的54个岗哨中有不少于40个遭到了摧毁。③

这些叛乱活动与过去一个世纪的叛乱相比较,不仅只是略有雷同而已。两个案例中普遍存在着走私者和其他与非法贸易有着直接利益牵涉的

① Gondolff, *Tabac*, 286.

② *Réclamation d'un citoyen contre la nouvelle enceinte de Paris* (1787), 3 and 20-27. 这本由新桥的一名书籍零售商售卖的宣传册遭到了巴黎警方的查禁。谣传曾有一名包税人悬赏2万利弗尔,要求获知该书作者的姓名。

③ Jacques Godechot, *The Taking of the Bastille: July* 14, 1789, trans. Jean Stewart (New York, 1970), 192-194; Roger Dion, *Histoire de la vigne et du vin en France des origins au XIXe siècle* (Paris, 1959), 518-523; Frémy, "L'enceinte de Paris"; de Clercq, "L'incendie des barriers."

图12.1　捣毁"好人"海关大门。Bibliothèque Nationale de France, Réserve QB-370 (23).

图12.2 捣毁戈布兰海关大门。Bibliothèque Nationale de France, Réserve QB-201 (118).

图12.3　打倒赋税。这幅大革命时期的画作采用了大革命之前文学作品在描绘包税公司时所使用的"蛇怪"形象。Bibliothèque Nationale de France, Réserve QB-201 (120).

人。在7月暴动中被捕的80名暴徒当中，两类人群占据了多数：同时从事走私烟草和酒水的葡萄酒商人（17人）与"职业的"走私者（15人）。[①]随后的一项调查表明走私者在攻击这堵城市隔离墙的过程中起到了重要作用。其中部分走私者甚至在这些城门被攻占前不久就将满载货物的马车停

---

① 剩下的人则包括了工匠、无特殊技能的工人和失业者。George Rudé, *The Crowd in the French Revolution* (Oxford, 1972), 49, 180-181, and Appendix IV; and Godechot, *The Taking of the Bastille*, 194; Dion, *Histoire de la vigne*, 521. 正如拉法叶将会观察到的，在整个1790年持续攻击征税关卡的人群是由"大量"得到普通民众援助的走私者构成的。引自Anthony Vidler, *Claude-Nicolas Le Doux: Architecture and Social Reform at the End of the Ancien Régime* (Cambridge, MA, 1990), 215.

在了附近，这样一旦警卫们撤离岗位，他们就能将商品运进城市内。邻近地区闻声而来的其他人群也协助他们将这些关卡一举摧毁。[2]

但是7月叛乱的规模、组织和意义却要比旧制度时期的类似事件宏大得多。在1789年之前，反包税公司的叛乱已经受到了空间与时间的严格限制。走私叛乱者及其盟友曾经亲自行动报复包税公司警卫，潜入当地营救被捕的走私者，取回被罚没的商品，或仅仅只是将包税公司警卫逐出市镇。即便是具备相对复杂政治意识的马德林也不希望他的强制交易引发持久的政治变革。相反，那些在1789年7月突袭巴黎海关大门的人却是混杂在一场关于国家主权的宪政斗争中行事的，他们希望自己的行为能够超越当地的非法经济范畴，影响到国家政治。因此，攻击巴黎海关大门的人群不仅包括了小规模的走私者群体及其关系紧密的盟友，还包括了众多的工匠、无特殊技能的工人和失业者。捣毁位于枫丹白露大道（如今的意大利广场）的岗哨的人群便有两三千人之多。那些加入人群当中发泄对包税公司不满的人受到了多次集体抗议活动成功的鼓舞，他们认为自己不仅是要在短时间内驱逐包税公司的特定部门（警卫或海关大门），而且要永久性地废除包税公司本身。一名捣毁了讷伊关卡中的家具的锁匠说道："我们最后去喝了3索尔的葡萄酒；之前很长一段时间里我们都要为此支付12索尔！"另一个地区的暴徒喊道："我们不希望海关大门再次出现！我们不希望警卫们再次现身！"[1]上述两种言论都表明了这样的概念，即他们所参与的叛乱已经超出了狭隘的报复文化的范畴，开始寻求普世的和永久性的制度改革。认为1789年7月捣毁海关大门的行动将带来持久政策改变的观点便出现在了《巴黎的革命》（*Revolutions de Paris*）当中，这份大受欢迎的革命报纸的第一个议题便是从攻占海关大门开始的。在听闻内克

---

① Dion, *Histoire de la vigne*, 521.

② Ibid., 522.

尔被解职的消息之后，这份报纸断言："绝望的民众看到了他们苦难的终点，他们烧毁了众多的海关岗哨……所有的海关岗哨……都被夷为平地……从这一刻起没有任何商品需要支付关税。"[1]

捣毁海关大门也传递出了一个政治讯息，即王室军队无法完全封锁巴黎，而巴黎市民能够控制进出这座城市的食物、武器和人群，通过国民公会表达的人民意志是不可抗拒的。叛乱的进程确定无疑地表明暴徒们正在对当日的高层政治事件做出回应。虽然首座海关大门是在晚上11时遭到攻击的，但叛乱在内克尔被解职的消息凭借《巴黎的革命》头版传出之后就已经开始。这份报纸还强调了这一事件如何成为政治意志的宣言，巴黎民众借此控制了这座城市的入口。他们的目的不仅在于免除食物和未纳税商品的通行费用，还在于设置了一种新的革命性的监察形式，即"为了避免任何惊惶的情绪，这项旨在仔细检查所有进出首都的车辆和行人的举措得到了谨慎的推行：这一预防措施发现了不止一个叛徒。"[2]该措施将海关大门暴动置于了革命力量与反革命力量之间更大规模全国斗争的论述语境当中。

讽刺的是，焚烧海关大门在巴黎的影响十分有限。最终，7月14日攻占巴士底狱的事件被证明最为有效地传递出了巴黎民众无法再容忍贵族控制这座城市和解散国民公会之阴谋的信号。人们有很多理由相信，在首都，攻占巴士底狱的政治重要性要令反包税公司的叛乱相形见绌。尽管在旧制度的最后数十年中，监狱堡垒和城墙都成了暴政的有力象征，但攻占巴士底狱却具备了巴黎市民为保卫这座城市冒险和牺牲生命所进行的艰苦卓绝军事斗争的所有标志性特征。两方人员的罹难丧生急剧增加了政治上

---

[1] *Revolutions de Paris*, no. 1, 1 and 6.

[2] Ibid., no. 1, 1, 6, and 12.

的赌注。[①] 与此相反，反对海关隔离墙的叛乱活动却几乎没有遭遇到什么抵抗，也未致人丧命，并且在很大程度上被参与其中的走私者视为顾及基本利益以及城市防卫的光荣事迹。然而进一步而言，新成立的独立的巴黎市政府通过纪念摧毁巴士底狱事件获得了大量回报——因为这一行动直接导致了该政府的成立，但要员们却与烧毁这座城市赖以获得税收的海关关卡的事件保持着距离。首都的大部分关税都被指定用于市政开支和医院补助。由于害怕丧失这部分的收入，巴黎选举人委员会在7月15日焚烧活动停止之后一天要求尽快重建征税体系。他们不但没有庆祝这个作为旧制度暴政象征的隔离墙的毁灭，反而发誓要重建不可缺少的市政财源。[②]

因为攻占巴士底狱的行动而在巴黎变得黯然失色的城墙战斗却在行省当中产生了更多的影响。由于三级会议在1789年春召开，国家和地方的政策共同引发了大量的财政叛乱：1789年3月23日，当马赛开始遴选出席三级会议的代表之时，一群愤怒的人攻击了该市包税公司总监的宅邸；1789年6月29日，当里昂正准备庆祝三个等级的联合之时，居民们袭击了该市的海关大门。[③] 但这一切都无法与巴黎市民在7月烧毁首都的新城墙之后发生的事情相提并论。当有关这一事件的消息传遍法国之际，农民和工匠们纷纷效法，揭竿而起对抗包税公司。

长期以来作为走私叛乱温床的皮卡第是第一个爆发叛乱的行省，当时民众们焚烧了关卡，摧毁了公司办公室，赶走了警卫，并在这年夏天的剩余时间里将走私者从监狱中解救了出来。与巴黎一样，这里的走私者也

① Hans-Jürgen Lüsebrink and Rolf Reichardt, *The Bastille: A History of a Symbol of Despotism and Freedom*, trans. Norbert Schürer (Durham, NC, 1997), chapter 2.

② 重建巴黎海关的尝试遭到了暴力抵抗。迟至1791年1月，也就是海关隔离墙被废止之前一个月，一项关于因为从事走私烟草贸易而被捕的葡萄酒商人的调查在拉沙贝尔关卡引发了一场战斗，导致50多人伤亡。

③ Gail Bossenga, "City and State: An Urban Perspective on the Origins of the French Revolution," in *The Political Culture of the Old Regime*, ed. Keith Michael Baker (Oxford, 1987), 135.

扮演了重要的角色。而在鲁瓦，当海关栅栏被摧毁之后，带着一车车走私食盐和烟草前来的走私者们受到了热情的人群的欢迎，他们被护送通过业已瘫痪的关卡进入市镇之内。[①] 圣康坦的居民也清空了道路，欢迎走私者进入市镇，并警告包税公司的警卫不要横加干涉，以免性命不保。当走私者们带着大小包裹抵达后，他们被迎入城市当中，并被带到主广场上公开出售走私品。当天晚上，一群人破门进入了王室监狱，将一批走私者解救了出来。[②] 正如邻近地区苏瓦松的总督向其上级所通报的："走私者从骚乱中获益；他们进入市镇，攻占关卡，获得了那些从中发现好处之人的支持，还公然出售食盐和烟草。由于害怕这些出言威胁的民众会敲晕他们，包税公司的警卫和骑警不敢面对这种混乱的局面"。[③]

就像在巴黎一样，当暴徒们增加了他们的呼求之后，皮卡第发生的叛乱活动便染上了截然不同的革命色彩。它们不仅具备了这样一种意义：即与此前相比，这次叛乱的不同之处在于它将最终摧毁包税公司；还明确地将叛乱与第三等级权力在全国范围内的崛起联系了一起。在听闻巴黎海关大门遭捣毁的消息之后，在拥有市集的市镇昂姆中，一群人来到了一个海关关卡前，宣称该关卡"扰民甚久"。在拆毁这个关卡并将其残骸扔入河中之前，他们还曾质问一名包税公司警卫是否忠诚于第三等级。[④] 在瑞西，叛乱者进入一名包税公司警卫家中追捕他，还考验了他的政治忠诚度。在被问及政治立场时，他回应称"他支持第三等级"，这显然是正确的答案，但仍然无法阻止叛乱者将他痛打一顿。[5] 来自埃尔维利和鲁瓦

---

① Rose, "Tax Revolt, "98. 免税的葡萄酒也曾现身于酒馆当中。

② Nils Liander, "Smuggling Bands in Eighteenth-Century France" (PhD diss., Harvard University, 1981), 213.

③ AN F-11, 210; 引自Clay Ramsay, *The Ideology of the Great Fear: The Soissonnais in 1789* (Baltimore, 1992), 177-179.

④ Liander, "Smuggling Bands," 211.

⑤ Ibid., 223-224.

塞勒的农民在笛鼓合奏声中向前进军，他们将一名警卫逐出了宅邸，声称"他们不欲再忍受这些警卫的存在，而这也正是国家的意志"①。再往南来到里昂，甚至是在内克尔被解职之前，这里的民众就已经捣毁了该市的关卡，收回了被罚没的走私品，并以4索尔一瓶的税前价格出售"第三等级葡萄酒"。②对于法国外省的市镇居民和农民——特别是对那些居住在走私猖獗地区（皮卡第、阿图瓦、迈内、安茹、朗格多克和鲁西荣）的居民——而言，革命的降临意味着从包税公司的束缚中解脱出来以及第三等级权力的崛起。这两种野心相互交织在了一起。③

从1789年秋至1791年春，当赋税叛乱趋于平缓而包税公司努力重获控制权之时，抵抗活动采用了较少对抗色彩的逃税形式。许多市民拒绝缴纳所有的赋税。在1790年，当制宪会议忙于建立一个新的财政系统之时，直接税收缴额下降了一半到三分之二，与此同时，间接税收入的下降幅度更大，在某些地区甚至高达90%。④ 在旧制度末期贡献了高达一半预算的间接税只占据了1790年总税入的六分之一或五分之一。⑤ 担心"财政制度荒废"的国民公会继续坚持征收此类税收，但对6月17日允诺的赋税减免

① 引自Schapira, "Contrebande," 110.
② Bossenga, "City and State," 135.
③ 关于1789年至1790年期间的间接税叛乱，见John Markoff, *The Abolition of Feudalism: Peasants, Lords, and Legislators in the French Revolution* (University Park, PA, 1996), 233-240, 275-277, 344-354; Bryant T. Ragan Jr., "Rural Political Activism and Fiscal Equality in the Revolutionary Somme," *Re-Creating Authority in Revolutionary France*, ed. Bryant T. Ragan and Elizabeth A. Williams (New Brunswick, NJ, 1992), 36-56; Ramsay, *Ideology*, 177-179; Stephen Miller, *State and Society in Eighteenth-Century France: A Study of Political Power and Social Revolution in Languedoc* (Washington, DC, 2008), 155, 190, 196-198; J. F. Bosher, *The Single Duty Project* (London, 1964), 152; Marcel Marion, "Le Recouvrement des impôts en 1790," *Revue Historique* 121 (1916), 1-47; and Rose, "Tax Revolt."
④ Marion, "Recouvrement," 1-47.
⑤ Bosher, *Single Duty Project*, 150. Jacob M. Price, *France and the Chesapeake* (Ann Arbor, MI, 1973), 797, 用图表记录了1789年和1790年包税公司急剧下滑的烟草销量。

（当国民公会在8月4日废除行省特权时再次做出此项允诺）满怀期待的纳税人们却不再向包税公司敞开钱袋。[1] 如果革命政府准备废除已被其视为非法的现存赋税体系，那么为何要按照临时禁制令的要求纳税呢？

在食盐和烟草专卖方面，拒绝纳税的行为导致了走私活动的大量出现，走私市场几乎不再顾及隐秘行事的问题。正如同马德林在18世纪50年代的特立独行的做法，走私者和消费者将非法贸易公开化了，从而让地下经济浮出了水面。在索姆河畔德利，走私者们在市政厅前售卖食盐。在吉斯，曾有人明目张胆地在一幢正在着火的警卫宅邸旁出售烟草。[2] 一名包税公司高级官员写道："冀望（烟草）税收在这届政府任内被废止或得到彻底改变的民众放肆地从事着与外国烟草以及阿图瓦、埃诺和法兰德斯等行省所出产烟草相关的投机活动，这些烟草的运输、出售和消费几乎没有任何阻碍。那些试图阻止这一活动的包税公司警卫必然会置身于危险当中，因为他们所求助的那些最大规模的市镇对此都熟视无睹，直至国民公会最终掌控了这项税收。"[3]

同样的事情也发生在了法国南部地区。来自皮伊的一名官员声称，烟草赋税正在急剧枯竭，

> 因为这种走私商品开始进行公开交易，甚至就在政府眼皮底下。受到这一时期混乱局势鼓舞的走私者们并不害怕在广场、街道和酒馆内公然出售这种商品；它的低廉价格刺激着消费者，压垮了包税公司零售商的销售活动……而令人异常震惊的是市镇官员们——过去他们最为重要的职责之一便是保证未被废除的赋税的征缴——亲自庇护或

---

[1] Camille Bloch, ed., *Procès-Verbaux du comité des finances de l'assemblée constituante* (Rennes, 1992), 1: 33. Conchon, La péage, 440-444, 讲述了一个关于领主租税的类似故事。

[2] Liander, "Smuggling Bands," 229.

[3] 引自Marion, "Recouvrement," 35.

参与了这一遭到禁止的贸易活动，从而树立了最应受到谴责和最为有害的典型。害怕狂热民众进行反制的包税公司警卫不敢抛头露面，走私品的数量每日都在增加。[1]

许多地区的地方官员在制宪会议宣布废止包税公司之前就已经这么做了。当叛乱活动震动巴黎与行省之时，充满活力的地下经济的运输线变得更加畅通。走私浪潮席卷了整个法国，令那些如今能够公开进行交易的商人和购买了空前数量免税商品的消费者欢欣鼓舞。一名财政部的官员回忆称，仿佛"走私品自己手持武器推翻了"专卖制度。[2] 这个国家前所未有地充斥着大量走私品。

重构叛乱活动

旧制度时期，那些在政府中担任公职的有产阶级受教育成员十分憎恶民众的暴力活动，认为它具有本质上的非理性、高度的传染性和危险的颠覆性。[3] 甚至连那些针对包税公司的滥权行为为走私者辩护的哲学家、经济学家和法律改革家也无视财政叛乱中的暴力活动，转而关注国家的镇压活动。无怪乎有产阶级的大革命领袖在对付民众暴动问题时也曾颇为艰难。国民公会的代表们在听到攻占巴士底狱的消息之后的第一反应是极其矛盾的。这一事件无疑展现出了令人震惊的暴力，但他们无法否认它对国

---

① 引自Gondolff, *Tabac*, 347. 另见Bloch, ed., *Procès-Verbaux*, 1: 192.

② François-Nicolas Mollien, *Mémoires d'un minister du trésor public*, 1780-1815 (Paris, 1898), 1: 144. 另见Clinquart, *L'administration des douanes*, 40-45, 所收录的档案。"保险金"费率——即商人为了保证其非法商品运输而向走私者支付的金额比率——从商品价值的15%至20%急剧降至5%至6%证明了包税公司正屈服于来自下层阶级的压力。Bosher, *Single Duty Project*, 160.

③ Déborah Cohen, *La nature du peuple: Les forms de l'imaginaire social (XVIII-XXIe siècles)* (Seyssel, 2010), chapter 1.

家政策的深远影响。难道不是这场重要的暴动导致了内克尔被召回，军队撤出巴黎，以及相对于有反动倾向的国王，国民公会的地位得到了上升？当这些代表意识到所有这些叛乱都推进了他们的事业，他们便逐渐将其纳入与大革命起源相关的正面历史。事实上，在一位著名历史学家看来，代表们将攻占巴士底狱视作自己所为的行为简直就是在创建革命的近代概念，这一概念从定义上将来自上层阶级的新的政治吁求和来自下层阶级的集体暴力行动结合在了一起。[①]

然而将攻占巴士底狱视作他们自己所为的革命领袖们不得不对两种暴力进行区分：由民众以自由之名主导的、旨在击败暴政的有价值暴力和由强盗发动的、旨在破坏社会的无价值暴力。[②]国民公会中的代表最终运用这种区分将与巴士底狱相关的暴力归入了合法的范畴，因为它在用自由取代暴政的过程中发挥了重要作用。当许多立法者在《人权与公民权宣言》中宣示"抵抗压迫"的权利时，他们无疑想到了攻占巴士底狱这一事件。捣毁巴黎和行省中的海关大门的行为同样也得到了合法化，但对于革命领袖而言，将财政叛乱合法化是不再可能的。刚刚获得权力的有产阶级精英急于构建持久的宪政秩序，他们不再倾向于宽恕那些藐视国家需求的走私者的暴力活动，但他们最终还是将财政叛乱纳入与法国大革命起源相关的、被划分为两个对比鲜明阶段的官方叙事当中。

合法化的第一阶段始于审判巴黎海关大门的袭击者期间。正如人们所

---

① William H. Sewell Jr., *Logics of History: Social Theory and Social Transformation* (Chicago, 2005), chapter 8. 另见Sohpie Wahnich, "Résistance à l'oppression et devoir d'insurrection pendant la Révolution française," in *Le Droit de résistance XIIe-XXe siècle*, ed. Jean-Claude Zancarini (Fontenay, 1999), 247-264.

② Colin Lucas, "Talking about Urban Popular Violence in 1789," in *Reshaping France: Town, Country, and Region during the French Revolution*, ed. Alan Forest and Peter Jones (Manchester, 1991), 122-136. 被用于指称违反自然权利的暴徒和暴君的"强盗"成为了大革命中一个威力强大的贬义词。Dan Edelstein, *The Terror of Natural Right: Republicanism, the Cult of Nature, and the French Revolution* (Chicago, 2010).

预见的，法官在审理该案件时对被告几乎不抱任何同情，他们坦率地声称将这种暴力破坏海关大门的行为同法国大革命联系在一起是对大革命本身的"羞辱"。[①] 在1790年的冬季与春季，巴黎财政分区法庭在间接税法庭的监督之下迅速推进调查，指定目击证人，签署逮捕令，在午夜突袭行动中抓获了11名涉嫌主谋者。然而当针对这11名被告的审判开始之后，它便遇到了街头尖锐的抗议声。喧嚣的人群聚集在司法宫的中庭提出了他们的不满。许多人要求将被告从巴黎裁判所附属监狱中释放出来，否则该法庭将被夷为平地。正如间接税法庭的总检察官克雷芒·德·巴尔维尔所指出的，这些抗议者相信审理走私叛乱案件就是在"审判法国大革命"，这种辩词通过让·保罗·马拉的激进报纸《人民之友》（L'Ami du peuple）得到了广泛的传播。[②]

在这种充满争议的氛围中，法官不愿继续进行审判。在致国民公会的一封信中，他们猛烈抨击了对手："他们下定决心通过在报纸上宣扬酝酿中的阴谋来煽动民众对抗司法官员，以摆脱法国大革命中最优秀的一批爱国者和发起人，还妄言我们正在侵犯那些一开始就反对并驱散国家公敌及其密探的人以及那些试图摧毁亵渎了巴黎街道的奴隶纪念碑的人的自由。"[③] 被中伤为正在检举"法国大革命发起人"的法庭遂邀请制宪会议进行调停。这一事件变得如此具有政治色彩，以至于国家的代表们不得不介入其中。

制宪会议的回应是明确的。1790年7月1日，当代表们论及即将到来的联盟节时——该节日意在庆祝攻占巴士底狱一周年——不久之后施压要求废除烟草专卖制度的阿尔萨斯代表让-弗朗索瓦·勒贝尔将讨论主题转向

---

① 引自Dion, *Histoire de la vigne*, 526.

② 引自de Clercq, "L'incendie des barrières," 47; and Frémy, "L'enceinte de Paris," 131.

③ 引自de Clercq, "L'incendie des barrières," 47-48.

了1789年的另一种叛乱者：海关城墙破坏者。勒贝尔说道，当你们在为庆祝攻占巴士底狱而做准备时，间接税法庭正在"追捕大批犯有将巴士底狱和荣军院的革命精神扩展至海关大门之罪行的公民"。将海关叛乱视作攻占巴士底狱扩展行动的勒贝尔把破坏者等同于如今地位尊崇的监狱"征服者"。赞同对这些事件进行重新阐释的亚森特·米盖·德·南杜——他所在的委员会正在调查这起审判案件——发表了一次慷慨激昂的演讲，在这次演讲中，他要求立法同僚们谨记一年之前所发生的事情：

> 想想首都所经历的动荡局势吧；想想解放的需求如何煽动起大批的民众吧；他们只是将（包税公司的）雇员视作让他们长期以来饱受困苦的专横征税官。他们摧毁了奢侈的纪念碑，它展现了一名应受到谴责的大臣所过的愚蠢而又奢侈的生活，这似乎是对民众苦难的羞辱；他们烧毁了海关大门，而同一批人还攻占了巴士底狱，确保了自由的权利。这次行动中无疑牵涉到了个人利益，但这只是其中的少数，并且可以从激发自由之爱与希望的热忱当中获益……；如果你们授权在巴黎乃至全国追捕这些罪犯——因为整个王国的海关大门都被烧毁了……那么本来对于每一个法国公民而言是庆祝与欢乐之日的7月14日，在部分人那里却成为悲叹与落泪之日……在这种情况上，避不提及法律是必要的。[1]

米盖曾经援引孟德斯鸠的隐喻——即共和国有时必须"避而不谈自由，正如人们避开有关神的话题一般"，之后身处立法机构之外的激进分子将使用该隐喻为民众叛乱活动正名，敦促制宪会议关注构成更广范围革命运动一部分的合法犯罪行为。[2] 虽然捣毁海关大门并不像攻占巴士底

---

[1] *AP*, 16: 605-606.

[2] Montesquieu, *De l'esprit des lois* (Paris, 1979), vol. 1, book 12, chapter 19, 345. 这是我所知的最早提出避谈法律的革命观点。

狱这种法国大革命奠基性事件那样具备毫无瑕疵的道德资质，但基于两个理由，它仍然是可以被宽恕的，并将因此被认定为合法叛乱。首先，"民众"长期以来都是专横滥权现象的受害者，因此理所当然地会被自由的需求所煽动，即便某些人（走私者）是出于"个人利益"参与了暴动；其次，将海关大门付之一炬的民众暴力活动是攻占巴士底狱暴动的一部分。"同一批人"完成了两次行动。对于米盖而言，当叛乱与革命自由的更伟大事业相联系的时候，它便是可以宽恕的，而他相信海关暴动显然就是这一事业的一部分。

但是并非制宪会议中的每一个人都赞同这一观点。坚定的保守主义者莫里神父警告他的同僚们不要将自由的保卫者与出于"个人利益"烧毁公共财物的"强盗"混淆在一起。但他对于这些叛乱活动是基于私利的违法活动的强调却无法引发人们的关注。大部分的代表倾向于将海关叛乱视作寻求自由的革命运动，或至少是"民众恢复权利运动"的一部分，他们通过委员会投票宣告审判无效，从而释放了这些被告。在成为大革命奠基性事件的组成部分之后，反包税公司的叛乱被宣判无罪。

在7月1日的投票中，革命领袖们又朝着将这个世纪最大规模的赋税叛乱合法化的目标迈进了一大步，这也意味着针对包税公司的叛乱活动将不被视为犯法，一举令数十年来致力于将叛乱走私者归类为可耻罪犯的司法努力付之东流。在接下来的一年中，随着新的财政体系得以建立，立法者们将最终完成把焚烧巴黎海关大门事件纳入有关法国大革命起源的官方故事情节当中。

新的财政体系

正如此前的章节所表明的，法国国王政府在努力推动和控制消费性商品的全球化贸易，使之切合政府财政的需求，这种努力在本土招致了强烈的反对。正如那场在漫长的走私"战争"中——它引发了边境行省地区的动荡（限制了包税公司能够征得的、用以填补赤字的税收额）——与包税公司相牵连的民众运动一样，一场来自上层阶级的精英知识分子运动也给予了包税公司沉重的打击，这场运动急切地散播废除已经成为绝对主义君主政体基石的"专制"机构的必要性。国王对这些要求没有完全充耳不闻，他在旧制度的最后10年内也曾偶尔引入改革。在1780年，财政大臣雅克·内克尔通过将酒精饮料消费税（除开那些在巴黎海关大门征收的税收）转变为一种被称为"政府专营"的、不由包税公司管理的独立经营模式，在实质上把这个规模庞大的私营公司内的一个部门国家化了，从而剪除了包税公司的双翼。他还将总包税人的数量从60人减为40人，试图整顿他们处置被捕走私者的方式，甚至制订了重建盐税系统的计划，这些计划得到了其继任者卡洛纳的支持。[1] 与此同时，进口印花棉布的关税在1772年和1786年两度大幅下调，在《伊登条约》开启法国与英国之间的贸易时，后者正处于工业化的阵痛当中，而如今它却成了世界上最大的"印度"布料生产者。司法层面的改革也在进行当中。1780年，法国国王政府废除了旨在逼供的酷刑，并在1788年5月1日的敕令中采用了多项临时措施"降低刑罚的严苛性"[2]。虽然这些行动提醒我们在这个前革命时代，国王参加了改造自身的进程，但断断续续的改革仅仅只是改变了人们对包税公司这个国王从未舍弃的机构的看法。而民众和精英们反对这种最引人注目的宫廷资本主义形式的抗议声浪一直到1789年旧制度国家崩溃之后才迅

---

[1]　J. F. Bosher, *French Finances* 1770-1795: *From Business to Bureaucracy* (Cambridge, 1970), chapter 8.

[2]　见5月敕令的序言，引自Bernard Schnapper, "La diffusion en France des nouvelles conceptions pénales dans la dernière décennie de l'ancien régime," in *Voies nouvelles en histoire du droit*, ed. Bernard Schnapper (Paris, 1991), 197.

速蔓延开来。

在大革命期间，随着财政叛乱的爆发和支持制度改革的代表的就职，改革的步伐迅速加快。1789年至1790年，针对包税公司的叛乱加重了陈情书的筹码，它传递出了明确的讯息，即新制度中没有滥权的国家专卖制度或沉重的消费税的存在空间。这样的讯息可能不会让熟悉重农主义者——他们数十年以来都坚持所有形式的间接税都会产生破坏作用，并阻碍了对农业的投资——著作的立法者们感到厌恶。它还与许多改革派政府官员的观点是一致的，后者虽然不愿像支持自由贸易的激进重农主义者那样呼吁废除对外海关关税，但他们仍然希望撤除将王国分割为若干部分并抑制国内商业发展的内部海关边界。① 当这条通过叛乱得到清楚阐释的讯息与许多代表的智识倾向结合在一起时，它将会在财政政策中引发持久的结构性变革。这个民众叛乱与启蒙运动改革概念之间的松散联盟虽然充斥着紧张的关系，但它在革命转型的过程中却富有成效。

新的财政制度的建立不是一蹴而就的。首先，国民公会在宣布建立当日便开始维护旧的财政政策，不断坚持在新的合法赋税出台之前，公民必须缴纳过去的赋税。巴黎市政府也附和国家立法机构的观点，声称赋税将继续通过该市的海关大门进行征收。那些被选举出来担任国家领导者职位的官员们敏锐地意识到大革命的成功取决于能否维持一个可以支付账单、偿还债务的运作良好的国家——即便这些费用不得不用可憎的税收支付，而在新的财政制度建立之前，这种税收仍然令人遗憾地被保留了下来。财政委员会的代表安纳-皮埃尔·德·孟德斯鸠在1790年秋指出："没有公共税收，就没有政府或自由。大革命的成功与征税的稳定紧密相关，良善的公民和宪法的真正朋友正是通过支付公共费用所展现出的忠诚

---

① Bosher, *Single Duty Project*.

才得到承认。"[①] 通过在黑市购买商品来规避间接税不再情有可原。一名巴黎官员解释称："直到现在，民众仍然不幸地承担着公共税收的重负，走私根本不会被视为犯罪；因为税收是在最强力法律的基础上建立的，因为国家没有表明征税的必要性，以及税收是如何支出的，所以我们就能自然而然地发现国民在熟练地避开暴力。但这种信口开河的道义无法再证明走私是合法的：正是国家通过其代表颁布法令规定了此后的公共税收，有鉴于其必要性，必须对它的使用做出令人满意的交代，而所有的公民……将忠实且一丝不苟地支付上述税收。"[②] 在非法设置赋税的情况下，走私是情有可原的，但如今由于国家最终通过选举代表实现了自治，缴纳合理份额的赋税便成了每一位公民的职责。

这种理想主义的宣告是与现实相抵触的。1789年和1790年的纳税人不愿意缴纳弥漫着旧制度不平等和高压政治气味的赋税。当政府坚持他们应该缴纳赋税时，公民们或者起而叛乱，或者仅仅通过从无处不在的黑市中购买商品实现避税。国民公会于1790年6月25日做出的没收法国天主教会财产并以这些财产担保一种新的纸币——指券的决定为革命政府赢得了一定的时间，但没有解决根本的问题。国家立法机构意识到它必须建立一套财政体系，这套财政体系不仅能够征收赋税，还能以符合革命原则并且在公民多疑的眼光中具备合法性的方式达成这一目标。

1791年春，经过了税收与农业-商业委员会长达数月的讨论，国民公会最终揭开了这个国家新的税收体系的神秘面纱。作为大革命完成度的标志——以及传闻中的"温和"自由主义革命的激进程度的标志——新的税收体系突然扭转了长达数个世纪的趋势，将这个国家的财政重心从间接税转移到了直接税上。国民公会创制了三种新的直接税：以地产为征收对

---

① Marion, "Recouvrement," 2.

② Ibid., 5.

象的土地捐税、以动产为征收对象的动产捐税和以从业者和经商者为征收对象的营业捐税。（1798年增加了以门窗为征收对象的第四种税收。）这些新的税收由选举出来的官员负责管理，在理论上是面向全法国的公民征收的，它体现了《人权与公民权宣言》所宣扬的自由与平等的革命原则。

"捐税"一词令人想起了自由人民对于课税的赞同，而非消极地忍受国王以专制方式征收的"税收"。新的捐税还让拥有权利的公民深刻了解了革命的政治体系。"活跃公民"为了获得投票的资格，必须缴纳相当于其3日工资的直接税。这个国家的政治秩序无异于是在仰赖其纳税公民。

当立法者一方面创制直接税时，他们另一方面又摧毁了间接税的"哥特式大厦"，从而认可了下层阶级已经部分完成了的废止工作。[1]盐税理所当然地成为第一种被废除的税收。早在1789年9月23日，希望获得"纳税人帮助"的国民公会实施了内克尔的改革计划，大幅削减了国营食盐的价格，废除了迫使消费者购买固定数量岩盐的规定，禁止包税公司的警卫进入公民家中搜查。[2]详尽阐述了《人权与公民权宣言》——该宣言禁止随意逮捕，仅允许实施"必要"刑罚，建立了无罪推定原则——的9月23日法令废除了长期以来给走私活动定罪的司法机关。该法令先于1791年的刑法典和关税法，禁止法庭对那些无法支付民事罚款或成为累犯的走私犯施以"严酷的刑罚"。其要点不仅在于减轻刑罚——虽然该举措的确起到了这样的效果——还在于废除了污名化小走私者的刑罚措施。最后，该法令还废除了曾在打击地下组织的活动中扮演重要角色的走私特别法庭。可怕的瓦朗斯特别法庭在历经波折之后遭到了废除。

---

① Deputy Aubry du Bochet, 引自Marcel Marion, *Histoire financière de la France depuis 1715* (Paris, 1919), 2: 227.

② J. B. Duvergier, ed., *Collection complete des lois* (Paris, 1834), 1: 40-41; and Bloch, ed., *Procès-Verbaux*, 1: 33. 内克尔认为低盐价所导致的税收损失将会从较高的消费水平和警力费用的降低方面得到补偿。

　　马德林可能会为此欢欣雀跃，而更多的好消息接踵而至。残余的盐税在1790年3月14日被废除，与此同时，正在服苦役的食盐和烟草走私者也得到了赦免。国内的海关边界于1790年11月5日被废除，巴黎的海关关卡在1791年2月19日被遗弃，针对酒精饮料征收的消费税也在1791年3月2日被废除。至1791年春，残存的旧税收体系只剩下全国性的关税（即便在"自由主义"革命期间，仍然存在着对自由贸易观念的限制）、不要求"对公民进行搜查的"注册税与烟草专卖制度。[①]

　　如何处理专卖制度是一个重大的问题。诸如内克尔之类的改革家们从未将它视作像盐税一样的板上鱼肉。相反，他和卡洛纳还希望将专卖制度推广至国家边境地区的特权行省中，而这种扩张构想借由将地理特权从法国地图上抹去的1789年8月4日法令变得更加切实可行。可是许多请愿书却在1789年要求废除该制度，1789年至1790年，巴黎和外省的抗议者也提出了同样的要求。令事态更为复杂的是，专卖制度每年能够稳定地提供3000万利弗尔的可观收入，这笔收入满足了数个派别的利益需求。受总包税人影响的代表们与担心出现赤字的财政保守主义者均要求保留专卖制度，在可能情况下将当前身处包税公司管辖区域之外的边境行省纳入其中。来自边境行省的代表们则希望废除几乎是排他性地出售殖民地烟草的专卖制度，取而代之以在整个王国种植、购买和出售任何种类烟草的自由。港口商人（及其美洲伙伴）也对专卖制度表示了反对，但他们希望维持国内种植烟草的禁令，以支持大西洋贸易。我们由此可知税收委员会在调解相互冲突的利益时会遭遇怎样的困难。从1790年秋至1791年春，当委员会内的争吵仍在继续之时，国民公会中的讨论逐渐分化出了两种意见，即为专卖制度辩护的右翼观点和持反对意见的左翼观点。当观点呈两极分化之时，两个问题变得尤为突出：如何将烟草归类为一种消费商品和如何给引发大

---

① Bloch, ed., *Contributions directes*, 266.

革命的赋税叛乱定性。

右翼代表如同传统的专卖制度支持者那般声称烟草是消费者所购买的奢侈品,消费者自愿缴纳了包含在价格当中的税收。提出这一推理的莫里神父——他也是在1789年反对赦免海关破坏者的保守派成员——主张烟草税根本就不是一种赋税:"这是借由政治体部分成员的奢侈与喜好向国家提供的自愿捐助。政府没有将这种财政义务强加到任何人头上。每位公民都是自愿地承担这种捐助。"他还将宪政的转变加到了观点之中,宣称:"先生们,你们已经将法国的国家权利赋予了赋税。你们能够通过创制一种烟草消费税更进一步,因为在这一方面你们能够为每一个个体提供自行纳税甚至不用纳税的方式。"而一个一穷二白的政府是否能够承担放弃这样一种无害的税收的后果,也存在着疑问。莫里在指责盲目追随那些"狂热的经济学家"——也就是认为单一的土地税将容许系统性地废除所有间接税的重农主义者——的同僚时说道:"我们已经废除了盐税……并惊人地削减了关税、饮料消费税、国王领地税入和其他大批数量可观的税收的总额,而事到如今废除烟草税的建议再次被提了出来!"[①]

这样的逻辑遭到了来自阿尔萨斯这个种植烟草并能通过推翻专卖制度获得巨大利益的行省的左倾代表的回击。这些阿尔萨斯人经常让该议题染上政治色彩,从而赢得了雅各宾派对其斗争的支持,他们警告称将专卖制度扩大到该地区将会把农民推到反对革命的一方。但阿尔萨斯人斗争中的最锋利尖刺却是他们在国民公会议员席上所使用的措辞。首先,阿尔萨斯的代表们将烟草的定义从"奢侈品"转变为"必需品",这一动作模

---

① 　*AP*, 20: 444-446. 关于支持专卖制度的类似观点,另见库尔米耶神父(abbé Coulmiers)(*AP*: 12: 559-562)、路易·沙里耶(Louis Charrier)(*AP*, 20: 404-405)和米拉波(Mirabeau)(*AP*, 22: 556-557)的演讲。在总包税人拉瓦锡显而易见的影响之下,米拉波为专卖制度的利益进行了代言,但他也承认为处理走私问题而进行的改革是必要的。国营烟草的价格将不得不下调,入户搜查将遭到限制,"过于严苛的"刑罚也将予以减轻。

仿了请愿书和启蒙主义的思想家——后者曾在过去的一个世纪中将许多非必需商品归类为必需品。[①] 通过这种方式修改消费品类目总是带有含糊不清的政治暗示，但在大革命期间确定必需品和奢侈品的立法后果却是明确的，这点在烟草的案例中展露无遗。[②] 诸如《爱国金融家》（*Le financier patriote*）这样的宣传册断然指出，烟草"如今能被置于首要必需品的类目当中，这是因为存在着一大批已经将它视为现实需求的消费者。缺少烟草对于许多人而言是一场灾难"[③]。

在1791年春，来自阿尔萨斯的雅各宾派成员夏尔-路易-维克托·德·布罗伊在国民公会的神圣大厅中发表了这一观点，他指出有如此多的普通民众消费烟草，以至于烟草已经成了"首要的必需品"，因此应当被免除像食盐那样过高的税收负担。"你们废除了被称为国家所遭受的最严重灾难的盐税。"而烟草税"与盐税相比，具备同样的严酷性和压迫性，制造了同样的灾难"。它也必须被废除。

在将烟草定义为一种必需品之后，布罗伊进一步坚持称"人民"已经通过在1789年遍及全国的捣毁海关大门的行动就这一议题阐明了他们的立场。在国民公会投票废除巴黎关税的前一个月，关于这场财政叛乱的记忆曾经起到了推波助澜的作用。如今，布罗伊进一步拥护1789年的财政叛乱者，将他们描绘成在大革命爆发前夕打破专制政权镣铐的主权人民的

---

① Michael Kwass, "Ordering the World of Goods: Consumer Revolution and the Classification of Objects in Eighteenth-Century France," *Representations* 82 (2003), 87-117.

② Colin Jones and Rebecca Spang, "Sans-Culottes, sans Café, sans Tabac: Shifting Realms of Necessity and Luxury in Eighteenth-Century France," in *Consumers and Luxury: Consumer Culture in Europe* 1650-1850, ed. Maxine Berg and Helen Clifford (Manchester, 1999), 37-62; and Rebecca Spang, "What Is Rum? The Politics of Consumption in the Frenche Revolution," in *The Politics of Consumption: Material Culture and Citizenship in Europe and America*, ed. Martin Daunton and Mathew Hilton (Oxford, 2001), 33-49.

③ Charles Nicolas Roland, *Le financier patriote; ou, La nation éclairée sur ses vrais intérêts* (London, 1789), 92.

代表。"如果对于民众痛恨这种可怕（烟草）制度存有异议的话，那就回想在大革命爆发的重要时刻发生了什么。总包税人设立的所有用于阻断王国内烟草流通的海关关卡都被立即捣毁了……令民众在重压之下痛苦呻吟的财政镣铐"最终被打破了。这位来自阿尔萨斯的代表大声疾呼，只有当"王室财库的所有支持者和谎言"被消灭后，"法国才能够信赖它的自由"。他还对反对者加以诽谤，称唯有"大革命的敌人"才会允许这种残暴的制度继续存在。"那些经常对旧制度的毁灭、个人特权的改革和我们美丽宪政的进程表露出懊悔之意的国民公会成员，也就是如今那些最为狂热地支持让公民再度戴上王室财库可耻镣铐之计划的党徒。"[1]

将口才全部投入废除专卖制度运动中的勒贝尔还恳求国民公会站在拥有主权之民众一边对抗反动力量。他声称烟草专卖制度"已经遭到了民众的审判"。"这种制度四处激起公愤，但对于自由的事业和人民的事业而言幸运的是，正是盐税的支持者在最为狂热地支持烟草禁令制度，他们公然宣称为了维持这一制度，让人民身上那些将旧制度的残酷发挥得淋漓尽致的蚂蟥继续存在是必要的。"[2] 国民公会必须遵从"人民"的意志，摧毁烟草专卖制度。

这些观点最终占据了上风。在1791年2月和3月，国民公会通过投票以微弱优势通过了废除烟草专卖制度和将整个王国的烟草生产与销售自由化的决议。在经历了一个多世纪的烟草禁令之后，法国的农民终于可以自由地种植烟草了，商人们可以自由地出售烟草，而消费者们也能够在开放的市场上进行购买。虽然新的海关条例禁止进口加工过的烟草，并对外

---

[1] *AP*, 20: 411-414. 对于某些人而言，海关暴动者的地位堪与攻占巴士底狱者相提并论。1795年，塞纳行省的一名官员宣称只有当巴黎人捣毁海关大门时，"他们才摆脱了压迫在其身上的镣铐。在大革命编年史中，推翻城墙与攻占巴士底狱是两个紧密相连的事件；它们是密不可分的"。引自Dion, *Histoire de la vigne*, 529.

[2] *AP*, 20: 461.

国烟草课以适度的关税，但它们更多地具备了贸易保护主义的色彩，而非严格的财政手段，根本不会激怒大众。关系重大的仍然是包税公司专卖制度的毁灭。雅克·雷内－埃贝尔所主办的激进报纸《迪歇纳神父》（*Père Duchesne*）模仿一个抽烟斗的普通人戏谑、粗俗而欢欣鼓舞的语气写道："万岁，可恶的国民公会！它从来都不会忘记法令的基石：自由。"那些"搜查我们口袋并想罚没我们装在鼻烟盒中微不足道的半盎司烟草"的警卫如今也遭到了应有的惩处。"我想要穿上最好的衣服，前去恭维那些总包税人先生……我要告诉这些小人，你在建造宏伟的宫殿和城堡方面干得真不错，如果我们全部推倒重来的话，你们将无法偷得足够建造一间村舍的钱财'。"[1]

最后一项主要间接税被废除了，如今国家的财政力量几乎完全依靠新的直接"捐税"。迪蓬向他的立法机构同僚宣称，这一非同寻常的伟业是大革命最重要的成果之一。1791年3月29日，他以公共捐税委员会的名义宣告："先生们，你们所采用的财政体系将像宪法中的其他部分一样创造了人类历史上的一个伟大时代。法国将成为首个坚决抛弃征税令并且让这些决议在道德原则的单一基础上符合公众需求的国家。"这样一个"大胆而有益的体系"反映了"你们立誓给予人权的尊重"[2]。

为了向那些在大革命之初就反抗征税的小心谨慎的公民宣传这种新的财政体系，国民公会散发了一份《告法国人书》。[3]在解释从间接税到直接税的激烈转变时，这份公告详细阐述了新的直接捐税的创制原则（"公平、平等、统一"），并再次创制了旧制度在向消费征税过程中曾经公

---

[1]　*Le Père Duchesne d'Hébert*, ed. F. Braesch (Paris, 1938), 1: 583-584.

[2]　*AP*, 24: 446.

[3]　收录于Bloch, ed., *Contributions directes*, 见 "Décret et adresse aux Français sur le payement des contributions," （24 June 1791), 269-270. 这份"公告"由公共捐税委员会起草。

然违反的三项权利。第一项"权利"与启蒙式的财政和法律修辞保持着一致，旨在让民众从财政管制的困扰中解脱出来，享受"最亲密和美满的家庭生活"，而不再出现税务官员冲入家中搜查走私品的情况。第二种便是"参与商业投机活动"的权利。重农主义反对专卖制度的自由主义主张和早期的大革命就曾强调：财政体系不应压制民众的贸易自由。第三种是自由消费和"以最佳价格"为自己购买"有用"商品的权利，这种权利源于古尔奈及其伙伴们所称颂的以消费为导向的自由主义。这三种新的"权利"——居家自由、贸易和消费自由——的宣告绝非单纯的政治教育，它旨在通过肯定大革命为恢复在旧制度之下丧失的自由所做的努力，将法国的民众转变为积极的纳税人。这种创制权利的做法驳斥了新托克维尔主义者的主张，即法国大革命并未忙于建立针对一个可能存在滥权现象国家的预防措施，这再次提醒我们"自由主义的"革命在摧毁专横政府与建立自由市场资本主义两方面的成效是相差无几的。[①]

　　至1792年，财政体系和用以支持它的司法组织经过了彻底整顿。在缺少消费税以及食盐与烟草专卖制度的情况下，这场合法化运动导致了地下经济的急剧萎缩。走私活动主要沿着由一个规模小得多的全新国家海关机构负责的国境线苟延残喘，这个海关机构摆脱了包税制的影响，不再管理边境以内数百英里的范围。此外，针对非法贸易的打击活动已经经过了彻底的改革。如今非暴力的走私者被送到选举产生的地区法官面前，如果他们被判有罪的话，就将被课以程度适当并且不会转化为肉体刑罚的民事罚款。新的刑法典的确规定了对那些以攻击海关官员的方式破坏主权国

---

　　① Samuel Moyn, *The Last Utopia: Human Rights in History* (Cambridge, MA, 2010), 1-20, 提及了新托克维尔主义者认为大革命未能保护相关权利的观点。我对这种隐藏在自由主义经济改革之后的政治动机的反驳得到了以下论著的支持：Emma Rothschild, *Economic Sentiments: Adam Smith, Condorcet, and the Enlightenment* (Cambridge, MA, 2001), chapter 3; and David Todd, *L'identité économique de la France: libre-échange et protectionnisme*, 1814-1851 (Paris, 2008), chapter 1.

家完整的走私犯施以重刑，但在与所谓的公共安全威胁相关的案件中，新成立的陪审团往往倾向于宣告被告人无罪，而不是判处被认为过于严苛的刑罚。[1] 在两年的时间里，革命领袖们已经完全肢解了财政-司法复合体，消弭了包税公司与走私者之间令如此多的启蒙运动作家震惊的暴力"战争"。[2]

在1792年立宪君主制让位于共和制之后，随着糟糕的经济条件和国内外战争令政治局势越来越紧张，如何处理总包税人的问题开始引发人们的关注。他们与国王签订的契约已经在烟草专卖制度被废除之日即告作废了，但歌谣、传单、宣传册和报纸仍在继续讨论他们的不当所得、假账、在将税收转入国库时的延宕、欺骗性的年金体系和掺入杂物的鼻烟。在"恐怖统治"时期（1793年至1794年），认为包税人坐拥原本属于国家所有的数以亿计利弗尔财富的观点在国民公会中大有市场。为了回应这样的指责，这些金融家们认真编撰了一份关于包税公司财政的报告，但他们未能足够快地提交这份报告。1793年11月，在代表莱昂纳尔·布尔东要求"逮捕这些公众的吸血鬼"并且如果他们没有在本月内招供即"交由法律审判"之后，共有19名包税人被关入了罗亚尔港一座曾经是修道院的建筑中。[3]在他们被转移至前包税公司的总部，在警察的监督之下完成其工作之前，还不断有其他人加入这支队伍。最终完成的供述表明，他们非但没有亏欠法国数以亿计的财富，反而是法国向他们借贷了资金。然而，由国民公会自己的调查委员会撰写的报告却得出了相反的结论：这些做出虚假

---

[1]　Robert Allen, *Les Tribunaux criminels sous la Révolution et l'Empire*, 1792-1811 (Rennes, 2005), 71-72, 221-222.

[2]　讽刺的是，在法国西部地区，布列塔尼与其东侧行省之间的财政边界的消失令走私食盐的农民丧失了一项重要的收入来源，从而导致他们反对大革命。见Jean-Clément Martin, "The Vendée, Chouannerie, and the State, 1791-99," in *A Companion to the French Revolution*, ed. Peter McPhee (Chichester, 2013), 246-259.

[3]　引自Matthews, *Royal General Farms*, 281.

陈述的包税人共拖欠了1.3亿利弗尔的钱款。1794年5月5日，这些金融家们被投入了巴黎裁判所附属监狱，其中部分人甚至被关押在了数个月前玛丽·安托万内特曾经等待死亡的那间囚室中。

革命特别法庭迅速完成了审判他们的工作，法官们一致宣判28名总包税人犯有密谋对抗法国人民的罪行。他们在1794年5月8日被判处死刑，随后被大车拉至革命广场，他们在此要面对的不是车轮、绳索或其他任何曾被瓦朗斯、兰斯和索米尔的行刑者使用过的器械，而是断头台的冰冷刀锋。在马德林被处死40年后，恐怖统治用其"迅捷、严厉而不可动摇的公正"的烙印击败了总包税人。①

充满争议的利维坦

然而，对旧有的财政-司法复合体所取得的胜利被证明是昙花一现，因为消费税、贸易禁令和非法市场将在大革命的第二阶段和帝国时期卷土重来。可以肯定的是，在1789年至1792年，由社会底层所推动并被"自由的激流"所裹挟的大革命领袖们曾经有效地解决了旧制度的走私问题。②他们扫除了财政专卖制度的所有残迹，创制了新的"捐税"，这种捐税大体上反映了自由和平等的崇高价值。但这一情况并未持续太久。那个摧毁了包税公司并宣告了财产所有者和消费者权利的自由国家却凄惨到了无法征集税收。已经抛弃了消费税的国库几乎完全依赖于直接税系统，而这个基于旧制度名册的系统仍需要花费多年时间才能臻于完美。税收从旧制度

---

① Maximilien Robespierre, "Report on the Principles of Political Morality" (5 February 1794), in Mason and Rizzo, eds., *French Revolution*, 257.

② Philippe Minard, *La fortune du Colbertisme: État et industrie dans la France des Lumières* (Paris, 1998), 363, 使用这个词指涉1791年放松工业管制的过程，这个进程与此处所讲述的内容有着惊人的相似之处。在两个案例中，立法者们实施了自由主义的改革，这一改革导致了宪制的真空，从而反过来制造了新的问题。

末期约占国民生产总值的11%急剧下降至18世纪90年代初期的5%，甚至更少。① 虽然消费税的废除制度化了革命的理想，但它却导致政府的税收远少于过去。财政国家沉重打击了革命的自由和平等。

但这个新的体系不是盲目的乌托邦。如果和平尚存的话，革命政府可能会很好地坚持他们的原则，依赖于一个尽管获利更少但却更为公平的税收体系。除了征收新的"捐税"，国库还能通过出售被国有化的教会地产——它曾被用作指券的担保——获得大笔收入。但大革命早期缓和的国际局势却是短暂的。战争作为18世纪政治生活中难以平息的要素，曾经推动了大革命的爆发，如今它又再次介入并改变了大革命的进程。在左翼爱国主义狂热和右翼政治阴谋的推动下，法国于1792年对奥地利和普鲁士宣战，1793年对英国宣战，从而开启了长达20年的史无前例的流血时代。虽然得到了国民军的支持，但国家卷入这场冲突依然令毫无经验的共和政府面临巨大的财政压力。当法国步入战争深渊时，赤字让指券陷入了过度通货膨胀的循环——这是近代的首个通货膨胀案例——从而彻底动摇了政权。

为了重建财政-军事国家，督政府（1795年至1799年）、执政府（1799年至1804年）和帝国（1804年至1815年）时期的保守政府在重新对消费行为征税时都放弃了自由与平等的革命承诺。② 城市中的关税在1798年再次出现，酒精类饮料税、食盐消费税和烟草专卖制度分别在1804年、1806年和1810年重新面世。随着消费税数额的迅速提高，它们不止一次地被政治领导者们誉为国家的中坚力量。1808年，帝国立法者孟德斯鸠宣

---

① François Crouzet, *La grande inflation: la monnaie en France de Louis XVI à Napoléon* (Paris, 1993), 122.

② 国民公会（1792年至1795年）所引入的累进直接税更符合大革命的原则，不过它的实施范围有限。见Jean-Pierre Gross, "Progressive Taxation and Social Justice in Eighteenth-Century France," PP 140 (1993), 79-126.

称："相比于有产者所提供的金额，国库的财富更多地取决于它从消费者身上获得的税收……的确，所有的直接捐税都令纳税人感到厌恶，它们还要求使用武力，经常使用没收手段；但那些被货币捐税压榨得财力耗竭的人每日都要支付与食盐、烟草和酒水相关的税收和关税，他们每日作为消费者所支付的赋税要多于其作为有产者每年支付的税金"。① 大革命早期摆脱束缚的财政逻辑已经完全调转了枪头，因为穷人和中产阶级的消费者再度发现他们背负着沉重的负担。在消费税高涨（以及来自占领土地的赋税流入）的情况下，帝国时期的国家税收达到甚至超过了旧制度时期的水平。②

战争不仅推动了大革命晚期的政府重新引入间接税，还引导它们推动具备越来越强侵略性的关税制度。虽然制宪会议曾经在1791年按照《伊登条约》的精神设置了适度的保护性关税，但国民公会在1793年又禁止进口所有的英国工业制成品——这项政策得到了督政府共和五年雾月10日（1796年10月31日）法令的支持。但是将这项政策推向极端的却是拿破仑。1806年，这位皇帝发展了"大陆体系"，将针对英国殖民地进口商品（白糖、咖啡、棉花、巧克力、烟草）的高额关税与针对英国纺织品（纱线、布料和印染印花棉布）的禁令结合在一起，试图通过封锁英国的出口市场并阻止其获得发动战争所需的货币来摧毁这个国家。

拿破仑的封锁政策导致法国经济的重心从以大西洋为基础的西海岸港口转移至北部和东部的工业市镇。③ 再加上1804年的海地独立——这一事

---

① 引自Marion, *Histoire financière*, 4: 299-300.

② Sutherland, "Peasants, Lords, and Leviathan"; White, "French Revolution," 230 (Figure 1).

③ François Crouzet, "Le Système continental, antecedent de l'Union européenne (1806-1813)," in *La croissance en économie ouverte (XVIIIe-XXIe siècles)*, ed. Bertrand Blancheton and Hubert Bonin (Brussels, 2009), 69-86; and Ronald Findlay and Kevin H. O'Rourke, *Power and Plenty: Trade, War, and the World Economy in the Second Millennium* (Princeton, NJ, 2007), 369-371. 还可见Silvia Marzagalli, "The Failure of a Transatlantic Alliance? Franco-American Trade, 1783-1815," *History of European Ideas* 34: 4 (2008), 456-464.

件加速了法国将路易斯安那出售给美国的进程——大陆体系终结了法国官方在大西洋展开贸易的时代。我在此处用到"官方"一词乃是因为大陆体系的另一个结果是大规模黑市——特别是售卖英国殖民地商品和纺织品的黑市——的再度出现。在政府的支持之下，英国商人们在法兰西帝国的周边地区——比如赫尔葛兰、泽西、西班牙、萨丁尼亚和西西里——建立了仓库，在海关官员的默许之下，他们从这些地区走私商品跨越边境。"中立的"船只运送英国棉纱和布料前往北欧港口——安特卫普、阿姆斯特丹、鹿特丹、汉堡，专业的"承保人"在此会把这些货物转运至莱茵河对岸，贴上虚假的原产地标签，再送到全法国的零售商手中。总而言之，在拿破仑治下，走私活动变本加厉地卷土重来。一位历史学家曾经试探性地指出："近代历史上没有任何时期（可能除了美国禁酒时期这个例外）出现过这种包含如此众多职业并运作如此大额资本的活动。"[1]

　　紧随地下市场重现出现的是熟悉的打击手段。1810年10月18日的枫丹白露敕令要求沿边境建立36个走私法庭；建立9个高级法庭来检举匪帮头目、承保人和腐败海关官员；将针对这些罪犯的刑罚提高至10年苦役，并烙上字母"VD"（意为"关税窃贼"）。加入匪帮或攻击海关官员的武装走私者再次面临不可上诉的死刑判决。[2] 如果说消费税和贸易保护主义的重新出现背叛了制宪会议所推行的财政和贸易改革，那么非常规法庭的

---

[1] Jean Clinquart, *L'administration des douanes en France sous le Consulat et l'Empire* (Neuilly, 1979), 212. 见Sylvia Marzagalli, *Les Boulevards de la fraude: le négoce maritime et le Blocus continental, 1806-1813* (Villeneuve d'Ascq, 1999); Roger Dufraisse, "La contrebande dans les départements reunis de la rive gauche du Rhin à l'époque napoléonienne," Francia 1 (1973), 508-536; Gavin Daly, "Napoleon and the 'City of Smugglers,'" *Histrical Journal* 50 (2007), 333-352; idem, "English Smugglers, the Channel, and the Napoleonic Wars, 1800-1814," *Journal of British Studies* 46 (2007), 30-46; and James Ellis, *Napoleon's Continental Blockade: The Case of Alsace* (Oxford, 1981).

[2] Clinquart, *L'administration des douanes en France sous le Consulat et l'Empire*, part II, chapter 5.

死灰复燃则打破了它所做出的建立一个更加公平的刑罚体系以保护被告者利益的承诺。虽然这种司法愿景最初遭到了国民公会激进政策的破坏——后者在恐怖统治时期建立了特别法庭以审判那些被指控犯有反革命罪行的人们，但督政府和执政府的保守统治时期却通过建立作为军事动员副产品的军事法庭——它令人联想起了旧制度时期打击猖獗的拦路劫匪和强盗的普雷沃斯特法庭——进一步放弃了革命的司法原则。武装走私者和匪帮成员如今将被带到特别法庭中接受审判。至拿破仑颁布旨在打击走私的1810年枫丹白露敕令时，"近代安全状态"业已出现。①

消费税、贸易禁令和特别法庭：这些改变表明出现了向一种虽无国王但却更加中央集权的旧制度的回归。但是得出这一结论却会显得过于操切，因为这一时期建立的许多制度事实上是大革命晚期中央集权进程和大革命早期预防国家滥权措施的奇怪混合物。② 因此，新的食盐税收不再是盐税，而是向生产商征收的、尽可能减少财政官员与消费者之间接触的消费税。③ 新的烟草专卖制度将烟草销售收归国有，这种一直持续到20世纪末的制度断绝了美洲烟草的进口业务，并且再也不会被拱手让与包税人。如果说对纺织品所课的高额关税在复辟时期仍然存在，并引发了走私者和海关官员之间的另一次"战争"，那么此时的法国边境相比于1972年却出现了收缩态势，大陆封锁的镇压性组织已经被部分解散。⁴革命传统之间

---

① Brown, *Ending the French Revolution*.

② Delalande, *Batailles de l'impôt*, part 1; Bernard Gainot, "La République comme association de citoyens solidaires: Pour retrouver l'économie politique républicaine (1792-1797)," in *Pour quoi faire la Révolution*, ed. Jean-Luc Chappey et al. (Marseille, 2012), 149-180.

③ 摆脱财政-司法压迫而自由生活的革命"权利"从一开始就影响到了这种税收。Emmanuel de Crouy Chanel, "La definition de l'impôt sous le Directoire: la question de l'établissement d'un impôt sur le sel," in *L'impôt en France aux XIXe et XXe siècles*, ed. Maurice Lévy-Leboyer, Michel Lescure, and Alain Plessis (Paris, 2006), 119-140.

④ Todd, *L'identitééconomique*, part 2.

的这种斗争应该成为19世纪法国税收体系表面上"墨守成规"的根源，因为对"财政裁判所"的恐惧延宕了将"老四样"——四种古老的直接税——转变为近代所得税的改革企图，正如它对管制和打击地下世界所做的限制一样。

最为重要的是，早期大革命的戏剧性蜕变为未来的争执埋下了伏笔。如果说国家权力是大革命最大的受益者，它就永远不会彻底战胜诸如自由主义和民众激进主义这种对抗性的力量。19世纪20年代晚期和30年代，小说家、政治理论家和历史学家在复辟时期表现出了对大陆体系和贸易保护制度的反对，他们接纳了一种浪漫的自由主义观点。司汤达《旅人札记》（*Mémoires d'un touriste*）（1838年）中的叙述者将马德林誉为"既不缺乏胆识也不缺乏智慧的勇敢走私者……他的天赋远超其同代人百倍"，这名叙述者还称颂了雅克·杜尔哥这样的大革命前的自由主义者，抱怨了他那个时代的关税制度。[1]劳动阶层也无法接受导致消费品价格上涨的财政政策或贸易保护政策。从1814年至1848年，具备革命传统的抗议者在每一次重大政治危机中都表达了他们对财政政策的不满。[2] 1830年在莱茵河边境高呼"自由万岁！废除关税！"口号的暴徒准备援引的便是极具意识形态重要性的革命传统。[3]在19世纪，马德林及其同伙们开启的、并在大革命期间加速的财政和商业政策政治化的进程将推动一场关于法国政治与经济认同的全国性辩论。

---

[1]　*Mémoires d'un touriste* (Paris, 1854), 200.

[2]　Robert Schnerb, *Deux siècles de fiscalité française* (Paris, 1973); Todd, *L'identitééconomique*; Delalande, *Batailles de l'impôt*, part 1.

[3]　引自Todd, *L'identitééconomique*, 171.

结　语

　　马德林的匪帮所运输的大帆布袋中装载了两类商品——烟草和印花棉布，在18世纪，它们与其他的全球性商品一道推动了欧洲消费的增长。来自亚洲的商品不仅有颜色鲜艳的印花棉布，还包括了蓝色与白色的瓷器、闪亮的漆器、芳香浓郁的茶叶以及数个世纪以来一直输往西方的辛辣香料和精美丝绸。另一批从美洲远道而来的迷人产品：首当其冲的当然是烟草，但还包括了白糖、咖啡、巧克力，这些像茶叶一样的精神刺激类物质能够活跃思维，推动社交，让工人们保持活力。这些产品与产自欧洲大陆的许多商品——家具、书籍、陶器、衣物等一道深刻地改变了数以百万计欧洲人的物质生活。虽然大众消费的时代要到两个世纪之后才降临，但种类更加繁多的商品已经开始充斥精英阶层、中产阶级——甚至在某种程度上还包括了劳动阶层——的物质世界。

　　通常而言，针对所谓消费革命的论述是充满希望的。它被纳入关于启蒙运动时期的解放叙事当中，已经与具备了个性、舒适、私密、交际、口味和潮流等能够放松传统社会严格限制的新形式结合在了一起。在这一方面，历史学家谨记着米歇尔·德·塞尔托的格言——所有的消费行为都是生产行为，即人类通过消费行为不仅吸收了意义，也积极地创造了意义。因此，大部分关于17世纪晚期和18世纪欧洲消费文化的描绘谓之为"创造力、自我塑造、域外新奇之物和愉悦的大杂烩"，正如支持解放的启蒙运动智识力量同样也在重塑其物质文化。①

　　这幅令人欢欣鼓舞的启蒙运动消费图景并非全然未曾遭到挑战。作为近代早期消费研究领域的开拓者，《一个消费社会的诞生》（The Birth of a Consumer Society）的作者之一约翰·布鲁尔曾经呼吁展开更为广泛的主题背景分析。在关于消费社会的短视阐释——即视消费为"缺乏经济与社会背景且近乎全然独立的领域"——的干扰下，他告诫我们称，"任何关于消费社会稍具合理性的论述都无法忽略组织机构（从公司到国家）、消费地形学、获取与排斥问题以及将生产和消费联系在一起的复杂链条所扮演的角色"。② 的确，如果我们扩大范围以检视商品的生产，将会发现在18世纪，欧洲消费的崛起是立足于世界其他诸多地区急剧变化的劳动条件之上的。在欧洲，一场"工业革命"似乎已经展开，在这场革命中，一些家庭更加努力地工作，以增加家庭收入来购买更多的商品。③ 在亚洲，欧洲贸易公司不仅从当地高超的技术中获取利润，还通过土地肥沃地区——特别是南印度地区的低劳动力成本获益。④ 在美洲，殖民者建立了具备最原始工业特征的奴隶种植园来生产欧洲人急切想要在日常生活中享用的易耗品。这种生产模式的最后转型证明了任何有关启蒙运动确定无疑的进程的论述都是不实的。许多18世纪消费者对新世界生产的产品的社会和经济条件所展现出的同样的顽固性无视不应再得到历史学家的谅解。

　　考量生产领域仅是对消费行为进行背景分析的一种方法。这项研究还

　　① Frank Trentmann, "Introduction," in *The Oxford Handbook of the History of Consumption*, ed. Frank Trentmann (Oxford, 2012), 7.

　　② John Brewer, "The Error of Our Ways: Historians and the Birth of Consumer Society," Cultures of Consumption Workshop (Economic and Social Research Council-Arts and Humanities Research Board) working paper no. 12 (June 2004), 11 and 18.

　　③ Jan de Vries, *The Industrious Revolution: Consumer Behavior and the Household Economy, 1650 to the Present* (Cambridge, 2008).

　　④ Prasannan Parthasarathi, "Rethinking Wages and Competitiveness in the Eighteenth Century: Britain and South India," PP. 158 (1998), 79-109.

考虑到了国家所扮演的角色，它的影响力不仅表现在经济或财政政策上，还凭借深入社会内部的法律制度和管制措施得以展现。近代早期的全球化及其所导致的欧洲消费新形态不是在政治真空当中发生的。它们的发展与强大的财政–军事国家的崛起同时进行，并且受到了后者的重要影响。不管人们是否选择"重商主义"一词形容欧洲统治者在这一时期的诸多干预行为，受到强烈地缘政治竞争刺激的统治者们无疑建立了一系列的制度来获取海外殖民地、边缘区域以及与母国关系更为紧密的臣民的资源。当最高统治者们开始建造蓝水海军时，他们也创制了各种形态的专卖制度、贸易公司、关税、贸易禁令、权利和特权，这些事物不是依据某种有条理的意识形态——正如针对"重商主义"一词的批评所正确指出的——而是通过采取近代早期的治国方策在更广阔世界进行冒险而得到的。很快将目光向东投往亚洲的统治者们准予贸易公司与欧洲的竞争对手展开贸易战争。他们在大西洋也同样如此，但在这一区域，更为重要的是他们为新世界贸易所设置的各式各样的管制制度。西班牙试图通过塞维利亚这个唯一的港口引导其美洲贸易，它的最好的办法便是控制金银的流通并且进行课税。英国凭借航海条例将与它的贸易帝国相关的条款编撰成法典，从而增强了海军的实力，确保了殖民地贸易服务于母国的利益。法国也创制了一系列被称为"独占法律"的类似贸易法律，管制着法国大西洋沿岸指定港口与新法兰西和加勒比海地区殖民地之间的贸易。虽然这样的管制制度是为不同帝国的特定要务而设置的，但它们都是建立在一个更广泛原则的基础之上，即殖民地及其上的居民是为了服务于母国统治者的财政、贸易和军事利益而存在的。

近年来，关于近代早期殖民历史的研究浪潮主要集中于欧洲对世界的影响，而不是世界对欧洲的影响，但商业帝国的影响往往会反馈回母国。[①] 许多历史学家已经强调了帝国如何在美洲建造一个种植园复合体，这个复合体取决于对非洲人及其后代的强制迁徙和奴役，而它的规模在人类历史上是史无前例的。基于日益具备种族主义色彩的人类分类学，奴隶制不仅塑造了新世界的社会和政治生活，还通过无数方式影响了母国的经济和文化发展。[②] 其他历史学家强调了战争的级联效应。一度严格局限于大陆的欧洲战争扩展到了遥远的殖民地，这些地区对于军事和外交力量而言甚至更为重要。然而保卫殖民地却变得耗资甚巨，从而令母国承受了更大的财政压力——这反而令后者试图通过进一步开发它们的海外资产来减轻这种压力，从而加剧了殖民地当地精英与母国统治者之间的紧张关系——这将最终导致独立运动的出现。[③]

　　然而我已经强调了近代早期全球化进程中固有的国家航海条例、禁

---

①　关于法国国内的影响力，见 Richard Drayton, "The Globalization of France: Provincial Cities and French Expansion c. 1500-1800," *History of European Ideas* 34 (2008), 424-430; Laurent Dubois, "An Atlantic Revolution," *French Historical Studies* 32 (2009), 659-660; Allan Potofsky, "The One and the Many: The Two Revolutions Question and the 'Consumer-Commercial' Atlantic, 1789 to the Present," in *Rethinking the Atlantic World: Europe and America in the Age of Democratic Revolutions*, ed. Manuela Albertone and Antonino De Francesco (New York, 2009), 17-45. 关于殖民地与母国历史之间关系的再度概念化——这一尝试旨在消解它们之间的研究分野，见Jean-Frédéric Schaub, "La catégorie 'études colonials' est-elle indispensable?" *AHSS* 63 (2008), 625-646.

②　Robin Blackburn, *The Making of New World Slavery: From the Baroque to the Modern*, 1492-1800 (London, 1998); Kenneth Pomeranz, *The Great Divergence: China, Europe, and the Making of the Modern World* (Princeton, NJ, 2000); Ronald Findlay and Kevin H. O'Rourke, *Power and Plenty: Trade, War, and the World Economy in the Second Millennium* (Princeton, NJ, 2007), chapter 6; and P. C. Emmer, O. Pétré-Grenouilleau, and J. V. Roitamn, eds., *A Deus ex Machina Revisited: Atlantic Colonial Trade and European Economic Development* (Leiden, 2006).

③　Jane Burbank and Frederick Cooper, *Empires in World History: Power and the Politics of Difference* (Princeton, NJ, 2010), chapters 6 and 8; Findlay and O'Rourke, *Power and Plenty*, chapter 5. 关于法兰西帝国，见Jean Tarrade, *Le commerce colonial de la France à la fin de l'Ancien Régime*, 2 vols. (Paris, 1972). 关于大英帝国，见Thomas Truxes, *Defying Empire: Trading with the Enemy in Colonial New York* (New Haven, CT, 2008). 关于西班牙帝国和大英帝国在这一方面的有趣比较，见J. H. Elliott, *Empires of the Atlantic World: Britain and Spain in America* 1492-1830 (New Haven, CT, 2006), chapter 10.

令和贸易垄断的另一种影响：它们造成了受欢迎消费商品相对紧缺的状况，即便它们一度提高和开发了这些商品的需求。欧洲统治者通过财政、贸易和保护主义制度刺激和控制海外商品流动的企图往往限制了消费者获得这些商品，并且推高了后者的价格。正如玛克辛·伯格所指出的，此类管制制度推动了母国生产商制造进口替代品，从而为与工业革命相联系的新制造方式铺平了道路。[①] 但国家所造成的短缺状况的更不为人所知的后果便是大规模地下市场的发展。非法贸易在西半球的殖民地——特别是加勒比海地区茁壮成长，而这一走私区域又与西欧肆意扩张的地下经济——其范围从北海和英吉利海峡跨越法国的大西洋沿岸和伊比利亚半岛一直延伸到西班牙、法国和意大利的地中海沿岸——联系在了一起。马德林和其他走私者的旅行路线表明那些在遥远的美洲和亚洲殖民地生产但受到诸多欧洲统治者管制的商品不仅只是流通于欧洲的边缘地带。由于存在着大批利用海关边境满足（和刺激）消费者狂热需求的走私者，这些商品深深渗透到了这个大陆的核心地区。以法国为例，黑市在整个王国迅速增加，从而为审视全球化对母国经济、社会、政治和文化的影响提供了一个极好的视角。

法国国王政府无意当中卷入世界贸易，从而改变了王国的地下经济。特别是两种王室制度——烟草专卖和印花棉布禁令对于这一转型贡献良多。由路易十四创制的法国烟草专卖制度寻求通过向本土的臣民出售法国美洲殖民地种植的烟草来增加赋税，这一计划与该时期合乎常理的政略观念完美地契合在了一起。殖民地将以低价提供原材料，而国王政府在国内以高价予以出售，以此获得大笔的税入。然而在这件事上，由国王政府授

[①]　Maxine Berg, "In Pursuit of Luxury: Global History and British Consumer Goods in the Eighteenth Century," *PP* 182 (2004), 85-142; and Serge Chassagne, *Le Coton et ses patrons: France*, 1760-1840 (Paris, 1991).

予转包契约的总包税人却放弃了法国殖民地的烟草，转而寻求从切萨皮克湾进口更为廉价也更具芳香气味的英国殖民地烟草。金融家们选择从英国烟草中获益，而不是购买自己帝国的烟草，这导致了财政主义战胜了（法国的）殖民政策。在一个国王政府拼命寻找新的赋税来源的时代，通过王室专卖向一种海外殖民地进口商品课税的做法为这个国家及其债权人带来了新的财富。

印花棉布禁令同样也植根于法国的商业帝国当中。值得强调的是，印花棉布禁令不是一种针对全球自由贸易增长的贸易保护主义反动，而是对一个由国家担保的企业——法属东印度公司所取得的商业成功的回应，这家公司成功地为法国消费者提供了印度的印花棉布。这种颜色鲜亮且不褪色的布料销售十分火爆，以至于本土的传统纺织品生产商不得不游说设立贸易保护措施，劝说路易十四禁止在法国出售和消费印花棉布。虽然这项禁令允许法属东印度公司继续有利可图的再出口贸易，但却试图禁止这种令人垂涎的布料流入国内经济体系当中。为了推行这项禁令，国王政府再次求助于总包税人。

国王试图刺激和控制世界贸易的做法最终导致法国地下经济在旧制度的最后一个世纪里实现了全球化。走私烟草（产自美洲，但混有欧洲本土生产的烟草）和印度布料（包括产自亚洲次大陆的纺织品和欧洲的仿制品）充斥着整个法兰西王国的所有角落。虽然非殖民地商品（尤其是食盐和书籍）继续在这种非正规经济中扮演着基础性的角色，但是当走私者们开始利用如今已经具备全球规模的商品流通，新的殖民地商品的引入便会大为鼓舞地下市场。我们已经知道路易·马德林曾经进入了这个市场。作为一个来自位于东南部边境小市镇的年轻人，他要努力维持家族生意渡过父亲早逝所引发的危机。在提供军队补给的冒险生意失败之后，他离开了家乡，跨越边境来到了萨伏伊，转而投入到走私行业当中。充满野心，有文化，对贸易世界了如指掌的马德林在地下世界中大放光彩，最终带领着一支规模庞大的走私团伙进行了一系列大胆的冒险，这些冒险旅程让他获得了远比家族生意的利润多得多的财富。并不是所有的走私者都追寻这样一条昙花一现的轨迹（或者遭遇如此悲惨的结局）；大部分的走私者依附于地下经济，保持低调并避开包税公司的锋芒，希望在合法工作所得的微薄工资之外增加一些额外收入。但即便是规模最小的走私者都参与到了通过漫长而曲折的商品环节连接生产者与消费者的非法经济当中，而这些商品环节在某些情况下甚至是从亚洲或美洲延伸至法国中心地带的市镇和农村。

地下经济的发展反映了18世纪两种观念之间的矛盾关系：其中一种乐观观念充满了光明与进步；另一种悲观观念为黑暗和苦难所烦扰。在快乐的18世纪，启蒙运动的社交活动令公共领域大为活跃，本土战争趋于缓和，地区和海外贸易不断扩张，土地收入日益增加，消费高涨；但这与悲伤的18世纪却不无联系——在这一时期，粮食价格不断攀升，农民趋于破产，偷窃案件日益增加，乞丐和游民四处游荡，殖民地战争不断爆发，大西洋奴隶制度得到了强化。走私活动证明了这个世纪的两面相互联系的某些方式，因为许多贫穷的劳动者迫于人口压力投身于地下经济当中，为法国内陆的消费者提供殖民地的商品。那些无法获得该世纪经济发展成果之人被证明对于商品流通而言是十分重要的环节，它支持了启蒙运动时期的消费活动。这并不意味着所有的走私者都是一贫如洗的；正如我们所了解的，部分走私者拥有客观的财富和地位，业已能够加入该世纪中产阶级的消费活动当中。并不是所有非法商品的消费者都很富有，走私者也会向平民消费者提供廉价的禁售商品，从而以一种至关重要的方式拓宽了消费市场。但有趣的是，这个时期的社会弊病似乎已经迫使工人们加入了为社会各阶级成员提供"殖民地"新产品的非正规经济的较低等级当中。这种观察并不是要去比较18世纪的乐观观点和悲观观点孰优孰劣——两个观点都反映了一个关于这个时代的基本事实——而是为了强调两者之间的密切关系。

正如其显著的经济效果，全球化的非法经济甚至有着更为深远的政治分支。它促进了与美洲截然不同的法国本土的制度变革——前者的管制仍然十分薄弱，除开残忍的奴隶制的推行，法律制度也较少压迫性。① 国王不仅试图通过授予包税公司广泛的管制权利（搜查、罚没和逮捕）来击退本土的地下经济。在影响力如今已从经济领域延伸到司法领域的包税人施压之下，他也通过加强打击走私的刑法典以及创建非常规法庭来增加了刑法系统的严苛程度。虽然无处不在的腐败削弱了包税公司将走私者绳之以法的能力，但还不足以阻止打击地下经济的行动——在这些行动中，众多走私者被公然处决（许多被施以了车轮刑），数以万计的人即刻被遣送去服苦役，其目的地往往是致命的苦役船或苦役营。

全球化的地下经济所造成的另一种暴力政治后果便是叛乱。简单的交易或消费违禁商品已经违反了法律，而正如马德林的生平所展示的，这种对非法贸易的镇压也引发了积极的反抗。尽管17世纪针对国家的反抗活动引发了波及20个至30个行省的起义，但是在18世纪，这种反抗活动仅由数以百计由走私者及其盟友发动的小规模袭击组成。马德林绝非典型的地下叛乱者——如果说这种叛乱者的确存在的话——但他不同寻常的经历让我们得以通过极其细微的细节了解一名走私头目及其同伙是如何超越地下世界，发展出一种与众不同的充满反叛色彩的贸易规范。除开秘密交易的惯

② 法兰西帝国治理的局限性已经在下述论著中得到了强调：James Pritchard, *In Search of Empire: The French Colonies in the Americas*, 1670-1730 (Cambridge, 2004); and Kenneth J. Banks, *Chasing Empire across the Sea: Communications and the State in the French Atlantic*, 1713-1763 (Montreal, 2003); Tarrade, *Le Commerce colonial de la France; and Shannon Lee Dawdy, Building the Devil's Empire: French Colonial New Orleans* (Chicago, 2008).

常做法，他的匪帮最初曾清空公共场所以供公开销售走私烟草和印花棉布之用，这令围观者大感震惊。这个匪帮并不满足于在黑暗掩护之下或在宅邸、酒馆或乡下偏僻道路的隐蔽空间出售他们的商品，他们进军市镇，占据公共广场，在光天化日之下兜售走私品。这种销售策略所展现出的大胆无畏公然挑战着包税公司所推行的专卖制度和禁令。

但这仅仅只是开始。马德林再次临时起意，直接迫使包税公司购买走私烟草，这种狂欢式的交易打破了专卖制度的供应链。这种交易虽然是强制的，但却以商业互惠作为托词（如同这一时期的许多食品骚乱），他的强制交易让专卖制度令人厌恶的非法性与地下经济的道德合法性形成了鲜明对比。通过在交易结束时签署收条，这名匪首确保了总包税人将为他们的货物清单自掏腰包。堂而皇之地让包税公司的领导者承担交易的财政责任就是直接将枪口对准了身处法国宫廷资本主义核心的强大巴黎金融家们。

马德林的政治戏码吸引了公众广泛的关注，观众们津津有味地享受着他在与包税公司交锋并扭转败局时所展现出的神气。作为第一种报道马德林故事的印刷媒体，报纸宣传了这个匪帮的强制交易活动，并注意到了匪首行事时所展现出的彬彬有礼和有条不紊。报纸编辑还为急于获悉最新战争消息的读者提供了马德林勇敢击败军队的故事。然而，相比于马德林接受审判和被处决之后，他有生之年所引发的公众关注度便相形见绌。虽然瓦朗斯特别法庭试图诋毁马德林，但它却无法操控关于其生平的故事。仓促创作的歌谣、诗歌、肖像画、小册子、宣传册和戏剧有着各自不同的视角，其中一些将这名走私者描绘成了魔鬼，另一些称颂他为英雄。在一个印刷文字和图像逐渐充斥大众文化的时代，马德林的故事被赋予了犯罪传记文学一种与众不同的政治优势。许多读者、观众和听众开始相信这名匪首曾以所有受包税公司奴役者之名进行了英勇的抵抗。

因此，包税公司与走私者之间斗争的全部政治影响无法仅仅通过叛乱的数量进行衡量，因为这种冲突已经深远地影响了文化领域。不管在赋税和信贷方面，这个君主制国家获得了多少利益，其象征性代价都是引发了针对包税公司及其所代表的宫廷资本主义的广泛敌意。然而导致地下经济全然政治化的不仅仅是在马德林死后昙花一现的大量文学作品，还包括了不同启蒙运动作家的干预，为叛乱和镇压的暴力循环所困扰的他们将非法贸易的问题纳入了快速发展的改革修辞当中。的确，如果镇压与叛乱的危险循环没有吸引那些日益要求对国家制度进行审查的公众批评的注意，那么它可能只会是一种政治上的消遣。政治经济学的著作在这一方面显得至关重要。在马德林被处决后不久，当没有哲学家干预谴责这种可怕的场景时，政治经济学家昂热·古达尔却假借这名走私者的声音恳求路易十五通过废除邪恶的包税公司和赦免所有地下世界交易者来避免革命的爆发。在古达尔之后，两个不同的经济思想家群体开始关注非法贸易的问题。古尔奈的圈子希望在法国推进那种令英国成为强国的商业文化，他们认为印花棉布禁令侵犯了消费者随心所欲穿衣打扮的"自然权利"。宣扬消费者至上新理论的他们谴责了针对走私者的残酷镇压，而后者仅仅只是犯了满足消费者需求的罪行。在这些重农主义者支持自由贸易的立场中，更为武断的是他们直接将批评的矛头指向了包税公司的财政专卖制度，他们声称这一制度违反了自然的普世法则，对经济造成了彻底的破坏。司法改革者进一步挑战了包税公司的合法性，他们将包税公司在司法层面上的专横暴露无遗，以此抗议"暴虐的"财政-司法复合体施予走私者的残酷刑罚。

最终，民众叛乱与精英阶层的改革要求结合在了一起，共同推翻了旧制度国家。在平民层面上，超过一个世纪的走私叛乱在1789年至1790年的一系列起义中达到顶峰，而当暴乱者不再满足于反抗包税公司的区域权威，转而要求实现全部野心时，这些起义便呈现出了一种不同的革命氛围。他们还将抗议与更大规模的运动——这项运动旨在寻求建立在民众主权原则基础上的新的政治秩序——联系在了一起。然而，烧毁巴黎海关大门、推翻诸多行省市镇中的包税公司警署以及随之涌来的走私洪流却令革命领袖们陷入了困境。像这一时期的大部分有产者一样，国民公会的代表们也厌恶民众暴力，但稔熟于经济、财政和法律改革论著并面临包税公司在许多地区事实上被废除之局面的他们最终被证明是乐于接受民众抗议的。从1789年至1791年，立法者们肯定了赋税叛乱的革命意义，摧毁了包税公司的组织机构，推翻了它所推行的专卖制度和消费税。自此以后，这个财政国家便依赖于直接税——与《人权宣言》相符并由选举官员分配、向所有财产所有者平等征收的"捐税"。旧制度所偏好的消费税被暂时推翻了，保护消费者权利并体现自由与平等革命理想的新财政体系获得了支持。

认为全球化以任何简单或直接的方式引发法国大革命的结论都是轻率的。这两种现象之间的关系必然是错综复杂的，因为全球化往往被视为一种经济进程，而法国大革命首先是一场政治事件。但全球化的影响之一—— 一个繁荣并且充满叛逆的地下世界的发展——却渗透到了本土的政治领域当中，产生了革命爆发之前的严重冲突和辩论。这种纷争不仅是简单地给君主制国家施压，增强要求进行结构性改革的呼声，它还直接推动了大革命的爆发及其进程，因为劳动阶级和精英阶层所发起的相互影响的运动颠覆了旧制度的组织机构，建立起了新的社会政治秩序。因此，迄今为止关于非法贸易、财政叛乱和启蒙运动辩论的研究阐明了消费的长期转型与革命时代的动荡事件之间隐藏的联系。

通过改变观察尺度，并在全球、国家和地区视角之间进行切换，关于路易·马德林人生起落的叙述揭示了全球资本主义历史中的进程、突发事件和内在冲突。17世纪和18世纪世界贸易的发展不仅融合了距离遥远的市场，创建了新的交易循环，提升了欧洲消费的等级。它还造成了长时间的争执，国家担保的贸易公司、王室专卖制度、贸易禁令、边境管控、司法镇压和监禁、民众叛乱、犯罪文学和改革派辩论都卷入了一场看似无止境的冲突循环。如同18世纪欧洲的无数其他人一样，马德林这个倒霉的小商人适应并且利用了这种引发整个大陆变革并渗透到他幼年所居住的那个内陆行省的力量，但他最终还是被那些加速了这种力量、从这种力量中获益并试图控制它的强大机构所压垮。

为了避免认为全球化的阴暗面仅与已经过去的重商主义时代相联系——在这一时期，全球经济中的国家干预手段显得格外拙劣，铭记在今日那个世界仍然存在——尽管它使用了新的伪装——是有益处的。"欢迎来到17世纪"，社会学家查尔斯·蒂利在第三个千年来临之际向其读者喊道。对于提利而言，当代全球化的力量已经严重破坏了拥有界限的国家，唤醒了重返近代早期反乌托邦的幽灵，在这个反乌托邦中，由失败国家和国际冲突所制造的真空中将充斥着难以言明的私人武装和迅速增加的有组织跨国犯罪。他认为，在打击黑手党、毒品集团、武器交易商和其他犯罪团伙——它们得到了负责洗钱的银行的协助，挤入了正式的全球市场，从而模糊了合法贸易和非法贸易的界限，给这个星球上的民主政治带来了严峻的挑战——的道路上，我们已经走完了一半的路程。①

然而有趣的是，蒂利选择了与近代早期进行类比。对于那个时期的

---

① Charles Tilly, "Welcome to the Seventeenth Century," in *The Twenty-First Century Firm: Changing Economic Organization in International Perspective*, ed. Paul DiMaggio (Princeton, NJ, 2001), 200-209; and idem, The Politics of Collective Violence (Cambridge, 2003), 59. 蒂利的关切点得到了其他一些人的认同，他们害怕非法活动参与者日益增长的权力有可能将世界推入一个新的中世纪，在其中，权力的地方分权化和私有化形式——从城市国家、跨国公司和主权基金到私人军事承包商和封闭式社区——已经篡夺了一度由真正的公共权力所占据的位置。Parag Khanna, "The Next Big Thing: Neomedievalism," *Foreign Policy*, April 15, 2009.

所有混乱——战争、宗教冲突、武装贸易和巧取豪夺而言，它也是一个国家权力崛起而非衰落的时代。的确，蒂利所提及的许多邪恶力量都以某种方式与欧洲国家的扩张——而非收缩——联系在一起。在快速发展但远未达到全能的财政-军事国家进行激烈战争的年代，国际贸易公司、武器交易商、战争金融家、受贿公务员、雇佣兵、海盗和走私者成为至关重要的组成部分。如果说路易·马德林及其今日的同类揭示了什么，那就是暴力的非法贸易——及其所引发的媒体关注和政治讨论——并不是源于国家权力的腐化，而是源于其无规律的间歇增长。与其将全球化的弊病归咎于国家衰落的叙事，我们不如考虑国家和跨国犯罪组织是如何"在本质上相联系，事实上辩证地影响了彼此"[1]。虽然相较于近代早期的前身，近代的民族国家和当代的全球资本主义有可能达到更好的稳定状态，但它们却模仿更早期的冲突，制造了剥削、镇压、犯罪和叛乱等诸多形式。

这些顽固问题的解决方案不是退却——这种新自由主义的万灵药，因为近代福利国家已经证明，如若得到合理的投资和实施，它能够弱化工业（和后工业）资本主义总体上的不平等状况。近代历史表明，世界民主政体的公民（特别是美国公民）需要进一步反思如何更加公平地增加公共岁入，如何以促进经济健康发展的方式管制贸易，如何决定何种金融和贸易行为是非法的，以及如何惩罚违反者。总而言之，他们需要更努力地思考在将会继续给近代世界造成纷扰的全球化经济中其国家的未来。

---

　　[1]　Renate Bridenthal, "Introduction," in *The Hidden History of Crime, Corruption and States*, ed. Renate Bridenthal (Oxford, 2013), 2.

缩略词

AAE   Archives du Ministère des Affaires Etrangères 外交事务部档案馆

AB   Annales de Bretagne et des pays de l'Ouest《布列塔尼与西部地区年鉴》

ADCO   Archives Départementales de la Côte-d'Or 科多尔省档案馆

ADD   Archives Départementales du Doubs 杜省档案馆

ADDR   Archives Départementales de la Drôme德龙省档案馆

ADH   Archives Départementales de l'Hérault埃罗省档案馆

ADI   Archives Départementales de l'Isère 伊泽尔省档案馆

ADPD   Archives Départementales du Puy-de-Dôme 多姆山省档案馆

ADS   Archives Départementales de la Savoie 萨伏伊省档案馆

AESC   Annales: Economie, Sociétés, Civilisations《年鉴：经济、社会与文明》

AHR   American Historical Review《美国历史评论》

AHRF   Annales historiques de la Révolution française《法国大革命历史年鉴》

AHSS   Annales: Histoire, Sciences Sociales《年鉴：历史与社会科学》

AM   Annales du Midi《法国南部年鉴》

AMN   Archives Municipales de Nantes 南特市档案馆

AN	Archives Nationales de France 法国国家档案馆
AP	J. Madival and E. Laurent, eds., Archives parlementaires de 1787 à 1860 (Paris, 1879-), première série 马迪瓦尔和洛朗编：《1787年至1860年的高等法院档案》，巴黎：1879年至今，第一系列
BA	Bibliothèque de l'Arsenal 阿瑟纳尔图书馆
BMD	Bibliothèque Municipale de Dijon 第戎市图书馆
BMG	Bibliothèque Municipale de Grenoble 格勒诺贝尔市图书馆
BMV	Bibliothèque Municipale de Valence 瓦朗斯市图书馆
BN	Bibliothèque Nationale de France 法国国家图书馆
BN MS	Bibliothèque Nationale de France, Manuscript Collection 法国国家图书馆馆藏档案
BSHP	Bulletin de la Société de l'Histoire de Paris et de l'Île de France 《巴黎与法兰西岛社会与历史通报》
CA	Courrier d'Avignon《阿维尼翁通讯》
HER	Economic History Review《经济史评论》
GA	Gazette d'Amsterdam《阿姆斯特丹公报》
GC	Gazette de Cologne《科隆公报》
GU	Gazette d'Utrecht《乌特勒支公报》
JEH	Journal of Economic History《经济史杂志》
JWH	Journal of World History《世界史杂志》
MHP	Mercure historique et politique《历史与政治信使报》
PP	Past and Present《过去与现代》
RHMC	Revue d'histoire modern et contemporaine《近代与当代史杂志》

SHAT   Service Historique de l'Armée de Terre 陆军历史处

SVEC   Studies on Voltaire and the Eighteenth Century《伏尔泰与18世纪研究》

致　谢

在这个严峻的时代，向获致学术成功的资料支持方致谢比任何时候都更为重要。这本书的研究工作得到了美国哲学协会、美国学术团体协会以及佐治亚大学的威尔森人文与艺术中心的赞助。我还想感谢法国国家档案馆和图书馆的工作人员，我的研究工作在这两处得以成行，特别是法国中部、东部和南部地区异常丰富的行省档案小心地保存了探索马德林及其世界的踪迹。

我向许多共同致力于完成本书的人致以深深的谢意。在与罗伯特·艾伦、大卫·贝尔、大卫·比恩、洛伊克·夏尔、斯蒂芬·克莱、吉姆·柯林斯、杰西·克伦威尔、克莱尔·克劳顿、安德烈·费雷尔、德纳·古德曼、卡拉·赫西、托尼·霍普金斯、杰夫·霍恩、林恩·亨特、瓦莱丽·于斯、安德鲁·贾吉尔、汤姆·凯泽、蒂姆·勒高夫、马尔希·诺顿、阿诺德·奥兰、普拉桑纳·帕塔萨拉蒂、洛朗·佩里亚、杰里米·波普金、阿兰·波托夫斯基、丹尼尔·罗什、艾玛·罗斯柴尔德、杰伊·史密斯、米兰达·施皮勒、科琳娜·汤利、和查尔斯·沃尔顿的讨论（和电子邮件交流）中，我获益良多。苏珊娜·德桑、斯蒂夫·卡普兰和劳拉·曼森就不同章节提供了极其宝贵的反馈信息。彼得·萨林和比尔·休厄尔热情地阅读了整份手稿，为我强化自己的观点提供了大量颇有见地的建议。哈佛大学出版社的读者——保罗·切尼和科林·琼斯提供了有益的建议，让我得以纠正许多错误，并在大量问题上深化了我的思考。最后，劳拉·曼森娴熟的编辑工作令这份文章手稿得以成形，（再一次）在写作上给予了我启迪。

我要感谢我在哈佛出版社的编辑迈克·阿伦森对于这一项目的坚定支持。我还要感谢凯瑟琳·德鲁米在从手稿到大批量印刷的过程中所提供的便利，伊萨贝尔·刘易斯为绘制两份十分重要的地图所做的努力，以及克劳迪奥·桑特设置笔记与摄影软件的工作——这项工作令我能够将大部分时间花费在行省档案馆中。

我曾有机会在数个会议和研讨会中将这部作品的若干部分呈现给读者。感谢美国哲学协会、历史研究所（德克萨斯大学奥斯丁分校）、约翰·霍普金斯大学历史研讨会、皇后大学历史系、美国历史协会、西方法国历史学会和法国历史研究学会的组织者和参与者。三场主题会议在帮助我厘清自己观点方面显得尤为重要，它们是"质疑'可信承诺'：反思光荣革命与金融资本主义的崛起"（剑桥大学）、"启蒙运动2.1版"（加利福尼亚大学伯克利分校）和"15世纪至19世纪大西洋世界对非洲和欧洲'古典世界'的影响"（社会科学高等学院和南特大学）。

这一项目始于佐治亚大学，完成于（类似于任何项目真正完结的状态）约翰·霍普金斯大学。我想要感谢佐治亚大学亲爱的朋友们，并十分怀念他们的陪伴、幽默和洞察力，这让我在佐治亚州雅典的数年时光如此充实。霍普金斯大学的同事们热忱地欢迎我加入历史系，并向我引介了众多的研讨会。我从中受益良多，对接近完成的这本书影响甚巨。

最后，我想要感谢父母和兄弟姐妹的无尽支持，他们给予了我生命、家庭和生活的快乐。这本书献给劳拉、马克斯和伊萨贝尔，感谢他们与我分享各自的生活。

译后记

迈克尔·卡瓦斯的《走私如何威胁政府：路易·马德林的全球性地下组织》是一部奇妙的著作。

在一个看似不为人知的题材之下，作者糅合了多个领域的研究成果，使用了多样化的研究方法，从而完成了一项看似不可能的任务。

就历史研究的时间跨度分类而言，本书具备了多重的身份。首先，它是一部具备宏观视角的研究著作，这点我们从著作的标题就能看出。对于近代全球化背景这个"结构"（structures）的关注，在该书的第一个章节中得到鲜明的体现；其次，作者在一个广大的背景讨论中停下来，深入到一个社会历史的断面上进行考察，于是我们看到了对于17、18世纪法国重商主义政策及其影响的探讨，此乃对局势（conjunctures）的关注；接着，在文章的中间部分，我们发现作者使用大量的篇幅详细描述了本书的主人公——路易·马德林的一生，特别是他从事走私活动的种种"传奇"，显然，这已经进入到了事件（evenements）的层次。可以说，卡瓦斯教授在这本书中出色地融合了布罗代尔的"三时段"概念，令"长时段"、"中时段"和"短时段"三个维度的历史共同服务于一个题材。

不仅如此，在历史研究的范畴中，卡瓦斯教授也突破了多种界限。对于全球贸易、重商主义、法国财税政策与司法系统、历史文本等方面的研究，全都出现在了同一本书中。

显然，这样的做法是颇具"风险"的，在没有掌控能力的情况下，在一本书中置入如此之多的研究方法、视角与范畴，很可能导致全书结构被削弱，乃至崩溃。但是卡瓦斯教授避免了这样的风险。在我看来，"商品的流通"可能才是本书真正的主线：哥伦布大交换、欧洲与亚洲的贸易、烟草传入欧洲、法国等欧洲国家的专卖政策与关税壁垒、走私活动、财政系统的崩溃与重构，都是商品流通这一运作机制在这一时代不同阶段、不同环境下的表象。而这种运作机制的终点，则是一个新的、联系更加紧密的世界的形成，而这也是近代世界形成的原因和存在的重要意义。

译者在翻译过程中得到了浙江大学"双一流引导专项"的支持，同时，作为浙江大学中央高校基本科研业务费专项资金资助项目"法国启蒙运动和大革命研究青年创新团队"的阶段性成果，该译著的付梓出版离不开浙江大学人文学院历史系张弛老师的运筹帷幄，亦离不开出版社各位编辑老师的认真编校，在此谨表谢意。

江晟

（浙江大学历史学博士，浙江师范大学人文学院讲师）

2017年8月

图书在版编目（CIP）数据

走私如何威胁政府：路易·马德林的全球性地下组织 / （美）迈克尔·卡瓦斯（Michael Kwass）著.江晟译.—杭州：浙江大学出版社，2017.10
书名原文：Contraband:Louis Mandrin and the Making of a Global Underground
ISBN 978-7-308-16618-8

Ⅰ. ①走… Ⅱ. ①迈… ②江…Ⅲ.①走私贸易-经济组织-贸易史-研究-法国-近代 Ⅳ. ①F735.659

中国版本图书馆CIP数据核字（2017）第008163号

CONTRABAND:Louis Mandrin and the Making of a Global Underground

By Michael Kwass

走私如何威胁政府：路易·马德林的全球性地下组织

（美）迈克尔·卡瓦斯　著

江　晟　译

责任编辑	谢　焕	
责任校对	虞雪芬	
封面设计	城色设计	
出版发行	浙江大学出版社	
	（杭州市天目山路148号　邮政编码310007）	
	（网址：http://www.zjupress.com）	
排　版	浙江时代出版服务有限公司	
印　刷	浙江印刷集团有限公司	
开　本	880mm×1230mm　1/32	
印　张	14.75	
字　数	378千	
版 印 次	2017年10月第1版　2017年10月第1次印刷	
书　号	ISBN 978-7-308-16618-8	
定　价	58.00元	

版权所有　翻印必究　印装差错　负责调换

浙江大学出版社发行中心联系方式：(0571) 88925591;http://zjdxcbs.tmall.com